AtV

Victor Klemperer wurde 1881 in Landsberg/Warthe als achtes Kind eines Rabbiners geboren. 1891 übersiedelte die Familie nach Berlin, wo der Vater zweiter Prediger einer Reformgemeinde wurde. Nach dem Besuch verschiedener Gymnasien, unterbrochen durch eine Kaufmannslehre, studierte Klemperer von 1902 bis 1905 Philosophie, Romanistik und Germanistik in München, Genf, Paris, Berlin. Bis er 1912 das Studium in München wieder aufnahm, lebte er in Berlin als Journalist und Schriftsteller. 1912 konvertierte er zum Protestantismus. 1913 Promotion, 1914 bei Karl Vossler Habilitation. 1914/15 Lektor an der Universität Neapel. Als Kriegsfreiwilliger zunächst an der Front, dann als Zensor im Buchprüfungsamt in Kowno und Leipzig. 1919 a. o. Professor an der Universität München. 1920 erhielt er ein Lehramt für Romanistik an der Technischen Hochschule in Dresden, aus dem er 1935 wegen seiner jüdischen Herkunft entlassen wurde. Nachdem ihm durch das Benutzungsverbot von Bibliotheken wissenschaftliches Arbeiten unmöglich gemacht wurde, begann Klemperer 1939 mit der Niederschrift seiner Lebensgeschichte »Curriculum vitae«. Ab 1940 Zwangseinweisung in verschiedene Dresdener »Judenhäuser«. Die mit sechzehn Jahren begonnene Gewohnheit des Tagebuchschreibens intensivierte Klemperer zur minutiösen Aufzeichnung der Judenverfolgung im Alltag einer deutschen Großstadt. Nach seiner Flucht aus Dresden im Februar 1945 kehrte Klemperer im Juni aus Bayern nach Dresden zurück. Im November wurde er zum Professor an der Technischen Universität Dresden ernannt. Eintritt in die KPD. 1947 erschien seine Sprach-Analyse des Dritten Reiches »LTI« (Lingua Tertii Imperii) im Aufbau-Verlag. Von 1947 bis 1960 lehrte Klemperer an den Universitäten Greifswald, Halle und Berlin. 1950 Abgeordneter des Kulturbundes in der Volkskammer der DDR. 1952 erhielt er den Nationalpreis III. Klasse. 1953 wurde er Mitglied der Akademie der Wissenschaften in Berlin. Victor Klemperer starb 1960 in Dresden.

Postum Geschwister-Scholl-Preis der Stadt München, 1995.

Peter Jacobs, 1938 in Leipzig geboren. Nach dem Abitur erste Schreiberfahrungen als Lokalreporter in Magdeburg. Von 1957 bis 1961 Studium der Journalistik und Germanistik in Leipzig. Danach Redakteur bei Berliner Printmedien. Seit den siebziger Jahren Autor von Biographien, Sachbüchern und Reportagebüchern (Lateinamerika, Vietnam, Nahost). Seit den neunziger Jahren auch Mitarbeit an Dokumentarfilmen für das ZDF. Zur Zeit freier Journalist in der Berliner Kulturszene (für »Die Welt«, »Berliner Zeitung«, »Süddeutsche Zeitung« u. a.).

Peter Jacobs

Victor Klemperer
Im Kern
ein deutsches Gewächs

Eine Biographie

Aufbau Taschenbuch Verlag

Mit 32 Abbildungen

ISBN 3-7466-1655-7

1. Auflage 2000
© Aufbau Taschenbuch Verlag GmbH, Berlin 2000
Umschlaggestaltung Preuße & Hülpüsch Grafik Design
unter Verwendung eines Fotos aus dem Archiv Aufbau-Verlag
Satz LVD GmbH, Berlin
Druck Clausen & Bosse, Leck
Printed in Germany

www.aufbau-taschenbuch.de

Inhalt

Von Landsberg nach Berlin 7
Jahre des Suchens 29
Ausflug ins Feuilleton 46
Neapel und zurück 56
Der Frontkämpfer 73
Revolution und Idylle 89
Dresden als Provisorium 103
Intrigen und Verrat 120
Dresdner Zerstreuungen 134
Die Gefährtin 143
Zerfall einer Familie 154
Böse Vorahnungen 164
Der Absturz 173
LTI 186
Das Refugium 200
Dresden oder Zion 208
Kristallnacht 216
Das Judenhaus 229
Der gelbe Stern 237
Vox populi 262
Bombennacht und Flucht 271
Das Prinzip Hoffnung 292
Von Katheder zu Katheder 311
Das zweite Glück 338
Der Abschied 352

Lebensdaten 373
Zu dieser Ausgabe 379
Bildnachweis 381

Von Landsberg nach Berlin
»Das dürfen wir nun auch essen«

Große hellblaue Augen, davor einen Kneifer, manchmal auch zwei oder sogar drei, dazu eine sehr hohe Stirn, volles ergrautes Haar und ein rundgeschnittener Vollbart. »Er ging niemals gebückt oder auch in nachlässiger Haltung«. So hat Victor Klemperer das Bild seines Vaters im Gedächtnis behalten.

Wilhelm Klemperer ist Rabbiner, einer jener geistlichen Gelehrten, die in jüdischen Gemeinden für die Predigt, für die Unterweisung in religiösen Gesetzen, für die Taufen, die Hochzeiten und die Beerdigungen zuständig sind. Einer freilich, der schon mit beiden Beinen im bürgerlichen Alltag des 19. Jahrhundert steht, die Ratio der Aufklärung reichlich im Bücherschrank. Keineswegs von orthodoxer, von selbstverzehrender Lebensart, sondern einer, der sich gern den Annehmlichkeiten des Lebens zuwendet. Die Riten sind ihm eher eine lästige Fessel. In der Familie wird bei Tisch nicht gebetet.

Am Versöhnungstag, der den Juden strenges Fasten auferlegt, sündigt dieser Rabbiner ungehemmt, indem er morgens heimlich im verschlossenen Zimmer ein nachhaltiges Frühstück einnimmt. Ob er zur Predigt in die Synagoge oder auf den Friedhof geht, ob er zu einer jüdischen Trauung in ein Hotel oder in ein Privathaus gerufen wird, nie verläßt dieser fromme Mann sein Heim ohne »zur Schmeidigung und Stärkung seiner Stimme« einen Schluck aus dem Taschenfläschchen mit dem gezuckerten Eigelb zu nehmen. Bei Tische läßt er sich in unverhältnismäßiger Weise mit Fleischspeisen bedienen,

»naiv durchdrungen von der Pflicht, den Ernährer der Familie in bestem Ernährungszustand zu halten«. Zum Mittagessen beansprucht er zusätzlich ein Tellerchen Apfelmus, abends einen Apfelkuchen »als Medizin«, neidvoll verfolgt von der Tochter Grete, der er sich so als harter egoistischer Mann einprägte. »Aber mir hat er oft einen Bissen davon abgegeben«, erinnert sich Victor.

Der Nachkömmling, geboren 1881, ist das Lieblingskind des Vaters. Vor ihm acht Geschwister, das älteste zeitig gestorben, der zweite, Bruder Georg, ein »typischer Ältester« mit allen »Pflichten und Privilegien des Anführers«. Dann in knappen Abständen Felix, Grete, Hedwig, Berthold, Marta und Wally und »nach fast fünfjähriger Pause tropfte ich hinterdrein«, um so zärtlicher empfangen, »als ich ein sehr schwaches und kaum lebensfähiges Kind war«.

So jedenfalls Klemperers Selbstzeugnis, versehen mit einer gesundheitlichen Bilanz des inzwischen fast Sechzigjährigen im *Curriculum vitae*, dem Lebensbericht seiner frühen Jahre: »Ich absolvierte bis zu meinem fünften Jahr eine Kinderkrankheit nach der anderen und jede in ihrer schlimmsten Form, danach habe ich, obwohl mein Herz bei der geringsten Erregung Alarm schlägt und obwohl mich, seitdem ich denken kann, der Todesgedanke nie verlassen hat, eine merkwürdig zähe Gesundheit besessen, selbst schwere Erschütterungen gut überwunden und nur ganz selten krank zu Bett gelegen.«

Victor Klemperer wird hineingeboren in eine jüdische Familie, die bescheidenste Lebensverhältnisse mit großem Aufsteiger-Ehrgeiz verbindet. Es herrschen nackte Armut und große wirtschaftliche Bedrängnis. »Daß man zur Nacht ein anderes Hemd anzog als für den Tag lernte ich erst viel später und ebenso daß man Schuhe besohlen lassen durfte, ehe die Löcher bis auf die Strümpfe gingen.« Dazu die väterliche Gesinnung: »Daß man soviel Kinder in die Welt setzen müsse, wie Gott wolle, und daß man bei den Söhnen den Besuch des Gymnasiums und späterhin der Universität ermöglichen müsse, verstand sich von selbst, auch wenn das Anfangsgehalt der dreihundert Täler noch so langsam stieg.«

Das prägt die Lebensführung. Zum Wohle der Familie leistet der Vater jeden Verzicht. »Abgesehen von den zusätzlichen Essenrationen hat er nie den geringsten Aufwand für seine Person getrieben. Noch als er längst aller Geldsorgen enthoben war, blieb er bei der bescheidenen Zehnpfennig-Zigarre, die erst später an die Stelle des Sechspfennig-Krauts getreten war; ein Glas Wein gönnte er sich nur, wenn die Söhne ihm ein paar Flaschen zum Geburtstag schenkten; nie hat er eine Droschke genommen, und wenn die Fünfpfennig-Teilstrecke des Omnibusses nur halbwegs in die Nähe seines Zieles führte, so fuhr er bestimmt nicht für einen Groschen bis an die Haustür.«

In der Familie herrscht der bürgerliche Machismo des 19. Jahrhunderts. Die Mutter Henriette Klemperer »war eine kleine dicke Hausfrau, meist in der Küche, wenn sie nicht zum Anhören der Predigt in das Studierzimmer gerufen wurde, ganz auf das Praktische und Alltägliche gerichtet, früh gealtert, gallen- und herzleidend, dabei aber zählebendig und von einer animalischen Unbekümmertheit des Gemüts, mit der sie Bedrückliches unbegreiflich schnell und vollkommen von sich abschüttelte«. Als junge Frau hatte sie sich mit dem Verfassen von Novellen für ein Familienjournal versucht. Natürlich kann sie auch Klavier spielen, wovon in den Ohren des Sohnes aber nur »ein selten, aber mächtig gehämmerter Marsch aus der ›Tochter des Regiments‹ übrigblieb«.

Auf der Klosterschule hatte Henriette Klemperer das damals den sogenannten höheren Töchtern zugebilligte Maß an Wissen erhalten. Zugefallen ist ihr die Rolle als Familiendienerin. Sie hat ihren Mann anzukleiden, wenn er zur Synagoge aufbricht, und umzukleiden, wenn er zurückkommt. Sie erträgt das Donnergebrüll um das Wirtschaftsgeld, wenn es um Kleider und Schuhe für die Töchter geht. Aber sie gibt nicht das wehrlose Opfer ab: »Im Gegenteil, sie fühlte sich als die Klügere und erlangte zuletzt auch immer, was ihr notwendig schien. Sie erlangte es durch Beharrlichkeit, durch List, durch kleine Konspirationen mit den Kindern, den Dienstmädchen, den Lieferanten. Sie hatte bei alledem ein ebenso strahlendes Gewissen wie der Vater bei seinem Apfelkuchen.« Der Vater hat von ihrer geistigen Begabung profitiert, er hielt nie eine Predigt, die er nicht zuvor ihr vortrug.

Landsberg an der Warthe, Victors Geburtsort in Preußisch-Brandenburg, ist zu dieser Zeit ein Städtchen, wo die Honoratioren einander Bücher im Lesezirkel weiterreichen: der Stadtrat dem Kreisgerichtsdirektor, der Apotheker dem Bürgermeister, der pensionierte General dem Oberlehrer, der Staatsanwalt dem Pfarrer. Auf der örtlichen Leseliste, die sein Jüngster sehr viel später in einem ererbten Buch findet, steht der Rabbiner Dr. Klemperer verzeichnet als Prediger. Eine christliche Vokabel für den Vorsteher der jüdischen Gemeinde. Das ist keine Tarnung, sondern geläufiger Sprachgebrauch. »Offenbar sah man darin weder auf christlicher Seite eine Geheimniskrämerei noch auf jüdischer Seite einen Verrat.«

Christliches Vokabular fließt dem Tagebuchschreiber Victor Klemperer sein Leben lang frei aus der Feder, wenn er auf religiöse Wurzeln seines Familienlebens zurückkommt. Rückblickend meint der Rabbinersohn, als er im Februar 1939 in seiner Dresdner Bedrängnis, belegt mit Lehr- und Bibliotheksverbot wegen seiner jüdischen Herkunft, sein *Curriculum vitae*, zu schreiben beginnt, sich an eine geradezu paradiesische Zeit zu erinnern. In der Kaiserzeit habe es eine lange Periode gegeben, »in der Antisemitismus vielfach ein sehr geringer war. Es herrschte im allgemeinen eine ungleich stärkere

Spannung etwa zwischen Fabrikanten und Arbeitern oder Bayern und Preußen als zwischen Juden und Christen.«

Von seinem Rabbinervater weiß Klemperer mit Sicherheit, daß dieser »sich ganz als Deutscher, als Reichsdeutscher« fühlte und tief befriedigt war vom Sieg über Frankreich im Krieg 1870/71 und von der Bismarckschen deutschen Vereinigung. Die Erinnerungen an das Ghettodasein sind versunken in der Vergangenheit. Der Lehrersohn Wilhelm Klemperer hatte das Gymnasium in Prag absolviert, dann in Breslau das Rabbinerseminar bezogen und nebenher an der Universität eifrig Philosophie und alte Sprachen studiert. Er steht gewissermaßen an der Schnittstelle der jüdischen Emanzipation des 19. Jahrhunderts, dort wo man das Heinesche »Entrée-Billett zur deutschen Kultur« erwerben konnte.

Die Vorfahren kamen aus dem Böhmischen, wo Klemperer ein verbreiteter Judenname war, abgeleitet von Klemperer, dem Klopfer, der morgens an die Fenster der Gemeindemitglieder zu hämmern hatte, um sie zum Frühgebet zu wecken. Ein Zweig der Familie schlug neue Wurzeln in Breslau, wo Victors berühmter Cousin, der Dirigent Otto Klemperer, geboren wurde. Die meisten Verwandten aber blieben im Böhmischen und haben später die deutsche Okkupationszeit nicht überlebt.

Wilhelm Klemperer vermittelt seinen Kindern keine andere Orientierung als die des bürgerlichen liberalen Deutschtums. Zwei seiner Jungen werden Ärzte, einer Anwalt, die Schwestern warten auf ebensolche Ehepartner. Unendlich fern liegt ihnen das Schicksal der Ostjuden. Die Glaubensgenossen jenseits von Memel und Bug, die von der Gemeindeordnung des zaristischen Rußland in den armseligen schmutzigen »Shtetl« zusammengepfercht werden, ihre strenge Gebundenheit an die Riten, ihre Kaftane, Schläfenlocken und Gebetsriemen, ja selbst die Pogrome, denen sie seit den achtziger Jahren ausgesetzt sind – das ist den Klemperers eine fremde Welt. Mit Abscheu geradezu wird Victor Klemperer später, im Ersten Weltkrieg, die Zustände beschreiben, die er in einer Wilnaer Talmudschule antrifft.

Die zionistische Sammlungsbewegung mit ihrer Sehnsucht nach Palästina und den Berg Zion in Jerusalem, auf dem einst König David seine Festung baute – sie bedeutet den Klemperers so wenig wie der Traum von einer Auswanderung nach Amerika, der so tröstlich durch Scholem Alejchems Roman von Tewje dem Milchmann webt, woraus später das berühmte Musical *Anatevka* entsteht.

Auch Theodor Herzl ist kein Thema am Tisch der Familie. Der Wiener Literat, der 1895 in Paris sein Traktat *Der Judenstaat* schreibt und zwei Jahre später den ersten Zionistenkongreß in Basel organisiert, sein politischer Eifer, seine diplomatischen Aktionen beim türkischen Sultan, beim russischen Zaren und beim deutschen Reichskanzler Bismarck um Unterstützung für die Idee eines jüdischen Staates in Palästina, werden offensichtlich von den Klemperers gar nicht wahrgenommen. Herzls Denkansatz, daß nämlich die Juden ein ewiger Fremdkörper bleiben, sich niemals assimilieren und deshalb absondern müßten, das wird Victor Klemperer später heftig attackieren: als Geistesverwandtschaft zu Hitlers Rassentheorien.

Die Synagoge freilich ernährt die Familie, und der Vater ist um professionelles Fortkommen bemüht. 1885 hat er eine neue Anstellung in Bromberg gefunden. Ein riskanter Platz für einen, der seinen Kindern nicht die Verhaltensgesetze der Altvordern einbleut. Es darf sich nicht herumsprechen, daß sein familiärer Nachwuchs, voran Georg, schon drauf und dran ist, zum Christentum überzutreten. Die jüdische Gemeinde in dieser Stadt, jenseits der brandenburgischen Ostgrenze in der Provinz Posen beheimatet und »polnisch angehaucht«, steckt viel tiefer in östlicher Orthodoxie und lebt abgetrennt von den deutschen Mitbürgern.

Victor findet seine Nische. In der Schule ist er als Jude vom Religionsunterricht befreit, in der Gemeinde nimmt man an, daß er Vaters Privatschüler sei. Zum Gottesdienst wird er nur selten mitgenommen, und er empfängt dort »keinen erhebenden, sondern einen halb peinlichen, halb komischen Eindruck«. Der Singsang der Betenden, die schwingenden Oberkörper, die weißen Sterbegewänder, unter denen dunkle Hosen hervorlugen – der Junge empfindet das als häßlich und als Maskerade. Im Religionsunterricht treiben die jüdischen Jungen ihren Jux mit dem Lehrer. Hebräisch lernt er nur die kurze Zeit in seinem letzten Bromberger Jahr, er kommt nicht einmal durch mit dem Buchstabieren. Mit einem Seufzer der Erleichterung schreibt er noch vier Jahrzehnte später: »Es ist also kaum möglich, ein Kind aus geistlichem Hause noch weniger mit religiösen Dingen zu beschweren, als das bei mir geschah.« Und: »Ich sprach mein Abendgebet, wie man sich Zähne putzt.«

Auch an der Mutter beobachtet Victor Emanzipationsgelüste. Eines Tages – der Vater ist für drei Tage nach Berlin gereist – trifft in Bromberg ein Telegramm ein: »Ging gottlob alles gut. Wilhelm«. Beklommen hat sie auf die Nachricht gewartet, nun weiß sie: Ihr Mann wird die Stelle als zweiter Prediger an der Berliner Reformgemeinde bekommen, wo man weit weg ist von jeder Orthodoxie.

Im Dunkel des Spätnachmittags macht sich Henriette Klemperer mit dem Neunjährigen an der Hand auf zum Schlächter. Nicht zu Bukofzer, der in Bromberg das koschere Fleisch anbietet, das den Juden vom Glauben vorgeschrieben ist, sondern in einen Schlächterladen ohne hebräische Beschriftung. Mit beherrschter Stimme, deren Erregung nur Victor spürt, verlangt sie gemischten Aufschnitt. Dann schleppt sie ihn stolz und eilig hinaus nach Hause. Die Wurst wird gleich verkostet, sie schmeckt nicht anders als die von Bukofzer, aber die Mutter sagt verklärten Blicks: »Das essen die anderen, und das dürfen wir nun auch essen.«

Berlin lockt ungemein. Dort gibt es seit 1840 eine jüdische Reformgemeinde, »eine in Deutschland, und wenn ich nicht irre, in der Welt einzigartige jüdische Kultgemeinschaft«. Seit Mitte des 18. Jahrhunderts, seit der Aufklärer und Philosoph Moses Mendelssohn mit seinen Schriften in deutscher Sprache auftrat und sich an Juden wie Nichtjuden wandte, ist der Wille nach Ausbruch aus dem geistigen Ghetto und nach Beteiligung am kulturellen Leben der Umwelt von den orthodoxen Religionshütern nicht mehr einzudämmen. In den Salons von Rahel Varnhagen und Henriette Herz, beide jüdische Berliner Frauen, verkehrte zu Anfang des 19. Jahrhunderts die Geisteswelt von Preußisch-Berlin. Eine reiche und gebildete Oberschicht von jüdischen Ärzten, Anwälten, Großkaufleuten, Unternehmern, Wissenschaftlern und Künstlern integriert sich immer mehr in das gesellschaftliche Leben, läßt sich taufen oder entsagt jeglicher Religion. Rechtlich wurden die Juden durch die preußische Verfassung von 1851 gleichgestellt, nur staatstragende Berufe bleiben ihnen noch verschlossen.

Unter diesen neuen Horizonten gehen die Bindungen an die jüdischen Wurzeln, die einst in der Enge der Bedrückung geförderten religiösen Gemeinschaftsgefühle für viele verloren. Von den 173 000 Juden, die 1883 in Berlin ansässig sind, empfinden sich nur noch etwa 30 000 als Gläubige. Man lebt in dem Gefühl, daß auch die letzten Schranken in Beruf und Gesellschaft bald fallen werden. Die meisten Berliner Juden wählen liberale und freisinnige Parteien, unter den Intellektuellen neigen nicht wenige der aufkommenden sozialistischen Bewegung zu, später auch dem verlockenden Angebot von Gerechtigkeitssinn und Pioniergeist des Zionismus.

Unterdessen treten Reformer auf, die jüdische Rituale und jüdisches Denken auf tolerante Weise den neuen Lebensverhältnissen anpassen wollen. So fand sich auch die Reformgemeinde in Berlin zusammen. Bei ihr wird der Gottesdienst nicht am Sonnabend abgehalten, dem jüdischen Sabbat, sondern am christlichen Sonntag. »Die Orgel spielt zum deutschen Chorgesang. Die Betenden sitzen ohne Kopfbedeckung, Männer und Frauen beisammen. Der Knabe wird nicht mit dreizehn unter die Männer der Gemeinde aufgenommen, sondern Mädchen und Knaben werden als Fünfzehn-, Sechzehnjährige gemeinsam am Ostersonntag eingesegnet.« Es gelten nicht die jüdischen Speisegesetze, und was dem jungen Klemperer besonders gefällt: »nicht das Fahr- und Schreibverbot der Sabbatheiligung«.

Als die Klemperers in Berlin eintreffen, steht schon die prunkvolle Neue Synagoge in der Oranienburger Straße. Mit ihren 3 200 Plätzen ist sie über alle Maßen teuer gewesen. Man hat sie im maurischen Stil hergerichtet, wohl die Alhambra im Sinn. »Ein Bauwerk, das an Pracht und Großartigkeit alles weit in den Schatten stellt, was christliche Kirchen in unserer Hauptstadt aufzuweisen haben«, befindet der Feuilletonist Theodor Fontane in der *Kreuz-Zeitung*. Gelohnt hat es sich für den gesellschaftlichen Anschluß allemal. Bei der Eröffnung waren Preußens Ministerpräsident Otto von Bismarck, der Magistrat und die Stadtverordneten zugegen. Bald wird man an dem sakralen Ort auch der siegreichen Schlacht von Sedan gegen Frankreich gedenken und Kaisers Geburtstag feiern. Die Synagoge wird zu einem gesellschaftlichen Zentrum des wilhelminischen Berlin. Kein Gedanke, daß ein solches Monument des neuen jüdischen Selbstgefühls, der Gleichberechtigung und der Sicherheit eines Tages angezündet werden könnte und die Synagogengänger, sofern sie Deutschland nicht rechtzeitig verlassen konnten, einem Massenmord zum Opfer fallen würden.

Der Synagogenprunk grenzt auch ab. Mit den Ostjuden, die sich seit den Pogromen in Rußland und Rumänien auf eine Zwischenstation für die Weiterwanderung nach Westeuropa und Amerika in das nahe Berliner Scheunenviertel flüchten, wollen Leute wie der damals erfolgreichste Berliner Schriftsteller Georg Hermann oder der spätere Chefredakteur des *Berliner Tageblattes* Theodor Wolff nichts zu tun haben. Wie sein christlicher Widerpart pflegt das sogenannte Nebbich-Berlin, ansässig im Bellevue-Viertel, in Charlottenburg und in Wilmersdorf, die Religion eher als einen kulturellen und geistigen Luxus. Wer sich nicht geistig und pekuniär assimilierte, blieb »als Mischpoche peinlich«, erinnert sich später der Schriftsteller Walter Mehring, ein Kind dieses Milieus.

Wilhelm Klemperer predigt ganz in der Nähe, in der schon im Jahr 1854 geweihten Synagoge in der Johannisstraße, die der Berliner Reformgemeinde gehört. Sie war die erste in Deutschland, in der man – wie der Historiker Helmut Eschwege es ausdrückte – »einem fast völlig enthebräisierten Kultus« nachging und wo im Gebetbuch auch all die Stellen gestrichen waren, die auf die Vergangenheit der Juden Bezug nehmen.

Victor bekommt Gelegenheit, dort Eigenschaften an seinem Vater zu bewundern, die er später auf seine Weise noch übertreffen wird: »Er war ein prachtvoller Kanzelredner gerade für ein gebildetes Publikum, reich, wenn nicht reich an eigenen Gedanken, sondern an ungemeiner, geschmackvoller Belesenheit, die Worte strömten ihm mühelos.« Überdies war es eine mutige Entscheidung. Mit der Bewerbung für die Berliner Reformgemeinde hatte Wilhelm Klemperer alles aufs Spiel gesetzt. Hätte man ihn nicht genommen, wäre seine bürgerliche Existenz zerstört gewesen.

Die Söhne haben den Gewinn. Der Umzug nach Berlin in die Anonymität der Großstadt bringt ihnen die endgültige Entscheidungsfreiheit.»Konfessionen betrachtete ich als Kleider, die man nach Orts- und Zeitsitte trug: Judentum war eine alte und undeutsche Tracht, Protestantismus eine norddeutsche, Katholizismus eine in Süddeutschland und Österreich verbreitete Mode. Vater, ein alter Herr, hatte sich der deutschen Tracht angenähert, als er nach Berlin kam.« Wie seine Brüder, zieht auch Victor die »alte und undeutsche Tracht« erst gar nicht richtig an. Bei seiner Einsegnungsfeier schwört er sich, das Abendgebet künftig zu lassen und »nicht mehr mitzuheucheln«.

Gasbeleuchtung und Pferdebahnen, Asphalt vor der Haustür und Schokoladenfabrikation im Hinterhof, junge Rekruten auf den Exerzierplätzen und aristokratische Mitschüler im Gymnasium – in einem Prisma ungeahnter neuer Lebensfarben tut sich Berlin vor dem Rabbinersohn aus dem Wartheland auf.

Victor Klemperer besucht das Französische Gymnasium in Berlin, kein jüdisches. Es ist hervorgegangen aus der Lateinschule, die der Große Kurfürst einst für die Kinder der Hugenotten, der französischen Flüchtlinge in Preußen, hatte gründen lassen. Das Gebäude befindet sich am Kronprinzenufer dicht beim Reichstag, und die Mitschüler erweisen sich als buntes Gemisch von Diplomatenkindern, Adelssprößlingen, Nachkommen der französischen Emigranten und Zöglingen aus wohlhabenden jüdischen Familien.

Der Unterricht wird auf französisch erteilt. Von der Untertertia an sind auch die Lehrbücher für Geschichte und Mathematik und selbst die lateinische und die griechische Grammatik in dieser Sprache abgefaßt. Cäsar und Xenophon lesen sie in französischer Übersetzung – eine doppelte Herausforderung, die der erwachsene Klemperer in seinen Erinnerungen keiner weiteren Erwähnung für wert hält, so sehr ist ihm die Mehrsprachigkeit in frühen Jahren zu einer Selbstverständlichkeit geworden.

Die Stadtluft macht nicht ganz frei. Der Rohrstock verleiht den pädagogischen Bemühungen der Pauker den vermeintlich nötigen Takt im disziplinwütigen Preußen. »Geprügelt wurde viel, gewiß nicht grausam, aber doch gründlich. Es gab da feine Altersabstufungen. In der Sexta wurde der Junge über den vordersten Schultisch gelegt, in der Quinta nur noch leicht an das Knie des Lehrers gelehnt, in der Quarta wurde mit dem Rohrstock auf die ausgestreckte Innenhand geschlagen, in der Untertertia gab es nur noch Ohrfeigen und vereinzelte Ohrfeigen klatschten auch noch in der Obertertia.«

Den Quintaner Klemperer erwischt es nur einmal, und da auch noch zu Unrecht. Er hat sich im Rechenunterricht an einem Schnürsenkel zu schaffen gemacht, was der Lehrer, der »riesenhafte klobige Doktor Bremiker«, für eine unerlaubte Vorbereitung auf den nachfolgenden Turnunterricht hält. Bei dem Schüler bleibt ein zäher Haß auf diesen Lehrer zurück, Unterwürfigkeit folgt daraus nicht. Denn Victor weiß abzuwägen: »Wenn ich dies meine einzigen Prügel nenne, so lasse ich natürlich ungezählte Ohrfeigen beiseite. Sie waren mir lieber als ein Tadel, der dem Vater als portopflichtige Dienstsache zur Unterschrift zugeschickt wurde. [...] Vater schlug mich nicht, aber er geriet für den ganzen Tag in die böseste Laune, die auf uns allen lastete, er grollte über meine Unzulänglichkeit und über den vergeudeten Groschen.«

Unter den Gymnasiasten selbst walten häufig Handgreiflichkeiten. Das gilt durchaus als geeignete Vorbereitung auf das Leben. In den Pausen beziehen die Unterklassen ihre Sammelplätze, Male genannt, und tragen untereinander Einzel- und Massenkämpfe aus, während die Lehrer »mindestens anderthalb Augen« zudrücken. Klemperer, bei seiner zarteren Konstitution, ist kein Anstifter, aber ein Duckmäuser ist er auch nicht. Einmal, im Zweikampf mit dem viel größeren Nelson, schlägt er diesem die Nase blutig. »Niemand nahm es mir übel, er selber auch nicht; es war ein Zufallstreffer gewesen, auch nahm sich der Blutfleck auf Nelsons hellem Matrosenkragen prachtvoll heroisch aus.«

Mit einer Mischung aus Bewunderung und Neid beobachtet der Zuzügler aus der Provinz auf dem Gymnasium, daß die Ausländer, die Adligen, die Reichen am Gymnasium entspannter und großzügiger leben, mit einem Maß von Unbefangenheit, die ihm, der »aus dem Schwanken der Schichtlosigkeit« kommt, nicht gelingen will. Nur in der Albrechtstraße, nahe dem Bahnhof Friedrichstraße, wo die Familie ihr erstes Berliner Quartier nimmt, findet er Murmelfreunde aus ähnlichem Milieu. Später, in der Winterfeldtstraße im nobleren Berliner Westen – »eine betont gutbürgerliche, beamtenhaft solide Wohngegend« –, mißlingen ihm Bekanntschaften mit Gleichaltrigen außerhalb des Klassenkreises. Die Freundschaft zu seinem Mitschüler Victor Landau, einem Bankierssohn, findet ihr Ende am Gartentor von dessen elterlicher Villa. Die Bewunderung für den kraftstrotzenden Fabrikantensohn Julius Bab bringt nichts, weil Victor dem Imponiergehabe des anderen nicht gewachsen ist. Er sieht Julius auf Schülerparties schon »in feierlich tönenden Jamben glänzen« und dabei in unerreichbare Fernen entrücken. Ein Komplexverhalten, das er durchs Leben schleppen wird. Noch als fast Sechzigjähriger seufzt er: »Was habe ich, und nicht nur als kleiner Schüler, nein, noch als Träger des Frontordens, als Ordinarius und Dekan ein paar grünen Korpsstudenten gegenüber unter dem Mangel an Unbefangenheit gelitten!«

Aber da sind noch die Bücher. In der Albrechtstraße macht er seine Schularbeiten in Vaters Zimmer und schläft dort auch nachts, hinter ihm das volle Bücherregal bis zur Decke hinauf. In der Winterfeldtstraße bezieht er seinen Schlafplatz in einem kleinen Durchgangsraum zwischen Eßzimmer und Küche, darf aber seine Schularbei-

ten wieder im Arbeitszimmer des Vaters erledigen, die Bibliothek in Griffweite. An Schiller gerät er zuerst: »Die ›Räuber‹ und stärker noch, der Verse halber, die ›Jungfrau von Orleans‹, ›Maria Stuart‹, ›Don Carlos‹, der ›Tell‹, das lief glühend heiß in mich hinein, das konnte ich immer wieder lesen, davon wußte ich ganze Stücke auswendig, ohne sie gelernt zu haben.«
Dann ist es Ferdinand Freiligrath, der Dichter der Achtundvierziger Revolution, von der Klemperer nur vage aus den Prager Erzählungen seiner Mutter weiß. Wieder ist es anfangs der Schwung der Verse, der über die Seele des literarisch so Empfänglichen den poetischen Zauber ergießt. »Und immer wieder stieß ich auf Allgemeines, das in seiner krassen Wildheit ohne weiteres begreifbar war. Daß sich oft Schlagworte aneinanderreihten wie dicke Glasperlen, konnte ich unmöglich schon ermessen und als störend empfinden.«
Der Zwölfjährige spricht mit keinem darüber. Er steht zu dieser Zeit unter einem zermürbenden Erziehungsdruck seines Bruders Georg. Jeden Sonnabend muß er sich in der Roonstraße, wo Georg wohnt und auch praktiziert, einem pädagogischen Mittagessen unterziehen. Alles schüchtert ihn ein, schon die marmorne Freitreppe und die üppige, elegante Wohnung im Hochparterre. Zuerst schleppt ihn das Hausmädchen ins Badezimmer, wo er sich die Hände waschen muß, dann nimmt ihn der Arztbruder im Sprechzimmer in Augenschein, greift nach den Händen, ob die Nägel sauber seien, klappt die Unterlippe herunter und befindet, daß die Zähne besser geputzt sein könnten.
Im Eßzimmer viel überschweres Porzellan und Silbergedeck. Auf dem Tisch Kristall- und Silberschalen; am Buffet hantiert ein Diener mit weißen Handschuhen, seine Blicke »immer auf mich gerichtet wie ein Flintenlauf«. Victor kennt ihn aus der Charité. Dort war der Mann das Faktotum Georgs und hatte die Kaninchen-

ställe zu säubern. Nun macht er den Einlasser in der privaten Arztpraxis.

Das Regelwerk bei Tische ist das einer Aufsteigerfamilie, die ihrem Nachwuchs den Stallgeruch der armen Herkunft austreiben und ihn für die Kultur des Großbürgertums abrichten will: »Du darfst nicht gedrückt dasitzen, du darfst nicht auf deinen Teller starren, deine Stimme muß frischer klingen, du mußt den Leuten ins Gesicht sehen, wenn du mit ihnen sprichst.« Berliner Tonfall ist nicht erlaubt »und um Himmels willen kein Ausdruck, den man im geringsten als jüdisch oder gar jargonhaft hätte bezeichnen können«.

Fluchtartig verläßt der Gepeinigte das Haus, sobald die kritische Auswertung beim Abschied im Vorraum erledigt ist. Und als er dabei einmal die Treppe hinunterstürzt und immer noch zittrig am Brandenburger Tor die Pferdebahn besteigt, tröstet ihn der Gedanke: »Für eine Woche wenigstens ist es überstanden«.

Der älteste Bruder hat die Stufenleiter zur protestantisch-bürgerlichen Gesellschaft in einem atemberaubenden Tempo erklommen. Mit fünfundzwanzig Jahren wird er Oberarzt an der Charité, hat sich habilitiert und ein Lehrbuch der Inneren Medizin geschrieben, das dann eine ganze Generation von Studenten als den »grünen Klemperer« kennt, so benannt nach der Farbe des Einbands. Mit neunundzwanzig eröffnet er die eigene Praxis in der Roonstraße. Er gewinnt auch internationales Ansehen, so daß man ihn später sogar an das Krankenbett Lenins nach Moskau ruft.

Der Vater verläßt sich auf Georg. Mit fünfundzwanzig hat der Älteste praktisch schon »die Führung der Familie inne«. Er trägt tatkräftig dazu bei, die wachsenden Bedürfnisse der Familie zu befriedigen. Victor zieht durchaus seinen Vorteil von dieser Machtverteilung. »Es ist ganz seltsam«, so erinnert er sich viele Jahre nach dem Tod des Vaters, wie sich bei Georg »die genaue Kenntnis der väterlichen Schwächen, die Abneigung gegen Vaters Beruf, der dringende Wunsch, seine Herkunft vergessen zu machen, mit einer tiefen und über Vaters Grab hinaus bewährten Sohnesliebe verbanden. Wenn er mir lange nachher treu zur Seite gestanden hat, so glaube ich nicht, daß es aus spät erwachter Sympathie für mich oder gar aus Achtung vor meinen Arbeiten geschah, sondern wahrscheinlich in der Hauptsache deshalb, weil ihn Vater in seinen letzten lichten Augenblicken zu Dutzenden Malen mit Tränen der Angst gebeten hatte, den ›Kleinen‹ (den damals dreißigjährigen Kleinen) nicht im Stich zu lassen.«

Dem »Zeremonienmeister« stehen bei der Organisierung der Familienpädagogik vor allem Bruder Berthold und gelegentlich auch Felix bei. Daraus ergibt sich eine Übermacht, der Victor nicht gewachsen ist. Berthold liefert ihn eines Tages bei einem Orthopäden ab. Dem Nachkömmling sollen die körperlichen Haltungsschäden ausgetrieben werden. Man hängt ihn in einen orthopädischen Galgen, und Bruder Felix, der dritte im Bunde der Miterziehungsberechtigten, bemerkt ohne gewollte Häme: »Was kann man schließlich vom neunten Kind unjugendlicher Eltern erwarten. Ein bißchen krumm bist du ja, aber vielleicht wird's doch kein richtiger Buckel.«

Die Wirkung solch demütigender Fürsorglichkeiten ist verheerend. Lange noch steht Victor zu Hause angstvoll im Badezimmer und versucht im Spiegel zu erkennen, ob der Buckel Fortschritte mache. Die Familiengefühle sind ihm vergällt: »Das pädagogische Mittagessen bei Georg und der pädagogische Galgen bei Dr. Karewski, zwei Dinge also, die mir aus bester Absicht angetan wurden, sind das Schädlichste, was mir in diesen Jahren widerfuhr.«

Solch schikanöser Alltag weckt Fluchtgedanken: »In den Jugendgeschichten, die ich massenhaft las – es gab Klassenbibliotheken, man lieh sich untereinander aus Privatbesitz, ich bekam auch Bücher geschenkt – floh man als Schiffsjunge, wurde Goldgräber, kämpfte mit Indianern.« Nicht, daß er für sich selbst einen dieser wilden Lebensläufe beansprucht hätte, aber derlei Lektüre macht anfällig. Mit wachsender Erregung hört er in seiner familiären und schulischen Umgebung den Erzählungen über Leute zu, die sich den beruflichen Schliff an einer New Yorker Bank holen oder als Kolonialkaufleute ihr Glück suchen.

So »quirlte sich alles« zusammen: Georgs Erziehungsrituale und Vaters Predigten, die unerfüllten Schulfreundschaften und *Maria Stuart*, Freiligraths Rebellenlyrik und die Mathematik. »Und aus alldem entstand die Gedankenreihe: Ich will Kaufmann werden, dann kann ich die Schule verlassen«, und »Wozu mich dann auf dem Französischen Gymnasium quälen?«

Der Vater, dessen brennender Ehrgeiz für einen Aufstieg der Familie durch die Erfolge der älteren Söhne einigermaßen gestillt ist, gewöhnt sich an den Gedanken. Victor, der Schwierige, der Unpraktische, der vermeintlich Antriebsschwache, der Nachhilfestunden braucht und gelegentlich auch unter dem Damoklesschwert des Sitzenbleibens steht – er soll seinen Willen haben. Die Brüder schütteln die Köpfe, selbst am Vater nagt bald wieder der Zweifel, aber der abgehende Obertertianer frohlockt: Drei Jahre Lehrzeit in einem Exporthaus, das wäre »etwas unvergleichlich Größeres und Erregenderes als noch drei Jahre Kinderstube und Pennal«.

Die Firma, die ihn als Lehrling aufnimmt, heißt Löwenstein & Hecht. Sie betreibt den Export von Kurz- und Galanteriewaren und befindet sich in der Alexandrinenstraße, im heutigen Kreuzberg. Eine reizlose Gegend damals zwischen Halleschem Tor und Spittelmarkt, vollgestopft mit kleinen Industrie- und Handwerksbetrieben, Kommissions- und Exportfirmen, Destillen und Gemüsekellern.

Victor beginnt als sogenannter Stift mit 15 Mark Monatsentgelt, bringt Pakete zur Post und wird dann Warenannehmer, »anfangs mit Stolz, dann mit Gleichgültigkeit, schließlich mit Erbitterung«. Brieftaschen, Tintenfässer, Porzellanschalen, samtbezogene Fotorahmen – der ganze Kram, den die Hinterhofbetriebe ringsum produzieren, wird von ihm begutachtet und dem Versand weitergereicht.

Doch der Stolz, mit dem Ausland Handel zu treiben, zerrinnt dem Sechzehnjährigen bald. Die Arbeit wäre in der Hälfte der Zeit zu leisten, die Langeweile bricht über ihn herein, ein unbekanntes Phänomen in seinem bisherigen und auch in seinem künftigen Leben. Im dritten Halbjahr erwacht er jeden Montagmorgen »mit dem Gefühl, eine sechstägige Gefängnisstrafe anzutreten«.

Ein Handicap der besonderen Klempererschen Art hindert ihn am Aufstieg zum Buchhalter oder Kontoristen. Er hat eine Handschrift, die man in Berlin Klaue nennt. Selbst ein Schönschreibkursus, dienstags und freitags abends bei der Firma Rackow in der Leipziger Straße, hilft nicht weiter. Das »flüssige Gleiten« stellt sich nicht ein, die üblichen Schnörkel wollen ihm nicht gelingen, und Ausweichmöglichkeiten gibt es nicht: von der Schreibmaschine ist ja noch kaum die Rede.

Vielleicht ist das Tagebuchschreiben mitschuldig. Irgendwann im Jahr 1897 hat Victor Klemperer damit begonnen. Er schreibt zügig, offensichtlich auch schon in Formulierungen schwelgend, aber nur für sich selbst. Da darf die Hand machen, was sie will. Es sind Theatereindrücke, die er sich bewahren will, seine Besuche in der Kroll-Oper, »wo es für eine Mark einen sehr hübschen Stehplatz hinter dem Parkett gab«.

Den Ladenschwengel lockt immer mehr das Literarische. Danach richtet sich das Milieu seiner Bekanntschaften. Martin Birnbaum, sein Billardfreund, kann weitläufig Heine zitieren. Hans Meyerhof, sein Lehrzeitgefährte bei Löwenstein & Hecht, muß die lyrischen Ergüsse ertragen, die der Kaufmannslehrling auf den Rändern der Fotoalben notiert und anschließend zwischen den Warenregalen mit flüsternder Stimme deklamiert.

Sogar aus der Tanzstunde versucht der junge Poet dichterisches Kapital zu schlagen. Seine Partnerin Lotte Wertheimer bietet ihm den Stoff für den Versuch einer Novelle. Stolpernd durch Polka, Quadrille und Walzer, beklagt er die Gesellschaft von Backfischen und geschlechtslosen Wesen, merkt freilich maliziös an: »Hans und ich wären uns wie kleine Jungen vorgekommen, wenn wir nicht längst in der dirnenreichen Gegend am Halleschen Tor unsere Erfahrungen gemacht und des langen und breiten miteinander besprochen hätten.«

Einunddreißig Monate währt diese »Kaufmannsperiode«. Zur geteilten Freude seiner Familie will der Kaufmannslehrling dann doch das Abitur nachholen. Der Vater reagiert euphorisch, sieht seinen Jüngsten »schon auf einem jener Universitätskatheder oder sinekurehaften Bibliothekarsposten, die es in der Vergangenheit in München, in Jena, in Wolfenbüttel und da und dort gegeben« hat. Die Brüder freilich stoßen sich am Studienwunsch Philosophie und Literatur, vermeintlich brotlosen Beschäftigungen, und halten Victor für talentlos.

Einzig die Mutter weiß den richtigen Rat. Sie ermuntert ihren Jüngsten zu Reisereportagen. Eine geplante Reise mit dem Vater nach Marienbad gibt dazu Gelegenheit. Und in der Tat zeigt das Wirkung. Der kaufmännische Versager beschreibt geradezu genießerisch den Mikrokosmos dieses damals blühenden böhmischen Kurbades: die Trachten der Kellnerinnen, die dicken Soletrinker mit ihren Virginiazigarren, die galizischen Juden mit ihren Kaftanen und Schläfenlocken, die Rothschildschen »Automobile«, die österreichischen Offiziere, die ihm erscheinen wie »Clowns in Affenjacken«.

Für den Jüngsten der Klemperers wendet sich nun

scheinbar alles zum Besseren. Der Familiensegen hängt für eine Weile einigermaßen gerade. Georg vermittelt den Bruder an einen seiner früheren Lehrer in Landsberg, und so gelangt Victor am 15. März 1900 das erste Mal bewußt in seine Geburtsstadt, »vorläufig nur mit Nachtzeug und Tagebuch versehen«. Eine Untertreibung, denn er hat auch sein Fahrrad bei sich, er kann in seiner Freizeit das weite grüne Wartheland genießen.

Ganz wohl ist ihm nicht, noch einmal Schuljunge zu sein, »in einer Kleinstadt, ein bißchen wie in einem Sanatorium, ein bißchen wie in einer Besserungsanstalt«. Aber er hat die Skizzen für Novellen bei sich und liest alles, was er an moderner Literatur auftreiben kann. Während er sich beim quälend langsamen Fortgang des Unterrichts in französischer Literatur tödlich langweilt und sich über »furchtbar geradebrechte Alexandriner« im *Horace* ärgert, saugt er den abstrakten Stoff im Deutschen wie im Griechischen wie ein Schwamm auf. Der Lehrer Franz Charitius »forderte eine absolute grammatische und logische Exaktheit, er ließ kein Wort durch, das nur die geringste Unklarheit, die leiseste Neigung zur Geschwollenheit, zum Ausbiegen oder Aufweichen ins Gefühlsmäßige verriet«.

Landsberg ist der Ort, wo der Knoten reißt, ohne daß ihm das recht bewußt wird: »Wer mir damals vorausgesagt hätte, daß ich jemals ein Buch über Corneille schreiben würde, der hätte mir ebenso gut eine Mathematikprofessur weissagen können«. In Landsberg bringt es der reuige Abiturnachholer sogar zum Klassenprimus. Das bürdet ihm ungewohnte Verpflichtungen auf. Er ist nun auch der sogenannte Präside des Kommerses, jener damals üblichen Trinkgelage, mit denen sich die Gymnasiasten auf den feuchtfröhlichen Teil ihres Studentendaseins vorbereiteten. Alles steht er durch: Besonders gut gelingt ihm die patriotische Rede am Sedantag, an dem der Sieg über Frankreich und die Gründung des Kaiserreichs gefeiert wird: »Ich fühlte mich nicht als Jude, nicht einmal als deutscher Jude, sondern als Deutscher schlechthin.« Von Antisemitismus verspürt er, bis auf eine einzige Attacke eines rüden Mitschülers, in dieser Zeit nichts.

Zwanzigeinhalbjährig bekommt der Zögling mosaischer Konfession am Königlichen Gymnasium zu Landsberg a. W. endlich das Zeugnis der Reife. Mit dem Vermerk: »Seine sittliche Führung war lobenswert; sein wissenschaftliches Streben ernst, nachdenkend und durch schnelle Auffassung wie erfreuliche Formgewandtheit unterstützt, verdiente volle Anerkennung.« In Deutsch, Französisch, Englisch, Erdkunde und Geschichte glänzt er mit der Note Gut, in Griechisch, Latein und Physik langt es für Genügend. Das Nicht genügend in Mathematik reißt ihn nicht herunter. Selbst im Turnen reicht es für den von familiären Ermahnungen mit dem ewigen »Halt dich gerade!« Gebeutelten noch für ein Genügend.

Victor Klemperer leitet den damals üblichen Abschiedskommers. Der Reichsbankfilialdirektor bringt einen Toast auf den Präsiden aus. Der Direktor hält eine warmherzige Entlassungsrede »über unsere Verpflichtung, zur ›deutschen Elite‹ zu gehören«. »Ich selber«, so erinnert sich Klemperer, »dachte ohne Vertrauen an die Zukunft und kränkte mich über diesen Mangel an Zuversicht.«

Man schreibt den 19. März 1902. Das 20. Jahrhundert ist noch jung. In Wissenschaft und Technik, in Wirtschaft und im Kulturleben finden immer mehr Talente jüdischer Herkunft Anerkennung und Einfluß. In Bern feilt der nur zwei Jahre ältere jüdische Patentamtsmitarbeiter Albert Einstein an der Relativitätstheorie. In Berlin tritt der jüdische Industriemanager Walther Rathenau in den Vorstand des AEG-Konzerns ein. In Österreich erhält der jüdische Begründer der Psychoanalyse, Sigmund Freud, von Kaiser Franz Joseph I. den Titel eines außerordentlichen Professors der Universität Wien.

Aber die Zeiten sind nicht friedfertig. In Berlin gibt es

120 000 Wohnungslose. Der deutsche Kaiser Wilhelm II. macht sich Gedanken über Deutschlands forcierte Seerüstung gegen England und Frankreich. In Südafrika stehen die Buren, denen Klemperers ganze Sympathie gilt, auf hoffnungslosem Posten gegen die britischen Kolonialtruppen. Ein russischer Umstürzler mit dem Decknamen Lenin übersiedelt samt seiner illegal gedruckten russischen Zeitung Iskra von München nach London über.

Der Virus des Antisemitismus sitzt tief in der bürgerlichen Gesellschaft. In Frankreich hält die Erregung über die Verurteilung des jüdischen Hauptmanns Alfred Dreyfus an, der völlig ungerechtfertigt beschuldigt wurde, ein deutscher Spion zu sein und zuerst zu lebenslänglicher Verbannung, dann zu zehn Jahren Gefängnis verurteilt worden ist. In Deutschland betreiben Ehrgeizlinge wie der Hofprediger und Reichstagsabgeordnete Adolf Stöcker und der Schwiegersohn Richard Wagners, Houston Stewart Chamberlain, eine bösartige judenfeindliche Agitation. Selbst Intellektuelle wie die Brüder Heinrich und Thomas Mann beteiligen sich an antisemitischen Diskursen.

Von dem kommenden Unheil macht sich freilich niemand eine Vorstellung. In Linz ist der zwölfjährige Realschüler Adolf Hitler in seinem ersten Realschuljahr soeben wegen Ungenügend in Mathematik und in Naturgeschichte sitzengeblieben. In München hat der spätere Endlöser der Judenfrage, Heinrich Himmler, gerade erst das Laufen gelernt. In Solingen ist der Bürokrat des Todes, Adolf Eichmann, noch gar nicht geboren.

Und der dreiundzwanzigjährige Victor Klemperer glaubt noch fest an den »lichten Geist des 20. Jahrhunderts«.

Jahre des Suchens
»Mediziner? – Nein, Philologe. – Ganz faul.«

Mit seinem Landsberger Schulgefährten Erich Schönrock macht sich der Zweiundzwanzigjährige auf nach München. In Landsberg haben sie zusammen die Schulaufgaben erledigt, Schach gespielt und französische Lektüre getrieben. Schönrock, der Uhrmachersohn, hat sich für Jura entschieden, Klemperer, der Rabbinersohn, für Germanistik. Ein Pragmatiker und ein Sinnsucher. Ihre Beziehungen halten in München nur noch kurze Zeit.

Klemperer will sich ohnehin nicht festlegen. Er träumt von einem freien Studium, das dem Aufbaubedürfnis seines Geistes gehorcht, nicht den genormten Promotionswegen. Er will frei sein in der Wahl der Bildungsfächer, er will seinen Nektar saugen bei vielen Dozenten, freizügig sich bewegen von Hochschule zu Hochschule. Nur sich nicht den Zwängen einer preußischen Lehramtskarriere unterwerfen! Aber er weiß auch, daß diese Art von Studium entweder eines abenteuerlichen Mutes oder eines guten finanziellen Rückhalts bedarf. Und von beidem hat er nur begrenzten Vorrat:

»Das ist die ständige Qual meiner ersten Universitätsphase gewesen, daß ich immerfort zwischen freiem und unfreiem Studium hin und her gerissen wurde und das eine wie das andere mit halbem Herzen und Gewissensnot betrieb. Zuletzt, als es am Tage war, daß ich das Staatsexamen des Lehramts gewiß nicht ablegen würde, drangen die Meinen in mich, ich sollte wenigstens den Doktortitel erwerben. Ich quälte mich eine Zeitlang damit und scheiterte auf eine Weise, die mir heute tragikomisch erscheint.«

München 1903 – das wird nur ein kurzes fahriges Sommersemester. Klemperer, im Besitz eines Monatswechsels von 150 Mark »und in sicherer Erwartung häuslicher Liebesgaben«, treibt durch die Pinakotheken und die Theater, spielt mit Freund Schönrock im Café Karlstor noch ein bißchen Schach, trifft den Berliner Gymnasiumsgefährten Victor Landau und den lebenstüchtigen Hans Meyerhof aus der Lehrzeit, der in München seinen Militärdienst ableistet und bald im Begriff sein wird, die Stadt zu seiner Operationsbasis für allerhand zweifelhafte Geschäfte zu machen.

Mehr als der Lernstoff beeindruckt den Germanistikeleven der Ordinarius Franz Muncker, ein Klopstock-Spezialist, »wehrlos gutmütig«, mit einem »donquichotischen Gesicht«. Der Mann gewinnt mit unendlicher Geduld auch noch der verkehrtesten Antwort in den Seminaren eine positive Seite ab und hält seine Vorlesungen in fließender Rede ohne jede Notiz, eine Fähigkeit, die Klemperer später an sich selbst entdecken und mit ähnlicher Perfektion ausspielen wird.

Der Neuling aus dem preußisch-protestantischen Brandenburg stößt in der bayrischen Metropole mit Wucht auf den Katholizismus: »Hier färbte er auffallend, und unmittelbar nach dem Bier, das Volksleben.« Die blauweiße Isar-Folklore mit ihren unendlich vielen Feiertagen und Heiligenfesten bleibt dem Berliner Studiosus unverständlich. »Wo der Katholizismus begann mit seinen Dogmen und Gepränge«, so notiert er schamhaft fast 30 Jahre später, »da begann für mich schon das Ausland.«

Mit geradezu ethnologischem Interesse beobachtet er das Zusammenspiel von Kirchenkult, bayerischen Trinksitten und bäurischer Restkultur im Stadtmilieu Münchens. Eine Prozession, an der zu seinem Entsetzen selbst die Studenten in ihrem Wichs, die Professoren in ihren schwarzen Roben und der Universitätsrektor mit seiner

Amtskette teilhaben, verblüfft ihn mit ihrem theatralischen Wesen. »Undeutsch«, nennt er das; er habe gedacht, »so etwas könnte man nur in Italien oder Spanien, allenfalls in Österreich zu sehen bekommen.«
Indessen bewahrt ihn sein temporärer Beobachterposten nicht vor der Zudringlichkeit von Glaubensgenossen seiner Altvordern, die seiner Herkunft auf die Spur gekommen sind. Klemperer hat sich kaum eingerichtet in seiner Untermiete in der Kurfürstenstraße 61, da überfällt ihn ein jüdischer Couleurstudent, der für die »Licaria« wirbt, die womöglich einzige jüdische Studentenverbindung Deutschlands zu dieser Zeit. Ein Wortschwall ergießt sich über den Neuling: Er müsse der Verbindung beitreten, sie verfechte die akademische Ehre der Juden, die Korpsbrüder hätten »einen sehr rühmlichen, ja gefürchteten Namen«.
Umsonst versucht Klemperer, sich »als prinzipieller Gegner des studentischen Verbindungswesens, der Mensuren, des Duells überhaupt« zu erklären. Umsonst auch seine antikonfessionelle Verteidigungsposition: »Ich weigere mich, eine besondere jüdische Ehre anzuerkennen! Ich habe meine Ehre als Mensch und als Deutscher.« Der Chargierte erwischt ihn an einem schwachen Punkt: »Sie sind Jude und gelten überall in erster Linie als Jude; Ihr Deutschtum haben Sie zu beweisen. Deutscher akademischer Brauch ist die Satisfikation [...]. Als Jude müssen Sie zeigen, daß auch ein Jude den deutschen Schläger führen kann.«
Eher widerstrebend macht der Zweiundzwanzigjährige das Training für den Paukboden mit: »Ich tat etwas – von mir aus gesehen – Närrisches, Halbes, Inkonsequentes.« Der Fechtunterricht wird in der Türkenstraße erteilt, gegenüber einer Kaserne, in einem Haus, das auch einen Bierausschank und ein Marionettentheater beherbergt – ein adäquates Ambiente. »Immer, wenn ich in dem schweren Rüstzeug steckte, kam ich mir wie in einer un-

passenden Maskerade vor. [...] Sooft meine Aufmerksamkeit nachließ, dröhnte mir der Schläger des Lehrers auf das wattierte Dach, daß mir noch beim anschließenden Mittagessen der Schädel brummte.« Was ihn bei der Stange hält, ist nicht das sportliche Vergnügen, sondern der Trost, daß er sich fortan den Gedanken leisten kann, eine Herausforderung aus Prinzip und nicht etwa mangelnder Fechtkünste wegen ablehnen zu können.

Frohgemut unternimmt der gebürtige Flachländer in diesem kurzen Sommersemester ausgedehnte Alpentouren, besteigt sogar zusammen mit einem Fechtbruder einen Zweitausender, besucht Salzburg und Berchtesgaden und verwendet schließlich seine Ersparnisse von den Monatswechseln für eine ausgedehnte Bildungsreise bis nach Freiburg im Breisgau, Heidelberg und Zürich.

Nach drei Monaten wechselt er den Studienort und geht nach Genf, vor allem mit dem Vorteil, daß er nun voll eintauchen kann ins Französische. Er nähert sich überdies räumlich zwei großen Figuren der französischen Literatur, die ihn sein Leben lang beschäftigen werden: Voltaire, der dort seinen berühmtesten Roman *Candide oder Der Optimismus* schrieb und dann nach Streitereien mit der calvinistischen Stadtverwaltung auf dem nahen Landgut Ferney jenseits der französischen Grenze seinen Alterssitz nahm, und Jean-Jacques Rousseau, der in Genf in einer calvinistischen Bürgerfamilie geboren wurde.

Geradezu beglückt beobachtet Klemperer an sich selbst das allmähliche Aufhören seines deutschen Verkehrs, schmerzlich vermißt er nur das deutsche Theater. In Genf ist halb Europa an der Universität vertreten. Die studentische Kommune ist stark durchmischt mit jungen Russen und Polen. Drei Jahrzehnte später wundert sich der Curriculum-Schreiber, wieso er von »bombenwerferischen Gesichtern und Gebärden« und »von den Vorbeben des Erdbebens« nichts gespürt habe.

Die Antwort ist in seinen Erinnerungen verzeichnet:

Klemperer hat den Alltag der Strebsamen geteilt und nur selten Kontakt zu politisierten Kommilitonen gehabt. Deren Aktivismus und ihr Soziotop waren ihm suspekt. Nach einer Anarchistenversammlung im Saal der Brasserie Handwerck meldet sich in ihm der jüdisch-deutsche Biedermann: »Nackte Tische, der Boden mit Hobelspänen bedeckt. [...] Wie könnte bei uns jemand [...] mit so leeren Phrasen um sich werfen?« Wieviel gesitteter war doch die gemütliche Heimat: »Nein, es stand doch nicht schlecht um die Pflege meines Deutschtums. Im Gegenteil: Meine bisher mehr als selbstverständliche Anhänglichkeit an das Vaterland wuchs hier in der Fremde zu bewußter Liebe, zu gläubigem Vertrauen und Stolz. Wir, wir Deutschen, waren das wahrhaft auserwählte Volk.«

Nur ist ihm solch eigenes Pathos nicht ganz geheuer, und so fügt er mit einer an Heinrich Heine erinnernden Selbstironie hinzu: »Natürlich ging es mir mit diesen patriotischen Wallungen wie den Russen mit ihren revolutionären Gefühlen: So etwas war für außerordentliche Augenblicke da, nicht für den Alltag.«

Von Genf nach Paris. Ein studentisches Vagabundenleben auch dort. Er nimmt alles auf, was sein Kunstsinn und sein Geschichtsverständnis an originalen Eindrücken einsammeln können in Museen und Galerien, Theaterhäusern und Kirchen. Die Historie mit Vorrang: »Die oberste Stelle nahm der erste Napoleon ein, aber auch das Siècle Louis XIV., das Rokoko und die Revolution traten mir ungeheuer lebendig vor Augen.«

Fünf Abende in der Woche gehören dem Theater. Die Comédie Française bietet dem jungen Literaten ein aufregendes Forschungsfeld. Mit großem Feingefühl spürt er den Unterschieden deutscher und französischer Deklamationskunst nach. Die Vorstellungen dauern wegen der »langen Pausen zu gesellschaftlichen Zwecken« oft bis Mitternacht. Dann geht er in die Grande Taverne, wo deutsche Zeitungen ausliegen, und nimmt ein Augustinerbräu. Wieder nicht ganz frei von Nostalgie. »In München hatte ich das bayrische Bier mit einiger Feindseligkeit betrachtet, in Paris war es mir ein vaterländisches Getränk.«

Den Heimweg zu seinem Quartier in der Rue des Fossés nahe der Sorbonne nimmt er zu Fuß. Die Brücken und die wuchtigen historischen Bauten erscheinen ihm bedeutsamer als im Tageslicht, die Tische vor den Kaffeehäusern sind zu dieser Zeit immer noch besetzt, die Gemüsehändler sind mit ihrer morgenfrischen Ware schon auf dem Weg zur Markthalle. Wenn er gegen drei nach Hause kommt, ist der junge Studiosus noch viel zu munter, um ins Bett zu gehen, und schreibt erst mal, unbeeindruckt von den Rezensionen in den nächsten Morgenzeitungen, seine Theaternotiz. Oder er liest. »So war es denn höchst natürlich, daß ich bis in den Vormittag hinein schlief und nur sehr unvollkommen wach war, wenn einmal eine Sorbonnestunde vor elf abgesessen werden mußte.«

Im Théâtre Nouveau macht er zum ersten Mal staunend Bekanntschaft mit amerikanischer Tanzmusik. Das Moulin Rouge dagegen läßt ihn völlig kalt, »auch ohne Verständnis für das Entzücken des Publikums, das keineswegs durchweg oder auch nur zum großen Teil einer niederen und roh empfindenden Volksschicht angehörte«. In seinem Tagebuch steht: »Fleischzirkus!«

Bruder Felix hatte ihm geraten: »Ohne weibliche Bekanntschaft wirst du Paris nie richtig kennenlernen.« Eigener Fleischeslust will er jedoch nicht übermäßig nachgegeben haben. Er habe es mit Juliette probiert, »ein in jeder Hinsicht gefälliges Geschöpf« aus dem Tanzlokal Bullier im Quartier Latin, gesteht er in der Biographie, »aber schon nach einer Woche war sie mir derart langweilig und erschien mir eine solche Zeitvergeudung, daß wir uns mühelos trennten«.

Der Gaststudent bleibt nicht einmal bis zum Ende des Sommers in Paris, und seine Eindrücke von der politischen Stimmungslage bei dem einstigen und kommenden Kriegsgegner Deutschlands sind flüchtig. Von Nationalismus und antideutschen Revanchegefühlen bei dem Kriegsverlierer von 1871 bemerkt er so gut wie nichts. Voltairisch sei die Hauptströmung des französischen Zeitdenkens und davon hätten auch die Sozialisten sehr viel. Als er einmal eine Veranstaltung mit dem später ermordeten Sozialistenführer Jean Jaurès besucht und die Internationale hört, bedauert er nur, daß dieses Kampflied weder als Gedicht noch als Melodie den überwältigenden Schwung der Marseillaise besäße.

Nach diesem Pariser Studienaufenthalt reist der junge Klemperer über Brüssel, Gent, Antwerpen und Amsterdam zurück nach Berlin. Die Gewißheit drückt ihn, daß seine drei Semester für ein preußisches Oberlehrer-Examen nur von zweifelhaftem Wert seien. »Dazu bedurfte es solider Kenntnisse im Althochdeutschen und Gotischen, in historischer Grammatik des Französischen und Englischen. Von alldem wußte ich rein gar nichts, und vor alldem graute mir; [...]. Wo gehörte ich hin? Ich wußte mich weniger als je zu entscheiden.«

Für einen kurzen Lebensmoment scheint es so, als ob Victor noch einen Aufschub gewinnen kann gegen die Karriereerwartungen seiner Familie. Die Musterung zum Militärdienst ist fällig. Der Rekrutierungskandidat steht mit entblößtem Oberkörper zur Tauglichkeitsbeschau für den Militärdienst an. Auf der linken Brust sind seine 60 Kilogramm Lebendgewicht mit Blaustift verzeichnet, auf der rechten Brust seine 166 Zentimeter Körpergröße.

»Sie haben zwar keine Muskeln«, bemängelt der Arzt in Berlin, »aber Sie sind vollkommen gesund. Der Dienst wird Sie kräftigen.«

Das Herz des Gemusterten hüpft. Das Militärische übt

einen seltsamen Reiz auf ihn aus. In seiner Berliner Kinderzeit, als die Familie noch in der Albrechtstraße wohnte, hat er die Grenadiere auf dem nahen Kasernenhof beim Exerzieren beobachtet. Die Soldaten, die ihm begegneten, hat er immer ihrer »gesunden, zufriedenen, oft vergnügten Gesichter« wegen beneidet, inbegriffen Bruder Felix und den Schulfreund Hans Meyerhof, der es sogar bis zum Unteroffizier brachte. Bedrückende Nachrichten läßt er nicht gelten: »Im Reichstag und in der Presse der Linken war manchmal von Soldatenmißhandlungen die Rede, aber das konnten nur vereinzelte und aufgebauschte Ausnahmen sein.«

Was für eine Chance auf einen brüderlichen Triumph, denn Georg und Berthold sind bei der Musterung zurückgewiesen worden! Mit der Hoffnung auf familiäre Anerkennung schwingt auch moralische Befriedigung für einen Jungen jüdischer Herkunft, der in der Gesellschaft ankommen will und glaubt, »daß sich mit meiner rebellischen Gesinnung ein gut preußischer Militarismus verband«.

Victor kann sich den Dienstort aussuchen. In Halle an der Saale will er beim 36. Preußischen Infanterieregiment antreten. Ein bißchen Universitätsstudium nebenher, kein ernsthaftes Fortkommen – das war damals möglich und hätte ihm gut als Aufschub, als Linderung gegen den Druck der Familie gefallen. Am Morgen seines Dienstantritts besorgt er sich schnell das Programm der Universität, dann Kasernentor, Kleiderkammer, Uniformverteilung. Und der Schock. »Ich hielt eben die Hose in der Hand, die mir an den ausgestreckten Armen angemessen worden, und über dem Handgelenk hing mir am breiten Gürtel das Seitengewehr, da hieß es erneut: Zur Untersuchung!« Der Feldwebel, der die Neuzugänge vorzuführen hat, ahnt gleich Schlimmes.

»Was sind Sie denn? – Student. – Mediziner? – Nein, Philologe. – Ganz faul.«

Die sächsischen Preußen prüfen ihr Kanonenfutter gründlicher, und der Oberstabsarzt ist von der rauheren Sorte. Er legt das Bandmaß um die Brust, läßt einatmen und ausatmen und explodiert: »Unerhört! Wo sind Sie denn genommen worden? Um eins geht ein Schnellzug nach Berlin, fahren Sie gleich nach Hause.«

Als der Arzt die Bestürzung des verhinderten Rekruten bemerkt, wird er freundlich: »Studieren ist doch auch eine gute Sache; es kann nicht nur Soldaten geben.«

Die Niederlage schmerzt. Um so mehr, da Berthold schon versöhnliche Hoffnungen in Victors militärische Beförderung gesetzt hat. Nach Victors erster Musterung in Berlin hatte er hoffnungsvoll erklärt: »Gut, daß wir vorgesorgt haben; nun ist dir der Weg zum Reserveoffizier frei.«

Die Vorsorge bestand in Victors eilig vollzogener christlicher Taufe acht Tage zuvor – eine »schauderhaft peinliche Sache« für einen, der weder an den unnennbaren Gott Jahwe des Alten Testaments, noch an die Auferstehung des Gottessohnes im Neuen Testament glaubt. Berthold hatte einen Pfarrer gefunden, der die heilige Handlung flüchtig in seiner Wohnung vornahm und nach dem Segenszeichen den vorgefertigten Taufschein vorwies. Gegen die Gebühr von 14 Mark und 75 Pfennigen.

»Der ganze Vorgang war mir recht widerwärtig, aber tragisch nahm ich ihn durchaus nicht«, erinnert sich Klemperer im *Curriculum*. Endlich eine in den Denkbegriffen der Gesellschaft und seiner Brüder »anständige Konfession«, endlich »›ins Allgemeine‹ abgetaucht«.

Nach der Katastrophe von Halle hilft ihm solcher Trost freilich nicht. Statt dessen erfaßt ihn Demut vor den Wünschen der Familie. Die Hoffnung auf einen freien Beruf, die sie ihm immer austreiben wollen, erscheint vorübergehend auch ihm »als etwas ganz Törichtes und Aussichtsloses. Ich gab mir das Wort, die Zähne aufeinanderzubeißen, mich so rasch wie möglich an das verhaßte Examen heranzuarbeiten und nichts, nicht das geringste andere zu unternehmen, ehe ich es nicht hinter mich gebracht hätte.«

Es folgen vier Semester Germanistik und Romanistik in Berlin und nebenher etwas Philosophie und Pädagogik. Kein ungetrübtes Erlebnis, sondern eine Zeit, in der Klemperer den Universitätsbetrieb beinahe hassen lernt. Er hört bei dem damals berühmten Romanisten Adolf Tobler quälend langweilige Sprachlektionen. Dem trokkenen Schweizer stehen lateinische Konjugation und französischer Versbau über aller Sinnlichkeit der Literaturen. Dante, den größten italienischen Renaissance-Dichter, nimmt er her, um »mit gehäufter Gelehrtheit an wenigen Terzinen Sprache und Metrik des Altitalienischen« zu dozieren, »statt seinen Schülern auch nur eine Ahnung zu vermitteln, worum es bei Dante geht«.

Das Kontrastprogramm liefert der vulgäre Germanistik-Ordinarius Gustav Roethe, der »wie der Schmierendirektor einer Witzblatt-Zeichnung wirkte, wenn er in Radmantel und Schlapphut odinhaft herangewallt kam«. Ein Prachtgermane, der das Kolleg mit dem Stammtisch verwechselt. »Seine Deutschheit posaunte er allstündlich als Teutschtum heraus«, und die Derbheit des mittelalterlichen Realismus gibt ihm beständigen Anlaß, Zoten zu reißen. »Belohnte ihn johlendes Gelächter, so fügte er gern hinzu, diese Freiheit des Tones verdanke er seiner Weigerung, Frauen im Kollegsaal zu dulden.« Auch für die Abschweifungen in die Politik verwünscht ihn Klemperer. »Mit Leichtigkeit gelangte er von einem Dichter des zwölften Jahrhunderts zu einer Reichstagsrede oder einem Zeitungsartikel von gestern. Liberalismus, Parlamentarismus, Aufklärung waren Schimpfworte für ihn und Gelegenheit zu witzigen Exkursen; alles lachte erwartungsvoll, sobald er einen Anlauf in dieser Richtung unternahm.«

Der Philologiestudent will promovieren und Tobler

nennt ihm das Thema: »Voltaires Ansicht von den Sprachen«. Nichts Schlimmeres für einen, der sich der Literaturwissenschaft ergeben will, ein sprachwissenschaftliches Thema abzuhandeln. Ein paar Tage lang läuft Klemperer verstört herum. Schließlich siegt die Erkenntnis, daß der Doktortitel um jeden Preis erworben werden müsse. Monatelang exzerpiert er eine große Voltaire-Ausgabe, dann verläßt ihn das Selbstvertrauen. Statt bei Tobler reicht er die fertige Arbeit an der Universität Rostock ein, die in Romanistenkreisen als weniger anspruchsvoll gilt und von der gespottet wird, man könne dort den Dr. roß machen. Nach vierzehn Tagen bekommt er den Papierpacken als unbrauchbar zurück. Ein neuer Anlauf gelingt ihm nicht, und bald bricht er das Studium ab.

Nun walten die äußeren Zwänge. Es bleibt ihm gar nichts anderes übrig als die erneute Mobilisierung seines literarischen Talents. Ein paar Versuche hat er schon in der Schublade, und sein Gefährte Hans Meyerhof, den er rückblickend als einzigen wirklichen Freund seines Lebens sehen wird, macht ihm Mut. Der Gefährte aus Lehrlingszeiten bei Löwenstein & Hecht ist »frisch und kräftig vom Militärdienst in München heimgekehrt« und hat einen Posten bei der Deutschen Bank gefunden. Für den tastenden Literaten ist der lebensfrohe Finanzmann »das siegreiche Gegengift wider die von Georg ausgehende Lähmung«.

Zwei Bücher bringt der junge Klemperer beinahe nebenher zuwege. Zuerst eine Sammlung von sechzehn Novelletten mit dem Titel *Schwesterchen*, »eine halb lyrische Skizzenfolge, die auf Landsberger Schulerinnerungen zurückgeht«. Der Protagonist Frank ist ein Träumer, der sich seinen verschlüsselten pubertären Phantasien hingibt, wenn der Physiklehrer das Klassenzimmer für ein Experiment verdunkelt. Eine eingebildete Schwester muß als Beichtpartnerin herhalten für die große Liebe zu einer anderen. Gymnasiastengelehrsamkeit gibt es reichlich: Circe tritt auf, Homersche Grammatik wird diskutiert und Happyends sind in Sätze gegossen wie: »Ein schöner junger Prinz bahnte sich mit dem Schwert seinen Weg durch das Gestrüpp mathematischer Formeln zu dir, mein Dornröschen.«

Ein wenig spannender der Roman *Glück*, den sich der Autor schon in Paris zurechtgefabelt hat: Todkranke deutsche Gesellschafterin bei jüdischer Familie aus Posen, in der man sich bemüht, »Würde und Nützlichkeit des Reichseins und leichte Anmut des französischen Wesens« zu erlernen. Dora von Winzer hat Tagebuch geschrieben über die bittersüße Geschichte ihrer Eifersucht. Sie stößt ihre Rivalin in der brennenden Pariser U-Bahn in den Tod, rettet die Tochter des Hauses und wird mit dem Dank der Familie nicht froh. Denn es geht nicht ab ohne Beichte beim Mann ihrer Begierde. Das Leben ist verpfuscht, das lädierte Herz bereitet dem Gewissenskonflikt das verdiente natürliche Ende.

Das ist Kanapee-Literatur im Stil der Vorkriegszeit, aber Freund Hans Meyerhof ist überzeugt von der Einmaligkeit und trägt die Botschaft von Klemperers Talent in seinem Freundeskreis herum. Sein Haus ist bevölkert von einer bohemehaften jungen Kunstszene: Malschüler, Kunstgewerbler, Musiker, auch Frauen, kommen abends zum Tee oder man trifft sich im Café des Westens. Dem literarischen Eleven Klemperer behagen die Gesellschaft und der Beifall. Erst später, im *Curriculum*, sieht er mit gereiftem bürgerlichen Abstand auf diese Boheme und weiß, daß ihr Urteil nichts wert war: »Überall ist ihr Prinzip weder die Kunst an sich noch die Regellosigkeit an sich, sondern die Auflehnung gegen die jeweilige bürgerliche Regel. Man ist nicht Künstler um der Kunst willen, sondern um nicht Bourgeois zu sein; man ist innerhalb der Kunst Anhänger der neuesten Richtung, weil man andernfalls ein Bourgeois der Kunst wäre; man ist Anhänger der neuesten Philosophie, weil sie noch nicht

Philosophie der herrschenden Generation ist; man ist Anhänger der politischen Opposition, weil sie die Opposition ist. Bedeutende Kunstleistungen sind in der Boheme ebenso selten wie tragische Entgleisungen. Die wenigen ganz Unbegabten und die zahllosen Viertel- und Achtelkönner retten sich zum überwiegenden Teil auf bürgerlich nährenden Boden.«

Den nährenden Boden sucht freilich auch er. Jedoch auf die gesittet bürgerliche Weise und vorläufig noch ohne Erfolg. Die beiden Bücher reichen nicht für ernsthafte Hoffnungen auf schriftstellerischen Erfolg.

Indessen tritt eine völlig mittellose Pianistin in sein Leben, deren Talente und deren menschliche Qualitäten ihm weit mehr imponieren als dieses Szenemilieu. Eva Schlemmer ist eine hochbegabte junge Frau aus zerrütteter ostpreußischer Familie. Sie kann mit Beethoven und Bach glänzen, sie komponiert selbst, sie hat bei dem großen Jugendstil-Maler Walter Leistikow Landschaftsmalerei studiert. Und im Italienischen weiß sie offenbar besser Bescheid als ihr neuer Freund mit der romanistischen Attitüde.

Ihren Lebensunterhalt muß diese junge Musikerin durch Klavierstunden bestreiten. Aus Treue hält sie es bei ihrer Mutter aus, die in einer Art Gartenlaube an der Potsdamer Straße wohnt. Die Ehe der Eltern wurde früh geschieden. Der Vater kam seinen geldlichen Verpflichtungen nach, doch als er starb, stürzten die geschiedene Frau und die Tochter in schwere materielle Sorgen. Die Mutter, die zuvor mit energischer Hand für eine gediegene Ausbildung der Tochter gesorgt hatte, lebt seither von jämmerlich bezahlter Näharbeit, Tag und Nacht, und verfiel nach schwerer Krankheit dem Morphium.

Eva Schlemmer, dieses christlich erzogene Mädchen aus Königsberg, kurzsichtig, nie von robuster Gesundheit, aber besessen von einer ungeheuren Willenskraft und ausgestattet mit einem seltenen Maß an Opferbereitschaft für den Partner, wird Victor Klemperers Stütze für all seine publizistischen, wissenschaftlichen und privaten Aktivitäten. In einer Weise, daß er sich oft genug für seinen Egoismus heimlich zu schämen hat. Sie ist es, die ihn in der Nazizeit in das Judenhaus begleitet und vor der Deportation nach Theresienstadt und Auschwitz rettet und niemals schwankend wird bei dem Gedanken, daß sie damit ihr eigenes Leben aufs höchste gefährdet.

In einer Juninacht in der menschenleeren Steglitzer Straße küssen sie sich zum ersten Mal. Im Gehen. Die Leidenschaft erfaßt beide wie ein Rausch. Die erste Nacht verbringen sie am Wannsee, die folgenden Tage in dem etwas verschlissenen, aber den Schutz der Anonymität bietenden Café Impérial. Sie verstecken sich vor ihren Familien, doch ihr Glückszustand bleibt nicht verborgen. Evas Mutter begegnet Victor mit extremen Stimmungsschwankungen. Ein Onkel Evas, ein heruntergekommener ostelbischer Gutsherr und Reserveoffizier, erklärt, ein Jude dürfe sich nicht erkühnen, nach der Hand eines Mädchens zu greifen, zu deren Verwandtschaft Adelsfamilien, hohe Beamte, ein Forstmeister, ein Oberbürgermeister und andere ostpreußische Elite gehörten.

Auch Victors Familie steht in Aufruhr. Er kann ihnen nicht beibringen, daß dieses Mädchen eine andere ist als »die Verführerin, die Bohemienne, die Abenteurerin, das späte Mädchen (von zweiundzwanzig Jahren), das nach einem wohlhabenden Mann angelte«. Berthold führt die Fronde an »mit einer verbohrten Feindseligkeit, die er wohl für seine Pflicht hielt, [...] er scheint die ›Traviata‹ gehört und geglaubt zu haben, die Rolle des Vaters kopieren zu müssen.« Es kommt zu einer Hintertreppenszene, von der Victor und Eva Wunden mitnehmen, die nie wieder heilen.

Der vorgeblich Wohlhabende ist noch so familienabhängig, daß er keinen freien Ausgang hat und nächtliche

Anwesenheit im häuslichen Bett vortäuschen muß. Der Vater ist nicht das eigentliche Hindernis, er geht schon vor neun Uhr schlafen. Aber die Mutter liest lange. Um zehn Uhr wird bei Schlemmers wie überall in Berlin die Haustür verschlossen. Lauernd sitzt der erwachsene Sohn seinerseits über Büchern, atmet auf, wenn die Mutter sich endlich mit dem Gute-Nacht-Kuß verabschiedet, und wartet, bis die Tür des elterlichen Schlafzimmers sich schließt.

»Und dann stürzte ich fort. Ich habe immer das gehabt, was man euphemistisch ›ein nervöses Herz‹ nennt, und bin nie ein guter Läufer gewesen. Aber immer gelang es mir, im letzten Augenblick euer Haustor zu passieren«, erinnert er sich, an Eva gewandt, im *Curriculum*. »So wie damals bin ich später nur noch in einer einzigen Epoche gelaufen: Im Winter 1915, wenn ich als Ordonnanz auf der ungedeckten Seite zwischen Aubers und Fromelles in den englischen Feuerüberfall [...] geriet. Ich lief ganz animalisch um mein Leben. [...] Dann erzählten wir uns unseren Tageslauf, ich blieb eine Stunde bei dir, und alles war gut. Gut bis zum nächsten Tag.«

Victors Familie ist nicht stark genug, einen Boykott durchzusetzen. Er nimmt ein Zimmer in der Dennewitzstraße nahe dem Anhalter Bahnhof, in einem Haus »recht proletarisch und wenig hygienisch. Unten befand sich ein Fischladen, der nur dann gut roch, wenn man sehr hungrig war. Die Wirtsleute, ein blasses junges Ehepaar mit zwei ebenso blassen kleinen Mädchen, waren eine kranke Familie, teils schwindsüchtig, teils Schwindsuchtkandidaten – das Husten und Spucken nahm kein Ende.«

Eva bewohnt inzwischen mit einer Freundin ein Dachzimmer in der Bernburger Straße, bei einem Malermeister, der sich auch an Kunst versucht. Dort pflegen sie einen Winter lang zu dritt Zukunftsträume, dann wird bei Victors Wirtsleuten noch eine Kammer frei, und Eva zieht um. Der Polizei, die damals noch sehr auf Sittenstrenge achtet, sei Genüge getan, glaubt Victor, aber bald beginnen sie die strafenden Blicke der Nachbarn auf der Treppe zu spüren, und die verschüchterten Wirtsleute deuten das Risiko des Kuppelei-Paragraphen an.

So entschließen sie sich zur Flucht nach vorn, zur Flucht aus der erzwungenen Boheme in die standesamtlich besiegelte Ehe, zu deren Grundlagen man damals eigentlich eine wohleingerichtete Wohnung, ein solides Auskommen und einen formulierten Kinderwunsch rechnete. An Kinder denken sie nicht, Victor nennt es »eine Kaninchenmoral, daß nur das Kind die physische Gemeinschaft rechtfertige und heilige. Wir waren zusammen, um glücklich zu sein.«

Um den Aufschrei der Familie Klemperer nicht hören zu müssen, halten sie den Hochzeitstermin geheim. Sie laden nur drei Freunde zum Standesamt in der Genthiner Straße, tauschen billige Ringe, die am Finger schwarz färben, und begeben sich auf Dampferfahrt mit Musik in die Märkische Schweiz.

Der Bräutigam mit einem nicht ganz reinen Gewissen, was Ritual und Papiere betrifft. Die Eheringe tragen nicht das Datum der Hochzeit, sondern das ihrer Begegnung am 29. Juni 1904. Und die Geburtsurkunde, die er vorlegt, verschweigt seine spät vollzogene Taufe. »Auf unserem Trauschein ist nur die Pianistin Hedwig Elisabeth Eva Schlemmer evangelischer, der Schriftsteller Victor Klemperer aber mosaischer Konfession. Von da an habe ich mein ganzes Leben in einer Art von konfessioneller Bigamie verbracht.«

Die vollendeten Tatsachen lähmen den familiären Widerstand. »Als ich bald nachher meine Angehörigen unterrichtete, beugten sie sich wohl der vollzogenen Tatsache, ja drangen mir ihre sofortige Hilfe auf, damit wenigstens der äußere Schein der Bohemewirtschaft ausgelöscht und eine anständige Behausung ermöglicht werde.«

So närrisch ist er nie gewesen, daß er derlei Chance zurückgewiesen hätte, aber er beobachtet auch: »An die Haltbarkeit unserer Ehe glaubte keiner, und sicherlich war es Bertholds einziger Trost, daß er mit unserer baldigen Scheidung rechnete. [...] Sie haben sich alle getäuscht.«

Ausflug ins Feuilleton
»Die Bezahlung dieser Bagatellen war eine ganz geringfügige«

»Das Jahrzehnt vor dem ersten Weltkrieg war eine gute und die letzte gute Zeit für den literarischen Journalisten«, steht in Klemperers *Curriculum*. Ein voreiliges Urteil vielleicht, denn das Jahrhundert ist noch lang. Erklärbar aber mit dem Zeitpunkt der Niederschrift, dem Jahr 1938, als er schon mit Berufs- und Bibliotheksverbot belegt und die deutsche Zeitungslandschaft durch nationalsozialistische Gleichschaltung verwüstet ist. Im Vergleich mit dem Gleichschaltungsterror der Nazizeit nahm sich der Rotstift des Zensors, der zur Kaiserzeit nach Majestätsbeleidigung und nach Verstößen gegen die vermeintlichen guten Sitten fahndete, geradezu wie eine pflegende Gartenharke aus.

Jene Jahre sind für Victor Klemperer eine Zeit der Selbstfindung. Mit literarischer Publizistik will er seinem jungen Eheleben die wirtschaftliche Grundlage schaffen. Denn der Monatswechsel, den die Familie ihm zubilligt, erfährt nach dem Ausstieg aus dem Studentenleben keine Aufstockung. Wozu sich der Fünfundzwanzigjährige talentiert glaubt, ist nicht der Tagesjournalismus, aber doch das aktuelle Feuilleton, die Literatur- und Theaterrezension. Theodor Fontane hat dafür im Berlin der Kaiserzeit die Maßstäbe gesetzt, nun gibt vor allem Alfred Kerr den Ton an. Das Umfeld ist durch Dutzende von Routiniers besetzt. Da fallen nicht viele Brosamen ab vom Kulturtisch der Reichshauptstadt, und das heißt für den Einsteiger Klinkenputzen in den Redaktionen.

Als der junge Mann mit seiner Feder antritt, gilt die

Schreibmaschine noch als seltener Luxus. Vom Medienzeitalter keine Spur, der Film steckt in den Kinderschuhen, vom Fernsehen ist keine Rede, selbst der Rundfunk wird erst 20 Jahre später erfunden. Man liest und liest – abends bestenfalls bei Gasbeleuchtung, oft aber im Schein von Petroleumlampen oder Kerzen.

Beziehungen in die Chefetagen des damaligen Berliner Journalismus hat der Neuling nicht, nur eine flüchtige Bekanntschaft mit Theodor Wolff. Den Chefredakteur vom *Berliner Tageblatt* hatte er kennengelernt, als dieser noch Korrespondent in Paris war – keine erbauliche Erinnerung, denn Klemperer wollte bei dieser Gelegenheit seine Novelletten an den Mann bringen und war abgeblitzt. Ein neuerlicher Versuch verbietet sich von selbst.

Mit einem Titel kann er sich inzwischen nicht schmücken. So wird es eine Ochsentour. Der Anonymus schreibt Dutzende von Bewerbungen an Redaktionen, Verlage und an Literaturbüros, mitunter solche von obskurer Existenz. Die erste Antwort bekommt er von einem Leutnant a. D. Schoenfeldt, der sein Büro in einem schäbigen Parterrezimmer in der Ritterstraße unterhält. Das ist ganz in der Nähe von Löwenstein & Hecht und weckt Erinnerungen an die Lehrlingszeit. Schoenfeldt stellt Schulaufsätze und Tischreden her. Die Kunden dieses dicken, freundlichen Herrn sind Gymnasiasten, denen es an Fleiß oder Talent fehlt, ihre Hausaufgaben selber zu erledigen, aber nicht an Taschengeld, sich ordentliche Zensuren zu erkaufen.

Der formulierungstüchtige Ex-Militär kann nicht mehr alles allein schaffen. Sein Textservice verzeichnet eine gute Auftragslage. Ein Helfer solle die Primaner abfragen, was auf der Penne gefordert wird: »Schwung? Sachlichkeit? Politik? Moral? und so weiter« – und dann die Arbeiten in die Maschine diktieren. Fünfzehn Pfennig bekäme er pro Seite, ein Tagesverdienst von sieben Mark fünfzig sei später durchaus drin. Doch der Bewerber lehnt ab. Auf so niedrigem Level will er sein Talent denn doch nicht verkaufen.

Eingedenk der stützenden Kraft des brüderlichen Zuschusses wappnet sich Klemperer nun mit Geduld und versieht seine Bewerbungen mit der Forderung auf einen »gehobenen Posten des Feuilletonredakteurs oder Korrespondenten«. An das *Berliner Tageblatt* schickt er Verse unter dem Pseudonym Fritz Victor, und als diese veröffentlicht werden, stellt er sich dem Feuilletonredakteur persönlich vor. Das trägt ihm den Auftrag für eine Serie von Porträts Berliner Professoren ein. Er schreibt locker, teils mit Sachkunde über seine ehemaligen Lehrer Adolf Tobler und Erich Schmidt, teils »gänzlich vom Fachwissen entblößt« über einen Geographen, einen Chirurgen oder einen Chemiker.

Die Skizzen finden den Beifall der Redaktion, ein Verleger gibt sie sogar als kleine Sammlung heraus. Aber es werden nur zehn Teile, denn als der schreibgewandte Autor seine Feder an dem ihm so unerquicklichen Germanistikprofessor Roethe wetzt, reicht das Rektorat Protest ein und die Redaktion will es nicht auf einen Zwist mit der Universität ankommen lassen.

Immerhin: Klemperers Name wird in der Presseszene bekannt. Beglückt folgt er einer Einladung in die Redaktion der neuen Wochenschrift *Leben*. Der Chefredakteur, ein Herr Kirchhoff, hat ein Klemperer-Gedicht mit dem Titel »Boheme« im *Berliner Tageblatt* gelesen und spielt den Entzückten. Auch befindet sich das Büro in guter Lage nahe dem Kurfürstendamm an der Gedächtniskirche, und es wirkt viel prächtiger als das des Leutnants Schoenfeldt. Der große Vorraum ist besetzt mit einem eifrig tippenden Maschinenfräulein und einem Zeichner, der sich über Kunstblätter beugt, das Chefzimmer ist ausgestattet wie ein Privatgemach.

Er wolle Sinnenfreudigkeit und Natürlichkeit des Publikums heben und »durch künstlerische Fassung auch der gewagtesten Themen jeden Zusammenstoß mit dem engen Pressegesetz« vermeiden, sagt der Zeitungsgründer. Er wünscht sich »gelegentlich Verse vom Treiben der Boheme oder ein Trinklied«, aber vor allem redaktionelle Arbeit und populärwissenschaftliche Aufsätze. Und blättert für den Probemonat gleich 150 Mark Vorschuß hin.

Der Köder wirkt, Klemperer beißt an. Schnell muß er jedoch erkennen, daß er einem Blattmacher an die Angel gegangen ist, der den kommenden Boulevardjournalismus des 20. Jahrhunderts vorwegzunehmen versucht. Am Thema Krieg entzündet sich der erste Streit. Was der Proband aufschreibt, erscheint dem Chef ohne pikantes Moment und von altjüngferlicher Zimperlichkeit. Handgreiflicher soll er schreiben, der Neue, und grausamer: »Sprechen Sie vom Sadismus, beachten Sie die Bezüge zur Psychologie der Liebe.«

Im Vorzimmer, bei Büroarbeiten, zu denen er zwischendurch von Kirchhoff hingeschubst wird, erfährt der Umworbene dann, daß diese Zeitungsgründung von Brauereien gesponsert wird, und nun kann er sich auch einen Reim machen auf den seltsamen Auftrag für Trinklieder. Literarisch ist ihm gar nicht mehr zumute. Als ihm Kirchhoff das Thema »Vom Nimbus der Jungfräulichkeit bei verschiedenen Völkern der Erde und im Wandel der Zeiten« stellt, ist das Maß des Erträglichen überschritten. Der Feuilletonist wirft hin, und er tut gut daran, denn sechs Monate später ist das Kirchhoff-Unternehmen schon pleite.

Ein anderer Versuch: Klemperer setzt Talmud-Verse in Reime. Der Vater hat ihm einen Quartband des Großrabbiners Moise Schuhl aus der Königlichen Bibliothek mitgebracht. Der Talmud ist das nach der Bibel entstandene Hauptwerk des Judentums, die Sammlung lehrhafter heiliger Schriften von etwa 2500 Autoren mit teilweise hohem literarischen Glanz, mit scharfer Dialektik und prägnanter Kürze seiner Sprüche. Der dem Religiösen so ferne, aber der Literatur so zugeneigte Rabbinersohn übersetzt die *Sentences et Proverbes du Talmud et du Midrasch* aus dem Französischen und fertigt innerhalb einer Woche hundert Reime auf deutsch. Die Zeitungen nehmen ihm die Sprüche gern als Füllsel ab. Allerdings nicht immer zu unschuldiger Erbauung des Lesers. »Je nach Richtung des Blattes lautete die Überschrift: ›Talmudsentenzen‹ oder ›Orientalische Sprüche‹ oder auch nur ›Alte Spruchweisheit‹«. Da werden, wie er selbst weiß, auch schon mal antisemitische Vorurteile über jüdische Andersartigkeiten bedient.

Leben kann er davon immer noch nicht. Denn »natürlich war die Bezahlung dieser Bagatellen eine ganz geringfügige«. Unermüdlich klappert er weiter die Zeitschriftenredaktionen in Berlin und den Vororten ab. Beim *Börsen-Courier* hat er endlich Glück. Die Redaktion des Wirtschaftsblattes, die in einem schäbigen Zimmer im Berliner Zentrum sitzt, druckt auch Abhandlungen über literarische Dinge. Und zwar im Gegensatz zur *Täglichen Rundschau*, einem Blatt der Pastoren und Oberlehrer, nicht nur im herkömmlichen Feuilleton unter dem Strich, sondern spaltenlang, was dem Hang Klemperers zu eher ausgreifenden Betrachtungen sehr entgegenkommt. Frei kann er nun sogar seine Genfer und Pariser Theatererlebnisse aufarbeiten, Oscar Wildes *Salome* zum Beispiel in der Ungezwungenheit des römischen Publikums vergleichen mit der »snobistischen, aber vollkommenen Andacht eines intellektuellen Publikums« im Westen Berlins.

Auch bei Buchverlagen findet der junge Mann Aufmerksamkeit. Für die Reihe *Moderne Geister* im Pan-Verlag soll er eine monographische Abhandlung über den Schriftsteller Paul Heyse schreiben, der 1910 den Nobelpreis erhalten wird. Man bietet dem jungen Rezensenten hundert Mark für hundert Seiten, »aber Sie sind Anfänger und können Ihre Arbeit ja hinterher ausschlachten«.

Klemperer saugt sich wie immer mit dem Stoff gründlich voll, brütet tagelang über der Disposition und schreibt den Essay dann in kurzer Zeit ohne Stocken nieder. Das kleine Buch trägt ihm ein paar freundliche Rezensionen ein und verschafft ihm Zutritt zu vielen Redaktionen. »Paul Heyse freilich, dem ich es zuschickte, bereicherte meine Autogrammsammlung mit keiner einzigen Zeile.«

Inzwischen hat es ihm ein anderer vielgenannter Name dieser Zeit angetan: der frühere Direktor des Wiener Burgtheaters Adolf Wilbrandt, einer, der in Romanen dem wilhelminischen Zeitgeist und der jüngsten Vergangenheit nachspürt. Klemperer bietet dem Verleger Cotta an, Wilbrandts Werk erstmalig in einer Monographie zu würdigen. Der Hamburger erbittet ein paar Kapitel ohne Honoraranspruch, binnen sechs Monaten erscheint das ganze Buch.

Von nun an veröffentlichen die *Vossische Zeitung* und die *Frankfurter Zeitung* immer häufiger Feuilletons dieses jungen Berliner Literaten. Er schreibt für den *Grenzboten*, *Westermanns Monatshefte*, die *Preußischen Jahrbücher*. Das ihm liebste Podium findet er bei der Halbmonatsschrift *Bühne und Welt*, einem Theaterblatt, »gründlich bis zur philologischen Strenge, aber dennoch populär im Ton und mehr noch durch seine guten Illustrationen«. Seine Erfolge genießt er im Vorbeigehen an den Zeitungskiosken auf der Straße und in der Untergrundbahn: »Und stand mein Name auf dem Umschlag einer Zeitschrift, so schwoll mein Behagen mächtig an. War ich aber gar unter den Auserwählten, die auf der Leibbinde des Heftes genannt wurden, dann glaubte ich, auf dem Wege zum Ruhm schon ein beträchtliches Stück hinter mich gebracht zu haben.«

Der Ehrgeiz treibt zu immer schnellerem Produzieren. Einmal, mitten in die Vorbereitungen einer mehrtägigen Vortragsreise, telegraphiert die *Frankfurter Zeitung* um

einen Nachruf für den verstorbenen Dichter Wilhelm Jensen. Abzuliefern in spätestens fünf Tagen. Natürlich weiß der ebenso Gestreßte wie Geschmeichelte: Das große liberale Blatt jener Zeit »verlangte ernsthafte Aufsätze«, da »konnte man nicht leichtfertig einen oberflächlichen Artikel hinwerfen«.
Arbeiten kann er in allen Lebenslagen. »Ich sagte telegraphisch zu, holte mir von der Königlichen Bibliothek einen ganzen Stapel Jensen und nahm ihn mit auf die Reise. Ich las ihn buchstäblich Tag und Nacht, in jeder freien Minute zwischen den Vorträgen, beim Essen, im Bett, im Coupé.«
Aber das befreit ihn nicht vom Zeitdruck. Denn morgens zu Haus, als er mit dem Ordnen der Notizen beginnen will, belagert ihn der Alltag. Erst erscheint der Vater und verlangt genauen Reisebericht, dann eine backfischhafte Freundin, die auf dem Theatertrip ist und erzählen muß, »wie sie gestern in der Garderobe der Dietrich gewesen. ›Nebenan war Moissi, ich hörte ihn husten – aber so melodisch!‹«
Der Bedrängte bringt es nicht fertig, die Störerin abzuschieben, er erträgt das Gesäusel, und es wird Nachmittag, ehe er mit dem Diktat beginnen kann: »Ich sagte meiner Frau, ich sei hundemüde, sie möge gut aufpassen und jeden Fehler sogleich monieren. Die erste Stunde ging alles glatt; dann kamen die Monita [Beanstandungen], erst in Abständen, nachher immer häufiger. ›Konstruktion entgleist – Verbum wechseln [...] – das muß näher erklärt werden – das hast du schon gesagt – Vorsicht mit Superlativen ...«
So arbeiten sie gemeinsam an die acht Stunden. Das Abendbrot wird ausgelassen, das Feuer im Ofen erlischt und zuletzt zittern sie vor Hunger, Kälte und Abspannung. »Aber der Aufsatz war fertig und durfte sich sehen lassen.« Sie eilen zum Potsdamer Bahnhof, von wo ein Nachtzug Expreßpost nach Frankfurt befördert. »Dort

gaben wir das Manuskript gegen ein Uhr auf, dann restaurierten wir uns im ›Austria‹, zerschlagen, aber glücklich über unsere Leistungsfähigkeit und Gemeinsamkeit des Arbeitens.«

Ein neuer Ton in den Erinnerungen: Klemperers Wir-Gefühl. Nun hat er eine Gefährtin zur Seite, die ihm nicht nur die Königsberger Klopse kocht und die Kragenknöpfe annäht. »Sie half mir viel mit Exzerpten und Kopien, sie führte nicht nur die Wirtschaft ohne Dienstmädchen, sondern trug, mit Ausnahme der Stiefel, buchstäblich kein Stück am Leibe, das sie nicht selber hergestellt hatte, betätigte sich auch als Wäschenäherin für mich und als Waschfrau für uns beide und vernachlässigte über alledem keineswegs die Musik.« Lebenslang wird er, der gern der Emanzipation das Wort redet, sich aus seiner Mittelpunktsrolle als Mann nicht lösen, sondern die Normen des 19. Jahrhunderts beibehalten. Mit Anstand, mit Dankbarkeit, aber auch mit Selbstverständlichkeit, zumal wenn es gilt, seine Karrierehoffnungen zu befördern.

Die Schriftsteller mit großen Namen in jener Zeit, über die er schreibt, die er auch aufsucht in ihren mehr oder weniger altmodischen Trutzburgen, heißen Friedrich Spielhagen, Paul Lindau, Clara Viebig – alle heute vergessene Namen. An der Politik ist er im Grunde nur peripher interessiert. Auf die naheliegende Idee, Parlamentarierskizzen zu schreiben, nachdem ihm die Professorenporträts verdorben waren, ist er zu seiner eigenen Verwunderung damals nicht gekommen. Den Reichstag hat er nie betreten. Denn journalistischer Mitspieler im Tagesgeschäft will er nicht sein. Nicht das sachliche Studium der politischen Lage und Stimmungen, sondern vielmehr die Art und Form der jeweiligen Rede beschäftigt ihn, wenn er zu dieser Zeit auf Wahlversammlungen der Parteien lauscht. Was ihn fesselt, ist »die Politik als Element eines Zeitbildes […], und zwar am liebsten dort, wo es zugleich verhüllt und entschleiert, nackter als in der Realität zutage tritt: in der Dichtung«. Gleich dem Goetheschen Satz aus *Faust II*: »Am farbigen Abglanz haben wir das Leben.«

Dabei entdeckt der junge Feuilletonist eine neue Facette seines eigenen Talents. Im Sommer 1907 bittet ihn Raphael Löwenfeldt, der Direktor des Schiller-Theaters in Berlin, auf einer Morgenfeier über Wilbrandt sprechen. Stolzgeschwellt sagt Victor Klemperer zu und stellt in wenigen Stunden ein Konzept für die Ansprache auf. Plötzlich aber packt den kaum Sechsundzwanzigjährigen die Angst, und zwar so würgend, daß er wegen einer angeblich heftigen Erkältung absagt.

Es wird ein Wechselbad der Gefühle. Kaum ist der Brief weg, schämt er sich seiner Feigheit und sucht Trost bei seinem redegewandten Vater. Der kann es gar nicht fassen, daß einem seiner Söhne das rhetorische Talent fehlen sollte. Keine bürgerliche Karriere ohne die Fähigkeit zu öffentlichem Auftritt. Victor selbst hat alle drei Brüder schon öffentlich sprechen hören: den Juristen Berthold in einem Plädoyer wegen einer Messerstecherei »ein bißchen zu schnell und aufgeregt, aber doch sehr eindringlich«, Georg und Felix im Hörsaal »mit vollkommener Ruhe, bald ernst, bald witzig, bald dozierend, bald plaudernd und immer wirkungssicher«.

Dem Rat des Vaters folgend, wendet sich der Jüngste an seinen Universitätslehrer Ludwig Geiger. Der Germanistikprofessor weiß Rat gegen die Sprachhemmung. Er geht bei jüdischen Literaturvereinen ein und aus. Der Verband hat mehr als 200 Gruppen in Deutschland, allein in Berlin 1300 Mitglieder und muß seine winterlichen Veranstaltungspläne füllen. Mehrere kleine Vereine zusammen bieten immer eine ganze Vortragstournee an. Da gibt es Gelegenheit zum Üben. Der junge Philologe könne seinem Arbeitsgebiet bequem einige passende Vorträge abgewinnen, sagt Geiger.

Ohne Berührungsängste nimmt der Rabbinersohn an. Kann er sich doch vor sich selbst rechtfertigen, sein Übertritt zum Protestantismus sei auf der Eheurkunde mit dem Eintrag »mosaischen Glaubens« rückgängig gemacht worden. Überdies verbessern die bescheidenen regelmäßigen Honorareinkünfte seine wirtschaftliche Lage.

So wird der junge Klemperer vorübergehend zu einem deutschlandweit aktiven Wanderredner. Im Winter von 1910 auf 1911 bringt er es auf elf Vorträge. Das Reisen gefällt ihm. Einmal spricht er binnen achtundvierzig Stunden in Aachen und in Tilsit. Thematisch hat er ziemliche Freiheit. »Orthodoxie war unnötig, Theologisches und Biblisches kaum erwünscht, denn das erhielt man ja allwöchentlich vom eigenen Rabbiner vorgesetzt. Man wollte Literarisches hören, es mußte nur irgendeinen Bezug zum Judentum haben.«

Anfangs schleppt er immer Manuskripte mit. Einmal jedoch, in einem kleinen Restaurant in Berlin, wiederum in jener ärmlich-betriebsamen Gegend, wo er als Kaufmannslehrling angefangen hatte, erweist sich das als überflüssig. Er soll über den Schriftsteller Friedrich Fulda reden, eines seiner Standardthemen, und trifft auf eine Art Familienfest. Man plaziert ihn am Biertisch des Vorsitzenden, und er wird so herzlich begrüßt, daß er das Papier vergißt. Also erzählt er einfach drauflos. Als er das Vergnügen der Leute bemerkt, jubelt es in ihm: »Ich kann frei sprechen! Ich kann es geradesogut wie Vater und die Brüder, ich brauche mich nicht mehr vor der Rede in der Öffentlichkeit zu ängstigen.«

Es ist eine Entdeckung fürs Leben.

Neapel und zurück
»Ein zukünftiges Katheder war jetzt mein ›Paris‹«

Karl Vossler heißt der Mann, der im Leben des Victor Klemperer an jener Schnittstelle steht, wo sich seine Karriere endgültig wendet: Vom Zeitungsschreiber zum Literaturwissenschaftler, vom Feuilletonisten zum Romanisten, vom Schriftsteller mit mäßigem Erzähltalent zum rhetorisch glanzvollen Universitätslehrer.

Der unfertige Dreißiger will nicht »im Halben steckenbleiben, seelisch nur halb befriedigt und wirtschaftlich nur halb auf eigenen Füßen«. Denn der Druck der Familie hält unvermindert an. »Glaubst du, es macht mir Vergnügen, wenn mein Bruder überall herumschreibt, für ein paar Groschen, und mit Vorträgen in Meseritz und Neutomichel hausiert?« zürnt Bruder Georg beim Leichenbegängnis für den im Februar 1912 verstorbenen Vater. Berthold legt nach: »Wir möchten viel lieber einen Professor als einen kleinen Journalisten zum jüngsten Bruder haben.« Und brennt ihm gleich noch den ewigen Seufzer des Vaters ins Gehirn: »Wenn ich den Kleinen nur auf einem Universitätskatheder sähe!«

Der Dreißigjährige erinnert sich seines zehn Jahre zurückliegenden Germanistik-Semesters in München. Er schreibt an seinen früheren Lehrer Franz Muncker und bittet um Empfehlung bei dem Professor Vossler. Dieser ist, wie Tobler in Berlin, zu jener Zeit eine herausragende Gestalt in der deutschen Romanistik und soeben dabei, eine Art Schule um seinen Lehrstuhl zu versammeln. Klemperer bekommt fünf Minuten Audienz beim Großwesir.

»Vossler war damals vierzig Jahre alt. Er war schlank, hatte ein mageres kühnes Gesicht, längliche graue Augen unter riesiger schon kahler Stirn, einen mächtigen schwarzen Schnurrbart. Er hatte einen etwas kalten Blick und lässige Bewegungen. So hätte ich mir eher einen französischen Reiteroffizier aus alter Adelsfamilie der südlichen Provinzen vorgestellt als einen deutschen Professor der Philologie.«
In der Leopoldstraße, wo der Ordinarius privat residiert, fallen dem Spätstarter aus Berlin »die Leere und helle Kühle der hohen Räume auf; wenige Möbel, keine Nippes, kein Plüsch, wenige Bilder an den getäfelten Wänden, viel Luft und Licht. Kühl wie die etwas hochmütige Eleganz dieser Wohnung.« Besonders eingeprägt haben sich dem jungen Gast die roten Samtpantoffeln an den Füßen des Meisters und ein Mädchen von etwa zwei Jahren, das während des Gesprächs am Boden hockt, ganz in das Betasten und Beschnuppern eines dieser Pantoffel vertieft. »Ohne sich in seiner sachlichen Auskunft zu unterbrechen und ohne sonderliche Zärtlichkeit wippte Vossler ein paarmal mit dem Fuß zur Freude der Kleinen und sagte ›Miez, Miez!‹, als wenn da nicht etwa seine Tochter, sondern ein Kätzchen spielte.«
Aber in diesen entscheidenden fünf Minuten macht sich Klemperer noch wenig Gedanken über die »kühle Natürlichkeit« des Mannes, er wartet nur auf die Zusage, und diese kommt nicht in Samt und Seide, sondern professoral verpackt: »Sie wollen als Germanist promovieren, Französisch und Philosophie als Nebenfächer wählen, Sie haben sich mit französischer Klassik und neuerer Literatur beschäftigt? Ich werde Sie also ausschließlich auf diesen Gebieten prüfen. Unnötig, daß Sie bei mir hören, Sie werden Ihre Zeit für das Deutsche gebrauchen.«
Da singt es in der Seele des Dreißigjährigen, da kann er endlich mit einem neuen »Gesellschafts- und Marktwert«

vor die Familien treten und doch noch ein bürgerlicher Wissenschaftler werden. In Berlin sagt er sämtliche Arbeiten ab, die noch mit den Redaktionen verabredet sind. Für Eva läßt er in München einen neuen Flügel heranschaffen und für sich selbst sich zum ersten und letzten Mal in seinem Leben einen Frack schneidern.

Um sich gegen bürokratische Anfragen zu wappnen, bringt Klemperer auch gleich Ordnung in die etwas unklar gewordene Frage seiner Konfession. Er sieht drei Möglichkeiten: Beitritt zu einer jüdischen Gemeinde oder Bescheinigung seines Christentums oder ausdrückliche Löschung im Kirchenregister. Die zweite scheint ihm die beste, die selbstverständliche, die dritte als die mit den größten zu erwartenden Schwierigkeiten. Also läßt er sich in der Berliner Dankeskirche zum zweiten Mal taufen, nur Eva ist Zeugin.

Der Taufakt stürzt den Doppelkonvertiten nicht in Gewissensqualen. »Wieso ist denn jede opportune Handlung anrüchig«, fragt er sich selbst, »wieso gilt das sprichwörtlich gewordene ›Paris va bien une messe‹ als ein zynisches Wort? Wenn mir eine Sache von höchster Bedeutung ist und eine andere gleichgültig – habe ich nicht die Pflicht, im Konfliktfall die gleichgültige der wesentlichen zu opfern? Ein zukünftiges Katheder war jetzt mein ›Paris‹, und allen traditionellen Glaubensformen stand ich mit unterschiedsloser Indifferenz und Kälte gegenüber.« Dem Pfarrer hat er versichert, daß er »das Christentum als ein wesentliches Element der deutschen Kultur« empfinde, »in die ich hineingeboren, der ich durch meine Bildung, meine Ehe, mein gesamtes Denken und Fühlen unlöslich verbunden sei«.

Drei Jahre zuvor, so legt er sich das jetzt zurecht, habe er die Taufe nur deshalb rückgängig gemacht, um sich gegen das anpasserische Strebertum seiner Brüder abzugrenzen. Nun gesteht er sich ein: »Aber ich wußte jetzt genauer und schwankungsloser als damals, daß ich ein

Zentrales dieses Strebertums ganz und gar mit ihnen teilte: den Willen zum Deutschsein.«

Beflügelt von der neuen Aussicht auf eine gutbürgerliche Karriere diktiert er in acht Wochen das Buch über den Schriftsteller Friedrich Spielhagen herunter. Die zu erwartende Münchner Langeweile, verglichen mit dem »bis zur Überreizung vollen Dasein in Berlin«, stört ihn wenig. Die freudlose Büffelei für das deutsche Hauptfach nimmt er auf sich. Aber mit der Münchner Mentalität kommt er nicht besser klar als bei seinem ersten Aufenthalt zehn Jahre zuvor. Bei den Bayern glaubt er Mängel des Charakters und der Humanität zu erkennen. Ihr Essen und Trinken, ihre Kleidung und ihre Hygiene, ihr Arbeiten und ihr Feiern gehen ihm zunehmend auf die Nerven.

Neue Freunde finden sich indessen genug. Bei Eva gibt es wieder Hausmusik, und gemeinsam machen sie Urlaub am Walchensee und Ausflüge in die bayrischen Berge. Häufig nehmen sie Quartier in Urfeld, in einem Posthotel in den Bergen unterhalb der Paßstraße von Kochel. Das Patriarchalische der Wirtsleute entspannt die immer etwas gereizten Intellektuellennerven. Der Stadtmensch scheut keine körperlichen Herausforderungen. Er lernt sogar – mit wenigen blauen Flecken – noch das Rodeln.

Klemperers Beobachtungen der ruralen Szene in Bayern sind oft leicht anthropologisch gefärbt. »Das wohlgenährte und wohlhabende Ehepaar, der Wirt kräftig und untersetzt, die Frau etwas verfettet und asthmatisch, beide ziemlich gleichaltrig im Anfang der Vierzig, besaß eine gewisse Bildung ohne schulmeisterliche Vertrautheit mit der Grammatik.« Die Ausdrucksweise hält er an Beispielen fest: Die Töchter werden zum Französisch- und Englischunterricht »›bei die englischen Fräulein, die besten, wo man hat‹, in gut katholischen Unterricht geschickt«. Selbst die archaische, vorchristliche Komponente im

Familienleben entgeht ihm nicht: Neben den ehelichen Kindern ist im Haushalt auch »einiger unehelicher mit den Maarys [Mägden] gezeugter Nachwuchs ohne Heimlichkeit vorhanden«.

In der oberbayrischen Abgeschiedenheit reanimiert der Literaturfreund eine Sitte, die er noch von seinem Vater kennt: Er beginnt, seiner Frau an den Abenden regelmäßig vorzulesen und findet gleich größten Gefallen daran. Es sind nicht nur die Franzosen und die Italiener, bald testet er auf diese Weise auch die eigenen Texte. Daraus wird eine Gewohnheit für das ganze Leben. In guten Zeiten pflegen sie dieses Stück Privatkultur gern, wenn sie viele Gäste gehabt haben oder lange aushäusig gewesen sind, und nennen es »Abklingen«. In den finsteren Jahren der Nazizeit wird es Überlebenshilfe – da lesen sie manchmal halbe Nächte lang.

Als Victor Klemperer bei Muncker mit einer Arbeit über die Vorgänger Friedrich Spielhagens den germanistischen Dr. phil. mit der Note summa cum laude erlangt hat, macht ihm Vossler den Vorschlag, als Privatdozent einzusteigen und eine Habilitationsschrift anzufertigen – eine Einladung zum Sprung in die Romanistik, die Klemperer geradezu lustvoll annimmt. Ein Thema hat sich in seinem Kopf schon festgehakt, und zwar bei einer Bemerkung Vosslers über Montesquieu, den man vielleicht dereinst weniger zu den Philosophen als zu den Dichtern zählen werde wie den Griechen Plato oder den Deutschen Friedrich Nietzsche.

Charles de Secondat Montesquieu (1689–1755), der große französische Staatstheoretiker, Anreger der Sozialwissenschaften und Schriftsteller, wird für Klemperer zur Obsession. Er liest das Riesenwerk des Franzosen pur, ehe er sich an die Sekundärliteratur macht, er will »die innere Einheit des ganzen Menschen« erforschen, die oft außer acht gelassen werde.

»Die neue Aufgabe reizte mich gerade in der Unbestimmtheit und Schwierigkeit«, erinnert sich der Schreiber des *Curriculum*. Er reist noch einmal mit Eva und schwerem Lesegepäck zum Urlaub auf die Insel Bornholm, besucht seine kranke Mutter in Berlin. Und dann hält ihn nichts mehr zurück von Paris und von Bordeaux, wo der Vordenker der Französischen Revolution Gerichtspräsident war und wo einst die meisten seiner Publikationen postum herauskamen. Im benachbarten La Brède, dem Schloß der Grafenfamilie Montesquieu, findet Klemperer sogar noch unveröffentlichte Handschriften.

Er lebt gut in Frankreich, der nunmehr zweiunddreißigjährigen Lehramtsanwärter. Er schwelgt in französischer Kultur und Küche. Als er sich um die Weihnachtszeit mit Eva in einem kleinen Studentenrestaurant in Paris zum Muschelessen verabredet, bringt sie ihm einen Brief von Vossler, in dem dieser anfragt, ob Klemperer nicht Lust hätte, als Deutschlektor an die Universität Neapel zu gehen, mit einem Jahresgehalt von zweitausend Lire und geradezu streßfreien sechs Wochenstunden – den Montesquieu könne Klemperer ja auch in Italien beenden.

Der nicht mehr ganz junge Aufsteiger gibt sich zunächst ein wenig verwirrt: »Wieviel Italienisch weiß ich denn? Vor zehn Jahren habe ich Dante gelesen [...], was hat das mit dem modernen, gesprochenen Italienischen zu tun?« Eva dagegen weiß die geistigen Gelüste Victors richtig einzuschätzen, »und ihr war es zu verdanken, daß ich noch am selben Abend die nötigen Schritte unternahm«.

Eva und Victor reisen mit dem Zug nach Marseille und von dort zu Schiff nach Neapel. Für ihn ein berauschendes Romanistengefühl: »Die beiden exotischsten Großstädte Europas, die beiden maßlos lebendigen Orte der gemäßigten Zone.« Es sind Kristallisationspunkte seiner Sicht auf die Quellen der Kulturgeschichte Europas, nur mag er nicht entscheiden, »ob mehr lateinische oder griechische oder afrikanische Schwestern«. Unverkennbar scheint in diesem landschaftlichen Vergleich Klemperers später formulierte kulturgeschichtliche Ansicht auf, wonach das Große an Kultur, was das alte Rom gut ein halbes Jahrtausend nach seinem Zerfall noch an Europa weiterzugeben hatte, über das Ligurische Meer und die Provence nach Norden gelangt ist: Petrarca, der Florentiner, setzt für ihn mit seiner Besteigung des Mont Ventoux in der Provence am 26. April 1326 das Geburtszeichen der Neuzeit. Nachzulesen in Klemperers Broschüre *Kultur*, die 1948 in Berlin erschienen ist.

Aber erst einmal beutelt ihn die Unkenntnis südlichen Alltagslebens. Rom hat er schon auf einer früheren Kurzreise kennengelernt, aber nun bereitet ihm die Begegnung mit dem Land seiner großen kulturellen Sehnsüchte ähnliche Berührungsängste wie dem Dichter Heinrich Heine, der einst auf seiner Reise nach Lucca ausrief: »Grillenhaftes Herz, nun bist du ja in Italien, warum tyrillierst du nicht?«

»Ich empfand keine Spur des obligaten Entzückens über die bella Napoli«, gesteht der Anreisende, »ich sah nichts von ihrer Schönheit, ich war sofort wie betäubt von unvermutetem Wirrwarr, von wahrhaft piratenmäßigen Angriffen auf meine Person und meine Handtasche, von allseitigem gräßlichem Gebrüll.« Er reißt den Korbkoffer an sich, den ihm ein Lastenträger schon abgenommen hat, während ein zweiter den Lederkoffer ergreift und ein dritter ihn am Ärmel packt, ihm etwas ins Gesicht schreit und »mit der freien Linken ausholte, als wollte er zuschlagen: es war natürlich nur eine einladende und auf sein Boot hinweisende Geste«. Eva, wie immer, muß die Situation klären, und »sie hat nachher mit einem gewissen Recht behauptet, daß ich ohne sie niemals von Bord gekommen wäre«.

Doch die Mühsal des Anfangs ist schnell vergessen und

seine Stimmung kippt ins Schwelgerische. Beschreibungen von Landschaften, Bauten, Kunstwerken füllen seine Tagebücher. Italien prägt sich ihm ein über alle fünf Sinne. Er sieht sich gar in der »Gefahr des Abstumpfens gegen eine kaum noch irdische und sich täglich und stündlich im dauernden Alltag darbietende Schönheit. […] Es hat keinen Tag gegeben, an dem ich mir nicht, oft aus der peinlichsten Verstimmung heraus, meines Glücks erneut bewußt geworden bin.«

Neapel und die Vesuvlandschaft, Rom, die Abruzzendörfer, Sizilien – er nimmt alles in Augenschein, was klassischem deutschen Schöngeist seit Goethe als italienisches Pflichtprogramm gilt, er taucht zurück in die Kulturgefühle des 19. Jahrhunderts, das er geistig selbst eigentlich nie so ganz verlassen hat. Nicht ohne spöttische Anmerkungen, wo ihm das 20. Jahrhundert mit seinem beginnenden Massentourismus das Schwärmen verdirbt.

Venedig enttäuscht ihn peinlich, als begegnete es ihm erst heute: »Es ist so abgelatscht, es hat den schmierigen Überzug oft betasteter Gegenstände […] – ein Rummelplatz kleinbürgerlicher Deutscher.« Und nach der Insel Capri will er gar nicht erst übersetzen, weil ihm zu Ohren gekommen ist, daß diese zum heimlichen Tummelplatz der europäischen Schwulen geworden sei.

Mit den einfachen Leuten kommt er unterdessen leicht ins Gespräch, und die Feinheiten des neapolitanischen Dialekts lernt er unterwegs: in der Straßenbahn, auf der Wanderung zum Vesuv, in der Pension, wohin er sich zurückzieht, um am Montesquieu weiterzuschreiben.

In Italien verändert Klemperer sein Äußeres. Auf einer tagelangen Wanderung von Cava dei Tirreni nach Sorrent – die überaus reichlichen Feiertage der Universität bieten viele solche Gelegenheiten – trennt er sich der Hitze wegen von seinem Schnurrbart. Das ist ein Familienereignis, eigentlich eine genehmigungspflichtige Veränderung. Bruder Georg, als er ihn das erste Mal wiedersieht, erteilt ihm eine Mißbilligung: Den Schnurrbart habe Gott geschaffen, um die Länge der Nase zu verbergen, Victors nacktes Gesicht sei »unbürgerlich, man meint, du bist ein Schauspieler«.

Aber die Emanzipation ist nun vollzogen. In dieser südlichen Lebenssphäre ist Klemperer frei von dem Leiden an finanzieller Abhängigkeit, und beflügelt von seinem Ansehen in Neapel als »eine Art Respektsperson als italienischer Staatsbeamter und Professore«.

Die hierarchischen Klüfte, die sich im Universitätsleben auftun, überbrückt er leichter als in Deutschland. Sein vorgesetzter Professor Guido Manacorda entwickelt zu ihm ein geradezu freundschaftliches Verhältnis und schirmt ihn gegen allerlei Ungemach der italienischen Universitätsbürokratie ab.

Gemeinsam besuchen sie Benedetto Croce, den damaligen Übervater der italienischen Romanistik, den Vossler als »seinen liebsten Freund« empfohlen hat. In der bilderbehängten Wohnung eines ziemlich düsteren Palastes erlebt Vosslers Privatdozent einen Egomanen, der unbarmherzig mit Schwächeren umgeht, nicht mit satirischen Seitenhieben spart und Montesquieu für eine historisch abgehakte Sache hält. Vergrätzt beschreibt der Deutsche den Italiener, der es später bis zum Minister bringen wird, als eine Art Comedy-Monster: »Er ist nicht nur dick, sondern hat wabbliges Fett, seine Backen hängen, sein Bauch bildet beim Sitzen einen Wulst. Und wenn ich nicht wüßte, daß er ein schöpferischer Philosoph ist, würde ich ihn für einen Münchner Hauswirt und Rechnungsrat halten.«

Auch bemerkt er an dem Professor im Troddelschlafrock schlechte Manieren: »Ein bejahrtes Mädchen bringt für jeden ein winziges Täßchen Kaffee (es bleibt bei dem einen), und jeder zieht sein eigenes Zigarettenetui, nur der Hausherr nicht. Er klatscht in die dicken Hände, die

1 Geburtsurkunde Victor Klemperers

2 Die Geschwister (um 1880): Obere Reihe von links: Wally, Georg, Grete, Felix; untere Reihe: Berthold, Hedwig, Marta

3   Die Mutter: Henriette, geb. Frankel, mit dem ersten Kind Georg (um 1865)

4   Der Vater: Wilhelm Klemperer (1884)

5 Victor Klemperer als Gymnasiast in Landsberg an der Warthe
(um 1902)

6   Victor Klemperer und sein Lehrer aus der Münchner Studienzeit, Karl Vossler, anläßlich der Festveranstaltung zur Hundertjahrfeier der Dresdner Technischen Hochschule, Juni 1928

7   Eva und Victor Klemperer mit dessen Schwester Margarete (Mitte), genannt Grete, im Mai 1937

8 Eva und Victor Klemperer vor ihrem Haus in Dölzschen, in dem sie seit dem 1. 10. 1934 wohnten

9 Unterwegs mit dem Opel, wegen seiner ständigen Tücken »Bock« genannt (um 1936)

10 Kennkarten von Eva und Victor Klemperer, der seit 1. 1. 1939, wie alle jüdischen Männer, den Zusatznamen »Israel« führen mußte

11 Seit der Vertreibung aus ihrem Haus im Mai 1940 lebten Eva und Victor Klemperer zwangsweise in verschiedenen sogenannten Dresdner Judenhäusern, zuletzt in der Zeughausstraße 1 (links) neben dem Jüdischen Gemeindeamt, dahinter (Mitte) befand sich die Synagoge. Die Häuser wurden beim Bombenangriff am 13. 2. 1945 vernichtet

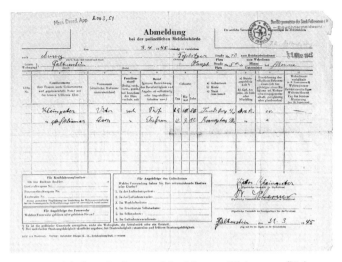

12   Mit gefälschten Papieren auf den Namen »Kleinpeter« flüchteten Eva und Victor Klemperer im April 1945 nach Bayern

13   Flüchtlinge 1945 auf dem Bahnhof von Dresden-Neustadt

14 Dresden: Postplatz 1946

Schaffnerin erscheint mit einer einzelnen Zigarette, die er, über die Schulter hinter sich greifend, in Empfang nimmt.« Später, bei gemeinsamen Spaziergängen auf der Strada Santa Lucia oder auf Neapels Uferpromenade, löst sich die Spannung, doch zu der Grundformel von Croces Ästhetik, zur Gleichheit von Intuition und Expression, läßt sich Klemperer nicht bekehren.

Er muß es auch nicht, denn an dieser Universität stehen keine Examen für ihn an. Der deutsche Privatdozent lehrt in einem Unterkurs seine Studenten die Grundlagen der deutschen Formenlehre auf italienisch und hält in einem Oberkurs kleine Vorträge über deutsches Leben auf deutsch. Mit dramatischem Erfolg: Als er seine erste Lektion hinter sich hat, »drängte ein dichter Knäuel mit Geschrei nach vorn, erstürmte heftig gestikulierend das Katheder, griff mit hundert Händen nach meinen Sachen, und alles: die Grammatik, [...] der Mörike, das Manuskript, der Bleistift, die Kreide, die Uhr, alles war verschwunden«. Ein Dozentenkollege muß ihn beruhigen: »Es ist nur das große Interesse an Ihrer Person, an Ihrem Thema, sie wollen alles wirklich mit Händen greifen, sie sind wie lebhafte Kinder; das ist das Temperament des Südens.«

Tatsächlich kommt alles zurück, auch die Uhr. Klemperer, sehr geschmeichelt, fischt gleich noch nach einem Kompliment bei seinem Kollegen Manacorda, der dem Seminar beigewohnt hat:

»Wie war mein Italienisch? – Gut, ein wenig zu gut, ein wenig dantesk, aber da Sie ja vor Studenten gesprochen haben, sind sie durchweg verstanden worden.«

Die Zeit in Neapel – es werden zwei Jahre daraus – wird überschattet vom Beginn des Ersten Weltkriegs. In München hatte Klemperer noch alle Warnungen abgewehrt. Als sein Königsberger Freund Julius Sebba einen angekündigten Weihnachtsbesuch absagte mit der Begründung, er müsse bei seiner Familie in Königsberg bleiben, weil in Ostpreußen mit einem Einfall der Russen gerechnet werde, hielt er das für Kriegspsychose.

In französischen Kinos hatte er dann gelegentlich Befremden empfunden über Rührstücke aus dem deutsch-französischen Krieg von 1870/71 und über die Beifallsausbrüche des Publikums bei Kolonialkriegsszenen. In den Zeitungen bemerkte er indessen eine wachsende Nervosität über den Ausbau der deutschen Eisenbahnen, der Marine und der Luftflotte. Der chauvinistischen Stimmung maß er jedoch ebensowenig Gewicht bei wie in Berlin. Er hielt das eher für eine Modeerscheinung.

In Italien ändert sich das. Hautnah erlebt er die lärmende Leidenschaft der Studenten, womit diese auf Krawalle in Triest reagieren. Gerade haben die italienischen Kolonialtruppen Tripolis den Türken abgejagt, nun richten sich die nationalistischen Hoffnungen auch auf die Adria-Hafenstadt. Triest befindet sich zu dieser Zeit in der Hand des Erbfeindes Österreich. Zwar versucht Manacorda, der sich für solche nationalen Ausbrüche begeistert, deutlich zwischen Deutschland und Österreich zu differenzieren. Aber Klemperer fühlt Unheil heraufziehen zwischen dem Land, aus dem er kommt, und dem, wo er lehrt.

Anfang Juli 1914 reist er für kurze Zeit nach München, wo Eva die fertigen Aufzeichnungen seiner Habilitationsarbeit abschreibt und sich seine Ergänzungen in die Maschine diktieren läßt. In der bayrischen Hauptstadt fällt ihm die Gedrücktheit auf, mit der man das Thema Krieg zu vermeiden sucht. »Zu Haus, auf der Universität, in Läden, im Kaffeehaus, im Restaurant: Überall war dasselbe gleichmütige Verharren im Alltag.« Er selbst teilt eher die »vaterländische Begeisterung« und die »Überzeugtheit von Deutschlands schneeweißer Unschuld, von Deutschlands berechtigtstem Anspruch auf die Vorherrschaft in Europa«. Noch 25 Jahre später, als er die Erinnerungen an diese Zeit zusammenfaßt, versagt seine Feder vor der Aufgabe, dieses Empfinden unverfälscht nachzuzeichnen. Und er greift – ein einziges Mal in seinem *Curriculum* – auf das pure Zitieren seines Tagebuches zurück, auf Texte, vor denen er beinahe steht, als hätte ein Fremder sie geschrieben.

»Drang nach dem Erleben des Außerordentlichen«, bescheinigt sich da der immerhin schon Fünfunddreißigjährige. »Der Krieg ist höchste Sensation und einzige dem Kulturmenschen noch gebliebene Katharsis. Deshalb ist er von keiner Friedensgesellschaft auszurotten. Der Krieg, das große historische Ereignis, kann ganze Geschlechter unsterblich machen.« Ihn begeistert »die wundervolle Reichstagssitzung mit ihrer absoluten Einigkeit, mit der schönen Stellungnahme der Sozialdemokraten. Ich denke: Wenn wir fallen, fallen wir zusammen, und es stürzt über uns; wenn wir uns aber behaupten, so erwächst uns ein großes Glück aus diesem Krieg: höhere Brüderlichkeit im Volk.«

Die kommenden Fronten haben sich schon weitgehend formiert. In Sarajevo hat der serbische Gymnasiast Gavrilo Princip am 28. Juni 1914 den österreichischen Thronfolger Erzherzog Franz Ferdinand erschossen, Wien hat ein unannehmbares Ultimatum an Serbien gestellt, Rußland droht mit militärischem Beistand für die orthodoxen Glaubensbrüder auf dem Balkan und steht mit England und Frankreich in militärischem Bündnis. Deutschland hält zu Österreich und fiebert auf die Chance, seine Vorherrschaft in Europa durchzusetzen und den Westeuropäern Kolonialgebiete abzujagen. Italien hat ebenfalls Expansionsansprüche, legt sich aber noch nicht fest, weil nicht klar ist, auf welcher Seite die größere Aussicht auf territoriale Beute besteht.

Das militante deutsche Aufbruchsgefühl teilt Klemperer mit den meisten Intellektuellen seiner Generation – bis hin zu Thomas Mann. Nur schwach schimmert unter dieser Folie von Pathos auch soziologische Skepsis und der Gedanke an die Opfer, die das niedere Volk werde bringen müssen: »Wer als Müller oder Schulze untergeht, glaubt gut erhalten zu bleiben als ›zur großen Generation gehörig‹. Krieg ist also Massensurrogat für den Einzelruhm.«

In München ist der Kriegsbeginn wahrnehmbar durch Lynchattacken auf Fremde, die für Serben gehalten werden. Aus den Bierkellern tönen patriotische Gesänge wie »Deutschland, Deutschland über alles« und »Prinz Eugen«. Auf den Straßen marschieren Kriegsfreiwillige auf. »Immerfort ziehen Truppen unter unseren Fenstern vorbei. Das entfärbte Graugrün ist romantischer als die frühere Buntheit, ein Sterbekleid. [...] Mir steigen jedesmal die Tränen hoch, und Eva wird ganz blaß.«

Peinlich werden ihm zwar die »Dichter-Kriegsfreiwilligen«, von denen er hört: Hugo von Hofmannsthal, Richard Dehmel, Ludwig Ganghofer und andere. Aber das ungute Gefühl reicht nicht, seinen eigenen Kulturbegriff von Chauvinismus zu reinigen. Er hilft sich mit abendländischer Differenzierung: »Ich kann mich manchmal des Gedankens nicht erwehren, daß es eigentlich keinen Blutstropfen wert ist, ob zwischen Kulturländern die Grenze so oder so verläuft. Nur freilich: Es müssen Kulturländer sein. Rußland ist keines und Frankreich und England helfen Rußland.«

Fast schämt sich der junge Akademiker seiner ungedienten zweiunddreißig Jahre. Es scheint, als wolle er einfach Herr seiner Angst werden und sich beweisen, daß er nicht feige ist. In der »unbefangenen Selbstverständlichkeit seines Deutschgefühls« sei seine Pflicht unter Umständen nicht mehr von der des Handwerkers und Arbeiters zu unterscheiden. Eva wird gar nicht lange gefragt, mit ihr sei er sich einig: »Wenn die Russen auf Berlin marschieren, melde ich mich als Freiwilliger.«

Freiwillig meldet er sich dann zum Dolmetscherdienst

beim bayrischen Kriegsministerium. Dort wird er vorerst zurückgewiesen; sie haben schon zu viele. Immerhin eine Gelegenheit zu mehr Nachdenklichkeit. Denn an seinem Kriegspatriotismus nagen schon Zweifel. »Not und Erbitterung scheinen überall Europäertum hinwegzuschwemmen«, bemerkt er am 3. August, fünf Tage nach Kriegsausbruch, als Deutschland schon Luxemburg ohne Kriegserklärung besetzt hält. Aber noch einmal tröstet er sich im Superlativ: »Wir sind in äußerster Notwehr und allerreinstem Recht.«

In München kommt ihm zu Ohren, daß sich selbst bei den gedankenlosesten, wildesten Jungen in den Kasernen gelegentlich trübe Stimmung breitmacht. Als er von verstümmelten Verwundeten in Belgien liest, gerät seine Gemütslage ins Taumeln: »Dieser ganze Krieg, sein Heldentum, seine Grausamkeit, kommt mir vor wie auferstandenes Mittelalter. Das Häuflein Intellektueller schämt sich jetzt seines Fortschritts, will wie die Masse empfinden, taucht in ihr unter, feuert sie an, stürmt mit ihr, stirbt mit ihr, betet sogar mit ihr. Ich bin über den ganzen Gang der Ereignisse, über den ganzen Gefühlszustand bei uns eigentlich immer gleichzeitig verzweifelt und entzückt.«

Bald fällt ihm auf, daß es mit dem deutschen Kriegsglück nicht so rosig bleiben wird wie in den Anfangstagen. Von Zurücknahme der Truppen vor Paris ist plötzlich die Rede, von Festungskampf. Als sinnlose Grausamkeit erscheinen ihm die Bombenabwürfe aus Zeppelinen auf die Stadt Antwerpen – ein leiser Vorgeschmack auf die Bombardements von Städten im Zweiten Weltkrieg: »Das Völkerrecht ist eine Vogelscheuche, die selbst der dümmste Spatz nicht ernst nimmt.«

Nun ist er eher froh, daß man ihn noch nicht zum Kriegsdienst genommen hat. Das zwingt ihn wieder an den Montesquieu. Zügig wie gewohnt stellt er die Arbeit fertig. Am 15. Oktober habilitiert er sich an der Universität bei Vossler. Damit ist er wieder frei für Neapel. Kurz sucht er die Familie in Berlin auf, wo selbst bei der Mutter stärkste vaterländische Anteilnahme herrscht, Bruder Felix das Eiserne Kreuz trägt, Bruder Georg als beratender Arzt des Gardekorps eine Viertelmillion Mark als Kriegsanleihe gezeichnet hat und Schwester Wally Kissen mit schwarzweißroter Umrandung und Reichsadler stickt. Berthold verbreitet boshafte Vermutungen über eine bevorstehende Kriegserklärung Italiens an Deutschland, Victor und Eva indessen einigen sich auf die Meinung, »daß uns selbst im schlimmsten Fall geringe Gefahr von den Italienern drohe«, und so sind sie schon Anfang November wieder unterwegs nach Süden, zum zweiten Teil ihres Abenteuers Neapel.

Freilich herrscht nun nicht mehr nur eitel mediterraner Sonnenschein. In den Schlagzeilen der italienischen Presse überwiegt die »Flut der Gehässigkeit gegen Deutschland«, verschiedene Parteien verlangen, »die Kultur des Abendlandes gegen Teutonismus zu schützen« und »alte Rechnungen mit Österreich zu begleichen«. Ihnen gegenüber ortet Klemperer aber noch eine »Majorität der ideallosen Kaufleute und Industriellen, die bei bewaffneter und vorsichtiger Neutralität die besten Geschäfte zu machen hofften«.

Vorsichtshalber begibt er sich in Neapel auf das deutsche Konsulat, um sich Verhaltensregeln erteilen zu lassen. Dort wird ihm vom Generalkonsul aufgetragen, in seiner italienischen Bekanntschaft herumzufragen, warum die Leute so erpicht auf Triest seien. Insonderheit solle Klemperer gelegentlich erzählen, was er so bei Manacorda und anderen Kollegen höre. Für eventuelle Dispute rüstet der Diplomat den Hochschullehrer mit Gegenargumenten des Auswärtigen Amtes aus: Viel wichtiger für die italienischen Großmachtpläne sei doch, die Mittelmeerinsel Malta den Briten abzunehmen, und unter sanftem deutschen Druck werde Österreich vielleicht sogar das ganze Trentino abgeben – vorausgesetzt, Rom schlage sich nicht auf die Seite von Frankreich, England und Rußland.

Dem Patrioten Klemperer ist der Auftrag gar nicht unangenehm. Er testet die drei Punkte im Universitätsmilieu und findet wenig Interesse für solche Kuhhändel, vielmehr einen »spezifisch romanischen Fanatismus«, der eine gründliche Zerschlagung des Erzfeindes Österreich ersehnt. Unversehens gerät er selbst ins Fadenkreuz eines studentischen Protests. Während seines ersten neuen Seminars herrscht auf den Gängen Lärm, mehrmals wird die Tür aufgerissen, und als ein friedfertiger Student »Silenzio!« ruft, geschieht das Gegenteil. Nun ruft es auch in Klemperers Seminar, wo viele Priesterstudenten mit schwarzen Soutanen und ländlich derben Gesichtern sitzen: »Es lebe Belgien! – Es lebe Frankreich! – Wir wollen Triest!«

Der Lektor nutzt einen Augenblick der Stille, um zu sagen, daß er nur ein armer Philologe sei und ihnen Triest nicht geben könne. Sie sollten doch die Politik hier beiseite lassen. Der Jurist Logatto, in Felduniform und mit Degen, mischt sich ein, beschimpft die Demonstranten als ungezogene Straßenbahnschaffner. Da brüllt die Horde, springt auf die Bänke und schleudert dem Dozenten entgegen: »Deutscher Spion!«

Ein Trupp handfester Universitätsdiener muß Klemperer befreien und auf das Sekretariat in Sicherheit bringen. Manacorda will ihn überreden, eine Woche zu pausieren, aber Klemperer löst das Problem auf seine Weise. Die Ermahnung des Rektors, er werde als Schuldiger dastehen, wenn es beim zweiten Versuch zu Schäden komme, hält ihn nicht zurück. Diesmal herrscht Mäuschenstille. Als er das Katheder erreicht, erhebt sich Händeklatschen, »als hätte man auf mein Kommen oder Nichtkommen gewettet«. Er sagt, er sei kein Tenor, »sondern nur, wie ich schon gestern betont hätte ›un povero filologo‹, und jetzt wollen wir brav üben: ›Meine Tante hat einen Regenschirm und mein Onkel einen Federhalter‹. Gelächter, und alles war gut.«

Der Zwischenfall trägt dem Deutschlektor eine schriftliche Einladung in das Generalkonsulat ein. Nach ausführlicher mündlicher Befragung erhält er einen neuen Auftrag. Er soll jetzt einen »Bericht für die Regierung« anfertigen, der die These stützt, daß sich die Beziehungen zwischen Deutschland und Italien bessern. Was der Attackierte bereitwillig und »angenehm geschmeichelt« ausführt.

Doch allmählich legt sich Kriegsfrust über Klemperers Italien-Aufenthalt. Er macht mit Eva einen Weihnachtsausflug nach Rom, er feiert in der deutschen Kolonie einen matten vaterländischen Abend aus Anlaß von Kaisers Geburtstag mit, er schreibt seinen Montesquieu zu Ende. Eines unguten Frühlingstages findet er dann in der morgendlichen Post ein Schreiben des Konsulats: Alle deutschen Landsturmpflichtigen hätten zu sofortiger Gestellung in die Heimat abzureisen.

Es wird ein Abschied mit Tränen in den Augen: »Von allen Menschen meines Kreises in Neapel habe ich nach diesen Tagen keinen wiedergesehen.«

Am 23. Mai 1915, einen Tag bevor Klemperer das Imprimatur unter den letzten Bogen seines Montesquieu-Buches setzt, erklärt Italien den Eintritt in den Krieg. Auf der Seite der Entente gegen Österreich und Deutschland.

Die Klemperers nehmen den Zug über Rom. An der österreichischen Grenze fragt der Zollbeamte den Einreisenden: »Rücken Sie ein?«

Der neapolitanische Privatdozent verweist auf seinen Gestellungsbefehl.

»Dann ist ihr Gepäck frei.«

Als er die Koffer auf dem Karren wiedersieht, kleben darauf rote Zettel: »Militärgut«.

Der Frontkämpfer

»Meine einzige Kriegsbeute: Rousseaus Kantaten«

Ein langer Eisenbahnzug, angehängt nur Wagen dritter Klasse, rollt im November 1915 durch die bayrische Schneelandschaft westwärts. In Augsburg legt der Lokführer eine kurze Pause ein, damit sich die Passagiere die Beine vertreten können. An einem Bahndamm werden heißer Kaffee und Brot, Butter und Käse als Proviant gereicht, bei Neu-Ulm überqueren sie die Donau. Als der Zug das Rheintal erreicht, wechselt er in nordwestliche Richtung.

Der Zug ist nur von Männern belegt: bayrische Soldaten. Eine Nacht, einen Tag und noch eine Nacht sind sie unterwegs. Im Abteil schläft es sich sehr ungemütlich. »Verrenkungen, ausgezogene Stiefel, Gestank und Schnarchen; einer lag immer in Decke und Mantel am Boden, die anderen verschränkten ihre Beine über ihn weg von Bank zu Bank.«

Einer dieser Rekruten ist Victor Klemperer. Wieder ist er unterwegs nach Frankreich. Der Privatdozent, der Schöngeist, der Liberalist, der aufgeklärte deutsche Bildungsbürger hat sich, obwohl »das meiner natürlichen Regung zuwiderlief«, als Kriegsfreiwilliger gemeldet. Weil er das für eine patriotische Pflicht hält. Und auch, weil er das als Bewährungsprobe gegen seine Brüder zu brauchen glaubt, die ihn nicht unter die »jüdischen Drückeberger« eingereiht sehen wollen. Ein bißchen komödienhaft kommt ihm vor, daß er nun selber die Wacht am Rhein bezieht.

Der Loreleyfelsen und all die anderen berühmten Sehenswürdigkeiten dieser Route versetzen den Literaten nicht in Andacht, nicht in Erregung. Er spürt eher eine dumpfe Zerschlagenheit, und »das eigentliche Erlebnis des Tages bestand in der mittäglichen Erbsenkartoffelsuppe und warmen Wurst«.

Es ist nicht der kürzeste Weg an die Westfront, sondern sie folgen der Angriffsrichtung, die vom kaiserlichen Generalstab für den Hauptstoß gegen Frankreich im Ersten Weltkrieg vorgezeichnet worden ist: quer durch Belgien, Richtung Normandie. Entladen wird in Habourdin, einem Ort an der Nordgrenze Frankreichs »mit vielen proletarisch armseligen Straßen und einigen Reichtumsoasen dazwischen«. Auf den Straßen beobachtet Klemperer zwar Zivilbevölkerung und auf einem Schulhof vergnügt lärmende Kinder, aber die meisten Passanten sind deutsche Soldaten, und die meisten Häuser tragen deutsche Schilder. Mit der Straßenbahn sind es nur zehn Minuten nach Lille.

Die deutsche Offensive an der Marne von 1914 ist steckengeblieben. Der Kanonier Klemperer, 6. Batterie, 6. bayrisches Feldartillerieregiment, gerät in den grauenhaften Stellungskrieg, der seit einem Jahr im Norden Frankreichs tobt. Er ist der zweite Mann am Geschütz, der Mann auf dem Ladesitz. Das Abprotzen hat er in einem Schnellkurs bei Augsburg auf dem Lechfeld gelernt. Zum Richtkanonier hat es nicht gereicht, weil ihm die Hände zu sehr zittern, wenn er an der sogenannten Libelle oder dem Rundblickfernrohr eilig hantieren soll. Er ist zuständig für die einfacheren Handgriffe, er wirft den Verschlußhebel herum, wenn die Granate im Rohr ist, er zieht auf das Feuerkommando hin an einem Ledergriff den Schuß ab, er wirft den Verschlußhebel zurück und reißt die Kartusche heraus, wenn das Rohr nach dem Schuß zurückgleitet. Manchmal wird er auch zum Grabendienst ganz vorn eingeteilt. Dort wälzt er sich unter platzenden Schrapnellgeschossen im Schlamm und atmet die Gerüche des Todes. Gebückter Gang ist überlebenswichtig.

Klemperer steht im flandrischen Dreck bis an die Knie und feuert dreitausend Meter ins Unsichtbare hinein. Kein Haß auf den Gegner treibt ihn, alles ist fatales Elementarereignis, apokalyptisches Unwetter. Gegenüber liegen keine Franzosen, sondern Engländer, und am Weihnachtsfeiertag kommt es fast zur Verbrüderung. Die Gegner zeigen sich waffenlos auf ihrem Wall, schwenken die Schirmmützen und rufen »Merry Christmas«. Sie halten Zigarettenetuis hoch und wollen durch die Stacheldrahtverhaue steigen. Die Bayern aber dürfen die Gesten nicht erwidern, damit der Feind keine Rückschlüsse auf ihre schwache Grabenbesatzung ziehen kann. Schließlich platzen über den Köpfen Schrapnelle und der Hauch von christlicher Nächstenliebe ist schnell aus der Winterluft vertrieben.

Vierunddreißig Jahre alt ist Klemperer zu dieser Zeit. In München hat er ein halbes Jahr zuvor, am 7. Juni 1915, seinen universitären Amtseid abgelegt. Auf den 15. Juli lautete der Gestellungstermin. Statt Professorenrobe trägt er einen schweren Fahrermantel, eine Mauserpistole, ein Seitengewehr, das sich zum Bauchaufschlitzen eignet, eine Gasmaske an der Schulter und manchmal auch eine kleine Flasche Madeira in der Tasche. Die Schnürstiefel hat er sich in München selbst gekauft. Die Nächte verbringt er in einem Telefonturm an einem Scherenfernrohr, und solange Ruhe herrscht in der regenzerweichten französischen Ackerlandschaft zwischen Aubers und Fromelles schreibt er Briefe an Eva »über jedes Granatloch, jedes Marmeladenbrot, jede Ratte, jedes Liebespäckchen, jedes Gespräch mit Kameraden und Vorgesetzten, jedes fremde und eigene Fühlen«.

Evas Nähe hat den Tagebuchschreiber die Zeit des Drills in den bayrischen Kasernen schadlos überstehen lassen.

Nichts an seinen Kriegsschilderungen weist auf depressive Stimmungen hin. In der Maxzweikaserne, wo es nach Klippfisch, Sauerkraut, Jod und Aborten stank, wurde er eingekleidet. In der Alphonsschule bekam er mit dreizehn anderen Rekruten in einem geräumten Klassenzimmer seine erste militärische Schlafstatt zugewiesen: eine Matratze mit zusammengerolltem Kopfkissen und Platz für den Tornister neben dem Kopfende. Dann Essenfassen »im Gänsemarsch, den Napf in der Rechten, die Mütze in der Linken«.

Dem »vegetativen Zustand« des bayrischen Kasernenlebens gewann der Rekrut Klemperer manch fröhliche Seite ab. »Es wurde, mindestens nach preußischem Maßstab, sehr viel Bier getrunken«. Geradezu lustvoll beschreibt er persönliches Mißgeschick. Als er die Ehrenbezeigung für Offiziere erlernen sollte, spuckte er, nervös geworden, seinen störenden Zigarrenstummel beinahe einem Hauptmann auf die Stiefel. Amüsiert erlauschte er die sprachliche Unbildung und die Grobheiten vieler Wachtmeister und Unteroffiziere. »Was ist ein Kapitulant?« will einer im Mannschaftsunterricht wissen. Antwort: »Ein Kapitüllant is aner, wo so vüll Geld hat.« In der Kleiderkammer höhnt der Sergeant, wenn einem Rekruten die Montur zu groß gerät: »Bist klein geraten, Bäkker, halbe Ladung von dei Vater.«

Aber noch war es nicht ernst, noch durfte er abends mit dem Fahrrad nach Hause zu Eva, wo er oft buchstäblich mit dem letzten Bissen im Mund einschlief. Im September bekam er zwei Wochen Urlaub und fuhr nach Berlin, wo er zur Aufbesserung seiner Kriegstüchtigkeit im Tattersall Beermann am Zoologischen Garten Reitunterricht nahm. Bei seiner Familie war indessen schon nicht mehr viel mehr übrig von der Kriegsbegeisterung des Sommers 1914. Victors freiwillige Meldung für den Dienst am Vaterland machte nicht den erwarteten Eindruck; erst später kam aus Berlin ein Brief: »sehr feierlich geschwollene Abschiedsworte Georgs: ›edle Männlichkeit‹ [...] ›doppelt hoch zu schätzendes Opfer eines erfolgreichen jungen Gelehrten‹ [...] und so weiter«.

Dem Rabbinersohn mit dem noch immer nicht ganz beseitigten gesellschaftlichen Defizit bedeutet das nicht viel. Anerkennung erheischt er zu dieser Zeit eher auf der Gegenseite. Der »Homo spiritualis« sucht Sozialkontakt mit der gesellschaftlichen Unterschicht: »Mit allen tauschte ich das übliche Du.« Allerdings gelingt ihm keine echte Annäherung. »Ich selber war nachher für die Kameraden der ›Profeeßer‹, was immer zugleich ein bißchen spöttisch und ein bißchen respektvoll klang.« Die Kameradschaften bleiben »eine neutrale und laue Angelegenheit [...], eine im geringsten ausfüllende Beziehung fand ich nicht.«

Aus dem Eintauchen in das Volk wird dann auch im flandrischen Kanonendonner nicht viel. Nur bei den Ranküken gegen die Offiziere, die nach der gemeinsamen Hasenjagd den Treibern nur die Abfälle überlassen, stehen »Volk und Gebildete innerhalb der Mannschaft ganz zusammen«. Die Einigkeiten reichen allenfalls noch zum Spott über die Zeitungspropaganda, zur Titulierung dieses Krieges mit dem Codewort Schwindel und zum »Zorn auf die Etappenschweine, der auch mich zeitig ergriff«.

Der Professor in Feldgrau weiß sich einige Vorteile zu verschaffen. Von seinem Batteriechef erhält er die Erlaubnis, nach Lille zu fahren, in das den anderen Soldaten verbotene »Paradies auf Erden mit Kaffeehäusern, mit Bars und Weiblichkeit« – für den »Profeeßer« auf dem Ladesitz die Gelegenheit, sich aus der Universitätsbibliothek mit Lektüre zu versorgen.

An der Front wird Klemperer die »Unüberbrückbarkeit der Kluft zwischen Gebildeten und Volk zur absoluten Gewißheit, obschon ich niemals mit einem der einfachen Leute in Zwist geriet und mit einigen von ihnen durchaus freundschaftlich verkehrte«. Daß sie schwere körperliche Strapazen besser ertragen als die geduldigeren Intellektuellen, wundert ihn nicht. Er hält dies geradezu für die geringere Mühe als die zu Hause gewohnte Schwerarbeit. Überdies: »Raufen war ja auch daheim eine Gaudi.« Vor allem aber: »Geistige Tätigkeit, die unsereinem fehlte, entbehrten sie nicht.«

Die Frontkameraden stehen ihm exotisch fern. Ihre Roheiten, ihr Gerede vom Heimatschuß, ihr scheinbar größerer Mut, ihr animalisches Gerede vom Essen und ihre Zoten, damit kann er nichts anfangen. »Sie waren Kinder, ich konnte ihnen zuhören, mit ihnen plaudern, aber ich wurde das Gefühl der völligen Einsamkeit niemals los.«

Das Frontleben endet für den Kanonier Klemperer abrupt, als er im März 1916 an einer schweren Nierenentzündung erkrankt. Er muß in einem Lazarett behandelt werden. Ein Sanitätszug der vereinigten westfälischen Städte nimmt ihn mit und liefert ihn im Sankt-Vinzenz-Krankenhaus von Paderborn ab. Vermutlich ist das für ihn lebensrettend. In München erfährt er später von einem Heimkehrer, daß fast die ganze 6. Batterie aufgerieben worden ist.

Nun muß sich der kriegsuntaugliche Rekrut des bayrischen Kontingents von der Marnefront nicht mehr allein fühlen. Kaum vierundzwanzig Stunden später trifft Eva in Paderborn ein, und umgehend werden auch die Brüder aktiv. Georg, jetzt Krankenhausdirektor, Universitätsprofessor und beratender Arzt des Gardekorps in Berlin, kommt mit Berthold nach Paderborn. Er untersucht den Bruder selbst und veranlaßt zunächst eine sechswöchige Kur im westfälischen Driburg.

Gern würde Georg den Erkrankten in ein Berliner Lazarett holen. Aber das Gesuch wird vom bayrischen Kriegsministerium abgelehnt. Also muß Bruder Felix einspringen, der inzwischen Gouvernementsarzt in Kowno ist. Felix erwirkt für Victor einen neuen militärischen Verwendungszweck: Zensor beim Buchprüfungsamt Oberbefehlshaber Ost, Presseabteilung Nr. 3321.

Oberbefehlshaber Ost, abgekürzt Ober Ost, ist im Ersten Weltkrieg die Bezeichnung für das militärische Kommando an der Ostfront, wo sich die deutschen und die russischen Truppen gegenüberstehen. Kowno, das heutige Kaunas in Litauen, damals schon eine Stadt von knapp 100 000 Einwohnern, befindet sich auf besetztem russischen Gebiet unmittelbar jenseits der ostpreußischen Grenze.

Für den bayrischen Rekruten wird der Krieg nun auf wundersame Weise eher zu einem Privatvergnügen. Als er am ersten Morgen in seinem neuen Quartier, mehr als 1 000 Kilometer von den flandrischen Schlachtfeldern entfernt, die Augen aufschlägt, steht der Hausdiener Paul, jetzt Bursche von Oberstabsarzt Felix Klemperer, mit warmem Rasierwasser an seinem Bett. Das Zimmer, wo Victor erwacht, ist seines Bruders Schlafraum.

Eva ist mit nach Ostpreußen gekommen und hat sich in ihrer Heimatstadt Königsberg einquartiert. Dort haben beide Klemperers am Tag zuvor schon heimlich einen Abend blau gemacht: mit Julius Sebba, einem alten Freund aus Berliner Jugendtagen, bei »stark begossenen Erinnerungen«. Sebba, Jurist und Cellospieler, ist nun Schreiber am Kriegsgericht. Sie hätten sich durchaus mehr Zeit nehmen können. Denn das Buchprüfungsamt, dem Victor Klemperer zugeteilt ist, befindet sich noch im Aufbau. Es soll überwachen, welche Art von Büchern in das Verwaltungsgebiet eingeführt werden dürfen. Die Möbel, die Tintenfässer, die Feuerlöscher – alles trifft erst nach und nach ein. Klemperers Anreise erscheint den neuen Vorgesetzten geradezu als etwas übereilt.

Wie auch immer: Kowno ist nicht Fromelles, am Schreibtisch kämpft es sich bequemer als auf dem Ladesitz einer Kanone. Bei der Zensur herrscht kein Kasernenton, sondern bürgerliche Höflichkeit. Der Hauptmann Neumann-Hofer, ein dicker schwärzlicher Herr, gewinnt ihn sofort, indem er ihn mit »Herr Doktor« anredet. Im Haus der Kownoer Zeitung wird über den Verwendungszweck für Klemperer beraten, und die erste Frage lautet: »Welche Sprachen sind Ihnen vertraut?« Mit seiner romanischen Palette glaubt er zu glänzen. Zu seiner Verblüffung antwortet der schwärzliche Herr: »Die kann ich auch. Was wir hier brauchen, ist Polnisch, Russisch, Litauisch, Jiddisch«.

Da kann der Neue nur hilflos die Schultern heben. Und obwohl Adolf Neumann-Hofer sich beeilt, ihm zu versichern, daß Deutsch die Hauptsache sei und für die anderen Sprachen Dolmetscher zur Verfügung stünden, meldet sich bei ihm nun das philologische Gewissen. Diese Sprachhürde sei »wahrscheinlich der wundeste Punkt der ganzen Ober-Ost-Verwaltung. Wollte man sich der Seele dieser Bezirke bemächtigen – und darauf und nicht auf Unterdrückung und vorübergehende Ordnung zielte doch alles ab –, so mußte man mindestens gewiß sein, daß in ihren Sprachen völlig zum Ausdruck kam, was man ihnen nur deutsch sagen konnte.«

Ein ehemaliger preußischer Gymnasiallehrer, jetzt Landsturm-Mann, belehrt den Romanisten indessen, worum es im Osten wirklich geht: »Polen haben wir befreit, es soll jetzt ein selbständiger Staat werden und unser freiwilliger Verbündeter. [...] Also ist alles zu verbieten, was polnische Gefühle verletzen könnte. Auf der anderen Seite können wir hier in Ober-Ost großpolnische Ideen durchaus nicht gebrauchen.« Weiter nach Osten hin scheint weniger Zündstoff auszuliegen: »Litauen und natürlich das deutsche Baltikum kommen zu uns, werden reichsdeutsches Gebiet [...]. Mit den Litauern werden wir glatt und friedlich fertig; sie werden uns ohne weiteres und gern als Herren anerkennen.«

Und dann sind da auch noch die Juden. Der Landsturm-Mann klärt den Rabbinersohn auf: »Die Juden sind uns wohlgesinnt, sprechen ja auch deutsch oder halbwegs deutsch. Zionistische Bestrebungen unter ihnen brauchen wir nicht zu hindern; im Gegenteil: wer abwandert, schafft uns Raum.«

Dem Belehrten macht das intellektuelle Niveau dieser Frontbehörde kaum Kopfschmerzen. Zensur ist jetzt seine Kriegspflicht, er stellt den Katalog zusammen, in dem alle bisher von verschiedenen Stellen erlassenen Einfuhrverbote zusammengefaßt werden. Ein weites Spektrum: Flugblätter, die für den wegen seiner Opposition gegen Krieg und Burgfriedenspolitik ausgeschlossenen Sozialdemokraten Karl Liebknecht werben, konservative Pamphlete, die der Regierung Zögern bei der Annexion Belgiens und Nordfrankreichs vorwerfen, der Briefwechsel einer pazifistischen Frauenrechtlerin.

Klemperer findet bei seiner Arbeit Titel wie *Cartouche, der tollkühne Räuberhauptmann, der Abgott der Frauen* und *Vierzigfach verheiratet oder Das Opfer des berüchtigten Frauenjägers von New York*. Das gehört unter die Rubrik Schmutz- und Schundliteratur. Man hat ihn belehrt: »Das Lesepublikum in Ober-Ost besteht zu neunundneunzig Prozent aus Soldaten, und von diesen neunundneunzig Prozent sind wieder neunundneunzig Prozent ungebildete und unreife junge Menschen, die der Krieg in Unreife festhält. Bedenken Sie auch die ungeheure Verbreitung der Geschlechtskrankheiten.«

Manchmal aber überschreiten die Dümmlichkeiten der Zensur die Grenzen seiner Geduld. Eines Tages liegt auf seinem Tisch der Antrag eines Reserveleutnants, der Kreishauptmann eines litauischen Amtsbezirks ist und einer Buchhandlung die Konzession entziehen will, weil dort Werke von Zola, Daudet und Maupassant verkauft werden. Da schreibt der Philologe eine schroffe Antwort. Und kommt damit durch. Ein unabsichtlicher Test, der ihm signalisiert: Neumann-Hofer überläßt ihm geradezu freie Hand.

In Kowno lebt der ehemalige Kanonier für Kriegsverhältnisse geradezu komfortabel. Er wohnt in dem Palais, das früher Sitz des russischen Gouverneurs war, darf bis ein Uhr nachts außer Haus bleiben, bekommt von Paul morgens sein Rasierwasser ans Bett und muß, was das Militärische betrifft, nur einmal monatlich eine Stunde exerzieren.

Das Kownoer Pressequartier erscheint ihm als so etwas wie eine Rettungsinsel der deutschen Intelligenz. Dort dienen auch die Maler Magnus Zeller und Karl Schmidt-Rottluff, vor allem aber Männer des Wortes wie die Schriftsteller Hanns Heinz Ewers, Herbert Eulenberg und Richard Dehmel. Klemperer trifft auch den achtundzwanzigjährigen Arnold Zweig, der später seine Ober-Ost-Erlebnisse in dem weltberühmten Kriegsroman *Der Streit um den Sergeanten Grischa* gestalten wird. Sie werden keine echten Freunde, aber sie zollen sich gegenseitig intellektuellen Respekt, der anhalten wird bis ins hohe Alter, bis sich beide in den fünfziger Jahren im Kulturbund und in der Volkskammer der DDR wiedertreffen.

In Kowno gibt es einen Klub der Intellektuellen, bis zu dem Klemperer allerdings nicht vordringt – eher aus Geldknappheit. Er ißt in Soldatenheimen oder mit Bürokameraden in billigen deutschen, polnischen, litauischen und jüdischen Restaurants, auch wenn es dort nicht ganz sauber ist. Fleisch und Klöße, die vor Fett triefen, nennt er »ethnologischen Fraß«, den man am besten durch einen starken Schnaps unschädlich macht.

Lange aushalten muß er in Kowno nicht. In Leipzig, an der wenige Jahre zuvor eröffneten Deutschen Bücherei, wird eine neue Prüfstelle aufgemacht. Neumann-Hofer zieht um und bietet auch seinem anstelligen Mitarbeiter die Versetzung an. Zensur-Rekrut Klemperer zögert keinen Augenblick. Unverzüglich besorgt er sich seine Papiere, auch den vorgeschriebenen Entlausungsschein. Dann nimmt er sich Zeit. Diesmal genießt er auf der Durchreise Königsberg ausgiebig: »Musik in Strömen, [...] die alte Freundschaft mit Sebba durch Duzbrüderschaft bekräftigt, [...] das großstädtische Leben [...], Bad Rauschen mit seiner hohen, zerklüfteten Küste, seiner starken Brandung.«

Noch einmal zu früh antreten zu einem militärischen Pflichtprogramm, das wird er nicht.

Leipzig im dritten Kriegsjahr. Keine Exerzierpflicht mehr für den Bürosoldaten. Keine Uniformen vor Augen, außer bei den immer trauriger werdenden Trupps, die zum Bahnhof ziehen und ausrücken ins Feld. Die Klemperers wohnen nun privat, kaufen einen Flügel für Eva und ertragen den Petroleummangel und den Kohlrübenwinter 1917 mit Konditoreibesuchen im Café Platen in der Grimmaischen Straße, wo es immerhin noch Kartoffelkuchen gibt, und in dem vor allem von Künstlern geschätzten Café Merkur. Messe-Leipzig bietet überdies auch mitten im Krieg Gelegenheit für ausgiebige Theaterbesuche.

Größerer gesellschaftlicher Anschluß stellt sich für die Klemperers vor allem am Stammtisch der Redakteure der *Leipziger Neuesten Nachrichten* im Thüringer Hof her, zu dem auch Damen zugelassen sind. Die Besetzungsliste der neuen Bekanntschaften reicht von dem geigespielenden Apotheker Hans Scherner, mit dem Eva musikalische Freundschaft schließt – lange bevor Victors »Orgelkrise« ausbricht – über Maler, Schauspielerinnen und Kabarettisten bis zu dem aufsteigenden Unternehmer Fritz Thiele, der »in eine Jummifabrik eingeheiratet« hat und am Krieg kräftig verdient. Klemperer selbst kann außer seinem Intellekt und seinem Charme vaterländische Ehren aufbieten: auf Betreiben von Felix wird er noch mit dem Bayrischen Militär-Verdienstkreuz 3. Klasse mit Schwertern dekoriert und per Telegramm nachträglich zum Unteroffizier befördert.

In der Deutschen Bücherei hat Klemperer viel Zeit für unkriegerische Erwägungen und Pflege der eigenen intellektuellen Befindlichkeit. Fast zwei Jahre verbringt er dort als Buchzensor am Schreibtisch. Die Flut des Gedruckten schwappt viel zu hoch, als daß er alles Zeile um Zeile prüfen könnte. Es ist geistige Pfundware, das meiste wiederholt sich, wird nur variiert und breitgetreten. Die Grundhaltung des Autors ist dem Zensor meist nach wenigen Seiten klar, denn er hat das Talent für den schnellen Überblick. Seine Gutachten werden immer knapper, und die Stapel bauen sich immer schneller ab. Klemperer nennt das »mit dem Daumen lesen«. Er arbeitet rein mechanisch, wie es eben militärische Pflicht gebietet, und hält sein Denken unbelastet.

Bald nimmt der Etappenkrieger gar nichts mehr auf von der Lektüre. Er kommt sich vor »wie die Tee- und Kaffeeschmecker, die ihre Kostproben ausspeien, um ihre Gesundheit zu schonen«. Das Lesepensum eines Tages bewältigt er meist schon am Vormittag, und nachmittags verwandelt er sich in den emsigen Philologen: »Neben dem Bücherstapel des Zensors türmte sich jetzt der Stapel des Romanisten.«

So schreibt er als Unteroffizier für das *Berliner Tageblatt* Feuilletons, die sich auf Montesquieu beziehen, und versenkt sich in Voltaire und Rousseau und das ganze französische 18. Jahrhundert. Ein dritter Stapel gilt seiner Leidenschaft für Victor Hugo. Es lohnt sich: »Als ich dann endlich aufs Katheder und ins Produzieren kam, hielten mir meine Leipziger Studien, was ich mir von ihnen versprochen hatte.«

Je länger der Krieg dauert, desto mehr läßt die Buchproduktion in Deutschland nach, und in der Leipziger Zensurstelle herrscht bald Arbeitsflaute. Neumann-Hofer sieht sich gezwungen, diese neue Lage nach Kowno zu melden. Ein Grund zur Beunruhigung für Klemperer, denn die Etappendienste werden immer rigider ausgekämmt. Wer entbehrlich und marschtauglich ist, muß an die Front, um feindliche Einbrüche stoppen zu helfen. Der zum Lesen abgestellte Unteroffizier der bayrischen Hilfstruppen sieht sich schon wieder auf seinem Geschütz in Französisch-Flandern sitzen und im Schlamm verschimmeln.

Wieder ist Bruder Felix gefordert. Er will Victor helfen, in einem ruhigeren Landsturmbataillon bei Kowno unterzukommen; ein Intellektueller könne dort rasch zum Leutnant avancieren. Aber Victor, der zum 1. April 1918 wieder k. v. geschrieben wird, ist nun selbst geschickt genug, um solche Schicksalswendungen hinauszuzögern. Er läßt sich seiner Nierenentzündung wegen erst noch eine Nachkur in Driburg verordnen. Dann besucht er die Familie in Berlin, erwirkt Urlaub für Bayern und erhält erst Ende Juli seinen neuen Einberufungsbefehl zu der Ersatzbatterie in München.

Ein zweiter vielleicht lebensrettender Aufschub. Denn inzwischen ist der Krieg in die Endphase geraten, Rußland ist durch die Oktoberrevolution von 1917 und den Friedensschluß von Brest-Litowsk mit Deutschland vom 3. März 1918 als Gegner ausgeschieden. Die frei gewordenen Truppen der Ostfront werden in eine neue Westoffensive geschickt. Aber die Siegesnachrichten bleiben aus. Der Durchhaltegeneral Erich Ludendorff bekommt von den Soldaten den Beinamen »Blutsäufer«. Kaum jemand glaubt noch an den deutschen Erfolg. Es mehren sich die Gerüchte von Meutereien unter den Soldaten.

Da wendet sich scheinbar das Kriegsschicksal für Victor Klemperer ein zweites Mal zum Guten. Am 24. Juli morgens liegt ein Telegramm aus München für ihn im Zensurbüro: »Berufung an Universität Gent für Sie unterwegs. Herzlichen Glückwunsch. Vossler.«

Die nächsten dreieinhalb Monate, solange dieser Krieg noch dauert, versetzen den nun fast Neununddreißigjährigen in einen Schwebezustand, den er den seltsamsten seines Lebens nennt. Aus Kowno bekommt er noch einmal einen mehrwöchigen Urlaub zugestanden. Er reist wieder nach München. Sein alter Freund Meyerhof macht ihm den Ordinarius madig mit Bemerkungen wie »Du als Professor in Gent machst dich zum Werkzeug der Unterdrückung, denn diese deutsche Universität in Gent ist ja den Belgiern aufgezwungen und macht Propaganda für Deutschland«.

Unterdessen wartet Vosslers Privatdozent immer ungeduldiger auf die erlösende Berufung durch den deutschen Generalgouverneur in Brüssel. Während er schon beginnt, Flämisch zu lernen, geschieht aber gar nichts. Mit Eva verlebt er noch eine Herbstwoche in Oberbayern. Sein Urlaub läuft am 3. Oktober ab. Zurück in Leipzig, steht er beim Buchprüfungsamt vor verschlossenen Türen. Der Pförtner teilt ihm mit, daß die Herren Zensoren nach Wilna beordert worden seien, wo sich das eigentliche Hauptquartier Ober Ost befindet.

Noch einmal erweist sich Klemperer als vaterlandstreuer Geselle. Anstatt die Lage an den Fronten richtig einzuschätzen und den Kopf einzuziehen, fährt er hinterher. In Wilna trifft er nur auf spöttisches Lächeln. Keiner hat ihn mehr erwartet. In den nächsten drei Wochen irrt er grippekrank und hungrig durch Deutschland, macht Stationen in Berlin, München, Leipzig, Köln und auch Gent, landet wieder in der Telefonzentrale von Wilna und wird dort eingeholt von den wirren Nachrichten der Novemberrevolution: »Abdankung des Braunschweigers, Republik Bayern [...], Ultimatum der Sozialdemokraten an den Kaiser, Abdankung des Kaisers und des Kronprinzen, allgemeine Nationalversammlung, rote Fahnen auf dem Brandenburger Tor – es sind ganz tolle, wüste Stunden, phantastischer als die im August 1914 und unheimlicher; damals war es ein schwärmerischer Aufschwung, heute ist es ein Jüngstes Gericht.«

Die Soldaten in Wilna schneiden sich die Ordensbändchen vom Mantel und heften rotes Band über die Kokarden. Nahe der Kommandantur hängt ein roter Stoffetzen am Fahnenstock, der Rest einer zerrissenen schwarzweißroten Fahne. Die Arrestanten hat man befreit, im Pressearchiv verteilt ein Feldwebel Gewehre und je 50 Patronen. Plünderungen bemerkt Klemperer nicht, dagegen ein allgemeines Warten auf Anweisungen der Ebert-Regierung aus Berlin.

Einer der revolutionären Racheengel erscheint ihm in dieser fernen baltischen Gegend in Gestalt von Arnold Zweig. Der feingliedrige unsoldatische Mann, Sohn einer jüdischen Familie aus dem niederschlesischen Glogau, treibt in Wilna die Bildung eines Soldatenrates voran. Auf einer Versammlung hält Zweig »eine flammende Rede gegen alles gerührte Vergeben und Vergesssen«, dringt damit aber nicht zu den Herzen der ordnungsgewohnten Mannschaften und Offiziere durch.

Klemperer, dem solche »Freude am Revolutionstreiben in unserer Wilnaer Enge einigermaßen läppisch« vorkommt, erhält am 16. November mit zehntägiger Verspätung vom bayrischen Kriegsministerium die Absage für eine Freigabe nach Gent. Immer noch sitzt er in seinem Zensurarchiv. Nun kauft er eine Fahrkarte nach München, läßt sich einen Dienstausweis ausstellen und Pakete von Zweig und anderen Kriegskameraden nach Berlin mitgeben. Unbeanstandet passiert er damit die Kontrolle am Bahnhof Wilna, wo zwei Maschinengewehre aufgefahren sind. Im Zug bezieht er ein leeres Abteil zweiter Klasse, obwohl ihm nur das Recht auf die dritte Klasse zusteht. Eine Patrouille mit umgeschnallten Revolvern schreckt ihn auf, aber verscheucht ihn nicht: »Wir suchen bloß nach Offizieren, die sich etwa drücken wollen. Denen hat die zweite Klasse lange genug gehört.«

Der Unteroffizier Klemperer ist erleichtert und streckt sich behaglich aus, »in die widerrechtlich mitgenommene Wolldecke gewickelt, die Stiefel auf den Polstern, ein siegreicher Revolutionär«.

Dieser Krieg hat ihn zum Fatalisten gemacht. »Millionen sind aus dem Weltkrieg als Ungläubige, als Revolutionäre, als Pazifisten und Weltbürger zurückgekehrt, andere (nicht ganz so viele) als Gottgläubige, als erbitterte Nationalisten; alle haben irgendein Dogma bewahrt oder gewonnen. Ich für meinen Teil habe nur den Zweifel heimgebracht, den absoluten Zweifel an jeder Position«, denkt er zwei Jahrzehnte später.

Kein Kriegserlebnis hat sich ihm tiefer eingeprägt als der Anblick eines jungen Infanteristen, der im Winter 1915 tot auf den Stufen einer Kapelle am Weg nach Fromelles lag: »Ein gutmütiges, zufriedenes, dummes Gesicht. […] Blut war nicht zu sehen, auch keine Verstümmelung, nur ein kreisrundes Loch in der Nasenwurzel. Alle grausigen Kriegsszenen, die ich später bei Barbusse und hundert anderen las, haben für mich weniger Entsetzen als diese Erinnerung.«

Kriegsbeute hat der Kanonier Klemperer nicht gemacht, mit einer einzigen Ausnahme. Im halbzerstörten Pfarrhaus von Aubers an der Flandernfront, zwischen schmutzigem Stroh, in einem aufgeschichteten Bücherstapel, der vermutlich vorgesehen war als Brennmaterial, entdeckte er einen hellbraunen Oktavband aus dem 18. Jahrhundert mit Oden und Kantaten Jean Baptiste Rousseaus. Er nahm sie mit und verleibte sie seiner Bibliothek ein. Das Büchlein überlebte dann sogar den schlimmen Tag im Sommer 1939 in Dresden: »Obwohl die Gestapo unter sachkundiger Führung einer studierten Bibliothekarin meine Bibliothek ausplünderte, entging ihr doch das wertvolle Bändchen.«

Revolution und Idylle
»So hat mich das Jahr mehr herumgewirbelt als die meisten übrigen.«

Leipzig, Reichelstraße 16, November 1918. Der Krieg ist aus, jedoch »das Glücksgefühl, mit dem ich nach der gelungenen Flucht aus Wilna mich hier einzurichten begann, ist rasch verflogen«. Das Jahr 1919 wird dasjenige im Leben Klemperers, da sich seine Wahrnehmungen zum ersten Mal deutlich politisieren.

Der habilitierte Romanist steht in der Mitte seines Lebens, aber noch immer nicht auf eigenen Füßen. Kein Professorenamt in Aussicht, das Projekt Gent ist begraben unter den Trümmern des Ersten Weltkriegs. Das Kaiserreich, von dem Klemperer erzogen wurde, hat abgedankt. In Berlin lodert die Revolution.

Von den revolutionären Wirren ist im geschäftsmäßigen Leipzig zunächst wenig wahrzunehmen. Einmal, auf einer Versammlung des Spartakusbundes in einem Lokal am Brühl, beobachtet Klemperer »beim Bier 200–250 Menschen, meist jung, aber weder gemein, noch radaulustig aussehend, einige Frauen, mancherlei Soldaten darunter«. Dem Romanisten, dem die schmerzensreichen Jahre der Französischen Revolution als Urbild solcher Umstürze geläufig sind, fällt auf: »Merkwürdig, wie ruhig die Versammlung war, in wie ruhigem Ton zum Bürgerkrieg aufgefordert wurde, gegen die momentane Regierung der Sozialisten (der Kriegsverlängerer und Verräter)!«

Seine Beurteilung der politischen Lage in Deutschland schwankt. Einmal, bei dem Geräusch klatschender Skatkarten im Caféhaus, hat er den Eindruck: »Es ist die phrasenloseste Revolution, die je gewesen: alles geht um Wirtschaftliches [...], niemand prahlt mit Ideen, Freiheitsgesängen [...]. Das ist für mich die große Lehre: daß in den wüstesten weltgeschichtlichen Zeiten der Alltag doch fortläuft und sozusagen die Breite des Raumes einnimmt.« Das nächste Mal, unter dem Eindruck des Geschimpfes biederer Handwerksmeister auf das chaotische Treiben der Soldatenräte, setzt auch er auf Law and Order: »Ich habe nach allem, was ich sehe und höre, die Meinung, daß ganz Deutschland zum Teufel geht, wenn dieser Soldaten- und Arbeiter-Unrat, diese Diktatur der Sinnlosigkeit und Ignoranz, nicht bald herausgefegt wird. Ich hoffe auf irgend einen General des rückkehrenden Feldheeres.«

Auch in seinem Privatleben fühlt Klemperer sich verunsichert. Selbstzweifel nagen an dem Siebenunddreißigjährigen und schlagen um in Eifersucht gegen Eva, die in der Stadt, wo Johann Sebastian Bach wirkte, zum ersten Mal in ihrer Ehe ihr ganzes musikalisches Talent entfalten kann. Evas musikalische Selbstfindung wirkt auf den beruflich Frustrierten wie »das rote Tuch«. Mit der Blindheit eines trotzigen Kindes notiert er: »Ich habe keine geistigen Interessen mehr, die Eva mit mir teilen könnte, und die Musik, von der sie ganz aber auch ganz ausgefüllt ist, vermag ich nicht mit ihr zu teilen.« Bei einem Bach-Konzert in der Thomaskirche erstarrt er in »Grabeskälte«. Nach einer Motette mit dem berühmten Thomanerchor klagt er: »Ich war wie gerädert – ich verstehe das nicht.«

Die Männer, die zur Musikwelt seiner Frau gehören, erscheinen ihm höchst suspekt. Als Eva mit ihrem Organistenkollegen Hempel nach einem gemeinsamen Konzertbesuch im Caféhaus fachsimpelt, läuft er fort. Ein andermal erregt er sich über die Hausmusik: »Hinter mir vollführten Eva und Kopke die heute aufgeführte Bruckner-Symphonie vierpfotig«, so schäumt es ihm an einem Dezembertag aus der Tagebuch-Feder. Zweihändig könne er das Ganze besser ertragen: »Wenn Eva allein ihren Organisten-Talmud lernt, d. h. Bach übt, höre ich es nicht mehr.«

Den Ehemann plagt der Frust, weil »sie als selbständige und geniale Natur auch Lebensressorts in sich selber findet, während die meinen eigentlich nur in ihr liegen –, aber diese Liebe wird etwas Armseliges, Unsittliches, wenn sich Eva so über mich hinaus und von mir fort entwickelt«. Eva spürt die Krise, sie wirft ihm »mürrisches Wesen vor, gewissermaßen Undankbarkeit meiner Lage, meiner Befreiung aus der Kriegssklaverei gegenüber«. Er sei so eifersüchtig auf ihre Musik wie einst seine Mutter auf die Bücher des Vaters. Das kränkt ihn um so mehr, als er weiß, daß sie recht hat.

Sie freilich, gereifter im Umgang mit ihm als er mit ihr, greift zu ihren fraulichen Waffen. Fast schamhaft bemerkt er, wie sie sich beide in einer neuen Zärtlichkeit und Leidenschaft finden, »die für so alte Eheleute kaum noch schicklich ist«. Seinerseits wird er dadurch nur noch unsicherer: »Was bleibt von unserer völligen Gemeinsamkeit, wenn nur das Körperliche oder meinetwegen das Gefühlsmäßige allein bleibt?«

Um sein Gewissen zu beruhigen, schenkt Victor ihr zum Geburtstag Notenhefte mit zwanzig Bach-Kantaten und fleht gleichsam zu sich selbst: »Könnte ich doch nur einmal wieder, auf irgendeinem Gebiet, produktiv werden. Das allein könnte mir neuen innerlichen Halt geben, so daß ich mich innerlich gegen Eva behaupten könnte, dann würde ich sie nicht mehr beneiden und weniger quälen, dann würde ich die Alltagsentbehrungen leichter ertragen.«

Kein Zweifel: Die Midlife-Crisis hat den Erfolgsharrenden erfaßt. Immer noch kein Katheder in Sicht, auf das die Unterhalt zahlende Familie in Berlin so hofft. Mit einer Monographie über »L'Astrée«, den bedeutendsten französischen Schäferroman von Honoré d'Urfé aus dem 17. Jahrhundert, versucht er sich als Romanist weiterzuhangeln. Das Thema bringt seine Seele nicht in Schwung.

Nicht nur der Kollegienbetrieb an den Universitäten, der ihm bisher keine befriedigende Einstiegschance läßt, auch die ganze Literaturgeschichte erscheint ihm bald in einem flauen Licht. Zwar zweifelt er nicht an seinem Talent, aber er gefällt sich auch in platonscher Koketterie: »Ich weiß, daß ich nichts weiß, aber ich weiß auch, daß ich mich in jedes literarische Thema einarbeite, daß ich über jedes – und wenn es chinesische Literatur wäre! – nachplappern kann, was in den Spezialwerken steht. Und das ist ja das Wesen der Kollegien.«

Vossler, sein großer bewunderter und bekrittelter Lehrer, ist es, der ihn aus seiner Leipziger Depression erlöst. Aus München schreibt er, daß dort im Februar 1919 ein Kurs für Kriegsteilnehmer abgehalten werde, für Heimkehrer, die in ihrer Universitätsausbildung unfreiwillig viele Defizite auf sich nehmen mußten und Nachholebedarf haben. Da will er seinen Privatdozenten gern als Mitlehrenden an seiner Seite haben.

Und Victor entscheidet sich sofort. Für Eva sieht er keine Probleme. Obwohl sie diese Stadt nicht liebt, könnte sie dort weiter studieren. Ob er recht tue, sie nach München zu verpflanzen, diese Frage stellt er sich nur ganz kurz. Die gutbürgerliche Verhaltensnorm ist schnell zur Hand: »Man kann doch nicht ohne weiteres die Ehegemeinschaft aufgeben.«

Was sie beide erwartet, nimmt Klemperer auf einer vorbereitenden Reise im Dezember 1918 in Augenschein. Unterdessen hat die Revolutionsstimmung die Bayernhauptstadt erfaßt. Überall Flugblätter und revolutionäre Zeitungen, und an den Aushängen, wo früher immer der Heeresbericht klebte, nun die Drohung des Militärs, unnachsichtig von der Schußwaffe Gebrauch zu machen, wenn jemand die öffentliche Ordnung störe.

Vorsorglich bemüht sich der noch nicht ordnungsgemäß demobilisierte Unteroffizier in München erst einmal um sein ordentliches Ausscheiden aus der vaterländischen Verpflichtung. Denn er registriert aufmerksam »Machtlosigkeit der ehemaligen Gewaltigen, Selbsthilfe, ganz verwandelter Betrieb«. An der Kaserne sind die schwarzweißroten Fahnen des kaiserlichen Deutschland ausgetauscht gegen bayrisches Weißblau, also kein Identitätssymbol für einen aus Preußen stammenden Exrekruten. Dazu rote Fahnen, die darauf verweisen, daß der Soldatenrat bestimmt.

Klemperer ist in Militärangelegenheiten kein Naivling mehr, sondern nun ein Schlitzohr. Bei seiner offiziellen Demobilisierung will er »skrupellos herausschlagen, was irgend möglich«. Vom Regimentsarzt läßt er sich ohne Untersuchung einen Erholungsurlaub befürworten. Seine Reitstiefel erklärt er zum persönlichen Eigentum. In der Kaserne nimmt er jeden Tag ein doppeltes Mittagsmahl ein, für draußen beschafft er sich zusätzliche Essenmarken für Naturalien. Schon mit dem Entlassungsschein in der Tasche, nährt er sich noch aus den vaterländischen Gulaschkanonen. »Es lag Stimmung in der ganzen Sache«, verrät sein Tagebuch. »Ich habe mich in München voller Vergnügen und Skrupellosigkeit dem Revolutionstreiben angepaßt, insofern es darauf hinausläuft, sich ein wenig persönlichen Vorteil zu verschaffen.« Es lag sogar »eine gewisse Wollust in diesem Aufenthalt«.

Ein Vorbild fürs Überleben in solch schwierigen Zeiten hat er vor Ort. Hans Meyerhof, der Gefährte aus der Lehrzeit bei Löwenstein & Hecht, obwohl »noch immer der reinste Ideologe, Phantast, Schwärmer«, lebt in München von Lebensmittelschiebungen. Bei Meyerhof zu Hause herrscht äußerste Enge, bei ihm steht nicht einmal ein Herd, sondern nur ein Kachelofen zum Kochen. Aber alles vollgestopft mit Antiquitäten, Schmuck- und Kunstgegenständen. Es herrscht lebhafter Boheme-Betrieb.

Immerhin: Meyerhof hilft armen Künstlern, die sich bei ihm die Klinke in die Hand geben. »Die Mahlzeiten werden hastig und selten allein eingenommen. Geschäft, Kunst, Politik, Freundschaft, Wohltätigkeit – alles wirrt sich ineinander. [...] Ich möchte nicht eine Woche so leben und meine Frau so leben lassen. Und doch sind wir verwandte Naturen, wir fliehen beide vor dem Alltag.«

Eines Tages nimmt Meyerhof seinen alten Freund mit in den eleganten Stucksaal des Hotels Bayrischer Hof, in die Versammlung eines »Politischen Rates der geistigen Arbeiter«, wo sich intellektuelle Moderevolutionäre präsentieren. Kein Milieu nach Klemperers Geschmack: »Sehr elegantes Publikum; Literatur und Judentum – abseits vom Volk.« Er nennt diese Leute »Schmocks, Literaten, Phraseure, Manteldreher« und empört sich über die pseudoproletarische Attitüde: »Um so ekelhafter fand ich diese speichelleckerische angstvolle Anbiederung, die sich schon im Namen ›geistige Arbeiter‹ kundtut.«

Ebenso abweisend beobachtet der Chronist auf dem Rednerpodium ein Männchen mit verkniffenen Augen, das gegen den Müßiggang der Caféhaus-Gäste agitiert, während der Proletarier todmüde von der Arbeit nach Hause schleichen müsse, und einen Maler, der »in unverständlich gebrochenem Deutsch und in unverschämtestem Ton für die Bolschewiki in Rußland« wirbt. Dann auch eine »saudumme Blondine« von »gretchenhafter Naivität als Bibliothekarin einer Volkslesehalle«, die Verse vorzutragen beginnt.

»Was heißt denn das: ihr müßt auf Geld verzichten, ihr müßt Masse werden, mitarbeiten, euch unterwerfen? Wie kann Kunst werden, wo Not herrscht? Der Künstler, der Gelehrte müssen frei sein von Sorge und Brot«, entrüstet sich Klemperer in seinem Tagebuch. Er prüft die Fragen ehrlich an sich selbst. Seine eigenen Ansprüche sind nicht unbescheiden: das Dienstmädchen, die Caféhausbesuche, die Bücher, Evas fortgesetztes Musikstudium. So einer steht nicht für die Barrikade zur Verfügung.

Aber es agieren in dieser Zeit Figuren auf der politischen Bühne, die er mit geradezu literarischer Leidenschaft beschreibt. Auf einer Versammlung der Unabhängigen Sozialdemokraten betritt »ein zartes gebrechliches winziges gebeugtes Männchen« den Saal. »Der Schädel kahl, nicht imposant groß. In den Backen hängen ihm schmutziggraue Haare. Der Vollbart ist rötlich, schmutziggrau, die schweren Augen sehen trübgrau durch Brillengläser, nichts Geniales, nichts Ehrwürdiges. Ein leidender, verbrauchter, mittelmäßiger alter Mann, dem ich mindestens 65 Jahre gebe.«

Kurt Eisner, der Ministerpräsident der von SPD und USPD gebildeten Bayrischen Regierung, ist erst 52 Jahre alt. Was Klemperer sofort angenehm auffällt, ist der Witz, der bei diesem Mann das sonst übliche Pathos ersetzt. Nur ein paar Tage Zeit noch, um als Ministerpräsident arbeiten zu können, erbittet sich Eisner von dem andächtigen Publikum. »Hundert Jahre!« rufen die Leute von der Galerie zurück. Da verbeugt er sich mit der Bemerkung, er werde sich bemühen, der Anregung nachzukommen. Er ahnt nicht, daß ihm nur noch zwei Monate bleiben.

»Eisner ist mir rätselhaft: wie kann dieser Feuilletonist, diese Wippchennatur ohne heroische, ohne diktatorische Geste auf das Volk und nun gar auf die Bayern wirken?« fragt sich Klemperer und setzt hinzu: »Vielleicht wird er bald fallen.«

Zu Eisners Stützen zählt sich Klemperer nicht. »Der ungeheuren Umwälzung stehe ich halb stumpf, halb angeekelt gegenüber, demokratisch nicht im entferntesten.« Das Chaos, das sich in Deutschland andeutet durch die Kämpfe der aufständischen Marinedivision in Berlin um das Schloß, macht ihm Angst. »Sollte es der Regierung nicht gelingen [...] durchzugreifen, dann halte ich Deutschland für endgültig verloren. Dann bekommen wir Ententebesetzung und gänzlichen Reichsverfall.«

Er selbst will elitär wählen im Januar 1919, und das sind für ihn die Liberalen. »Der Proletarier fühlt sich als Glied der Masse, die Sozialdemokratie vertritt ihn. Ich fühle mich als Individuum. Die Liberalen werden nicht zur Regierung kommen, aber sie werden hier und da mildernd für den Einzelnen eintreten, wo der Regierende die Massen balanciert.« Die Sozialdemokratie, der er 1907 seine Stimme gab, als er fünfundzwanzigjährig zum ersten Mal wählen durfte, kommt für ihn schon lange nicht mehr in Frage. »Ich bin bürgerlich, bin individualistisch und bin Streber. Ich sehe bewußt auf die bürgerliche Richtung, 1) weil sie mir sympathischer, und 2) weil ihr doch die Zukunft gehört.«

Am Silvestertag 1918 notiert Klemperer: »So hat mich denn das Jahr mehr herumgewirbelt als die meisten übrigen.« Ende Januar 1919 ziehen sie nach München um in eine Pension in der Schellingstraße mit elegantem Wohnzimmer, Diwan, Plüschsesseln, dicken Vorhängen, elektrischem Licht und Kachelofen. Die Finanzlage hat sich gebessert, er hat nun einen Lehrauftrag und hofft auf eine Pause in ihrem Zigeunerleben. Und darauf, daß Eva sich mit ebensolchem Elan in die Münchner Musikszene einleben wird.

Aber das neue Jahr bringt gleich neuen Wirbel. Die *Leipziger Neuesten Nachrichten* bieten Klemperer regelmäßige Berichterstattung aus München an, ein willkommenes Zubrot. Sein erster Artikel befaßt sich mit Politik und Boheme und erscheint im Hauptblatt an prominenter Stelle, was ihm, wie er am 19. Februar vermerkt, sehr wohlgetan habe. Drei Tage später fällt Kurt Eisner unter den Kugeln des fanatischen Rechtsextremisten Graf Arco auf Valley. Der Korrespondent spricht von einer »erbitternden Sinnlosigkeit« gegen einen Mann von bestem Willen, »keineswegs von jener peinlichen Eitelkeit Karl Liebknechts« oder dem »blutigen Fanatismus Rosa Luxemburgs«.

Klemperers Informationslage über die politischen Strukturbildungen auf der Seite der deutschen Linken jener Revolutionszeit ist freilich nicht die beste. Noch im März 1919 nimmt er an, daß sein Freund Hans Meyerhof dem Spartakusbund beigetreten sei. Doch Spartakus gibt es seit Ende 1918 nicht mehr, der Bund bildete die Basis für die Gründung der Kommunistischen Partei durch Rosa Luxemburg und Karl Liebknecht.

Den Mitbegründer der KPD, Eugen Leviné, der die *Münchner Rote Fahne* herausgibt und der zu einem der radikalsten Führer der Räterepublik wird, nimmt Klemperer ebenfalls als Spartakus-Mann wahr. »Er soll ein Balte sein«, hört er auf der Versammlung mit Eisner, wo auch der »Doktor Levin« auftritt, »vielleicht ist er ein blonder Jude. Eine kalte, blonde, unverschämte Romanschönheit.« Als die Räterepublik im Juni gestürzt ist, wird Leviné von Freikorpsleuten erschossen.

Dem Privatdozenten mit den universitären Karrierehoffnungen kommt die Radikalisierung des früher so biederen Münchens arg in die Quere. Als Zeitungskorrespondent schreibt er unter Pseudonym, und das Doppelspiel ist ihm nicht geheuer. Was, wenn sein Inkognito gelüftet würde? »Bei dem Fanatismus, der hier herrscht, könnte ich sogar ›Schutzhaft‹, wenn nicht Schlimmeres, erfahren.«

Am 25. Februar finden die Professoren die Universität geschlossen vor. In München herrscht Umsturzstimmung: »Glockenläuten, schwarze und rote Fahnen und regelloses (Gaudi-)Schießen zu Eisners Begräbnis«. Tischgenosse Hans Meyerhof »strahlt über den Sieg des Proletariats und belächelt meine Empörung über all diesen Unsinn und die Vergewaltigung«. Zu Klemperers Französischkurs erscheinen nur noch vier bis fünf Leute. Er muß sich Sorgen machen um seine Existenzberechtigung im Universitätsbetrieb. »Ich kann aber den Zustand doch wohl kaschieren, da ja die Hörerzahl immer liquide ist, und da der Kurs am 12. April aufhört. Immerhin ist es mir peinlich.«

Da kommt aus Berlin auch noch die Nachricht, daß der General Wolfgang Kapp, Exponent der äußersten Rechten und Gründer der extremistischen Volkspartei, mit Freikorpsleuten gegen die Regierung Ebert putscht. Schon als Klemperer »von dem wenig legitimen Tode Liebknechts und Rosa Luxemburgs« am 19. Januar 1919 erfuhr, notierte er: »Die jetzige Regierung wird zerrieben werden im Aufeinanderprallen linker Verzweiflung und rechter Verbitterung. Mir ahnt eine Militärdiktatur.« Nun greift er selbst zu radikalen Tönen: »Meine Neigung nach rechts hat während des Arcorummels und durch den ständigen Antisemitismus stark gelitten. Die jetzigen Staatsstreichleute sähe ich gern an die Wand gestellt.« Aber er weiß sich kaum noch zu orientieren: »Für die meineidige Reichswehr begeistere ich mich wahrhaftig nicht, [...] für die ›rechtmäßige‹ Ebertregierung eigentlich auch nicht, und für die radikale Linke noch weniger. Sie sind mir alle zuwider, [...]. Ich bin neutraler Zuschauer. Wer gerade Vergewaltigung übt, ist mir immer der Verhaßte.«

Nicht die Analyse des Historikers, sondern der Instinkt des Literaten und die Angst vor dem zunehmenden Schießen treiben ihn Anfang April durch alle großen Bibliotheken. »Rasch besorgte ich mir noch einige Bände Victor Hugo und Lettres Persanes für den Notfall, bestellte mir auch V. Hugo-Biographien auf der Staatsbibliothek.« In seinen bürgerlichen Gesprächskreisen kalauert er: »Räte sich wer kann.«

Am Morgen des 8. April notiert er in sein Tagebuch: »Gestern früh die unglaubliche Proklamation der sozialistisch-kommunistischen Räterepublik. Bruch mit Wei-

mar, Gruß an die russischen und ungarischen Brüder.«
An der Universität ist angeschlagen: Der Lehrbetrieb eingestellt, der Senat abgesetzt, nach den Ferien Eröffnung einer Volkshochschule.

Ganz so radikal kommt es freilich nicht. Trotz wüster Studentenversammlungen wird weiter gelesen. Klemperer findet Zeit, mit seiner Corneille-Studie zu beginnen. Das sporadische Schießen und Krachen auf den Straßen stumpft ihn ab. »Ich denke mir nur: besser eine blutige Entscheidung, als halbe Vergleiche.«

Die Räterepublik bleibt ihm zutiefst suspekt, ihre militanten Feinde aber auch. »Ich bin mit meinen Sympathien nirgends; muß ich aber wählen, dann lieber noch die Räterepublik als die Herren Leutnants und Antisemiten.« Als die Reichstruppen des Generals Lettow-Vorbeck in München einmarschiert sind und eine provisorische Regierung gebildet wird, atmet er auf und spottet über bayrisches Mißverhältnis zwischen Großmäuligkeit und Tatbereitschaft: »Daß es nicht zu tragischem Blutvergießen kommen werde, hab ich mir allweil denkt. Dies Volk ist zu allem zu schlapp. Es wurstelt immer weiter.«

In seinen Karrierebemühungen ist Klemperer nach einem halben Jahr München keinen Schritt weiter gekommen. Vage sieht er Chancen auf ein Katheder in Prag oder Dresden. Die wissenschaftliche Arbeit geht ihm unterdessen flott von der Hand. Sein Kolleg über Hugo wird fertig, er nimmt sich erneut Montesquieu vor, befaßt sich mit Zola, verhandelt vergeblich mit dem renommierten Leipziger Verlag Teubner über eine Corneille-Ausgabe und nimmt statt dessen den Vorschlag an, ein Bändchen über die französische Dramatik von den Anfängen bis zur Gegenwart zu schreiben.

Dennoch: Seine Unzufriedenheit fällt auf. Er leide an »Privatdozentitis«, sagt ihm Professor Hirsch, ein Prager

Historiker, mit dem er gern fachsimpelt. Er selbst zeichnet ein mitleidiges Selbstbildnis in seinem Diarium: »Ich Ende Dreißig, entgleister Journalist, als Philologe mitleidig belächelt, weil nur ›neuer Literarhistoriker‹, ohne Aussicht auf einen Posten, das sechste unnützeste Rad am Münchner Romanistenwagen, in tiefer Geldnot, ermüdet und geistig gebrochen durch den Krieg.«

Als die Mutter stirbt, hofft er auf Erleichterung durch die Erbschaft, um sich und Eva aus der finanziellen Bedrängnis zu befreien. Er muß mit seinen Schwestern teilen, es springen nach geschwisterlicher Beratung nur 1 000 Mark Zinsen für ihn heraus. Einen Silberkasten, den ihm die Mutter zugedacht hat, lehnt er pikiert ab, »da sich Marta und Wally um einzelne Möbelstücke ein wenig stritten«.

Das Jahr verdüstert sich immer mehr. Eva zieht sich ein Knieleiden zu, das unheilbar scheint. Da steht Driburg wieder zur Debatte, der Kurort im Weserland, den sie aus Kriegszeiten so gut in Erinnerung haben, mit Luft, Landschaft, Moorbädern und einer Kirchenorgel.

Eva reist ab, und Victor sitzt fast einen Monat allein in München. Eine unendliche Zeit, so erscheint es ihm. Der Vereinsamte fragt sich, ob er sie denn vielleicht mehr liebe als sie ihn und gesteht sich ein: »Richtiger heißt es: ich habe sie nötiger als sie mich.«

Und so benimmt er sich dann auch, als er ihr an einem heißen Augusttag nach Driburg nachgereist ist: »Wie ein Störenfried bin ich in Evas Ruhe gedrungen, gleich erotisch quälend, wo sie Ruhe braucht und genießt und kaum den Drang zu erotischen Erregtheiten hat, gleich meine Geld- und Zukunftssorgen auffrischend, gleich alle Stimmung verdüsternd.«

Aber das ist nur der erste Moment der Wiederbegegnung. Schnell stellen sich ihre Urlaubsgewohnheiten ein, sie machen Ausflüge in die Weserlandschaft, sie entdecken die Reize eines neuen Würfel-Brettspiels, sie nehmen ihre Leseabende wieder auf und schaffen binnen 14 Tagen den unglaublichen Rekord von fast sechs Bänden *Graf von Monte Christo* von Alexandre Dumas.

Umsonst: Eva erleidet Anfang September einen Nervenzusammenbruch. Zuviel lastete auf ihr: Die Mutter in Berlin todkrank, die Kränkung durch Berthold, die nicht heilt, Victors Eifersucht auf die Orgel, das ihr ziemlich verhaßte München. Er macht sich daraus lauter Selbstvorwürfe, aber er handelt nicht. Erst einen Monat später – bei Vossler sieht er sich endgültig in die Statistenrolle gedrängt – faßt er eine Lösung zu seinen Lasten ins Auge: »Ich habe nur einen Termin: Oktober 1921. Dann Professor a. D. und einen anderen Beruf.«

Der Entschluß hält keine sechs Wochen. Am 13. Dezember trifft ein Brief aus Dresden ein. Die Technische Hochschule bietet ihm das Ordinariat für romanische Sprachen. Sein Lehrer Vossler habe antisemitischen Bedenken entgegengewirkt, hat den Dresdnern »›Feuer unterm Arsch‹ gemacht und es eine Gemeinheit genannt, daß man mich, der ich an der Front gestanden, der ich mich im Ausland bewährt hatte«, zurückweisen wollte, notiert er freudig. Alles Zukunftsdenken bekommt nun eine neue Richtung. Er schleppt Eva noch einmal durch die Münchner Kinos, Musikcafés und Operetten, er richtet seine Vorlesungen so aus, daß er gleich Lehrstoff für Dresden gewinnt, er reist auf Wohnungssuche nach Dresden. Und er gönnt Eva vor den gigantischen Umzugsanstrengungen einen letzten Urlaub allein in Urfeld, obwohl mit dem stummen Vorwurf der Rücksichtslosigkeit, denn er bleibt in München »sehr allein und ganz unverpflegt, mit Kochen und Heizen nicht zu Rande kommend«.

Zweiter Klasse – das ist bei ihrer Finanzlage geradezu ein Luxus – reisen Eva und Victor Klemperer sodann am 15. April 1920 in die Stadt, die für die zweite Hälfte ihrer beider Leben zur Schicksalsstadt werden wird. Sie finden fürs erste Unterkunft in einer Pension im Villenviertel südlich des Hauptbahnhofs. In einer blühenden Straße mit Rhododendren und Azaleen, die Zimmer mit Gartenblick, die Wirtin alt und würdig, das Essen einigermaßen erträglich. Victor schwärmt: »Haupteindruck: die schönste Blüten-, Frühlings-, Villenstadt. Ein Entzücken an Kultur, Festlichkeit, Gärten, eine märchenhafte Pracht, etwas Unglaubliches an Grün, Weiß, Weiß, daneben Rosa und Gelb, der äußerste Gegensatz zum steinernen München.« In Dresden erwartet er zum ersten Mal »sicheren Boden unter den Füßen«.

Dresden als Provisorium
»Meine Damen und mein Herr!«

Die Technische Hochschule in Dresden präsentiert sich im Jahr 1920 als wuchtiger Kastenbau am Bismarckplatz – Architektur der wilhelminischen Zeit, nicht übermäßig imposant, eher ein wenig bedrückend in dem blühenden barocken Dresden.

Als Victor Klemperer an einem Apriltag das erste Mal die Hochschule betritt, findet er im Treppenaufgang Kränze mit Schleifen vor, daneben Fotografien und Gedenktafeln der im Ersten Weltkrieg gefallenen Studenten: »Man ist also nationalistisch hier, woran ich nicht gezweifelt habe.« Mit nationalistisch meint er patriotisch.

Soweit fühlt sich der Neuling aus München an seinem sächsischen Lehrstuhl angemessen empfangen. Doch als er das romanische Seminar besichtigt, erschreckt ihn die Dürftigkeit der Ausstattung. Die Bibliothek läßt fast alle Wünsche offen: Nur etliche 700 Bände, ohne Ordnung gestapelt, nicht einmal alle den Titelrücken zukehrend.

Eine geistige Wüste, ein Spielplatz des philologischen Dilettantismus. Offenbar hat nie jemand System in den Bestand gebracht. Spanisches dominiert unter den Grammatiken, Lexika und Übungsbüchern, auch das eine oder andere Portugiesische, Neuprovenzalische und Rätoromanische ist vorhanden. Aber brauchbare Lektüre, zumal französische, findet sich »nur wie der Zufall sie angeschwemmt hat«: darunter eine Biographie Pasteurs, eine französische Soziologie, eine Geschichte des Rittertums.

Ältere Autoren entdeckt der aus München geradezu verwöhnte Philologe »nur vollkommen brockenweis. Eine Prunkausgabe vom Gargantua mit modernem Kommentar, kein Band Racine, ein paar Prunkhefte Molière – aber kein völliger Molière, kein Atom Corneille, kein ganzer Rousseau«, und was das Schlimmste ist: »Überhaupt kein Voltaire«. Eine »Bibliotheca misera«, klagt der Professor, »und ich habe nur 300 M jährlich zum Ausbau!«.

Auch in der Hausbibliothek, wo man immerhin seinen »Montesquieu« im Katalog führt, wartet auf Klemperer eine Enttäuschung. Ein eifriger Zeitungsleser hat eine Kritik aus den *Leipziger Neuesten Nachrichten* vorn eingeklebt, worin »aber auch gar nichts Sachverständiges steht«. Klemperers Stoßseufzer: »O technische Hochschule. Geistige Tiefschule könnte man auch sagen.« Noch ärger das Wort, das ihm sein Romanistenkollege Lerch aus München hinterherruft: »Klempnerschule«.

Eine paradoxe Standortverteilung kennzeichnet die sächsische Hochschullandschaft: Die Dresdner Hochschule besitzt keinen Universitätsstatus. In der barocken Kulturstadt an der Elbe dominiert das Technische, in der Handels- und Industriestadt Leipzig das Geistige. Eifersüchtig hüten die Leipziger ihren elitären Vorsprung. Auch der nicht mehr junge, aber ehrgeizige Zugänger aus München wird darunter zu leiden haben.

Als Hochschule ist die Dresdner Lehranstalt nicht gegliedert in Fakultäten, sondern in Abteilungen. Seit 1873 gibt es am alten Polytechnikum die Allgemeinwissenschaftliche Abteilung, und diese ist so etwas wie das fünfte Rad am Wagen. Auf den sprachkundlichen Lehrstühlen sitzen Muttersprachler für Spanisch, Italienisch, Russisch und Türkisch. Die Ingenieurstudenten brauchen Sprachkenntnisse für ihren Beruf, für die Literatur interessieren sie sich herzlich wenig. Der Besuch der Kollegs ist freiwillig. Romanistik gilt nur als Nebenfach. Erst 1925, infolge heftiger Diskussionen um eine Profilierung und

Aufwertung, wird der Bereich in Kulturwissenschaftliche Abteilung umbenannt, der Besuch allgemeinbildender Vorlesungen gilt fortan für verschiedene Fachrichtungen als obligatorisch. Und erst 1928 erhält diese Abteilung das Promotionsrecht in den sogenannten P-Fächern, das sind Pädagogik, Psychologie und Philosophie.

Die ersten Vorlesungen sind nicht geeignet, die Stimmung des neuen Professors zu heben. Man hat ihm einen großen schäbigen Saal zugewiesen mit einem langen Experimentiertisch, wie ihn die Naturwissenschaftler benötigen. Darin verstreuen sich die wenigen Hörer wie Sternschnuppen am Nachthimmel. »Im Petrarca saßen, glaube ich, acht Leute. Drei davon sagten, sie seien Techniker und könnten nicht immer kommen, nur in ihrer freien Zeit. Im französischen Drama ein biederer Volksschullehrer, ein richtiger Universitätsstudent im 1. Semester, eine Bibliothekarin und zwei oder drei andere Damen.«

Mit großem Aufwand bereitet der Romanist ein Dramenkolleg vor, aber dann ist der Hörsaal zur bezeichneten Stunde schon für eine Technik-Vorlesung besetzt. Auf dem Gang trifft er nur zwei Leute, die zu ihm wollen: den Volksschullehrer und eine jüngere Dame, »die ich als ›gnädiges Fräulein‹ behandelte und in die Leiden meiner philologischen Verpflichtung einweihte«. Nach einer Weile kommen »noch drei Damen mit einem jungen Menschen«. Das ist alles.

Bescheidenheit ist angesagt. Klemperer verlegt die Vorlesung in den Seminarraum und fühlt sich dann doch »ganz warm und freundschaftlich mit meinen paar Leutchen im Konnex, bisweilen mehr plaudernd und mit Diskursen, auf ihren Wunsch aber auch jeden Namen sogleich an die Tafel schreibend«. Aber mehr Zuspruch bekommt er davon auch nicht. Beim nächsten Petrarca-Seminar findet er wieder nur »ein halbes Dutzend Weiber« und einen jungen Chemiker vor, der Italienisch lernen will. Noch lange bedient sich der Lektor zur

Begrüßung desselben Witzes: »Meine Damen und mein Herr!«

Eine Sorge bohrt schon früh in Klemperers Kopf: »Werde ich hier in Dresden abseits verbauern, werde ich Kraft zur eigenen Arbeit finden? Die Hochschule wird mich wenig Mühe kosten – aber auch wissenschaftlich ungefördert lassen.« Dennoch: Der Neununddreißigjährige weiß zu schätzen, daß er jetzt finanziellen Boden unter den Füßen hat, und er will dafür arbeiten, daß er auf einen würdigeren Posten gelangt. »Die Hochschule soll mich möglichst wenig von meiner Arbeit ablenken. Ich will das lesen, worüber ich auch schreibe. […] Ich bin hier Luxushund. Aber gut bezahlter.«

Der »Luxushund« schont sich nicht. Ein Tagebucheintrag vom Januar 1922 gibt Auskunft, mit welcher Variabilität er arbeitet: »Am Donnerstag bereitete ich die erste Renaissance-Vorlesung vor. Abends die Vorlesung. Am Freitag schrieb ich den Molière bis gegen 3 Uhr. Den Sonnabend füllte der deutsch-spanische Tag. Darüber schrieb ich heute bis gegen 5. Abends habe ich Verga präpariert.«

Eine andere Notiz läßt erkennen, mit welcher Konzentration und Geschwindigkeit Klemperer zu formulieren imstande ist. Er hat am ersten Band der französischen Literatur des 19. Jahrhunderts ein halbes Jahr lang gearbeitet, davon ein Vierteljahr lang geschrieben. Am Silvestertag 1923 will er fertig sein, aber es kommt Besuch dazwischen. Am 2. Januar 1924 sitzt er »nüchtern und ohne Unterbrechung von 7 bis gegen 11 am Schreibtisch, danach noch eine volle Stunde vor Mittag. Dann war es geschafft und ich todmüde. Den ganzen Abschnitt 4 ›vom eigentlichen Wesen der französischen Romantik‹ habe ich heute geschrieben. Am Nachmittag mußte ich zu Gehrigs, zu einem recht langweiligen Tee.« Sechs Tage später denkt er schon an das nächste Buch: »Ich hoffe, morgen […] das Hugokapitel beginnen zu können.«

Ungebremst von den Honorarkriegen mit dem Leipziger Verleger Teubner, die sein Juristen-Bruder Berthold für ihn ausfechten muß, schreibt der Romanist weiter. Im März 1921, gerade mal ein Jahr in Sachsen, zählt er die schriftliche Bilanz der ersten zwölf Monate auf: »1) die Antrittsrede, 2) Antike und Romania, 3) Petrarca und Renaissance, 4) Entwicklung der Neuphilologie, 5) der Nationalismus in der dritten Republik, 6) die halbe Geschichte des Dramas, 7) das mittelfranzösische Lesebuch (und ein paar Kleinigkeiten für Zeitung und Neumann-Gelzer), 8) den Überblick für Cornicelius.« Heinrich Gelzer und Fritz Neumann sind Romanisten, die in Leipzig ein Literaturblatt verlegen, Max Cornicelius ist Herausgeber einer Monatsschrift für Wissenschaft, Kunst und Technik. Klemperer, der sonst so oft und meist zu Unrecht über den schleppenden Fortgang seiner Arbeiten klagt, erteilt sich ein Selbstlob: »Das ist nicht wenig.«

Unterdessen nimmt der Zugänger aus München auch lebhaften Anteil an den Verwaltungsangelegenheiten der Technischen Hochschule. Fünf Jahre lang vertritt er seine Abteilung im Senat. Er weiß, zu welchem Preis: »Die Hochschule nimmt meine ganze Frische in Anspruch. Sitzung über Sitzung in den drei Fragen Rektorwahl, Beamtenabbau und Schulreform. [...] Es wird unendlich viel geredet und geschimpft und Zeit verloren.« Aber er drückt sich nicht, denn »es geht immer darum, ob die Geisteswissenschaft ein belangloses Appendix der Schlosserschule sei, oder ob sich die Technische Hochschule zu einer innerlich wirklichen Universität entwickeln soll«.

Es bleibt nicht aus, daß auch der Außenseiter in Intrigen verwickelt wird, doch er hält sich möglichst heraus. »Jämmerlich, wie seine Kollegen den alten Geß fallen lassen, um nur selbst zu bleiben«, merkt er einmal über einen Historiker an, um sich dann seiner eigenen Politik zu versichern: »Ich habe offen erklärt, ich sei sein Feind, ich schätze ihn auch wissenschaftlich gar nicht – aber ich würde ihn nicht um sein Brot bringen. (Natürlich freut es mich, wenn andere ihn mir vom Hals schaffen. Und Menke-Glückert wäre ein Gewinn an seiner Stelle).«

Die gesellschaftlichen Pflichtübungen, denen sich der Aufsteiger aus kleinsten Landsberger Verhältnissen als Professor in Dresden zu unterziehen hat, sind ihm ziemlich lästig. »Beginn des blödsinnigen Besuchemachens«, notiert er am 17. April 1920, als er mit Eva beim Rektor Martin Dülfer erscheint. Der Hochschulchef ist nicht da, statt seiner »nahm uns in üppigster Wohnung die Frau auf, gar nicht im Bilde, ungelenk und kühl. Wir wurden nicht einmal an die Entréetür zurückbegleitet.« 85 Adressen hat er auf der Liste, und noch im Dezember 1924 ist er nicht ganz durch.

Viel Zeit geht hin mit Senatssitzungen, mit Kommissionen, mit Debatten über Schulreform, Studentenvorbildung und dergleichen. Aber Klemperer gesteht sich ein, daß er manche Freude daran hat. Im Senat, im Ministerium, in der Abteilung hört man auf den Mann vom Romanistenlehrstuhl. Im Februar 1925, nach langer geduldiger Intervention Klemperers, wird die Allgemeinwissenschaftliche Abteilung der Technischen Hochschule Dresden in Kulturwissenschaftliche Abteilung umbenannt. Die Meriten heftet sich bei einem Essen mit dem Rektor im Landwehr-Casino der sächsische Volksbildungsminister Friedrich Kaiser an die Brust. Als dieser erklärt: »Die Technische Hochschule muß immer Technische Hochschule bleiben«, bekommt er Beifall von denen, die Klemperers Initiative immer höhnisch zurückgewiesen haben, und zwar mit dem Argument, sie seien doch keine Kulturingenieure, das klinge wie Drainageingenieure. Klemperer zürnt: »Mögen sie mich doch alle a. A. l. – am 1. März läuft meine Amtszeit ab. Ich will meine Bücher schreiben und für mich sein.«

So leichtfertig ist der dann freilich doch nicht. Er wird, da er nichts Besseres gefunden hat, weiter »die Technische Hochschule als möglichst bequeme Kette, an die man sich gewöhnt, durchs Leben schleifen«. Überdies lernt der Literaturprofessor »sachlich, psychologisch und politisch dazu«. Vier Jahre später, im Januar 1929, wird er in den Senat gewählt und genießt durchaus die Gelegenheiten zu protokollarischen Ehren. Als er einmal den Vorsitz der »großen Fakultät« führen darf, vermerkt er stolz: »Ich ließ mir ein großes Plüschfauteuil hinschieben und regierte.«

Die Teilhabe an Machtausübung ist ein neuer Reiz für Klemperer, und das wird wiederkehren, wenn er nach dem Zweiten Weltkrieg in Dresden Ämter angetragen bekommen wird als Volkshochschuldirektor, als Präsidiumsmitglied im Kulturbund und schließlich auch als Abgeordneter der DDR-Volkskammer. Der eigentlich Unpolitische, gestreift von dem verführerischen Hauch der Macht, gesteht sich schon damals: »Und es schmeichelt mir, so mitzuregieren.«

Oft beklagt Klemperer die Heucheleien im Dresdner Professorenkollegium. »Widerwärtige Taktlosigkeit, kriechend und unverschämt« nennt er den Toast auf einen scheidenden Literaturhistoriker aus dem Munde des Nachfolgers. Ungewollt macht er sich anfänglich durch schroffes Auftreten Feinde. Allmählich aber lernt er die Verhältnisse geschickter zu behandeln.

Auf einer Senatssitzung herrscht eines Tages pikierte Entrüstung, daß die Technische Hochschule in Karlsruhe einen Frankfurter Hosenhändler zum Dr. h. c. gemacht habe. Als dann aber in Dresden ein Tuchhändler aus Finsterwalde mit einer Vier-Millionen-Spende vorstellig wird, bekommt auch er den Dr. ing. h. c. Das geschieht im November 1922, die vier Millionen sind wegen der galoppierenden Inflation gar nicht mehr viel wert, die Mark steht zum Dollar schon 9 000 : 1. Der Mann habe »Verdienste um die deutsche Wirtschaft«, sagen die Technik-Professoren. Und: »Wir müssen eben alle betteln gehen, es kommt nur auf die Wahrung des Gesichts an.« Klemperers Tagebuchnotiz: »Früher kaufte man Orden, heute kauft man Ehrendoktorate.«

Zur weiteren Belebung des Sponsorentums an der Technischen Hochschule Dresden erfindet man die »Ehrensenatorei«. Die Verleihung dieses Titels gerät zu einer »reinen Melkveranstaltung, die nie ohne Feixen behandelt wird«, weiß Klemperer, sieht aber keinen Grund zur Zurückhaltung, als sich sein Leipziger Unternehmerfreund Fritz Thiele für einen Platz auf der Kandidatenliste interessiert.

Fritzchen Thiele, ein »Mensch, der einem als Romanfigur nicht geglaubt würde«, der mit der deutschen Grammatik Schwierigkeiten hat, die Pronomen mir und mich verwechselt und sein »Proletendeutsch rein Berlinisch« spricht, hat gerade ein paar Inflationsmillionen übrig und bietet seinem Dresdner Professorenfreund an: »Fünf könnten für arme Studenten und arme Wissenschaft hergegeben werden, eine soll ›verhauen‹ werden.«

Das Gesellschaftsspiel gelingt. Thiele kommt mit einer offenen Luxuskarosse, um sich vom Rektor die Kette des Ehrensenators umhängen zu lassen und zeigt sich gegenüber Klemperer dankbar und freigiebig. Im Europäischen Hof spendiert er »ein fürstliches Souper mit zwei Weinen und echtem Pilsner – Thiele zahlte über 200 000 M«, dann geht es ab in die Regina-Diele, das elegante Keller-Cabaret.

Am nächsten Tag wogt die Neureichen-Fete bis nach Meißen, wo man die Stadt besichtigt und sich zu einem üppigen Spargelessen niederläßt. Aber es ist schon »kein reiner Genuß. Die Leute ließen sich, intimer geworden, gehen und waren so zotenhaft schmutzig unanständig, die Frauen auch, daß mir's beschämend auf die Seele fiel.

Jedes Wort irgendwie ins Verdauliche und Sexuelle gedreht und kein anderer Gedanke. Andauernd klätschelten sie der sehr starken Frau Doehnert auf den Busen und machten Witze darüber.«

Victor und Eva Klemperer entfernen sich zu einem »kleinen Spazierschlich«. Dabei wird der professorale Habenichts elegisch und rechnet Thieles Vermögenslage nach: »Er hat drei Auto, er hat für diese zwei Festtage wohl zwei Millionen ausgegeben. [...] Die eine hat nicht gereicht.« Eigentlich will Klemperer ja keinen Schatten auf den Mann mit den Spendierhosen fallen lassen: »Fritz Thiele, Ehrensenator, ist ein guter und braver Mann – aber eine Schmach ist es doch, daß er nicht weiß, gar nicht weiß, wie er seine vielen, übervielen Millionen ›verhauen‹ soll, während 100 000 andere Menschen mit Bruchteilchen davon soviel anfangen könnten!«

Das gesellschaftliche Milieu Dresdens, in dem die Klemperers sich nun bewegen, bilden weniger die Reichen in den Villen auf dem Weißen Hirsch am hohen Elbufer, sondern vielmehr das Bildungsbürgertum der blühenden Vorstädte von Blasewitz bis Striesen, das dieser Stadt ein eigenes Gepräge gibt.

Eher peinlich ist Victor Klemperer die ständige Verwechslung mit einem einflußreichen Bankier. Dieser heißt Viktor von Klemperer und ist weitläufig mit ihm verwandt, was dem Romanistikprofessor aber nicht bekannt ist. Auch die Familie des Namensdoppelgängers hat Wurzeln im Prager Ghetto. Dem Bankier wird von der Creme der Dresdner Gesellschaft ein viel höherer Rangplatz zugebilligt als dem Professor. Es ist schmerzlich genug, wenn der Starschauspieler Erich Ponto sich beim Telefonieren vertut und schnell auflegt. Oder wenn der Veranstalter einer Gemäldeausstellung anfragt, ob der Herr von Klemperer aus seiner umfangreichen Privatsammlung nicht etwas herleihen könne. Einmal schickt sogar die Landesbibliothek, in der Klemperer bisweilen täglicher Gast ist, mit Rechnung über 600 Mark eine Wiegendruck-Doublette, einen griechischen Band aus dem Jahr 1497. Bitter fragt sich der Philologe: »Ob ihn Victor v. Kl. besser lesen kann als Victor Kl.?«

Die Wohnverhältnisse des nicht geadelten Klemperer und seiner musizierenden Gattin bleiben bescheiden mittelständisch. Ein halbes Jahr nach ihrer Ankunft in Dresden finden sie ein vorerst geeignetes Quartier in der Holbeinstraße im Stadtteil Striesen. »Die Wohnung ist über alle Maßen schön, hoch, geräumig. Richtiger Korridor 17 m lang, sehr breit. Sieben Zimmer – eines sehr groß, Musik – der Straße, dem Süden zugekehrt.« Vor seinem Schreibzimmer hat er einen Balkon, es gibt auch noch ein Bibliothekszimmer und ein riesiges parkettiertes Musikzimmer. Ein kleineres Zimmer bleibt für den Besuch. Schlafzimmer, Nähzimmer, Mädchenzimmer, Küche und Toilette bieten den Ausblick auf die sanften Hügel am anderen Elbufer. »Alles geräumig, hoch, luftig, in gutem Zustand. Die Südsonne wärmt.« Klemperer genießt das elektrische Licht für seine Schreibtischlampen und Evas Flügel. Zur Deckenbeleuchtung benutzt man damals noch Gas.

In dieser Wohnung entfalten sie ihr geselliges Leben, empfangen die Gegenbesuche der Hochschulkollegen, die alten Freunde aus Leipzig und die neuen Dresdner Freunde: ein buntes gesellschaftliches Gemisch vom Archäologen bis zum Stiefelfabrikanten. Den Balkon verwandelt Eva in eine Spitzwegsche Idylle. Dort nehmen sie im Sommer fast alle Mahlzeiten ein. Abends setzen sie ihre Vorlesestunden und ihre Würfelspiele fort, pflegen die Briefmarkensammlung und lernen ihr Halmaspiel virtuos zu verbessern auf den Kampf von drei Mannschaften gegen drei.

Es ist ein bürgerliches Durchschnittsleben der zwanziger Jahre. Die Dienstmädchen wechseln, des öfteren gibt es bei ihnen Unzufriedenheiten mit der Entlohnung. Auf Eva lastet in den Zwischenzeiten sehr viel Haushaltsarbeit. Victor hilft und nimmt es mit Humor: »Auf mich entfällt: morgens ein bis zwei Stunden Zimmer scheuern, Teppiche abwaschen, Staub wischen; abends Geschirr abtrocknen. Es macht uns im Grunde Vergnügen, wir sparen unendlich viel Geld, sind mehr zusammen und in Arbeit vereint als früher. Wir können uns vieles für das Geld leisten. Bisher Töpfe, Balkonanpflanzungen, Tassen. [...] Gesund ist es wohl auch: andere machen ihren Morgenritt – ich scheure.«

Es scheint, als ob er Fuß fassen und in die ruhigeren, genußvolleren Jahre gelangen könnte. Die Elbestadt, damals wohl zu Recht Elbflorenz genannt, entlockt ihm Jauchzer wie einst die italienischen Renaissancestädte. »Ich habe noch nie eine so kultivierte Wohnstadt gesehen wie Dresden, noch nie eine so dichte Fülle von Blumen und Blütenbäumen. [...] Straße, Garten, Schmuckplatz und Park wetteifern, Landschaft und Kunst greifen ineinander, [...] es ist immer wieder und überall ein Märchen.«

Zur Hochschule und zurück radelt er durch den Großen Garten, Dresdens ausgedehnteste Parkanlage, in der einst August der Starke rauschende Feste feierte und wo nun die kleinen Leute im Café sitzen und das Freitheater bevölkern. Dort sieht Klemperer sein Park-Paris: »Kleinbürgerlicher Bois de Boulogne«.

Als Kunststadt gibt ihm Dresden viel Befriedigung. Die Frauenkirche erlebt er in alter Kuppelpracht, am Zwinger erscheint ihm alles elegant und harmonisch, in der Gemäldegalerie beklagt er fast die unendliche Fülle, die ihm auf den Kopf schlage. München, der »steinerne Käfig«, verblaßt dabei vollkommen: Dort sei »alles erzwungen, hier ist alles gewachsen.«

Die leidenschaftlichsten Töne gelten der Landschaft rings um die Stadt. Die Sächsische Schweiz ist ihm »ein großer geographischer Genuß«. In epischer Breite schildert er die Ausflüge mit Eva nach Schloß Moritzburg und ihre vielen Erholungsaufenthalte im erzgebirgischen Kipsdorf, das ihnen seit ihrer Leipziger Zeit ein Dauerrefugium geworden ist. Waldpfade, Herbstbläue, knisterndes Laub, wehmütige Schönheit, die Sonne sinkt rot – da spricht mit hundert Jahren Verspätung beinahe noch einmal ein deutscher Romantiker.

Freilich oft mit einer ironischen Brechung. Im September 1923, geplagt von Entfremdungsgefühlen und den Sorgen der Inflation, gesteht der verhinderte Dichter nach einem Gebirgsspaziergang mit Eva: »Wir klagten uns gewissermaßen beide einigen Lebensüberdruß und paßten romantisch in die schwere Herbststimmung. Aber es war nicht Literatur, sondern gemeinste Qualität und große Bitterkeit.«

Im Juni 1920 ist der TH-Professor »richtiger Beamter mit Pension, Witwenpension, sächsischer Staatszugehörigkeit« geworden. Er geht nun in seine vierziger Jahre, und zum ersten Mal in seinem Leben kann er hoffen, daß die Zeit der finanziellen Abhängigkeit von seiner Familie vorbei sei. Am 1. Oktober 1920 hat er zum ersten Mal keinen Scheck mehr aus Berlin empfangen. In seinem Tagebuch feiert er das überschwenglich: »Ich stehe jetzt ganz auf eigenen Füßen. [...] Und manchmal fühle ich mich so im Hafen und so in allen meinen Wünschen befriedigt, daß ich den Neid der Götter, Krankheit und frühen Tod fürchte.« Die seemännische Metapher benutzt er in seiner Jahresbilanz für 1920 gleich noch einmal: »Eigentlich der Hafen und Abschied von allen Hemmungen der Kampfjahre: Ordinarius, Verleger. [...] Ein Heim nach 5 Jahren, finanzielle Selbständigkeit.«

Es ist die Zeit, da Deutschland für den verlorenen Ersten Weltkrieg zu bezahlen hat: mit Wirtschaftskrise, sozialem Absturz großer Bevölkerungsgruppen, Nachwehen der Novemberrevolution und Reparationen an die Siegermächte. Es ist auch die Zeit einer neuen schamlosen Bereicherungswelle der Kriegs- und Nachkriegsgewinnler, der wirtschaftlichen Konzentrationsprozesse, der massenhaften Pleiten von Kleinunternehmern, der immer schneller galoppierenden Inflation.

Klemperer, der unendlich oft in seinem Tagebuch über die Geldentwertung im Alltag Klage führt, gehört zu einer Bevölkerungsgruppe, die diese Zeit relativ unbeschädigt übersteht. »Der Irrsinn der Preise und Ziffern in Gelddingen spottet jeder Beschreibung. Bisher schwimmen wir oben«, stellt er noch im Juli 1922 fest. Dank Beamtenstatus klettern seine Bezüge mit den Preisen – nur müssen sie das Geld in immer größerer Eile ausgeben, möglichst noch am Tag, an dem sie es bekommen, um die Verluste gering zu halten. Klemperers Erbteil von 26 000 Mark ist dagegen zum größten Teil auf der Staatsbank gesichert; er selbst zeigt sogar Neigungen mitzuspekulieren, überlegt, ob er tschechische Kronen kaufen oder seinem Apotheker-Freund Scherner in Leipzig gegen Dividende und Zinsen eine Haarwasser-Produktion finanzieren soll.

Die Hochschule wird ihm in dieser Zeit immer gleichgültiger. »Ich tue Dienst gegen Wochenlohn. Meine Seele gehört einzig meiner eigenen wissenschaftlichen Arbeit, von der hier niemand was versteht. Ich glaube, der einzige in der Allgemeinen Abteilung zu sein, der wirklich produktiv tätig ist.« Immer noch ist er der Kaisertreue, der Ordnungsverfechter, den man für einen Rechten halten könnte, obwohl er seine politischen Präferenzen den Parteien der Mitte zuteilt. Seine Gefühle sind so gespalten wie die Parteienszene der Weimarer Republik. Obwohl er weiß, daß er unter Wilhelm II. nicht Ordinarius geworden wäre, gesteht er sich: »Mir ist das Kaisertum eine Fahne, ich sehne mich nach der alten deutschen Macht.«

Die Forderungen der Entente, der Siegermächte des Ersten Weltkriegs, an Deutschland, treiben ihn zu flammender Empörung: »42 Jahre unendliche Milliarden zu zahlen, alles letzte Geschütz hergeben – es ist so kongoartig, so bitter, so märchenhaft – wenn man an das denkt, was wir 1914 waren.« Er ist nicht zum glühenden Pazifisten geworden wie so viele Intellektuelle dieser Kriegsgeneration, aber doch ein Zweifler: »Ich möchte unendlich gern noch einmal gegen Frankreich schlagen können. Aber in welch ekelhafter Gesellschaft ist man bei den Deutsch-Völkischen!« Von den Chauvinisten unterscheidet ihn, daß er den ehemaligen Kriegsgegner nicht haßt. »Alles was wir jetzt fühlen, hat schließlich mit mehr oder weniger Recht der Franzose nach dem Deutsch-Französischen Krieg 1870/71 gefühlt.«
Als französisches Militär Anfang 1923 das Ruhrgebiet besetzt, um überfällige deutsche Reparationszahlungen einzutreiben, kann sich der Romanistik-Professor nicht vorstellen, »wann und wie wir den Befreiungskrieg führen sollen«, und ist dennoch überzeugt: »Aber wir werden ihn gewiß einmal führen«. An der Technischen Hochschule Dresden wird ein hölzerner Obelisk zu Ehren der Menschen an der Ruhr aufgestellt, in den jedermann einen Nagel einschlagen soll. Jeder Senator hat für seinen Ehrennagel 1 000 Mark zu spenden. Überdies werden dem Hochschulpersonal zwei Prozent vom Gehalt abgezogen.
Klemperer nagelt mit. Der Stift ist etwas winzig, der Holzblock ziemlich hart, so daß ihm ein Student helfen muß. Dennoch: »Es machte sich hübsch, wie ringsum unten und oben die Studenten standen.« Aber hinter dem Ganzen scheint ihm keine wirkliche Kraft zu stehen. Der Gesang der »Wacht am Rhein« und die chauvinistischen Sprüche vom »Gott, der Eisen wachsen ließ« und »Straßburg muß wieder deutsch werden«, das empfindet er »jämmerlich in seiner Impotenz«. Ist es an der Hochschule nur Enttäuschung, so ekeln ihn hier die Hohlheit

und das schmierige Germantentum, denen er bei patriotischen Predigten in protestantischen Kirchen begegnet. »Scheußlicher Salbungssingsang«, notiert er im April 1921, als er Eva zur Motette in die Trinitatiskirche begleitet, »furchtbarer Hiobtext« des Pfarrers auf Kaiser und Volk, »dessen Recht zertreten, dessen Friede nach Rache schreit! Es war eine Kriegsstimmung in alledem, eine gewaltige Thron-Altar-Sehnsucht. Geradezu komisch machte sich dann in dem im Chor gesprochenen Vaterunser das: ›Wir vergeben unseren Schuldigern‹.«

Solche Abwehrreaktionen nehmen zu. Ein Jahr später, nach einer Feier des Gustav-Adolf-Vereins in der Kreuzkirche, ist er aufgebracht über »lügenhaft leise tobendes Pathos« eines Ober-Konsistorialrats: »›Wir evangelischen Germanen, die Gott braucht.‹ Wir tugendhaftes Volk, das Fremde unterdrücken, berauben«, so der Pfarrer. Klemperers Kommentar: »Überheblichkeit, Lüge, Heuchelei zum Erbrechen. Kein fanatischster Franzose, kein katholischster Eiferer kann es besser. Mir drehte sich der Magen um, es war eine Schmach. [...] Ich hätte es begriffen, wenn ihn jemand von der Kanzel geschossen hätte.«

Deutschland wird zu dieser Zeit von schweren sozialen Unruhen heimgesucht. In Hamburg kommt es zu einem proletarischen Aufstand, den Ernst Thälmann anführt, der spätere Vorsitzende der Kommunistischen Partei. In München putscht der bis dahin weithin unbekannte Adolf Hitler mit Unterstützung von Freikorps – vorerst vergeblich. An der Ruhr führen Freikorpsleute Sabotageakte gegen die französischen Besatzungstruppen aus. Als einer von ihnen, der Ex-Offizier Leo Schlageter, zum Tode verurteilt und hingerichtet wird, haben die Nationalsozialisten ihren ersten Märtyrer.

In Sachsen regiert zeitweise eine von Sozialdemokraten und Kommunisten gebildete Regierung, die der sozialdemokratische Reichspräsident Friedrich Ebert von der Reichswehr auseinanderjagen läßt. Klemperer schaudert es, als er ein kommunistisches Flugblatt in die Hand bekommt, auf dem die Sicherheitspolizei beschuldigt wird, unter dem Flankenschutz der im Rheinland stationierten Ententetruppen in Mitteldeutschland zu morden. Das Proletariat werde von der Internationale der fetten Bürger geschlachtet und müsse sich zu neuem Kampf bereithalten. Als aber eine Dresdnerin sich über die Ungehörigkeit der Demonstranten in der Stadt entrüstet, weckt dies seinen Widerspruch von der entgegengesetzten Seite: »Meine Erwiderungen waren arg kommunistisch.« Schon als der jüdische Industrielle und Außenminister Walther Rathenau am 24. Juni 1922 in Berlin von zwei ehemaligen Offizieren der rechtsradikalen und antisemitischen Organisation Consul erschossen wurde, meinte Klemperer: »Der widerwärtig gemeine Mord hat mich weit nach links gedrängt. [...] Manchmal ersehne ich eine Guillotine.«

Noch ist das kein wirkliches Anzeichen für eine Positionsverschiebung nach links. Die Ängste dieses Unpolitischen geraten eher ins Philosophische: »Es bewegt mich immer wieder, wie absolut hilflos und unwissend der Mensch ist. Eva und ich stehen mitten in den Ereignissen, stehen geistig darüber, haben jahrelange Erfahrungen, haben geschichtliche, philosophische Kenntnisse, lesen und hören, kennen das Ausland – und nicht den ungefähren Verlauf des Allernächsten können wir ahnen, wir tappen im tiefsten Dunkel, wie die ganze dumme Plebs und fraglos auch die sogenannten Regierenden.«

Im September 1923, als der Kurs der Mark gegenüber dem Dollar auf 400 Millionen Mark steigt, befürchtet Klemperer die Reichskatastrophe. »Den Bürgerkrieg erwarte ich eigentlich von Stunde zu Stunde, den buchstäblichen Hunger auch.« Er fragt sich seit langem: »Was kommt? Neuer Krieg? Monarchie? Sowjetdeutschland? Was geht überhaupt seit 1914 vor? Ein Krieg, eine Revolution, eine deutsche, eine russische Angelegenheit?«

Einmal, an einem Ausflugstag mit Eva auf dem Plateau der Festung Königstein, begegnen sie einem Schwarm von jungen Soldaten, die vom Übungsplatz Königsbrück kommen: »Sehr viele Eiserne Kreuze 1. Klasse, viele Verwundetenabzeichen, viele verwegene unrepublikanische Gesichter unter den Chargen.« Über seine Stimmungslage bei diesem Anblick wird sich Klemperer nicht ganz klar: Er fühlt sich abgestoßen, erfreut und wehmütig zugleich: »Was blieb von unseren 12 Millionen Soldaten, unserer Macht? Vielleicht doch der Kern und Keim künftiger Größe. Vielleicht auch nur der Zerstörer der Republik, eine Pogromtruppe.«

Intrigen und Verrat
»10 Zeilen im Brockhaus und schließlich doch das Nichts«

Anfang Oktober 1920 kommt in Halle an der Universität ein Neuphilologenkongreß zusammen. Victor Klemperer, der schnell noch bei Freunden in Leipzig eine Stippvisite einlegt, langt erschöpft in der Saalestadt an. Er läßt sich von der Zimmervermittlung am Bahnhof ein Quartier beschaffen und steigt nahe beim Theater, drei Treppen hoch, bei einer alten Studentenmutter ab. Mit durchaus studentischen Nostalgiegefühlen – »wäre nur das Herz besser«.

Zu jener Zeit sind die Ansprüche von akademischen Kongreßteilnehmern so bescheiden wie die Spesen, mit denen sie auskommen müssen. Die Wirtin behandelt ihn, den Herrn in mittleren Jahren, wie einen Studenten und nimmt sich gleich seines zerrissenen Mantels an. »Sie hatte die Wohnung schon besetzt und bettete mich in ihrem Wohnzimmer aufs Sofa. Sehr gut, nur habe ich keinen Eimer und keine Wasserkanne. Bloß eine volle Blechschüssel auf dem Stuhl und ein Kännchen für die Zähne und einen henkellosen Nachttopf.«

In Halle trifft Klemperer auf Abgesandte von Philologenvereinen, Gymnasiallehrer und Hochschuldozenten aus ganz Deutschland. Er vertritt zwar nur eine »Quasi-Fakultät«, wie er in einem Brief an Vossler am 4. September geschrieben hat, genießt aber um so mehr die Gesellschaft, die ihn für ein paar Tage den provinziellen Hintergrund seiner Dresdner »Handwerkerschule« vergessen läßt. »Merkwürdig, wie mir alles spielerisch vorkam, wie ich außer- und oberhalb stand und meine Interessen verfolgte.«

Abends frequentiert er im Romanistenkreis die Kneipen, von deren Beschaffenheit er in seiner gehobenen Stimmung gar nichts mitkriegt: »Die Fachsimpelei hielt mich von da an umkrallt.« Ohne freilich sein leibliches Wohl zu vernachlässigen, an dem ihm auch in schwierigen Lebenslagen immer gelegen ist: »Nach dem Schluß der Sitzung bei der Geselligkeit, als ich ums Essen kämpfte, schließlich sechs Knödel, zwei mal drei eroberte, einen Neubert schenkte, fünf ›verdrückte‹ – da fachsimpelte und klatschte man erst recht. Dies ist ja auch der Zweck der Übung.«

Auf der Tagung registriert er seismographisch die versteckten und offenen Rivalitäten. Fritz Neubert, »schüchtern, schmal, ängstlich«, ist Assistent in Leipzig, wo Klemperers jüdischer Freund Wilhelm Friedmann als Lektor für Italienisch lehrt und unter der Diktatur des forschen Antisemiten Philipp August Becker zu leiden hat. Neubert habe in Beckers Augen »den Vorzug Christ zu sein, wird aber auch nicht besser behandelt«.

Auf dem Kongreß waltet viel Professorenneid. Auch an anderen Kollegen wetzt Klemperer seine Feder. Der Hallenser Romanist Karl Voretzsch, »großer kahler Kopf, hagere unschöne Figur, eminent jüdisches Gesicht« und das Eiserne Kreuz am Gehrock, sei »Oberbonze der Tagung«. In ihm sieht Klemperer einen »wilden Chauvinisten«. Altmeister Oskar Schultz-Gora, den er aus Berlin kennt, »stark berlinisch sprechend, ungemein liebenswürdig zu mir«, erscheint ihm als »ein trockenes Eichhörnchen«. Der Altmeister lehrt jetzt in Jena und in dem Vortrag bemerkt Klemperer eine »Kriegserklärung an Vossler, den ›jungen Romanisten‹, […] an die Leute, die moderne Literatur dozieren (Wechßler, Curtius, Friedmann)«.

Eduard Wechßler, »wie ein Talmudist aussehend, schwere dunkle Augen, breiter schwarzer Vollbart, ergrauender mächtiger Haarschopf, breitschultrig, Schlapphut, leidenschaftlich erregt«, ist soeben von Marburg nach

Berlin gewechselt und versucht, den Dresdner Kollegen gleich bei der Vorstellung im Vestibül zu vereinnahmen: »Er schüttelte mir die Hand und schrie, Schultz-Gora sei tot und ›wir‹ lebten.«

Klemperer indessen, selbst verheddert im Gestrüpp professoraler Neid- und Erbfeindschaften, versucht herzustellen, »was Friedmann die Einheitsfront getauft hat«. Da gerät er bei Wechßler an den Falschen. Der tobt gegen Vossler, nennt ihn einen treulosen Menschen in der Maske eines Biedermanns, der ihn nicht aufkommen lassen wollte. Nun, in Berlin, sei ihm das egal.

Aber der Dresdner weiß seine Interessen diplomatisch zu vertreten. Ihm liegt daran, seine Treue zu Vossler zu signalisieren, obwohl der Münchner Lehrer nicht nach Halle gekommen ist und ihn seit seiner Antrittsrede in Dresden eher verunsichert als weiter gefördert hat. Wechßler dagegen sei »ein treuloser Mensch, er trägt die Maske des Biedermanns, ich bin nicht so schlecht wie er«. In einem Artikel für die *Leipziger Neuesten Nachrichten* hält sich Klemperer zugute, er habe die beiden doch zusammengebracht und hoffe für die deutsche Romania und für sich.

Einen Tag später legt der Vossler-Schüler »noch einmal los für die Wissenschaft um der Wissenschaft willen«. Eine Einladung des Hamburger Philologenvereins zur Überseewoche weist er zurück: Dort mache man in Industrie und Politik mit etwas Betonung des Spanischen – er sei für reine Wissenschaft. Nun streitet er im Sinne seines Lehrers gegen Spiegelfechterei und für wirkliche Literatur- und Sprachgeschichte an den Universitäten und Hochschulen, »sodaß es den Studenten nicht zum Luxus wird, den ›genialen Vossler‹ oder Kollegs über moderne Literatur zu hören«. Freilich ist er kein Fundamentalist. Die Kommentare der Kollegen zu diesem Auftritt hört er sich gar nicht mehr an: »Als ich mein Ei gelegt hatte, verdrückte ich mich. Im Grunde ist mir ja auch das Annehmen und Ablehnen von Thesen zum Schulbetrieb sehr gleichgültig.«

Immerhin: Das Treffen in Halle hat die Seele des Romanisten vom Dresdner Abstellgleis geholt. Sein Tatendrang ist erfrischt. »Ich habe sozusagen debütiert, auf der Seite der reinen Wissenschaft und doch auch der Modernen. [...] Ich rechne zu den Jungen und bin doch ein Arrivierter.« Jetzt glaubt er: »Ich bin nun im Sattel, die Zukunft liegt vor mir – wenn das Herz durchhält. Geachtet von den Alten, sehr respektiert von den Jungen sozusagen. Jüngster Ordinarius, und hinter mir steht die kommende Zeitschrift.«

Als ob er sich gegen neue Enttäuschungen immunisieren wolle, stellt er auch jetzt sich selbst in Frage, mit einer für ihn typischen Mischung von Narzißmus und Nichtigkeitsgefühl. »Nie fühle ich mich irgendwo zugehörig, immer bin ich außen und darüber – so beim Heer, so in München, so in Dresden, so hier: ein mit dem Herzen unbeteiligter Spieler, die Kleinlichkeit der anderen übersehend, belächelnd, wohl auch beneidend, heuchlerisch lavierend – bisher (bisher!) erfolgreich. Hier in Halle war es sogar großes Spiel, und meine Eitelkeit schwelgte einigemale. Vielleicht ernte ich viel, vielleicht stürze ich einmal – wahrscheinlich versagt mein Herz, ehe das Höchste erreicht ist.«

Das Höchste erreichen! Der Faust im Bildungsbürger! Und dieser fragt sogleich nach: »Was ist das Höchste?« Klemperer gibt sich in seiner an Heinrich Heine erinnernden Ironie die Antwort: »Allenfalls die goldene Amtskette der Universität Berlin, ein bißchen mehr Geld als jetzt, 10 Zeilen im Brockhaus und schließlich doch das Nichts.«

Was der Lehrer auf dem Dresdner Katheder noch nicht abschätzen kann, ist das Ausmaß der Intrigenspiele seiner Romanistenkollegen. Öffentlich führen sie Gefechte verschiedener Denkrichtungen im Namen der reinen Wissenschaft, unter der Decke, wo die Karriereambitionen gepflegt werden, liefern sie sich einen Kampf jeder gegen jeden.

Als Victor Klemperer die Arena betrat, mit seiner Habilitationsschrift über Montesquieu, lag der Kampfplatz vorübergehend verwaist. Das war im Jahr 1915, dem zweiten Jahr des Ersten Weltkriegs, der Deutschlands Geisteselite an anderen Fronten band. Keiner von den zu dieser Zeit noch tonangebenden Positivisten war da, der den Fehdehandschuh warf und seiner Betrachtungsweise entgegengetreten wäre.

Die deutsche Romanistik war zu dieser Zeit gerade ein Jahrhundert alt und immer noch nicht ganz heraus aus den Klammern, die ihr der auf allgemeine Nationalerziehung sehr erpichte Philosoph Johann Gottlieb Fichte (1762–1814) in der Zeit der antinapoleonischen Befreiungskriege angelegt hatte. Fichte, so urteilt im Jahr 1996 Michael Nerlich in einem Klemperer-Essay, wollte die vermeintliche französische Kulturhegemonie auf deutschem Boden überwinden und beweihräucherte in seinen »Reden an die Nation« den sprachlichen Urgrund, auf dem deutsches Dichten und Denken gedeihe. Wohingegen die seit der Römerzeit gewachsenen romanischen Sprachen allesamt »Neulateinisch« seien und ebendieses Blut- und Bodenbezuges entbehrten, also steril und unpoetisch seien.

Vaterlandsliebe und Achtung vor der eigenen Vergangenheit waren der natürliche Reflex auf die französischen Eroberungskriege. Sie lieferten allerdings auch den Stoff, aus dem germanische Haßgesänge geformt wurden. Die Romanistik des 19. Jahrhunderts, bedrängt von diesem Konflikt, beschränkte sich auf Sprachgeschichte, Sprachsystematik und die Herausgabe mittelalterlicher Texte und betrat erst zu Beginn des 20. Jahrhunderts das freiere Feld der unvoreingenommenen Literaturgeschichte.

Vossler habe dann, wie sein Schüler Victor Klemperer im Jahr 1950 schreiben wird, die handwerklich-mechanische Verengung gesprengt und eine philosophische und kulturphilosophische Philologie gefordert, erläutert Nerlich. »Sie sollte das geistige Element der Sprache und die Zusammenhänge der Sprachentwicklung mit der allgemeinen Kulturlage der Völker zum wesentlichen Gegenstand ihres Betrachtens erheben. Das ergab eine unendlich fruchtbare, freilich auch weder bequeme noch ungefährliche Grenzüberschreitung der üblichen philologischen Fachgebiete. [...] Erbitterte Gegner sagten: eine unerlaubte und dilettantische Mischung aus alledem.«

Damit ist beschrieben, auf welcher Seite Klemperer focht. Rationales und Gefühlsmäßiges sieht er unauflöslich verwoben im künstlerischen Produktionsprozeß, seine Fähigkeit zu weitausgreifender Verbindung von Fakten und Gedanken kommt ihm bei der Bewertung der Gelesenen fast spielerisch entgegen.

1915 wird das noch nicht wahrgenommen, als aber der Krieg zu Ende ist, ergießt sich aus Klemperers Tintenfaß eine Sturzflut über die deutsche Romanistik-Landschaft. Mit geradezu atemberaubender Geschwindigkeit schreibt er seit seinem Amtsantritt in Dresden fast die gesamte französische Literaturgeschichte neu, sogar Autoren berücksichtigend, die der Trivialliteratur, der Unterhaltungsliteratur zugeordnet werden. 1921 erscheint die *Einführung in das Mittelfranzösische*, 1923 *Die moderne französische Prosa*, 1924 bis 1926 die drei Bände der *Romanischen Literaturen von der Renaissance bis zur Französischen Revolution*, woran zwei weitere Romanisten beteiligt sind, 1925 der von ihm selbst geschriebene Band *Geschichte der französischen Literatur von Napoleon bis zur Gegenwart* zu einer geplanten fünfbändigen Edition über die französische Literatur aus dem Leipziger Teubner-Verlag. Im Jahr 1926 folgt *Der Positivismus*, 1929 *Die moderne französische Lyrik von 1870 bis zur Gegen-*

wart, 1931 *Der Ausgleich*. Und 1933, als letztes Buch vor dem Publikationsverbot durch die Nazi-Behörden, *Pierre Corneille*. Dazu die Aufsatzsammlungen *Romanische Sonderart* (1926) und *Idealistische Literaturgeschichte* (1929). Stolz kann Klemperer in seinem Brief an Vossler am 1. Oktober 1926 sagen, daß er sich in Dresden schon eine kleine Bibliothek zusammengeschrieben habe.

Sein großes Plus bezieht er aus dem Charme seines Formulierungstalents. Kaum eine Fachzeitschrift, die nicht nach Klemperers Feder ruft, die Tageszeitungen sowieso. Sprühender Geist, originelle Assoziationen und witzige Pointen erzwingen Bewunderung und erregen Neid unter Fachkollegen in dieser hohen Zeit seiner wissenschaftlichen Leistungsfähigkeit. Die Fronde der Mißgünstigen formiert sich schnell. »Eine gemeine und bösartige Karte von Meyer-Lübke«, dem Mitherausgeber der *Germanisch-romanischen Monatsschrift*, registriert Klemperer gleich, nachdem sein mittelfranzösisches Lesebuch erschienen ist, und »schroffste Ablehnung des Sprachlichen unter Hervorhebung von ein paar lächerlichen Einzelheiten. Kein Wort über das Literarische.« Dagegen empfängt er »von Kraus und Heiß geradezu hymnische Anerkennung«. Carl von Kraus ist Germanistikprofessor in München, Hanns Heiß war Klemperers Vorgänger an der Technischen Hochschule in Dresden und lehrt seit 1919 in Freiburg im Breisgau.

Die beiden großen Namen der deutschen Romanistengilde, neben Vossler, heißen in diesen Jahren Ernst Robert Curtius und Eduard Wechßler. Sie sind untereinander freundschaftlich verbunden. Beide sind gleichermaßen auf Karriere versessen, und keiner würde für Klemperer ein Wort einlegen, wenn es um einen attraktiven Lehrstuhl geht. Dem undogmatischen Newcomer, der soviel lockerer mit Montesquieu und den anderen Quellen der Aufklärung umgeht, sind sie heimlich spinnefeind. Wechßler hetzt bei seinen Berliner Studenten gegen den Publikationseifer des Dresdner Kollegen: »Aus solchen hingeschmierten Literaturgeschichten kann man nichts lernen.« Beistand erhält das Professorenduo Curtius/Wechßler von dem Vossler-Schüler Eugen Lerch, den Klemperer deshalb in seinem Tagebuch »Wechßler-Balg« nennt.

Lerch, der sich zur gleichen Zeit wie Klemperer in München bei Vossler habilitierte, ist offensichtlich froh, daß der andere in Dresden auf ein totes Gleis geraten ist, während er selbst darauf hofft, in München zu avancieren. Der Grammatiker zeigt sich auch menschlich nicht von der besten Seite. Er hat seine Frau Sonja Rabinowitz, eine emigrierte russische Jüdin mit radikalen politischen Ansichten, im Revolutionsjahr 1918 im Stich gelassen – sie beging Selbstmord im Gefängnis –, was ihm Klemperer nicht verzeiht. Dennoch heftet sich Lerch an Klemperers Fersen, drängt sich ihm mit wechselnder Damenbekanntschaft bis in den Heringsdorfer Ostseeurlaub auf.

Die beiden Romanisten geben ab 1925 die Zeitschrift *Idealistische Philologie* heraus, ein Forum für den Meinungsstreit von Vossler und seinen Schülern. Gegenseitiges Rezensieren – heute fast undenkbar – gehört in dieser Zeit zu den Gepflogenheiten der Literatur- und Sprachwissenschaftler. Dabei entfacht Klemperer einen Meinungsstreit, der seine Beziehungen zu Vossler und dessen Vorzugsschüler Lerch dauerhaft belasten wird. In einem Offenen Brief kritisiert er den Hang Vosslers zu reiner Ästhetik und bemängelt aufklärerisch-kulturgeschichtliche Gedankenführung. Langanhaltende Querelen mit Vossler und Lerch sind die Folge, und es fällt auf, daß der Münchner Freigeist sich nun nirgendwo mehr ernsthaft einsetzt, wenn sein in Dresden vom Versauern gefährdeter Schüler auf ein Ordinariat an einer richtigen Universität hoffen kann.

Möglicherweise erklärt sich Klemperers Attacke gegen

seinen Lehrer, dessen Dresdner Apostel er eigentlich sein wollte, auch aus einer frühen Enttäuschung. Im Februar 1921 hatte der Münchner Professor »in kalt höhnischer Weise« Klemperers Dresdner Antrittsrede »als eine nicht literarhistorische Journalistenarbeit« abqualifiziert. Schon da vermerkte der Zögling: »Er ist rein ästhetisch gerichtet, ich nicht. Dabei haben wir doch Verwandtes.«

Klemperer, der es nie zum Bruch kommen läßt, nicht einmal zum Zweifel an freundschaftlicher Gesinnung gegen den neun Jahre Älteren, den er brieflich immer mit »Herr Geheimrat« oder »Magnifizenz« anredet, versucht sich zu entschuldigen mit dem Hinweis auf ihr geistiges Vater-Sohn-Verhältnis und übt sich dabei – offenbar sehr wirksam – in Selbstmitleid: »Betrübt bin ich über mein völliges Isoliertsein. Ihnen ein Positivist, ein Pedant, ein Reaktionär, nicht subjektiv genug – anderen das Gegenteil von alledem, und überall ohne die Gabe, vor Gott und den Menschen angenehm zu sein,« schreibt er in einem Brief an Vossler am 9. Januar 1926.

Diese Bemerkung ist Lessing entlehnt, der Ringparabel aus »Nathan der Weise«, und mit Lessing hält er es gelegentlich auch in seinem Tagebuch. »Wien, Prag, Würzburg – ich stehe am Markte und irgendeiner greift doch vielleicht zu.« Als die »Prager Seifenblase« platzt, ist es ihm nicht leid, man hat dort kein Extraordinariat geschaffen, kein anderer wird also bevorzugt werden, so erleidet er keine persönliche Niederlage. Auf Wien macht er sich kurze Hoffnungen, dann kränkt ihn ein Brief Vosslers, der für Würzburg ausgerechnet Lerch favorisiert, worauf sich Klemperer wissenschaftlich »für immer gescheitert« und »geistig ganz allein« fühlt.

Im Tagebuch wechseln nun Hoffnungen und Enttäuschungen in dichter Folge einander ab. Als Curtius nach Heidelberg berufen wird, bemerkt Klemperer an sich selbst »keine Lust mehr, weder zu meiner hiesigen Hochschultätigkeit, noch zu meiner Schriftstellerei«. Und er überlegt, ob er sich nicht zum Hedonisten wandeln sollte, so »leben wie meine Kollegen hier, den Tag genießend, geschäftig, ohne Mühsal der Produktion und ohne den Jammer des Ehrgeizes. Dresden ist schön, ich bin hier ein angesehener Mann, Ordinarius, Dekan.«

Doch das ist nur Tagebuch-Rhetorik, er weiß ja: »Ich kann mich nicht zufrieden predigen.« Als er im Juni 1926 von einer langen Spanienreise mit Eva zurückkehrt und seine Post ordnet, bilanziert er trotzig: »Was ich schreibe, wird bekämpft und bekrittelt. Aber es wirkt. Und so also weiter und nun erst recht weiter! [...] Ich habe nirgends unter den Kollegen Freunde: alle Berufungen, alle Kritiken sind gegen mich gerichtet. Aber meine Bücher machen ihren Weg, und meine Verleger zahlen.«

Tröstlich, daß Lerch es unterdessen auch noch nicht weiter gebracht hat. Der Rivale in Dresden vermutet sogar mit stiller Schadenfreude, daß sich Lerchs Verhältnis zu Vossler entfremdet hat, und er ist froh, nicht selbst einem Vorgesetzten zu unterstehen: »Ich habe ein Zaunkönigtum, aber es ist ein Königtum und gibt mir Freiheit. Ich will sie gebrauchen.«

Zu dieser Zeit bessern sich die Lehrbedingungen an der Technischen Hochschule. Sein Seminar zieht um in ein schönes Gartengebäude, und er bekommt einen Hörsaal gemeinsam mit den Anglisten. Aufgemuntert notiert er: Das Frühjahrssemester 1927 »läßt sich gut an. Eine Reihe richtiger Studenten voller Eifer. [...] Ich stehe auf dem Katheder, werde betrampelt; ich habe ein eigenes Zimmer, sogar eigenes Telefon – man spielt sogar Universität.«

Vorübergehend taucht das Kölner Katheder an seinem Hoffnungshorizont auf. Er wendet sich an den dort mächtigen Anglisten Herbert Schöffler, den er zuvor kraft seines Senatspostens von Dresden ferngehalten hat, weil er ein »ekelhafter Kriecher« sei. Doch es ist umsonst. Schon besetzt Leo Spitzer aus Marburg, ein Mann jüdischer Herkunft wie Klemperer, den Platz eins der Kölner Kandidatenliste, gefolgt von Eugen Lerch.

Andere Türen schlagen ebenfalls zu. Das Ibero-Amerikanische Institut in Hamburg hat im Dezember 1926 einen Stuhl frei, Frankfurt (Main) steht im Januar 1928 offen. Immer wird Klemperer übergangen. Leipzig will ein linguistisches Ordinariat einrichten, aber als es um die Besetzung geht, spielt offenbar sogar Vossler, dem Klemperer im gleichen Jahr die Ehrendoktorwürde in Dresden verschafft, gegen ihn. Das schließt er aus Informationen, die er aus dem sächsischen Unterrichtsministerium hat, das ihn gern in Leipzig sähe.

Als dann in Leipzig ein Nachfolger für Becker gesucht wird, stößt er wieder auf eisige Zurückweisung. »Die Leipziger wollen mich nicht, als Juden nicht, als Dresdener nicht, als mich, Victor Klemperer, nicht, als den Literaten, Journalisten, usw. usw.« Dagegen gelangt Curtius auf Platz zwei der Kandidatenliste. Die Spekulation, daß Curtius ablehnen könnte wie 1920 in Dresden, wovon Klemperer profitierte, verbietet er sich selbst: »Eine sehr demütigende Hoffnung.« Klemperer weiß, daß ein Vergleich zu seinen Ungunsten ausfallen muß: »Curtius ist kein ›Literat‹ und ›Synthetiker‹ und ›Journalist‹ und Entsteller des Tatsächlichen – aber *ich* bin das alles. Der Sohn eines Rabbiners bin ich und er ist der Sohn des Präsidenten der preußischen evangelischen Landessynode. Und der ist von Anfang an mein Konkurrent gewesen, und immer der Sieger.«

So bleibt er in Lessings Lage, der auch klagte: »Ich stand am Markte und keiner wollte mich dingen.« Immer klarer muß er erkennen, wie böse ihn beim Kampf um einen der begehrten Ordinariatsstühle der großen deutschen Universitäten das Stigma seiner familiären Herkunft belastet: der von teutonischen Anschwärzern auf seiner Professorenrobe schon ausgemachte gelbe Stern.

Die neue Sündenrolle des Juden, die man seinesgleichen

in den Wirren der Weimarer Zeit zuweist, hat er schon früh, schon in seinen letzten Münchner Monaten, ausgemacht: »Die Nationalen betreiben den Antisemitismus immer widerlicher und abstoßender. Es ist ein furchtbares Unglück und zugleich geradezu komisch mit den Juden, die an allem Schuld haben: am Krieg und an der Revolution. [...] Niemand sympathisiert mit ihnen, niemand nimmt sie als Deutsche hin.«

Noch ziehen die meisten deutschen Juden eine eher günstige Bilanz ihrer Emanzipation und ihres Fortkommens im Kaiserreich. Was sie nach dem Ersten Weltkrieg zu hören bekommen, halten sie für wiederkehrende Ausgrenzungsversuche, nicht für die Vorzeichen einer tödlichen Bedrohung. Klemperer spürt wohl, daß man ihnen den im Ersten Weltkrieg erwiesenen Patriotismus nicht honoriert. Gleich ihm hatten mehr als hunderttausend deutsche Juden an den Fronten gekämpft, etwa 2000 von ihnen gelangten sogar in Offiziersränge, aber deutscher wurden sie den Antisemiten im deutschen Bildungsbürgertum dadurch nicht. Obwohl er zum Verdrängen neigt, ahnt der Kriegsfreiwillige, »welch neues Hindernis der Antisemitismus für mich bedeutet. Nun sitze ich, getauft und national, zwischen allen Stühlen.« Antisemitisches Wortgut findet er sogar an den Wänden der Universitätspissoirs.

Im gehobenen Universitätsleben der Weimarer Republik trägt dieser Rassismus ein Biedermanngesicht. Auf einem Kaffeenachmittag im August 1922 erläutert der Leipziger Professor Philipp August Becker dem Ehepaar Klemperer intellektuelle Feinheiten. Becker »fand es begreiflich, daß man einem Juden kein germanistisches Ordinariat übertrage, weil ein Jude als ›Nichtdeutscher‹ nicht den richtigen Grundton für die deutsche Dichtung finden könne«, notiert Klemperer. Zwei Jahre zuvor, in Leipzig, hatte er auf einem Teenachmittag bei Becker gelernt, sich gegen dessen Dummdreistigkeiten abzukapseln. Dort ging es gegen den jüdischen Privatdozenten Wilhelm Friedmann, der »die Gewandtheit der jüdischen Rasse und keine Tiefe« habe. An Klemperer gerichtet, meinte Becker: »Sie müssen das ja kennen, Sie stehen ja doch selber der Rasse nicht fern? – Nein! – Nun, Sie selber haben diese Gewandtheit vielleicht nicht so.« Der Gast, von Kollegen rechtzeitig über »Beckers Weinmaß« aufgeklärt, hält sich mit einer Antwort zurück, schwört sich aber »Feindschaft unter Freundschaftsformen«.

Niemand sagt dem Professor mit der jüdischen Ahnenreihe ins Gesicht, daß seine Chancen auf ein Ordinariat an einer ordentlichen Universität schlechter stehen, wo immer er auf Gelegenheit zu diesem Karrieresprung hofft. Die Methoden der Blockierung sind subtil. Selbst Vossler scheint da nicht unbeteiligt zu sein. 1925 empfiehlt er seinen Wiener Kollegen, im Falle einer Bewerbung solle man mit seinem Habilitanden nicht antisemitisch verfahren, da er »zum Deutschtum übergetreten« sei und dies »im Krieg bewiesen« habe. Nach Ansicht von Michael Nerlich kommt das – ob vorsätzlich geschrieben oder nicht – in der damaligen Stimmungslage »einem akademischen Todesurteil gleich«. Als dann Schöffler aus Köln mitteilt, nach zwei jüdischen Berufungen an seiner Universität werde eine dritte schwer sein, notiert Klemperer verbittert: »Es gibt reaktionäre und liberale Universitäten. Die reaktionären nehmen keinen Juden; die liberalen haben immer schon zwei.«

Es kommt in diesen Jahren, obwohl der Numerus clausus der Rassenbiologie schon so tief in die Schicksale eingreift, nicht zu kollegialer Solidarität, nicht einmal unter denen, die jüdischer Herkunft sind. Klemperer selbst ist nicht frei von Mißgunst. 1931 wird in Leipzig ein Extraordinariat eingerichtet. Wilhelm Friedmann, dessen Leiden unter dem Radau-Antisemiten Becker ihn so oft beschäftigt hat, scheint eine Chance zu bekommen. Klemperer merkt giftig an, daß dieses Katheder »eher an Friedmann verschleudert als mir überlassen werden« soll.

Andere denken und handeln nicht besser. Bei einer Begegnung mit Leo Spitzer in Marburg, der den Lehrstuhl in Köln bekommen soll, erfährt Klemperer, daß dieser gar nicht auf die Idee kommt, den benachteiligten jüdischen Kollegen aus Dresden als ersten Nachfolgekandidaten für Marburg zu nominieren. Auf diesen Platz setze Spitzer, der »Gerechtigkeit« wegen – von Klemperer in Anführungszeichen vermerkt – ausgerechnet Lerch.

Manche nichtjüdische Kollegen wechseln zu dieser Zeit schon ins geistige Braunhemd. Curtius warnt 1932 von seinem Bonner Katheder herab vor Juden, die »von der Idee des Judentums abgefallen« seien und der »Destruktion zugeschworen« hätten, unwillig, »sich dem Christentum zu öffnen, dem Humanismus oder dem Deutschtum zu öffnen und es aufzunehmen«. Das ist der verschlüsselte Aufruf zur Vertreibung des Erbfeindes von den Universitäten. Der Mann auf dem Dresdner Lehrstuhl ahnt: »Hitler ante portas.«

Drei Jahre später, die Nazis sind inzwischen an der Macht und Klemperer hat seine Professur an der Technischen Hochschule verloren, tritt eine Neuphilologentagung in Dresden zusammen. Auf dem Kongreß referiert einer der nun als arisch ausgewiesenen Kollegen über die Religion der Germanen, ein anderer über den neusprachlichen Unterricht im nationalsozialistischen Sinn. Keiner besucht den Hinausgeworfenen. Ohnmächtig notiert Klemperer: »Ich bin wie eine Pestleiche.«

Dresdner Zerstreuungen

»Schwein oder Nichtschwein das ist hier die Frage«

Die zwanziger Jahre sind gute Jahre im Leben der Klemperers, alles in allem genommen. Zerstreuungen gehören beinahe zur täglichen Übung. Sogar spießig-vergnüglich darf es zugehen – das gibt dem Tagebuchschreiber reichlich Stoff ab für ironische Gesellschaftsbetrachtungen.

Den Rechtsanwalt Ernst Fleischhauer, einen »dicken Mann mit blassen Glotzaugen im fleischigen bartlosen Gesicht«, haben sie an Bord des Frachtschiffs *Monte Oliva* kennengelernt, im Sommer 1925 auf einer großen Seereise nach Südamerika. Victor, gepeinigt von entzündeten Augen, die ihm ein silbriger Nebel im Ärmelkanal verursachte, aber höflich von Bug bis Heck, mußte den Zuhörer abgeben: »Er quälte mich endlos mit literarischen Gesprächen.«

Zurück in Dresden, wird die Reisebekanntschaft zum Schlachtfest bei Fleischhauers eingeladen. Der Gastgeber nennt sich auf der Einladung »Fleisch- und Baconhauer«, eine Anspielung auf die damals beliebte Frage, ob der Handwerkersohn William Shakespeare aus Stratford on Avon all die Dramen allein verfaßt habe, die unter seinem Namen weitergereicht worden sind, oder ob nicht vielleicht der große Philosoph Francis Bacon daran mitgeschrieben habe. Bacon heißt auf englisch Speck.

Der »Fleisch- und Baconhauer« vereint auf dieser Fete seinen Shakespeare-Tick mit seiner Vorliebe für rustikale sächsische Gemütlichkeit. Die Gäste kommen bäuerlich kostümiert und führen Schweine aus Pappmaché mit. »Man saß, etliche 60 Mann hoch, an einem halb Dutzend Tischen in mehreren Zimmern. Es gab in Unmengen nichts als Schweinewürste, Eisbeine, Wellfleisch, alles vom gleichen Teller, und dazu Bier und Kümmel. Man ruinierte sich den Magen.«

Der Literaturprofessor, obwohl nicht vom Spezialgebiet Anglistik, hat für den Hausherrn, der mit Schlachterschürze und der falschen Nase das Vergnügen dirigiert, einen Vierzeiler über ein gelehrtes Schwein gereimt:

> Ich bin kein Alltagsschwein für übliche Gelage,
> Ich bin Symbol und zeuge ganz pro arte,
> Schwein gegen Schwan, und Schwein als Schinkenschwarte
> Schwein oder Nichtschwein, das ist hier die Frage.

Das ist ganz nach dem Geschmack der Gesellschaft. Zum vollen Bauch die intellektuelle Würze. Die Gäste schlagen sich vor Vergnügen auf die Schenkel, einerlei, ob sie den Hamlet herausgehört haben oder nicht. In Klemperers Festprotokoll steht dann noch der Satz: »Es wurde getanzt, man war in stickiger Luft vergnügt, wir suchten zu entkommen, was uns schließlich gelang.«

Aber es kann auch feiner zugehen. Anderentags bei dem jüdischen Anwalt Friedrich Salzburg »ausgesuchte Eleganz, Gänseleberpastete und viel Delikatessen, aufs reichste serviert und Wein und Kaffee«. Keine »primitive und laute Lustigkeit«, sondern »Literatur und Esprit«. Doch auch in dieser Nobelgesellschaft sieht Klemperer nach der Kehrseite. Anwesend ist dort »die ganze Sippschaft Arnhold-Maron, Vater, Tochter, Schwiegersohn, Neffe etc.«. Die Arnholds sind die reichste jüdische Bankiersfamilie in Dresden. »Furchtbar«, urteilt Klemperer über sie. »Am kultiviertesten noch der Alte. Aber die nächste Generation! Brillanten, Beladenheit, Dummheit, Aufgeblasenheit, dabei Kunstgespräche.« Für ihn sind das Urbilder jenes Typs von Geldjuden, mit welchen die Nazibewegung Haßpropaganda zu machen beginnt. Aus seiner

Feder kommt der böse Satz: »Ich könnte glatt Hitler wählen.«

Solch ungewohnter Hohn offenbart gesellschaftliche Irritation. Der Rabbinersohn aus Landsberg findet nicht zu dem Lebensstil seiner Brüder Georg, Berthold und Felix. Die Einkünfte und die familiären Zuwendungen reichen nur für einen relativ bescheidenen bürgerlichen Standard jener Zeit: zu Dienstmädchen, Theaterbesuchen, Ausflügen, Ostseeurlauben und gelegentlich einer ausgedehnten Auslandsreise. Wohl haben sie die Neigung, über ihre Verhältnisse zu leben, woraus sich die fast nie versiegenden Klagen über Geldknappheit erklären. Aber Victor ist vorsichtig genug, nicht auf Pump auszugehen, und es fehlt ihm ganz und gar an spekulativem Talent.

Die spitzen Bemerkungen im Tagebuch bezeugen seinen Abstand zur Oberklasse. Einmal, als die Familie Arnhold ein Kostümfest veranstaltet, merkt er geradezu klassenkämpferisch an: Die Arnholds erhöhten die Arbeitsstunden im Sachsenwerk auf 10 Stunden und drückten die Löhne. Im Bekanntenkreis hört er noch Tage später von dem Fest schwelgen und erträgt es kaum: »Es ging mir das sehr gegen die Seele. [...] Befangenheit des Neides ist bei meinem Gefühl sicher mit im Spiel. Proletariergefühl.«

Man hätte eigentlich einen spiritualen Mittelpunkt Dresdens bilden müssen, seufzt Eva einmal, und Victor beklagt: »Wir stehn aber ganz abseits und einsam.« Aber das ist maßlose Übertreibung. Hunderte Male in seinem Diarium beklagt Klemperer das Gegenteil: »Immer diese qualvolle Überfülle von Besuch. Grete die Schwester – seit Tagen bei uns. Lerchs, mit dem illegitimen ›s‹ [die Pluralform schließt die neue Partnerin des ungeliebten Romanistenkollegen aus München ein] andauernd hier; die legitime Frau Lerch schrieb einen Brief an mich, er ist ekelhaft, morgen sollen Scherners kommen, wahrscheinlich Schignitz im Gefolge. Walther wimmelt herum, die Wieghardtschwestern. Einen Abend, durch Lerch herbeigezogen, war Frau von Oppeln-Bronikowski hier. Kein übermäßig guter Eindruck.« Und die Folge: »Eva zermürbt, ich auch. Gestern mußten wir wieder mal bei anderen Leuten sein (Wieghardt), es bekam Eva wieder sehr schlecht.«

So ist das Alleinsein eher eine Erholung. Kartenspiele mit Eva – in der Frühzeit Sechsundsechzig, in Dresden dann auch Rommé – beherrschen neben Vorlesen die gemeinsamen Abende. Jede Novität auf dem Markt für die häuslichen Vergnügungen registriert er. Im März 1925, mit Gästen im Haus, löst Eva ein riesiges Kreuzworträtsel mit Jargonwörtern. Victor vermerkt im Tagebuch: »Achtung! Hier taucht das Kreuzworträtsel zuerst auf. Seit 14 Tagen ist es zu uns gedrungen, seit 6 Monaten vielleicht von Amerika nach Deutschland.«

Der Intellektuelle in ihm gibt durchaus zu: »Bisweilen schüttelt es mich ein bißchen, daß ich so sinnlos Zeit und Leben vergeude; aber wie viele Menschen sind glücklich beim Verspielen ihres ganzen Lebens (Tarock, Skat usw. usw.), und im Grunde ist es das Vernünftigste, alles andere hat doch keinen Zweck.« Einmal, als er bei Salzburgs mal wieder eine halbe Stunde am Billardtisch verbringt, nach zwanzig Jahren Pause, entfährt ihm der Stoßseufzer: »Wenn ich nur je das Gefühl des Alterns loswürde.« Womit er eher eine wiederentdeckte Wonne beschreibt als Schwermut pflegt.

Das Tagebuch ist nun Klemperers seelische Hängematte. Da läßt er sich hineinfallen, wenn er überreizt ist, deprimiert, erhitzt, enttäuscht, erkaltet. Mit wenigen Worten skizziert er Gesichter und Charaktere. Die Metaphern sind mitunter so trivial wie der Alltag. »Arbeit ist jedem etwas anderes. Dem einen Brot; er ißt es widerwillig und sehnt sich nach dem Braten. Dem anderen die Semmel zum Braten, das Nebenbei zum Schmackhaftermachen.

Dem dritten Wein, ein glücklicher Rausch. Dem vierten Fusel, um sich sinnlos zu besaufen. Mir ist sie Fusel.« Als er das im November 1927 von sich sagt, hat er gerade die Enttäuschung Köln hinter sich.

Die Schwankungen in seinem Gefühlshaushalt machen das Tagebuch zu einem Stimmungsbarometer. Seine abrupt auftauchenden Angstgefühle sind wahrscheinlich der beginnenden Angina pectoris zuzuschreiben, die ihn später heftig plagt, aber doch eigentlich nie umwirft. Die Leistungen, die er sich in seinen guten Dresdner Jahren abfordert, sind enorm und rechtfertigen seine frühen Klagen über körperlichen Abbau nicht. Über seinen Arbeitsrhythmus notiert er, als er achtundvierzig Jahre alt ist und eben mal vergeblich versucht, sich das Rauchen abzugewöhnen:

»Früh zwischen 7 und 1/2 9 bin ich jetzt 25 Jahre. Alles scheint mir leicht, die Arbeit gliedert sich, schreitet vor, die moderne Lyrik macht keine Schwierigkeiten und unser Haus kommt sicher zustande. Dann zwischen 11 und 1 Todesmüdigkeit, Fasten der Zigarre, völlige Schlaffheit, 75 Jahre, wirkliche Todessehnsucht, Verzweiflung, Erbitterung über alles, das Haus, die Literaturgeschichte, Dresden [...]. Dies ist der schlimmste Augenblick des Tages. Dann geht es bergauf und nach dem Kaffee (Marke Jaires Töchterlein: ›Steh auf und wandle!‹) werde ich wieder arbeitsfähig. Die Kurve wiederholt sich jetzt Tag für Tag. Abends dann meist im Kino.«

Im Oktober 1926 erwirbt Victor zum Schnäppchenpreis von 140 Mark ein Grammophon – eine familiäre Sensation. Sofort eilt er mit Eva in die Prager Straße, damals die belebteste Dresdner Einkaufsmeile, und besorgt Schellackplatten: »Hauptsächlich Americana, Negroides.« Am nächsten Tag kauft Eva Folklore nach: »Russisches. ›Stimmen der Völker‹.« Er selbst stockt den Schatz am dritten Tag mit Märschen auf, darunter »Fridericus Rex«.

Fortan geht es bei Klemperers zu wie im Karneval: »Jeden Abend Gäste und Tanz, wahrhaftig: *wir* tanzen, Eva tanzt sogar gut. Es ist mir ein bißchen peinlich, daß man sich so sexuell nahe berührt, die Dazwischenstellung der Beine ist sozusagen getanzter Koitus.«

Sie können sich des Ansturms ihrer Freunde kaum erwehren. »Den ersten Abend Kaufmanns hier, den zweiten Hirches und Frau Wieghardt und Schwester Maria Strindberg bis nach zwei Uhr nachts. Den dritten (heute) Annemarie und Blumenfeld und Fräulein Wiechmann. Und immer Walter.«

Walter Jelski, der Neffe mit dem Drang zum Schauspielerberuf, der Victor auf die Nerven geht, aber Evas Entzücken findet, sucht in Dresden Anschluß an das Theater. Als bei Onkel Victor das Grammophon plärrt, bringt er zwei Ballerinen aus der Tanzschule Mary Wigmans mit. Die »Wigweiber, arg verhungerte feine Geschöpfe«, treiben die Stimmung weiter an. Eine von ihnen tanzt »einen Phantasietanz und dann mit oder um Walter eine Niggerei zu ›Valencia‹«. Das lockt sie alle in die Runde. Bei Eva beobachtet er »Meisterschaft und Leidenschaft. [...] Blumenfeld tanzte, ich tanzte mit Frau Blumenfeld, mit Frau Wieghardt, mit der Bibliothekarin Fräulein Rothe, die Frau W. mitbrachte, mit Annemarie Köhler – dies alles verteilt sich auf alle Abende.« So geht das seit einer Woche. Nie kommen sie vor zwei Uhr zu Bett. Und die Folgen: »Völlige Zerbrochenheit am Tage. Große Steigerung der Tageskosten an Licht und Kuchen.«

Noch heftiger ist sein Drang ins Kino, wo der Stummfilm zu einem modernen Massenvergnügungsmittel herangereift ist. Die bewegten Bilder faszinieren Klemperer. Kaum einen Stummfilm jener Jahre in Dresden hat er ausgelassen. Mitunter schleppt er Eva zu zwei Vorstellungen am Tag. »Ich gehöre für den Rest meines Lebens an den Schreibtisch und Abends ins Kino«, schwelgt er im April 1925.

Das Tagebuch bietet ein Kompendium an Kritiken, die einen Filmhistoriker entzücken können. Der berühmte Emil Jannings beeindruckt ihn, in einem Danton-Film: ein Kraftmensch, der die Politik satt hat und nur auf Weiber aus ist und den Robespierre erledigt. Es fehle zwar der tiefere Sinn, aber man erlebe großartige Masken und Bilder. Die große Stummfilmdiva Asta Nielsen erlebt er als »magere, hastige, leidenschaftliche Journalistin und Altruistin fanatischer Art« in einem Streifen, der sich der Mordgeschichte aus dem Dostojewski-Roman »Raskolnikow« bedient. Charlie Chaplin vergleicht er in den Rollen als Alkoholiker im Amerika der Prohibition und als ausgebrochenen Sträfling. An ihm rühmt er den unambitionierten amerikanischen Clownshumor: »Hier kann man nicht nach dem Sinn fragen, weil er ausgeschaltet, weil alles nur toller Bewegungsscherz ist.«

Seltener als in Leipzig besucht Klemperer in der sächsischen Hauptstadt das Theater; es bereitet ihm mehr Enttäuschungen als Freude. George Bernard Shaws Stück *Major Barbara* findet er »lieblos heruntergesprochen, einiges mit falschem Pathos deklamiert, eine vollkommen farblose und langweilige Angelegenheit. Ich habe im Kino mehr Genuß.«

Die Kinohäuser erscheinen ihm oft düster, aber nie unerträglich. Dagegen teilt er im Theater ungern allzu plebejische Gesellschaft im Parkett. Als ein Fräulein Carlo, »Soubrette reifster Jahre«, ihn in der Zeit der großen Massenarbeitslosigkeit von 1928 in den Kristall-Palast mitnimmt zu einer Theateraufführung für Erwerbslose, vermerkt er: »üble Gegend am Wettiner Bahnhof« und dann ein »Riesensaal, wohl 2000 armselige Leute drängten sich. [...] Gespielt wurde von stellungslosen Schauspielern schmierenhaft, gesungen tonlos, die Musik bestand aus einem Klavier. Wir hielten in Hitze und Gestank zwei Akte von dreien aus.«

Den Dresdner Theaterkult derer, die sich zur gebildeten

Gesellschaft zählen, macht er nicht mit. Klassikeraufführungen handelt er meist routinemäßig ab, moderne Stücke scheinen ihn eher journalistisch zu interessieren. Gerhart Hauptmann, erfolgreichster deutscher Dramatiker seit der Zeit um die Jahrhundertwende, reizt ihn zwar zu literaturhistorischen Vergleichen mit Anatole France oder gar mit Dante. Persönlich aber ist er voreingenommen gegen das »Trüffelgesicht«. Er hat den Schlesier zweimal selbst gesehen. Zuerst in seiner Berliner Zeit bei einer Aufführung von »Rose Bernd« im Deutschen Theater. »Da war er wie ein schmaler Strick von einem Schulmeister.« Und dann im Oktober 1924 auf einem Empfang des Reichspräsidenten Friedrich Ebert. Da erscheinen ihm Haltung und Gesichtsausdruck als die eines »eitlen Komödianten, feiste Hängebacken, mehr verlebt als vergeistigt – er muß viel getrunken und gegessen haben in den Jahren des Erfolgs«.

Für Evas Musikleidenschaft nimmt Victor weiterhin manche Strapaze in Kauf. Orgelkonzerte erledigt er eher als Pflichtbesuche. Die Semper-Oper bedeutet ihm kaum Genuß. »Es war sehr heiß, ich stand hinter dem Parkett und war sehr müde«, notiert er nach einer Aufführung des *Doktor Faust* von Ferruccio Busoni. Zuvor hatte er sich im Kino geärgert – »Großer Sommermist. Ein unzusammenhängendes Rührstück: *Vater Voß*« – und dann bei der Restaurantkette Mampe eilig ein Essen geschlungen. Nun hört er »sehr schwere Musik. Eigentlich rein symphonisch, auch wo gesungen wird. Nichts darf Arie werden, kein Thema darf ein Lied werden – wie eine moderne Frau, die keinen Busen hat.« Aber er ist nicht unempfänglich für Musik, wie er angesichts von Evas Talent manchmal glaubt, sondern am Schluß, als er sich erholt hat, meldet sich sogar der Wunsch, »das Ganze noch einmal zu hören«.

Immer aufs neue beschäftigt ihn die leichte Muse. Das Marionettentheater, das auf Dresdens großem Rummelplatz am Elbufer, der Vogelwiese, ein Bretterquartier aufgeschlagen hat, übt erstaunliche Anziehungskraft auf ihn aus. Er versäumt weder den Tourneeauftritt des Kabarettisten Otto Reutter in Dresden noch das Gastspiel von Fritzi Massary, dem großen Revue- und Operettenstar vor und nach dem Ersten Weltkrieg. Die Österreicherin läßt ihn als Madame Pompadour glatt den »unverhältnismäßig teuren« Eintrittspreis von 20 Mark im Dresdner Centraltheater vergessen, denn sie kann »wirklich spielen« und »im laszivsten Couplet wahrt sie eine anständig ruhige Grazie, ein komisches Darübergleiten«. Solche Abende veranlassen ihn auch zu theaterästhetischem Nachdenken, zum Beispiel über die Frage: »Welche Anforderung stellt die Operette an die Illusion, oder will sie durch Illusionszerstörung komisch wirken?«

Und immer wieder »Kino, Kino, Kino« – bis die erste technische Revolution über das Gewerbe hereinbricht: der Tonfilm. Das ist 1929. Schon 1926 hatte der Cineast Klemperer den Eindruck, daß die Technik immer besser, die Inhalte immer schlechter würden. Im August 1930 notiert er, daß Eva und er nun alle Tonfilme mit Erbitterung meiden: »Was ich die Vertonfilmung und Verseuchung dadurch hasse, ist nicht zu sagen.«

Kompensation für seine »Kinomanie« und den Verlust der geliebten Kino-Orchester sucht er mit Eva einstweilen in der Regina-Diele, dem Dresdner Moulin Rouge mit den spanischen Tänzerinnen, den Jazzerinnen und den vielen Gelegenheiten, sich über den Niedergang öffentlicher Moral Gedanken zu machen.

Die Kino-Entzugserscheinungen plagen ihn ohnehin nicht lange. Der Tonfilm entfaltet neue Reize. Richard Tauber, der große Tenor, auf der Leinwand und die Verfilmung von Erich Maria Remarques Weltkriegsroman *Im Westen nichts Neues* und Marlene Dietrich in *Der Blaue Engel* – das drückt den Kinomanen bald zurück in die Klappsitze.

Die Gefährtin

»Im Punkte Liebe
ein völlig monogamer Mensch«

Und Eva?

»Wir lagerten uns dicht über dem nahen Grunewaldsee auf dem ausgebreiteten Mantel. Wir sahen das Wasser, das Schilf, die Kiefern im vollen Mondschein, alles um uns war völlig still und reglos, und als in der Ferne ein paar Betrunkene grölten, wurde die Stille greifbar wie ein dunkelsilbernes Tuch. Nachher kam das Morgenrot, und mit dem Morgenrot kamen fünf Rehe; und dann war die weiße Sonne da. […] Und dann fuhren wir wieder mit der Trambahn zurück, und um sieben saß ich zu Haus beim Kaffee und um acht im Kolleg, und um neun gabst du deine erste Klavierstunde.«

So geschehen am 29. Juni 1904, dem Tag, den Klemperer später seinen »legitimen Hochzeitstag« nennt. Zweimal setzt er im *Curriculum* an, um sich über seine lebensentscheidende Begegnung als Zweiundzwanzigjähriger mitzuteilen. Und dann erzählt er es doch nur verschämt und in der verklärenden Distanz des fünfunddreißig Jahre zurückreichenden Rückblicks.

Etwas mehr Auskunft über das Erotische dieser Nacht gibt die Tagebuchnotiz vom 28. Juni 1929 – immerhin auch schon 25 Jahre danach aus der Erinnerung aufgeschrieben –, und da liest sich das Abenteuer so:

»Als wir in der Kurfürstenstraße beschlossen, die Nacht allein zu verbringen – und am 29. Juni 1904 war ein Entschluß und ein Wagnis, was heute ein Kinderspiel und konsequenzlos wäre! – da war wohl nur Neugier und Sinnlichkeit bei mir vorhanden. Aber im Augenblick der ersten Vereinigung – ich sehe noch jede Einzelheit, fühle noch alles –, da war anderes da, wirkliche Liebe, absolut anderes, als ich vorher an Sexuellem kennengelernt hatte. Und ich war von da an mit Eva ganz verbunden.«

Es spricht für die Mischung von Zartgefühl und Schüchternheit, wenn sich dieser wortgewandte Porträtierer bei seinen erotischen Tagebucheintragungen nicht auszudrücken vermag über die körperlichen Reize seiner Frau. Was er 1904 als entflammter Liebhaber zu Papier brachte, nennt er im Rückblick »beschämenden Cliché-Stil selbst dort, wo ich mein Wahrstes ausdrücken möchte«. Und er vernichtet es. In seinen Erinnerungen fragt er sich: »War es ein physischer Reiz? War es das Handgelenk, die Schläfe, die Sattelung von Stirn und Nase?« Um aber gleich eilig, geradezu fluchtartig, hinüberzuwechseln in eine eher uncharmante Altersbetrachtung:

»Ev, wir sind nun geschlagene fünfunddreißig Jahre zusammen und in dieser unausdenkbar langen Zeit hast du dich mehrfach verändert: von mager zu rund und von rund wieder zu mager; deine Augengläser sind dicker geworden; dafür verblichen, als die Brille an die Stelle des Kneifers trat, die blutroten Striemen an der gepeinigten Nase. (Ich war am 29. Juni gar nicht verblendet: ich konstatierte diese Striemen.) Von deinem braunen Haar ist nur noch ein drolliger Untergrund vorhanden, darüber liegt eine graue Schabracke, man könnte meinen: eine zu kurz geratene Perücke. Manchmal – ich mache dir keine Komplimente –, manchmal, und in letzter Zeit sehr oft, ist dein Gesicht faltig und alt, auch fehlt seit Jahren ein Vorderzahn und läßt sich nicht ersetzen.«

Mit beinahe frommem Charme beteuert Klemperer in seinem *Curriculum*, daß er »im Punkte Liebe ein völlig langweiliger« und »einförmig monogamer Mensch« sei. Versuchungen waren wohl eher die Ausnahme. In einem frühen Brief an seine Frau, kaum daß er das erste Mal von ihr getrennt war und ein paar Monate in Genf studierte, gesteht er eine Beinahe-Entgleisung. Die andere, Eva Doehring, eine Königsbergerin wie Eva, hat er bei einer Bootsfahrt mit Kommilitonen auf dem Genfer See kennengelernt. Sie kommt bald ebenfalls nach Berlin und bleibt ihrer beider Freundin bis zu ihrem frühen Tod sechzehn Jahre später.

Andere Frauen in seiner Nähe versetzen ihm offenbar höchst selten einen erotischen Kick. Die Medizinerin Annemarie Köhler, die er in seinem Leipziger Freundeskreis als »frische massive Abiturientin« kennengelernt hat – später, als Ärztin in Pirna, wird sie seine Manuskripte todesmutig vor dem Zugriff der Nazis in ihrem Haus verstecken –, ist in den zwanziger Jahren oft in Dresden zu Gast. Er beschreibt sie auf französisch als »laideron«, als häßliches Frauenzimmer, »mit grotesk geschwungener Nase, graublauen Augen, breitem Mund, fabelhaft unanständigen Witzen, [...] dabei geistig und sittlich sehr hochstehend«. Einmal nach einem Konzert sitzt Annemarie reichlich dekolletiert bei ihm auf dem Sofa. Nur Freund Thieme, der Untermieter und gute Hausgeist, ist noch anwesend, Eva erholt sich gerade in Kipsdorf, und Victor pikiert sich über sich selbst: »Es war mir peinlich, daß ihre nackten Arme mir unheimlich waren. Was heißt Treue?« Thieme bringt das Frauenzimmer schnell zur Bahn und der leicht irritierte Hausherr erledigt nachts noch eine Stunde lang Korrespondenzen.

Ein anderes Mal, es ist ein tropisch schwüler Maiabend und Eva ist wieder in Kipsdorf, geht es auch glimpflich ab. Mit Frau Wieghardt geht er, der sich nicht allein vergnügen kann, ins Prinzeß-Kino. Der Film, den sie sich gemeinsam ansehen, ist »ein blöder Kitsch, aber ganz amüsant, mit zwei Vergewaltigungsversuchen. Diese und die Schwüle machten wohl Eindruck auf Frau W. Wir gingen zu Fuß zurück und es kamen allerhand erotische Anknüpfungen zutage.«

Auguste Wieghardt ist eine exaltierte und heftig politisierende Wienerin, die sich später als Schriftstellerin Auguste Wieghardt-Lazar einen Namen machen und Klemperer ihre Freundschaft trotz heftiger politischer Differenzen bis zu seinem Tod bewahren wird. Nach dem Kinoabend muß der Diskussionspartner etwas kühl dreingeschaut haben, denn sie rückt ihm näher auf den Leib: »Sie wisse einen Arzt, der wohne nicht hier, dem könne sie sich an den Hals werfen. Aber ihr traue niemand so etwas zu.« Klemperer sagt: Doch, er traue ihr das zu. Der Rest der Geschichte in seinen Worten: »Aber ich war sehr abgespannt und kam mit reinstem Gewissen zurück. Ich trank eine ganze, buchstäblich eine ganze Kanne Kaffee. Ich ging um $1/2 2$ schlafen, hörte es noch 2 schlagen und war um 5 munter, vor 6 am Schreibtisch, gegen 9 mit dem altfranzösischen Kolleg fertig.«

Dennoch: Solche Annäherungsversuche von Frauen schmeicheln ihm. Daisy Klein, die Tochter einer in Dresden lebenden Amerikanerin, beschreibt er als ältliche Studentin, »krankhaft bescheiden, ganz reizlos«. Als sie an der Schwindsucht stirbt, erinnert er sich: »Schließlich habe ich mich doch ihr gegenüber interessant gemacht, mir ihre Anbetung gefallen lassen und eine Art perversen Genusses gehabt, wenn ich ihre Sinnlichkeit fühlte, während sie mir doch mit ihren feuchtkalten Händen abstoßend widerlich war. Aber andererseits bin ich ihr nie mit irgendwelcher Zärtlichkeit entgegengekommen.« Die Kranke war in den letzten Jahren tiefstem Katholizismus verfallen. Klemperer hält sich Gewissensbisse mit Spott vom Leibe: »Und wirklich: ein anderer Fetisch hätte es für sie auch sein können. Zuletzt war es der Herr Jesus.«

Aber Eva – das ist ein anderes Kaliber. Eine durchgeistigte erotische Beziehung, deren Gewicht er bisweilen nicht beherrscht. Hymnenhaft wird das in seinem *Curriculum* verschleiert: »Es war von diesem eigentlichen Anfang an Ernst, religiöser Ernst, in dem sich Körper und Seele nicht trennen ließen. Ich habe sofort schicksalhaft zu Eva gehört, körperlich, geistig, in allem.«

1926, unter dem Eindruck neuer juveniler Erlebnisse auf einer Reise durch Spanien, vertraut er seinem Tagebuch an, wie ihn das Körperliche nach 22 Ehejahren unverändert an diese Frau bindet: »Ich liebe Eva immer mehr. Nicht nur als meine Frau und einzige Freundin, sondern als meine Geliebte, die alles und buchstäblich alles Glück und alle Wonne für mich bedeutet. Immer erneut und immer mehr. Wenn sie nur meine Geliebte wäre, könnte ich es in hundert Einzelheiten schreiben. Da sie meine Frau ist und graue Haare bekommt, darf ich es nicht mehr ausführen.« Drei weitere Jahre später gestattet er sich zumindest soviel Selbstauskunft: »Erotisch hat sich kaum etwas geändert. Sogar sicher nichts. Die rein sexuelle Potenz ist nach 25 Jahren nicht mehr die gleiche. Aber das ändert am Kern der Sache nichts. Ja, es wirkt höchstens steigernd.«

Dies ist nicht das Klagelied eines alternden Mannes, das er sonst oft selbstmitleidig singt. Im Gegenteil: Als er in Dresden zum erstenmal entdeckt, »ein grauer Schimmer ist jetzt über Evas Haaren, auf der rechten Kopfhälfte«, fügt er hinzu: »Er macht sie nur noch feiner und reizvoller.« Die Behauptung ist glaubwürdig, daß er schon im Jahr 1904 »gleich bei den ersten Worten auf eine unerklärliche Weise die Ahnung, vielmehr die Gewißheit unserer Übereinstimmung und Ergänzung« spürte. Er konnte ihr bei Beethoven selig zuhören, »sogar Bach aufnehmen«, und ihre Landschaftsbilder sprachen zu ihm, und wenn er ihr Verse vorlas, dann kannte er, sagt er, keine größere Freude als ihre ruhige Kritik.

Ohne Zögern läßt sich Klemperer in die Arme dieser Frau fallen. Nicht nur, daß er sie braucht als den regulierenden guten Geist seines Alltags, als Projektionsfläche für seinen sprühenden Geist und als geduldige Partnerin all seiner Unterhaltungsbedürfnisse – er kommt bald gar nicht mehr aus ohne ihre physische Nähe. Seltene Abwesenheiten Evas, sei es zu Kuren oder anderen Erholungstouren, machen ihn sichtlich krank.

Treu folgt sie ihm überallhin: nach München, nach Neapel, wieder nach München, nach Kowno, nach Leipzig, nach Dresden. Nur an der Flandernfront hat er sie nicht bei sich. Dort produziert er eine unglaubliche Briefflut, die ihm das Gefühl ihrer Nähe wenigstens teilweise ersetzt.

Die uneingeschränkte Zuordnung Evas zu seiner Karriere steht für ihn niemals in Frage. Gleichgültig, ob Eva ihre Berliner Klavierschüler zurücklassen, ihrem Leipziger Orgelspiel entsagen oder in München auf ihr zweites Musikstudium verzichten muß: Wo es um seinen Karrieresprung geht, steht eine an ihr orientierte Lebensplanung nicht zur Debatte. Die Erziehung einer jungen Frau vom Jahrgang 1882 kannte noch kaum den Begriff Emanzipation. Ihn aber, der sich die Unterdrückung seiner Mutter durch seinen Vater nie zum Vorbild nehmen wollte, plagt gelegentlich schon das schlechte Gewissen. Er ringt es nieder in seinen Tagebüchern, indem er sich selbst immer wieder in eine Opferrolle hineinschreibt: als Mitleidender ihrer Krisen, als hilfreicher Partner während ihrer Krankheiten, als geduldiger Begleiter ihrer Träume, zum Beispiel von einem eigenen Haus.

Eva ist für ihn immer die ungemein Praktische, die Frau, die in ihrer Kindheit und Jugend in Ostpreußen neben dem Klavierspielen auch Pferdepflegen, Schweinemästen, Kartoffelsäcke schultern und mit Hammer, Axt und Spaten umzugehen gelernt hatte und die diesen »›landschen‹ Eigenschaften« soviel Lebenstüchtigkeit verdankt. Und Partnerin, die mit ihrer eigenen Psyche besser umgehen kann, die nicht verfolgt wird von intellektueller

Eitelkeit, die seelenruhig ihre Bilder, die vielleicht in eine Ausstellung gehörten, in ihrem Zimmer aufhängen kann, die klaglos ihre Kompositionen im Notenschrank verwahrt, ohne den leisesten Wunsch nach Anerkennung und Publizität, wie er rückblickend noch als fast Sechzigjähriger glaubt.

Eifersucht, nicht im Erotischen, sondern im Sinne einer totalen männlichen Besitzstandswahrung über die andere Person, ist der Preis dieses Abhängigkeitsverhältnisses. Mehr noch: Dieser egomanischen Spur folgend, redet er sich allmählich den Komplex ein, in dieser Beziehung der Unterlegene, der Nichtige, der mit seiner Begabung Gescheiterte zu sein. Als er im November 1920 nach dem Umzug aus München in Dresden seine Bibliothek auspackt und seine Bücher, seine Aufsätze, seine Verse besichtigt, da will es ihm scheinen, als sei sein ganzes produktives Leben schon von ihm abgefallen, und er wäre besser in Flandern gefallen. »Eva macht ihren Weg. Sicher auch ohne mich«, hadert er. »Sie ist durch ihre Kunst sicher im Kern über mich hinaus. Und ich bin für sie, was meine Manuskripte und Bücher von vor dem Krieg für mich sind.«

Ein Jahr später, Eva hat in monatelanger Arbeit eine Orgel-Phantasie komponiert und ihr den Titel *Toccata mit Fuge sopra l'Inferno* gegeben, bedrängt ihn der Gedanke: »Vielleicht wird das das einzige, was von uns beiden einmal übrig bleibt und von mir wird es nur heißen: sie war verheiratet mit einem Philologen, der von Musik nichts verstand.«

Eine weitere Erwähnung, etwa die von Bemühungen um öffentliche Aufführung, erfährt Evas Komposition in Victors Tagebüchern nicht. Die Lobsprüche beschäftigen sich in der Regel mit anderen Gegenständen.

Indessen ist er mit Takt und Sorge um ihre Gesundheit bemüht, wie er auch hypochondrisch stets die Schwankungen des eigenen Befindens registriert. Evas Nervenzusammenbruch und erneuter Kuraufenthalt in Driburg im September 1919, ihre Operation an Galle und Zwölffingerdarm 1924 in Berlin, ein böser Sturz im Sommer 1928 – er notiert den Fortgang der Heilung bisweilen wie in einem Krankenverlaufsbuch, vergißt auch nicht zu erwähnen, wie er ihr nach Weisungen des Arztes mit Massagen hilft und sie mit Rommé-Spielen beschäftigt. »Daß auch meine Arbeitszeit stark beansprucht ist und daß ich mitgefangen bin, versteht sich.«

Eva, die schon München nicht geliebt hat, zerrt anfangs offenbar heftiger an den Dresdner Ketten als er. Sie ist es, die 1925 ein günstiges Angebot für eine große zweimonatige Seereise bis nach Argentinien ausmacht. Ein Jahr zuvor waren sie auf Bornholm, ein Jahr später sind sie in Spanien, was freilich eher zu einer Bildungs- und Sprachreise gerät. 1929 leisten sie sich eine fast dreimonatige Mittelmeerreise ab Bremen. 1931 sehen sie Italien wieder.

Dazwischen liegen ausgedehnte Ostseeurlaube in Rauschen an der ostpreußischen Küste und in Heringsdorf auf der Insel Usedom. Lesen, Klatschen, Schlemmen, Tanzen – das sind ihre Vergnügungen, dazu die unvergleichlichen Wonnen des freien Badens an windigen Tagen. »Die Wellen schlugen, prügelten, warfen, schoben mich. Dabei lauwarm. Ich konnte mich nicht trennen. Eva lag an der Küste, war im Nu gänzlich demontiert, Haare, Gesicht, feiner Anzug, sah fabelhaft komisch aus, mit einem Riß in der roten Hose, war unsäglich vergnügt«, schwärmt er im Sommer 1923. Ein paar Jahre später nehmen sie auch ihr Dienstmädchen Agnes mit, eine Sorbin aus der Oberlausitz, die ihnen in ihrer Volkstracht am Strand aufwartet und für wohlgefälliges Aufsehen sorgt.

Auf den großen Reisen ergeht sich Victor in ausschweifenden Kultur- und Naturbetrachtungen, in Faszination des beginnenden Flugverkehrs, den sie auf den

Strecken von Dresden nach Leipzig und nach Stettin erleben, in geschichtlichen Reminiszenzen, Beschreibungen des sozialen Lebens und in eifriger Kontaktpflege im Ausland. Das »völlige Umwerfen aller Gewohnheiten« empfindet er als »das Erholsamste am Reisen«, wenngleich auch dies immer wieder umbricht in seltsam frühe Todesahnungen. Nie ist er ohne wissenschaftlich verwertbare Lektüre unterwegs, und wenn ihm solche Beschäftigung verwehrt ist, wie auf der Reise im Jahr 1925 nach Paris, dann räsoniert er: »Es ist eine harte Aufgabe, sich 14 Tage nur zu amüsieren, auch wenn das Amüsement Pflicht und Notwendigkeit bedeutet.«

An seiner Frau beobachtet er auf diesen Reisen hin und wieder wohltuende Wirkungen. »Eva im Zustand gänzlicher Beglücktheit«, notiert er am 25. März 1929 zwischen Palermo und Gibraltar. »Eva ist offenbar 1000 mal gesünder und frischer heimgekehrt, als sie auszog«, so scheint es ihm, als sie zurück sind von der großen Seereise aus der Ägäis, erfüllt von den Begegnungen mit den Stätten der griechischen Antike. Freilich ein banger Unterton: »Sie hat sich (wie anders als sonst!) auf die Heimkehr gefreut, und die Freude scheint vorzuhalten.«

Aber der allgemeine Zustand Evas bessert sich nicht. »Sie läßt sich fallen. Es fehlt ihr jede Lebenslust«, so scheint es ihm im September 1927. »Man kann sie durch nichts dauernd aufheitern, und zu ihrer Verdüsterung tritt die äußerste Mattigkeit. Der Mund erschlafft, sie bringt Worte nur mühselig hervor, sie hat den Ausdruck, das Aussehen völliger Gebrochenheit und Krankheit, sie ist plötzlich ein ganz alter schwer leidender Mensch. Das geht nach ein paar Minuten vorüber und kommt nach ein paar Minuten wieder und füllt den Tag.«

Den Verlauf seiner Ehe teilt er in solch »verzweifelten Momenten« in drei Etappen ein, wie üblich ichbezogen: »Zuerst, bis zum Kriege, war Eva mein, mir allein zugehörig, an meiner Arbeit teilnehmend. Dann habe ich sie mit der Musik teilen müssen. […] Und dann – das geht seit 3, 4 Jahren – ist sie um ihre Musik gekommen. Ich bin aber nicht in den Besitz der leergewordenen Hälfte getreten. Vielmehr: Eva fühlt sich nun ganz leer und ich stehe vor ihrem Unglück wie vor einer verschlossenen Tür, und ich bin nun ganz allein. […] Die Not um Eva ist das, was mich am meisten mitnimmt.«

Mit seinen Sorgen um einen Universitätslehrstuhl drückt er auch auf ihre Stimmung. Bis er eines Tages erkennt: »Ich leide nur an mangelnder Anerkennung meiner Produktion, sie leidet am Nichtproduzieren. Sicherlich hat sie recht, das ist noch schlimmer.«

Vorübergehend betäubt sie ein wenig der Umzug in die neue größere Wohnung in der Dresdner Hohen Straße, im noblen Schweizer Viertel. Victor mag diese Gegend nicht: »Es ist tot. Es hat die plumpe Bourgeoisie-Eleganz der neunziger Jahre. Teuer, anmaßlich, und die modernen Einrichtungen der Neubauten drüben am Walderseeplatz fehlen. […] Ich komme mir vor wie ein Schmierenschauspieler, der den großen reichen Herrn mimt – ich haben einen solchen Haß gegen diese geschwollene Hochherrschaftlichkeit.«

Aber Eva hat diesen Umzug mit Energie betrieben. Er beobachtet gleichsam abwesend, wie »sie leidenschaftlich in der Umzugsarbeit steht, liegt, kniet, kriecht«. Während sie förmlich aufblüht, glaubt er, das werde seine letzte Station sein vor Tolkewitz, dem Dresdner Krematorium.

Eva indessen beginnt sogar von einem eigenen Haus zu träumen, schleppt ihn auf Bauausstellungen, leitet Gespräche mit Architekten ein. »Vollkommen erschüttert von der Genialität Evas« besieht er sich die ersten Planskizzen, doch er glaubt nicht an ein Gelingen: »Ich selber für meinen Teil baue jetzt schon, wo ich noch nicht baue, zu viel Bitterkeit in dieses Haus, als daß ich es lieben könnte.« Die Finanzierung ist nämlich weder über Berthold noch über den Bankier Arnhold zu lösen.

Seine eigene Zwiespältigkeit projiziert der Selbstmitleidige gern auf seine Partnerin. »Es gibt Tage, wo ich mit ihrem *Selbstmord* rechne, wo ich mir sage, daß sie ihn nur um meinetwillen vermeidet«, schreibt er an ihrem 49. Geburtstag. Sie haben sich ein Harmonium zugelegt und einen Kater, den sie Mucius nennen. Das Tagebuch klagt: »Das Harmonium steht absolut unbenutzt da; nur Mucius freut sich des Pedals, und Eva freut sich über Mucius. Das Klavier ist stumm, das Grammophon. Sie liest nichts, sie hat kein Interesse an meinen Arbeiten, gar keines, wahrscheinlich Abneigung, vielleicht ungewollten Neid. Und dann wieder Tage, wo ich glaube, daß sie 100 Jahre alt wird. Dann wird irgend etwas Neues am Hausplan gezeichnet und bis ins einzelne verfolgt. Die Geldschwierigkeiten scheinen nur dazu da, mit besonderer Vergnüglichkeit besiegt zu werden, sie ist ganz erfüllt von einer Garage, einem Zaun, einer Baumpflanzung.«

Ende 1932 sind die Klemperers dem Kauf eines gut tausend Quadratmeter großen Grundstücks auf dem Kirschberg im Süden Dresdens sehr nahe. Es fehlt nur noch eine Pfandentlastung. Victors depressives Grundgefühl aber hält an. »Ich mag nicht auseinandersetzen, wie grenzenlos traurig unser Leben im vergangenen Jahr war«, schreibt er am Silvesterabend in sein Tagebuch, bevor das Jahr 1933 beginnt. Und an anderer Stelle: »Ich bin allein mit mir. Sie ja auch mit sich, keine Liebe hilft – man ist mit dem Leben fertig.«

Keine gute Disposition für die kommenden schweren Zeiten.

Zerfall einer Familie
»Den Roman Klemperer schreiben! Comédie humaine«

Neunundfünfzigjährig stirbt am 15. Mai 1931 in Berlin Berthold Klemperer. Mit ihm geht der erste aus einer Familien-Generation, die angetreten war, sich ihres vermeintlichen jüdischen Makels zu entledigen und das große bürgerlich deutsche Gesellschaftsspiel gleichberechtigt mitzumachen. »Den Roman Klemperer schreiben! Comédie humaine«, seufzt Victor am Grab des Bruders, mit dem ihn eine Haßliebe verband. Er maßt sich nicht das Talent Balzacs an, auf dessen großes Romanwerk dieses Zitat anspielt, aber es scheint ihm, daß er einen Jahrhundertstoff hätte.

»Merkwürdig gealtert und gereift, bartloses langes amerikanisches Gesicht, Kneifer, Glatze, rotes Haar« – so hat Victor den erfolgreichen Anwalt in Erinnerung von ihrer letzten Begegnung, die vier Jahre zurückliegt. Berthold, der den Aufstieg aus der kleinbürgerlichen Landsberger Enge in den Glanz des Berliner Großbürgertums nach dem Vorbild des Frühstarters Georg unter Einsatz aller seiner Energien ebenfalls geschafft hat, gilt bei seinem Tod als der Wohlhabendste in der Familie. Victor hat auf seiner Seite der Waagschale nur ein paar Zeilen im Brockhaus aufzubieten.

Der Bruder Victors wird nicht, wie der Vater und die Mutter, auf dem größten jüdischen Friedhof Europas in Berlin-Weißensee beigesetzt, wo die meisten jüdischen Toten in der Kaiserzeit und in den Jahren der Weimarer Republik ihre letzte Ruhestätte gefunden haben. Die Bindungen an das Jüdische – das ist für die Aufsteigersöhne vorbei. Sein Grab erhält er auf einem kleinen Friedhof im Nobel-Vorort Dahlem. Dort ist die Familiengrabstätte seiner Frau, der Tochter des preußischen Generals Schott.

Gegen die äußere Welt und zur Hebung ihres sozialen Standards haben die Klemperer-Söhne immer zusammengehalten. Aber am Inneren, an der Substanz der Familie zehrt schon lange der Virus des Zerfalls. Victor empfindet Widerwillen vor den bevorstehenden Familienszenen: »Ich weiß von allen, weswegen sie so erschüttert sind. Ich weiß es auch von mir.« Ein Prozent der Gedanken für den Toten, so gesteht er sich, und neunundneunzig Prozent für das Ich: »Immer verfolgt mich das Gefühl, daß sich hier alles selbst beweinte und mehrfach Komödie spielte.«

Von den vier Brüdern war Berthold der nächstjüngste, immerhin aber zehn Jahre vor Victor geboren. Berthold, der Versorger, der Peiniger, der Wohltäter, der Rechthaber, der lebenslänglich Familienbeauftragte für den »armen, etwas verrückten Bruder«. Victor, der Leidende und Nehmende, der Schwankende zwischen Erbitterung und Dankbarkeitsgefühlen. Ein gewisser Rechtfertigungsdruck verfolgte den jüngsten Bruder bis ins hohe Mannesalter.

Hätte Victor Klemperer den literarischen Versuch ernsthaft gewagt, hätte wohl das Verhältnis zwischen ihm und Berthold den treibenden Konflikt abgegeben. Ohne Zweifel war Berthold derjenige, der die größte Liebe für den jüngsten Bruder aufbrachte. Er trug die brüderliche Hauptlast, als es galt, Victor durchs Gymnasium und später durchs Studium zu bringen. Womit er ganz offensichtlich nicht das gleiche Maß an Gegenliebe gewinnen konnte: »Ihm fehlte jedes pädagogische Talent. Er wurde ungeduldig, kam gleich ins Schreien und regte sich so sehr auf, daß ich frühzeitig mehr Mitleid mit ihm als mit mir selber empfand«, erinnert sich Victor in seinem *Curriculum*.

Berthold war es, der den Gymnasiastenbruder die erbarmungswürdige Körperhaltung am orthopädischen Galgen austreiben wollte. Das medizinische Gerät wurde zum Sinnbild für Victors Abhängigkeitsverhältnis. Die finanzielle Unterstützung der Familie – von den Schecks, die sein Studium finanzierten, bis zu den Zuwendungen, die ihm den Start in die Professorenkarriere erleichterten – drückt ihn später nicht weniger am Hals. Unter solcher Familienfürsorge stöhnt Victor noch im Jahr 1928: »Sie betrügen mich um mein Leben.«

Von Berthold war er unheilbar verletzt, Evas wegen. Auch nach 27 Jahren des Zerwürfnisses kommt der Jüngere über die »dumpfesten und wirrsten Gefühle« nicht hinaus. Der innere Bruch geschah im Jahre 1904. Damals in Berlin, als die mittellose Pianistin an Victors Seite auftauchte, galt sie als das Fräulein mit der Torschlußpanik, das sich in eine gutgepolsterte Zukunft hineinheiraten wollte – der Entflammte dagegen als einer ohne jeden Sinn für eine gute Partie. Die Brüder sahen alle besser aufs Geld, wenn es ums Heiraten ging.

Berthold, der Zuständige für die Betreuung des unreifen Zweiundzwanzigjährigen, artikulierte die kollektive Feindseligkeit mit dem Frontalangriff gegen Eva. Die anderen beließen es zwar bei versteckten Vorwürfen, aber alle warteten darauf, daß der Verliebte noch rechtzeitig zur Vernunft käme. Erst als sich die Attacken als hoffnungslos erwiesen, siegte das Clanbewußtsein. Victor wurde als vorerst unfertig eingestuft. An dem nötigen Monatswechsel für sein weiteres Studium sollte es nicht fehlen – wenn er nur nicht gleich heiraten wollte. Aber auch diese Kränkung hat er ihnen nicht erspart.

Fast zwei Jahrzehnte lang, bis er seine Dresdner Professur bekommt, bleibt der Bruder mit der Literaturleidenschaft und dem unterentwickelten Erwerbssinn am Finanztropf der Familie hängen, den der Juristenbruder Berthold zu bedienen hat – bis hin zur Verteilung der

Erbschaften nach dem Tod des Vaters im Jahr 1912 und der Mutter 1919. Den Mindeststandard, für den sie mitsorgen, haben ihm die Brüder schon bei Beginn seiner Universitätslaufbahn beschrieben. Wenigstens nach außen sollte bürgerlicher Wohlstand das Image einer arrivierten Familie ausweisen: »Du mußt durchaus zeigen, daß du nicht auf Verdienen angewiesen bist und ganz der Wissenschaft leben kannst. Du mußt in guter Gegend eine gute Wohnung, du mußt ein Dienstmädchen haben, du mußt eine Einladung erwidern können, du mußt natürlich viel besser als jetzt gekleidet und mit Mobiliar versehen sein, du mußt in allem und jedem den Standard des gut Bürgerlichen mit Selbstverständlichkeit wahren.«

Solchem Standard ist er keineswegs abgeneigt, aber immer kränken Victor die »hingeworfenen Wohltaten«. In der lebenslangen Feindschaft zwischen seiner Frau und seinem Bruder hat er nie vermitteln können. Nicht einmal, als es um Kredithilfe für das eigene Haus geht, das sich Eva so schmerzlich wünscht. Berthold, erst scheinbar zugänglich, ändert seinen Sinn: »Er wolle keine Zinsen von mir, könne ohne Zinsen es nicht geben, seine Frau, sein Kind, sein leidender Zustand. Ich böte ihm keine Sicherheit. Auch hätte ich all meine schönen Bücher ohne ›Villa‹ geschrieben. Keines meiner Geschwister besitze eine ›Villa‹ usw.«

Im Jahr 1920 in Dresden, beim Einräumen seiner aus München eingetroffenen Bibliothek, ist ihm mit fünfzehn Jahren Verspätung ein Brief Bertholds in die Hand gefallen, den er damals übersehen hat. Das Schreiben war nach Rom adressiert, darin gestattet ihm Berthold, mit »Frl. Schlemmer zusammen zu ziehen«, er habe es gut gemeint, er wolle ihm freie Hand lassen und erlaube ihm zurückzukommen. Daß der rechtzeitige Fund des Briefes etwas verbessert hätte an dem Verhältnis der Brüder, ist unwahrscheinlich. An Eva gewandt, schreibt Victor im *Curriculum*: »Er haßte dich, weil er mich liebte«, und an anderer Stelle, bei einem Rückblick auf die Schulzeit: »Freilich sollte mir seine Liebe mehr Kummer bereiten, als es sein Haß vermocht hätte.«

Zumindest versöhnt der Tod Bertholds in gewissem Maße den jüngsten Klemperer mit dem ältesten. Georg, jetzt sechsundsechzigjährig, umsorgt alle Klemperer-Geschwister und ihren familiären Anhang in dieser Stunde der Begegnung. Den Arztbruder erlebt Victor in dieser Stunde brüderlich näher als je zuvor, als »erschütterten alten Mann und doch wieder nicht als Stoiker, sondern als relativ gefestigten Zyniker«.
Ohnehin hat Victors Beziehung zu Georg, den der Vater als kultwürdiges Vorbild für alle Söhne auf den Sockel gestellt hat, seit den pädagogischen Mittagessen nicht mehr in solcher Hochspannung gestanden wie die zu Berthold. Die familiäre Treue, die er in Georgs Haus empfängt, immer wenn er in Berlin ist, tut Victor sichtlich wohl. Auch nimmt er bei solchen Besuchen ausgiebige gesundheitliche Betreuung in Anspruch. Im Rückblick erscheint Georg sogar als »gütiger und immer hilfsbereiter Fürst«. Natürlich als einer, der sich seines Wertes bewußt ist: Innerhalb der Familie »nahm er einen Tropfen Demut in der ihm erwiesenen Liebe als natürlichstes Ingrediens hin«.
Im Jahr 1922 erhält Georg den Auftrag, in Moskau die gesamte sowjetrussische Führungsriege zu untersuchen. Geradezu pedantisch trägt Victor, der Chronist, in seinem Tagebuch zusammen, was Georg, der Arzt, ihm direkt erzählt und was Bruder Felix, der zweite Arzt in der Familie, ihm an Gehörtem weitersagt. 18 Tage lang weilte Georg Klemperer in Rußland – ohne Diener, weil die deutsche Regierung »Infektion durch bolschewistische Gedanken fürchtet!«. Fünfzig bis siebzig Leute soll er durchgenommen haben, darunter Lenin und Trotzki. Die meisten seien gesund, aber schwer nervös, viele mit Gei-

ßelnarben auf dem Rücken und Kolbenverletzungen am Schädel. Lenin, der seine Gesundheit durch seine fünfzehn Jahre in Deutschland ruiniert glaubt und »sich für einen Todeskandidaten hielt«, wird von Georg Klemperer auf die Krim geschickt, notiert der Bruder.

Leider weiß er nichts über Stalin, obwohl die Brüder sich auch über politische Fragen ausgetauscht haben müssen. Im ganzen sei Georg »starker Laudator der russischen Regierung« geworden, Juden und Russen gingen unter dem neuen Regime einträchtig zusammen, und der Gerechtigkeitsanspruch der Revolution hat offenbar auf Georg abgefärbt: Es müßten den deutschen Arbeitern endlich mehr Wohnungen, gute Zigarren und Bildung zukommen. Eine Einlassung, die für Victor etwas Komisches hat, »wenn man bedenkt, daß er 320 000 M. für achtzehn Tage bekommen hat, und ich bekomme sie in fünf Jahren«.

Von solch innerfamiliärem Neid, der hier aufscheint, ist Victor nie ganz frei. Aus früher Jugend bekennt er, daß er mit offener Mißgunst in der Zeitung die Nachricht von einer wichtigen Entdeckung in der Krebsforschung las, die er dem Bruder zuordnete. Als er dann mitbekam, daß es ein anderer Mediziner war, dem das Experiment geglückt sei, fühlte Victor Erleichterung, daß Georg sich nun nicht auch noch als genialer Entdecker über sie alle erheben könne. Während der Kleinste sich aber zugleich dieses Gefühls schämte, war Felix, der Zweitälteste, voller Häme: Man sehe, daß dem Ältesten eben der entscheidende Zentimeter zur Genialität fehle, und es sei kleinlich von ihm, nun so gebrochen herumzulaufen.

Von Felix, der ihm in Kowno soviel half, hält Victor nicht viel. Der »immer jugendliche, etwas donquijotische schmockhafte Mann«, bleibt ihm fremd, ein Neureicher ohne den Stil Georgs. Auch Felix ist ein erfolgreicher Arzt, er besitzt »eine ungeheure prunkvolle 12-Zimmerwohnung, und dann wird in einem kleinen Kinderzimmer gegessen. Das sei heizbarer und schone.« Bei ihm hört Victor immer nur Gesellschaftsklatsch und Verächtlichkeiten über die eigene Frau, von der es heißt, sie sei für ihn die pure Geldheirat gewesen. Der Arztbruder redet ununterbrochen »von Börsengeschäften und in bar zu versteckendem Geld, von Töchtererziehung, von Frauen – gräßlich«.

Felix ist nach dem Krieg im Krankenhaus Berlin-Reinickendorf tätig, wo Eva im Juni 1924 an der Gallenblase und am Zwölffingerdarm operiert wird. Er operiert nicht mit, und Victor ist heimlich froh darüber, weil Felix »bei aller Güte ein Hanswurst und Schwätzer ist, dem *ich* kein Krankenhaus anvertrauen würde«. Der Bekrittelte hat seinerseits für Victor meist nur Spott übrig: »Wie wenig Ellbogenkraft müssen eure Professoren haben, wenn du diesen Posten in Dresden bekommen hast! […] Du siehst verhungert aus. Na, als Ordinarius kannst du dir's ja leisten. Aber eleganter kleiden würde ich mich.«

Am Tag, als sie Berthold begraben, erscheint Felix, auf seine Tochter Ilse gestützt, »gebrochen, nicht imstande, ein Wort mit mir zu sprechen, abwinkend. Liebe zu B.? Keineswegs: er sieht sich selber im Sarg. Er hat die gleiche Sklerose, er hat vor wenigen Monaten einen fast tödlichen Angina-Anfall gehabt, er wartet auf den nächsten, den wirklich tödlichen.« Felix stirbt ein Jahr später.

Die Klemperer-Schwestern sind auch nicht mehr in bester Verfassung: »Martha, schmal und spitz geworden, mit übergroßen Basedow-Augen, Wally noch magerer als sonst, Grete noch massiger, Burgtheaterheroinenhafter als sonst.« Sie haben nie eine gleichberechtigte Rolle in der Familie gehabt. Bei den Berliner Familientreffen blieben die Männer nach dem Essen immer im Rauchsalon unter sich und besprachen die ernsthaften Angelegenheiten, während die Frauen im Salonzimmer sich in Klatschereien ergehen durften.

Grete, die Älteste, großgewachsen, ist die einzige, die nach dem Vater kommt. Alle anderen Klemperers, Töchter wie Söhne, ähneln der Mutter. Sie ist der weibliche Außenseiter. Auf Gretes Geburtsschein steht der Vorname Recha, und Victor erinnert sich, daß sie auch die ganze Landsberger Zeit so genannt wurde. Dann aber setzte Georg den Namenswechsel zu Margarete durch, und der einzige jüdische Name in der Familie war getilgt.

Grete ist eine, die es mit der Kunst hält und »die Umwelt der Familie als Idiotenheim betrachtet«. In ihrer Kinderzeit hatte sie ebenfalls erzieherische Funktion, sie war diejenige von den Schwestern, bei der Victor schon mal mit einem Klaps rechnen mußte. Lange Zeit hält er sie für ziemlich hysterisch. Sie ist auch die einzige, die sich ihren Mann selbst ins Haus holt – einen Witwer mit zwei Kindern, der aber früh stirbt. Die eigene Tochter verliert sie früh, und Sohn Eberhard, ein freiwilliger fröhlicher Kriegsteilnehmer, fällt bei Dünaburg. In ihren reiferen Jahren hat sie mit einem Dramaturgen ein Verhältnis, woran sich alle die Zunge wetzen, sich aber nicht genieren, seine Theater-Freibilletts anzunehmen.

Hedwig, die zweite, wird mit familiärer Nachhilfe einem Geschäftsmann aus Alt Ruppin angetraut. Sie stirbt dreiundzwanzigjährig bei der Geburt ihres Kindes. Da ist Victor erst zwölf Jahre alt. Er hat sie als Geschöpf »aus lauter Sanftheit, sanften braunen Augen, sanften weichen Formen, sanftem Streicheln und sanftem Zuspruch« vor Augen, kann sich aber nicht erinnern, daß ihr Tod sich ihm als tiefer Schmerz eingeprägt hätte.

Marta, die dritte, wird von der Familie in eine Ehe mit dem Prediger Julius Jelski gedrängt. Die Beziehung steht lange auf der Kippe. Die Schlafzimmer getrennt, die Akten für den Scheidungsprozeß schon in Bertholds Büro, da stellte sich doch ein Kind ein, dem zwei weitere folgten, »und so bleiben sie aneinander gekettet, bis sie als alte Leute in die Emigration nach Südamerika fliehen müssen«.

Auch Wally, die vierte, gerät in eine offensichtlich von Georg gestiftete Ehe. Martin Sußmann ist Arzt im brandenburgischen Wriezen, »ein tüchtiger, ausgesprochen ethisch und religiös gerichteter Mensch«, und als er nach Berlin übersiedelt, hilft Georg durch Zuweisung von Patienten und wird in einem gewissen Maße sein Brotherr. Bei Sußmanns ist immer »alles fein und friedlich«, die drei Töchter machen Abitur und werden ebenfalls auf standesgemäßes Heiraten programmiert. Victor hat die Schwester Wally in der Kinderzeit immer für etwas einfältig gehalten. Nun gibt sie von allen Schwestern am meisten auf das anerzogene Bürgerliche und nimmt nicht einmal von Gretes Lotterbuben die Theaterkarten.

Nur Victors Verhältnis zu Grete erfährt später eine Wendung zum Guten. Die dreizehn Jahre Ältere, »gefärbt, hergerichtet, immer Schauspielerstil und -Sprache vor sich und anderen – aber vital bis in die Fingerspitzen«, entwickelt ein herzliches, verständnisvolles Verhältnis zu Eva. Und das zählt bei Victor mehr als alles andere. Als weit über Sechzigjährige wird Grete von lyrischem Fieber erfaßt, schreibt Gedichte, »nicht besser und nicht schlechter als meine vor 25 Jahren«. Wodurch allerdings Georg, der für ihr Auskommen sorgen muß, einen herben Rückschlag seiner früheren Anstrengungen um die Tarnung der familiären Herkunft hinnehmen muß: Ihre Gedichte unterzeichnet sie jüdisch-christlich als *Recha* Grete *Klemperer*.

Der nachfolgenden Generation gibt Victor Klemperer keinen Vertrauenskredit. Beim Begräbnis für Berthold beobachtet er peinliche Haltungen. »Vorderhand stirbt die Generation vor ihnen. Selbstverständliche Pflicht der Alten.« Die Nichten und Neffen des Klemperer-Clans haben mit den aus der Kaiserzeit überkommenen bürgerlichen Manieren überhaupt nichts mehr im Sinn. Martas Kinder fallen besonders unangenehm auf: »Der

Ghettojüngling Willy, die fette glotzende gebückte Lilly« und Walter, »der Düstere und Unverstandene«, der so oft in Dresden auftaucht, mit Gewalt auf die Bühne will, aber bislang nur vom Taxifahren etwas Taschengeld zusammenbrachte und nun Medizin studieren will – auf Kosten von Georg, wie Victor vermutet.

Nicht hoffnungsvoller sieht er auf die Kinder von Felix. Als Kurt und Ilse bei einer Radtour in Dresden vorbeischauen, entdeckt der Dresdner Onkel an dem achtzehnjährigen Jungen einen heißen Haß gegen den Kapitalismus. Alle Bourgeois müßten erschossen werden. »Vater und Du natürlich auch!«. Die zwanzigjährige Schwester hingegen ist zum Nationalismus und Antisemitismus übergegangen und hat Hindenburg gewählt.

Lotte Sußmann, Wallys erste Tochter, schlägt auf andere Weise aus der Art. Sie hat dem Studium den Rücken gekehrt, lernt im Berliner Hotel Adlon kochen und will nach Amerika. »Wieviel Wirrheit, Fanatismus und Dekadenz in dieser jüngsten Generation unserer Familie!«, stöhnt der Tagebuchschreiber. »Ich kann meine Berliner Familie nicht beschreiben, sie steht mir zu nah und zu fern, ich habe Mitleid, Bewunderung, Verständnis, Liebe, Widerwillen, Gefühl der Fremdheit und alles zugleich mit ihr, bin zugehörig und ganz anders.«

Und in schöner Selbstbescheidung nimmt er Abstand von seiner Comédie Klemperer: »Ich weiß, sie bedürfte eines Dichters wie Thomas Mann, ich weiß, ich bin dieser Dichter nicht.«

Böse Vorahnungen

»Noch diese Chance geb' ich meinem Mops«

Zu Kaisers Zeiten galt die Insel Usedom mit ihren Stränden als die Badewanne des wohlhabenden Berlin. In Heringsdorf traf sich, wie Victor Klemperer von einstigen Familienurlauben weiß, »eine ganz bestimmte Schicht des Berliners Westens: die jüdische«. Zu Mittag aß die Familie Klemperer bei Peltesohn, »dem lokalberühmten besten Speisehaus des Ortes«, und »die Eltern ergingen sich in dem noch ganz unbedrohten Ghettoparadies voller Behagen«.

Drei Jahrzehnte später, im August 1926, erholen sich Victor und Eva in Heringsdorf. Manches ist anders geworden. Heringsdorf gleiche jetzt »einem anständigen, nicht übervölkerten Berliner Vorort. Kein Kurfürstendamm. Auch nichts allzu Synagogales, obwohl ich schon zwei koschere Restaurants ›unter Aufsicht des Rabbinats‹ entdeckt habe.«

Auf immer noch mehr als die Hälfte schätzt der Kurgast den Anteil der jüdischen Gewerbetreibenden unter den Urlaubern. In einer Abendgesellschaft gerät er in eine lange Diskussion mit einem Berliner Apotheker, der sich als Vorsitzender des jüdischen Boxvereins zu erkennen gibt. »Interessant, wie stark der Zionismus hier verbreitet ist«, beobachtet Klemperer. »Aber im Ganzen war mir der Abend doch etwas degoutant. Dazu bin ich nicht hergekommen.« So macht er sich denn mit Eva lieber auf zu Strandwanderungen, zumal er ein paar Pfunde abnehmen will. Nicht südostwärts nach dem auf ihn etwas proletarisch wirkenden Ahlbeck, sondern nach dem »betont deutschnationalen und christlichen Bansin«, wo man statt der in Heringsdorf üblichen schwarzrotgoldenen Fahne das ihm aus alten Zeiten vertraute Schwarzweißrot wehen sieht. Bei einer Dampferfahrt noch ein paar Kilometer weiter nordwestwärts dann freilich der Schock. Am Landungssteg in Zinnowitz prangt mit Riesenbuchstaben ein Plakat mit der Aufschrift »Judenrein!«

Noch bleiben Klemperers Zeitbilder jener Jahre merkwürdig diffus. Von der Sprengkraft der Mixtur aus Antisemitismus und sozialen Spannungen in der Bereicherungsgesellschaft der Weimarer Republik, womit sich die Nationalsozialisten wenige Jahre später an die Macht bomben, ahnt er zu dieser Zeit noch nicht allzuviel. Mit Wohlgefallen hat er in der Heringsdorfer Kaffeehausatmosphäre entspannte deutsche Geschichtslosigkeit bemerkt: »Welche Vitalität in Deutschland. Nach diesem verlorenen Kriege soviel Bewegung. Alles ist jugendlicher, wilder als früher. Kurze Röcke, kurze Haare, keine Vollbärte und Bäuche.«

Dem Bildungsbürger sind massenkulturelle Einflüsse des Auslands, vor allem amerikanische, suspekt. Auf der Rückreise, beim Fünf-Uhr-Tee im Berliner Hotel Eden am Bahnhof Zoo beobachtet er geradezu ein »Sodom und Gomorrha«. »Eine riesige Jazzkapelle, […] Riesenlärm […], drei gigantische Saxophone, Trompeten, mit Schlagzeug, Banjo, Ziehharmonika. Wildeste, unartikulierte Geräusche. […] Heulendes Aufspringen der ganzen Band, rückweises Sichfallenlassen mit wildem Aufschlag auf die Instrumente, Klatschen, englische Brocken irgend welcher Texte. Und immerfort Charleston, die Beine auseinanderwerfend im Sexualrhythmus, eine wilde, tobende Schamlosigkeit.«

Klemperers Empörung über das Dolce vita im bürgerlichen Berlin W wirkt wie Trotz. Als ob er damit Trauer um eine verlorene Welt bemänteln will, in der er als Jugendlicher zu Hause war. An gleichem Ort nun eine »Barbarei, eine Art öffentlicher Koitus, eine Vergeudung von Zeit, Geld, Kraft und Jugend. […] Es sind ja nicht nur die Aristokraten oder Bourgeois oder Juden, die so toben. Diese geistlos Taumelnden gehören allen Kreisen an.« Pikiert äußert er sich über die nackten Arme der Mädchen, ihre anliegende Kleidung, »nichts unter der Oberhülle« und ihre Kavaliere »zu 98 % Jungelchen, zwischen 18 und 22 […]. Diese Bengel gehören in ein Arbeitshaus.« Er würde begreifen, wenn hier einer diktatorisch eingriffe. Vor diesem Satz schreckt er dann aber selbst zurück: »Ein solcher Diktator würde antisemitische und teutsche Töne anschlagen, und das wäre verfehlt.« Hingegen könne er verstehen, »wie hier einer Kommunist und Bolschewist wird. Zumal ich überall von Not und Arbeitslosigkeit höre.«

Den Zylinder in der Hand, diesen Gesellschaftshut mit der steifen Krempe und der schwarzen Röhre, den man heute allenfalls noch bei Schornsteinfegern und Dressurreitern sieht – so steht der Romanistik-Professor am 11. November 1926 inmitten von Kollegen vor dem Eingang der Technischen Hochschule.

Vor dem befrackten Senat eine Studentenabordnung, die neben dem Portal Kränze niederlegen will. Der ehemalige jüdische Kriegsfreiwillige sieht nur den breiten Nacken des Fahnenträgers vor sich, der immer röter wird und stärker zuckt. Als dann die Abordnung schweigend auseinandergeht, erblickt er einen Kranz an dem Eingang zur Hochschule und auf der Schleife ein Hakenkreuz. Und keine Hand rührt sich, dieses nazistische Symbol zu entfernen. Auch diejenige Klemperers nicht.

Denn es ist die Langemarck-Feier, das Gedenken an die deutschen Gefallenen des Ersten Weltkriegs, woran eine Plakette an der Hausmauer erinnert. Bei Langemarck in

Flandern sind im November 1914 mit 45 000 anderen Soldaten mehrere Regimenter von studentischen Kriegsfreiwilligen im französischen Trommelfeuer zugrunde gegangen. Die nationale Seele feiert den Opfergang als Sinnbild totaler Einsatzbereitschaft der Jugend für das Vaterland. Der Nazigeist beginnt, sich der Universitäten zu bemächtigen.

Die Szene ist typisch für Klemperers Wahrnehmung der politischen Realitäten. Der braune Giftstrom kriecht durch Deutschland und unterspült die Fundamente der politischen Kultur auch dort, wo der Rabbinersohn nach seinem Kriegseinsatz einen sicheren Platz erhoffte. Er nimmt das in seinem Tagebuch wahr, aber mit der Distanz des Chronisten, der sich ansonsten weder privat noch öffentlich an politischen Debatten beteiligt.

Im Oktober 1923 ist in Sachsen, erstmals in Deutschland, eine Regierung aus Sozialdemokraten und Kommunisten gebildet worden, die der spätere Leipziger Oberbürgermeister Erich Zeigner anführt. Der Dollar kostet schon mehr als hundert Millionen Mark und springt täglich rasanter nach oben. Vor dem »wunderschönen Wachthaus« am Neustädter Altmarkt stehen Soldaten mit Stahlhelm, Gewehr und Handgranaten und »längs der Prager Straße kleben ungehindert in größtem Format die verbotenen Aufrufe der Kommunisten zum Generalstreik«. Klemperer befürchtet »Zerfall des Reiches«. Er schreibt nicht »Zerfall der Republik« oder »Zerfall der Demokratie«. Er ist immer noch verhaftet in kaiserdeutschem Vokabular. Seine Beobachtungen bleiben widersprüchlich. Mal befürchtet er Bürgerkrieg, mal beklagt er die »immer gleiche verpestete Stille«. Am liebsten würde er gar nicht hinsehen, denn »Unsinn häuft sich auf Unsinn, Schmach auf Schmach, Milliardenschein auf Zehnmilliardenschein, und in der unbeweglichen Stille wächst die Not und der Ekel. Einschlafen ist das beste am Tag und Aufwachen das Widerwärtigste.«

Wo seine Erinnerungen an die Frontkämpferzeit berührt werden, ist Klemperer wach. Als im April 1925 der Kandidat der Konservativen und Monarchisten Paul Hindenburg zum Reichspräsidenten gewählt wird – mit 14,6 Millionen Stimmen gegen die 13,7 Millionen des Sozialdemokraten Wilhelm Marx und die 1,7 Millionen des Kommunisten Ernst Thälmann, also gegen eine linke Mehrheit –, hat Klemperer den Eindruck, daß etwas Ähnliches vorgefallen sei wie am 28. Juni 1914 in Sarajevo, wo das Attentat auf den österreichischen Thronfolger den Ersten Weltkrieg auslöste. Ihm scheint: »Die ihn aufgestellt haben, als vorgeschobene Puppe, sind verbrecherische Demagogen.« Der einstige Kanonier des Ersten Weltkrieges hat keinen Funken Vertrauen in die Demokratiefähigkeit des Generalfeldmarschalls, der acht Jahre später den Ex-Gefreiten Hitler zum Reichskanzler ernennen wird. Ihm »graut vor dem Pöbel«, aber »noch mehr vor den Hitlerleuten«.

Eher naiv verhält sich der Mann der Aufklärung indessen dort, wo sich das schleichende Gift des Rassenhasses im Gewande der Wissenschaft auf scheinbar unpolitische Weise breitmacht. Unkommentiert erwähnt er einen Vortrag des Hygienikers Philalethes Kuhn. Der schon ältere Herr ist aus Straßburg an die Technische Hochschule Dresden gewechselt. Für seine Antrittsvorlesung wählt er das Thema Rassenhygiene und Volksgesundung. Diese Begriffe werden Klemperer bald in den Ohren dröhnen, im Juli 1920 aber stört ihn nur die deutschtümelnde Anrede »Meine Frauen und Herren«. Den Inhalt registriert er emotionslos: »Weniger Menschen, aber gesündere. Verhinderung von Ehe zwischen Kranken, Kastrierung von Verbrechern und Geisteskranken, Frühehe, vor allem Frühehe und Enthaltsamkeit bis dahin.« Obwohl da schon das Gedankengut der faschistischen Euthanasie vorgeprägt ist, macht er sich daraus einen Witz: Alles sehr hübsch, wenn man sich dazu die Gesichter der vor dem Katheder plazierten Studenten in ihrem Wichs ansehe, »entsetzliche, auserlesen dumme und zerhackte Gesichter«.

Im Parterre in der Technischen Hochschule hängt zu Klemperers Anfangszeit eine Ausstellung über Rassetypen, ohne auf seinen energischen Protest zu stoßen. Erst ein Jahrzehnt später, als er bemerkt, daß aus solcher Pseudowissenschaft offenkundige Minderwertigkeitsurteile abgeleitet werden, notiert er sich kurze Analysen. So 1932, als er den Roman »Volk ohne Raum« des Schriftstellers Hans Grimm liest: »Bestimmt Dichter und Epiker. Überall interessant. Aber die furchtbare Enge der Rassenzoologie, des Nationalsozialismus und Antisemitismus. Juden sind immer plattfüßige Verräter, ganz undeutsch und gemein. Engländer – wenn sie ›adlige Germanenbriten‹ sind, erträglich; sonst ›Mischbriten‹. Buren singen ›asiatische Psalmen‹.«

Der Philologe weiß zu diesem Zeitpunkt noch nicht, daß der Titel des Grimm-Buches den Propagandisten Hitlers ein willkommenes Stichwort für ihren Eroberungsdrang nach Osten abgeben wird. Der Autor selbst avanciert nach Hitlers Machtantritt zum Präsidialrat der Reichsschrifttumskammer, die den gesamten literarischen Betrieb der Nazizeit kontrolliert.

Indessen wächst auch die Unruhe der jüdischen Kollegen an der Technischen Universität. An dem Physiker Harry Dember beobachtet Klemperer schon im Sommer 1931 eine »jüdische Angstpsychose«. Dember meint: »Im Oktober haben wir die Nationalsozialisten, ein Jahr später die Kommunisten. Wenn die Nationalsozialisten mich leben lassen, *wenn* – dann leben wir bei den Kommunisten wie in der Kaserne, nur noch versklavter, immerhin leben wir dann.« Bei dem Herausgeber der *Dresdner Neuesten Nachrichten*, Julius Wolff, dagegen, ein Mann »sehr jüdisch, sehr eitel, sehr mauschelnd«, trifft Klemperer auf eine absurde Schwärmerei für den italienischen Faschistenführer Mussolini: Dieser frage nicht danach, »ob man Jud ist, der ist anders als Hitler, der hält Ordnung und quält niemanden, der ihm nicht systematisch im Weg ist. Kurzum: Ein deutscher Mussolini, wenn wir den hätten! Das ist jetzt deutsche demokratische Stimmung!«

Klemperer selbst bewegt sich fast betäubt zwischen den Extremen. Er sieht im Schicksalsjahr 1932 »zwischen Hakenkreuz und Sowjetstern keinen Unterschied des Niveaus. Geistige Freiheit, bloßer geistiger Anstand fehlen. – Es geht mir jetzt übrigens mit der Politik wie mit dem Ich: möglichst beiseite schieben.«

Er selbst schwankt in der zerrissenen Parteienlandschaft bei der Bestimmung seines Wahlverhaltens. Stets mehr dem Voltaireschen Ausgleich zugeneigt als dem despotischen Rousseauschen Gleichheitsdenken und schon gar der Radikalität der Jakobiner, will Klemperer gern im neutralen Lager bleiben, bei den Liberalen, der republikanischen Mitte, in der Welt, die im Bücherschrank seines Vaters unter dem Namen Spielhagen zu haben war. Er bevorzugt die Deutsche Demokratische Partei, dieselbe, in welcher der spätere deutsche Bundespräsident Theodor Heuss seine erste politische Karriere macht.

Seit 1930 weiß er seiner jüdischen Herkunft wegen aber nicht mehr, wen er wählen soll. Die DDP hat sich zusammengeschlossen mit dem Jungdo, dem Jungdeutschen Orden. Das ist ein Kampfbund mit sozialromantischen Vorstellungen, der 1920 gegründet wurde, geprägt vom Kriegserlebnis und eigentlich gerichtet auf Reformierung der Weimarer Republik, nicht deren Zerstörung, die er aber dann herbeiführen hilft. Aus dem Zusammenschluß entsteht die Staatspartei, in deren Programm die Rede ist vom Neuaufbau Deutschlands, vom nationalen Gedanken, von Volksgemeinschaft und von Volksstaat. Aber der Jungdo bringt einen Arierparagraphen ein, wonach Juden unerwünscht sind. »Hie Juden – dort Arier. Und wo bleibe *ich*?«, fragt sich Klemperer. »Wo bleiben die vielen, die *geistig deutsch* sind. Wir sind keine Menagerie, hat Vossler einmal gesagt.«

Mit seinem Freund Wilhelm Friedmann erwägt er sogar den Rücktritt zum Judentum, freilich nur aus rhetorischem Trotz, denn das ist keine politische Position. Er will deutsch wählen. Diese Option teilt er mit Hunderttausenden, die sich von den rassistischen Parolen der Nationalsozialisten bedroht fühlen. Ein Aufruf des Verbandes nationaldeutscher Juden zu den Reichtagswahlen im Juli 1932 widerspiegelt deren Stimmungslage: »Deutsche Volksgenossen jüdischer Abstammung! Der Wahltag ist der Tag, unser Deutschtum zu bewähren. Man verspricht uns von der einen Seite, daß wir Juden geschützt werden, wenn bestimmte Parteien zur Regierung kommen. Man droht uns von der anderen Seite, daß wir entrechtet werden, wenn bestimmte Parteien oder Gruppen zur Macht gelangen. Jedem, der so unsere Gesinnung und unsere Wahlstimmen zu kaufen versucht, sei gesagt, daß wir bei Erfüllung unserer vaterländischen Pflicht nicht durch Drohungen und nicht durch Versprechungen zu beeinflussen sind. Nicht wo es uns gut ergeht, ist unser Vaterland. Unser Vaterland ist dort, wo unsere Seele ist.« Dies ist zugleich eine pathetische Absage an den Zionismus, und die Begründung lautet: »Mit Deutschland sind wir verbunden durch die deutsche Kultur, die seit Jahrhunderten in unseren Familien heimisch ist, durch die deutsche Muttersprache, durch die Liebe zum deutschen Heimatboden, durch das Wissen um unsere Zugehörigkeit zum deutschen Volke. [...] Das Volksgefühl gibt den Ausschlag, nicht die sogenannte ›Rasse‹.«

Aber wer ist für den Empfang solcher Wählergunst die empfangsberechtigte Partei? Eva entscheidet sich bei den Reichstagswahlen 1932 für das Zentrum, Victor gibt seine Stimme trotz allem der Staatspartei, die immer mehr schrumpft. In einem Zweizeiler macht er seinem Frust Luft:

> Noch diese Chance geb' ich meinem Mops,
> Doch hilft es wieder nichts, dann geht er hops!

Vier Monate später nimmt der Mops sich selber hops. Am 7. April 1933, als das Ermächtigungsgesetz im Reichstag zur Debatte steht, stellen sich nur die Sozialdemokraten dieser parlamentarischen Absegnung der Hitlerdiktatur entgegen. Die Kommunistische Partei ist nach dem Reichstagsbrand verboten worden. Die ganze bürgerliche Mitte stimmt der Abschaffung der Weimarer Republik zu. Die Staatspartei nicht anders. Hitler nimmt die Wählerstimme Victor Klemperers mit in die deutsche Apokalypse.

Der Absturz
»Wie einer am Galgen in Sicherheit ist«

»Wenn der Jude deutsch schreibt, lügt er«. Diese Wandparole schreit dem Romanistikprofessor Victor Klemperer an einem Apriltag des Jahres 1933 im Studentenhaus der Technischen Hochschule Dresden entgegen. Der Zutritt zu diesem Heim, das mit viel jüdischem Geld gebaut worden ist, wird jüdischen Kommilitonen verboten, weil dies die deutsche Hochschulehre beschmutzen würde.

Seit dem 30. Januar ist Adolf Hitler Reichskanzler. Die zwölfjährige Terrorherrschaft der Nationalsozialisten hat begonnen. Die SA, ihre militärisch organisierte Sturmabteilung, überzieht sofort die politische Gegnerschaft in ganz Deutschland mit Folter und Mord. In Dresden tragen nicht wenige Studenten, denen man zwei Jahre zuvor im Hörsaal das Braunhemd verbot, nun mit Stolz die braune Uniform. Klemperer hat im Radio die Berichte über die Fackelzüge in Berlin und das »salbungsvolle Gebrüll« Hitlers vernommen. In der Nacht vom 27. zum 28. Februar brannte der Reichstag – Anlaß für das Verbot der Kommunistischen Partei und das Zusammentreiben ihrer Anhänger und anderer politischer Gegner in Konzentrationslagern. Klemperer kann sich nicht denken, »daß irgend jemand *wirklich* an kommunistische Täter glaubt statt an bezahlte ᛋᚼ-Arbeit«.

An seiner eigenen Wirkungsstätte muß er indessen erkennen, wie der nazistische Bazillus immer mehr Köpfe besetzt. Auf dem Bismarckplatz vor der Technischen Hochschule zünden Studenten dieser Lehranstalt nach dem Vorbild ihrer nazistischen Kommilitonen und der SA-Leute in Berlin einen Scheiterhaufen an. Mit den Büchern von Heinrich Mann, Lion Feuchtwanger, Erich Kästner, Siegmund Freud, Karl Marx, Egon Erwin Kisch und allem, was die neue arische Geisteselite für volksfeindlich, marxistisch oder jüdisch hält, fliegen auch die Schriften ihres Romanistik-Professors aus der Hochschulbibliothek ins Feuer. Fachbücher jüdischer Autoren in deutscher Sprache müssen fortan überall als Übersetzungen gekennzeichnet werden. An den Hochschulen ist die Saat aufgegangen, die von Leuten wie dem Leipziger Germanisten Philipp August Becker in den Hörsälen ausgestreut wurde.

Der einstige Münchner Privatdozent versucht, die Geschehnisse einzuordnen in seine eigenen geschichtlichen Erfahrungen: »Was ich bis zum Wahlsonntag, 5.3., Terror nannte, war mildes Prélude. Jetzt wiederholt sich haargenau, nur mit anderem Vorzeichen, mit Hakenkreuz, die Sache von 1918. Wieder ist erstaunlich, wie alles zusammenbricht.« Er hat ausgerechnet noch auf Bayern gehofft und sich zum Wahltag sein bayrisches Verdienstkreuz aus dem Ersten Weltkrieg angesteckt. Aber nun »der ungeheure Wahlsieg der Nationalsozialisten. Die Verdoppelung in Bayern [...], Verbot des Zentralvereins jüdischer Bürger in Thüringen [...], Tag um Tag Kommissare, zertretene Regierungen, gehißte ⛨-Fahnen, besetzte Häuser, erschossene Leute, Verbote.«

Klemperer leidet nicht zuerst als Jude, sondern als liberaler Deutscher: Die Niederlage von 1918, sagt er, habe ihn »nicht so tief deprimiert wie der jetzige Zustand«. Er kann »das Gefühl des Ekels und der Scham nicht mehr loswerden«. Unwesentlich, ob Deutschland Monarchie oder Republik sei: Die Schmach, dieser Regierung anheimgefallen zu sein, werde es niemals abwaschen. Diese Klage über das Versagen der politischen Elite findet sich in seinem Tagebuch schon unter dem Datum 20. März

1933, zwei Wochen bevor sich Hitler im Reichstag durch das Ermächtigungsgesetz die Diktatur auch von der bürgerlichen Mitte absegnen läßt.

Der Voltairianer ortet in Dresden »eine Stimmung der Angst, wie sie in Frankreich unter den Jakobinern geherrscht haben muß. *Noch* zittert man nicht um sein Leben, aber um Brot und Freiheit.« Es herrsche »vollkommene Revolution und Parteidiktatur. Und alle Gegenkräfte wie vom Erdboden verschwunden.«

In den *Dresdner Neuesten Nachrichten*, wo der Romanist ein halbes Jahr zuvor noch persönlich seine Essays ablieferte, liest er am 29. März die Mitteilung, daß der Chefredakteur Julius Wolff, ein Protestant jüdischer Herkunft, sein Amt niederlege. Das Kapital sei zu 92,5 Prozent in arischer Hand. In der Nazipresse erscheint die Drohung, man werde »gegen die deutschen Juden vorgehen, wenn die Hetze der ›Weltjuden‹ nicht aufhöre«. Klemperer findet sich plötzlich zwischen die Fronten getrieben: »Meine Prinzipien über das Deutschtum [...] sind ins Wackeln geraten wie die Zähne eines alten Mannes.«

Im Jahr 1925 zählte die Israelitische Religionsgemeinde in Dresden 5 491 Mitglieder. Bis Anfang 1933 hat sich dies nur wenig verringert. Gemessen an der Gesamtzahl von einer halben Million jüdischer Bürger in Deutschland ist das allenfalls Durchschnitt in der damals fünftgrößten deutschen Stadt. Eine herausragende Rolle wie in Berlin spielen die Juden im öffentlichen Leben der Elbestadt nicht. Sie haben keinen auffälligen Einfluß auf das Geistesleben; Dresden ist kein solcher Kulturmagnet und Schmelztiegel wie die Metropole, die barocke sächsische Landeshauptstadt ruht eher in sich. Es gibt unter den jüdischen Dresdnern auch nicht ein so sichtbares soziales Gefälle wie zwischen Nebbich-Berlin und dem Scheunenviertel. Und schon gar nicht eine an die Stadt gebundene Ghettoerinnerung wie in Frankfurt am Main.

Bis 1933 fallen die Mitbürger jüdischer Herkunft dem Durchschnittsbürger, der fortan als arisch klassifiziert wird, kaum auf. Den Juden zugeordnet werden von den Nationalsozialisten aber nun auch jene Dresdner, welche von ihrer jüdischen Herkunft nichts mehr wissen oder wissen wollen. Der Ahnenpaß entscheidet bald über Leben und Tod. Denn der Haß auf alles Andersartige, auf das sogenannte Undeutsche, muß den Kitt abgeben für die amorphe Ideologie der Nationalsozialisten, was sich manifestiert in einem wüsten Bild vom jüdischen Weltfeind.

Alles, was dem faschistischen Herrschaftsanspruch über die deutsche Volksseele entgegensteht, wird von nun an als Werk einer gigantischen jüdischen Verschwörung denunziert: demokratisches Kulturbewußtsein, Pazifismus, Liberalismus, kosmopolitisches Gedankengut, Menschenrechtsdenken, die Lehren des Juden Marx sowieso. Das amerikanische Finanzkapital sei ebenso vom Weltjudentum gesteuert wie die in Moskau regierenden Bolschewisten. Der Satan, dessen sich das deutsche Volk auch biologisch zu erwehren habe, wird von der Nazipropaganda gezeichnet als eine bösartige Karikatur von Schläue, Raffgier, Schmuddel und Anmaßung. Darin vereinen sich angedichtete Rassemerkmale mit höhnischen Anspielungen auf den revolutionären Fanatismus eines Leo Trotzki oder die vorgebliche Gerissenheit des amerikanischen Präsidenten Roosevelt.

Hitler hatte schon in 1923 in *Mein Kampf* die Wehrhaftmachung der germanischen Rasse gegen die Blutvergifter gefordert und die Entfernung der Juden aus dem deutschen Volkskörper angekündigt: »Indem ich mich des Juden erwehre, kämpfe ich für das Werk des Herrn.« Alfred Rosenberg, sein Chefideologe, untersetzte dies mit einer griffigen bösartigen Rassentheorie in dem Buch *Mythus des 20. Jahrhunderts*, geschrieben etwa zur gleichen Zeit, aber schon »seit 1917 bebrütet«, wie Klemperer weiß, der das rassistische Traktat später in der Isolation des Dresdner Judenhauses gründlich liest. Der Autor, ein baltischer Kaufmannssohn, leitet seit 1923 den *Völkischen Beobachter* und wird 1933 von Hitler zum Reichsleiter der Partei ernannt. Rosenberg »kennt nur einen Satz: Die nordische Rasse, das nordische Blut sind Träger *aller* Kultur, *alles* Guten«, exzerpiert der Philologe. »Die Juden, [...] eine parasitäre ›Gegenrasse‹, die ausgetilgt, mindestens aus Europa vertrieben werden muß.«

Am 1. April 1933 organisieren die Dresdner Nationalsozialisten einen Boykott jüdischer Geschäfte auf der Prager Straße. Braun uniformierte SA-Männer mit dreieckigen Schildern postieren sich in der Einkaufsmeile: »Wer beim Juden kauft, zerstört die deutsche Wirtschaft«. Rote Zettel zeigen an, wem sich der deutsche Verbraucher zuzuwenden hat: »Anerkannt deutschchristliches Unternehmen«. Am Abend hetzt der Gauleiter Martin Mutschmann auf einer Kundgebung auf Dresdens größtem Sportplatz, der Ilgen-Kampfbahn. Die nach Deutschland eingewanderten Juden hätten nicht das Recht, in diesem Volk Journalisten, Ärzte, Rechtsanwälte und Lehrer zu sein. Eine tags zuvor abgegebene Erklärung der sächsischen Juden hilft nichts. Es gibt keine Chance mehr, daß der »innere Frieden« wiederhergestellt und »die deutschen Juden gemeinsam mit allen Mitbürgern am Wiederaufbau des deutschen Vaterlandes arbeiten können«, wozu die Israelitische Religionsgemeinde und der Israelitische Gemeindeverband in ihrer letzten öffentlichen Petition verzweifelt appellieren.

Der erste Boykott in Dresden hat wie überall in Deutschland noch Lücken. Ärzte und Anwälte sind mit betroffen, Banken bleiben ausgenommen. Die Naziführung will das Ausland desorientieren und internationale Reaktionen abwenden. Klemperer pflegt für einen Moment die törichte Annahme, daß die Rechte in Deutschland das böse Spiel nicht mehr lange mitmachen werde. Zugleich fürchtet er aber, gerade dies könne Hitler noch mehr in die Gewalt treiben: »Eine Explosion wird kommen – aber *wir* werden sie vielleicht mit dem Leben bezahlen, wir Juden.«

Der 20. April, Führers Geburtstag, ist zum Volksfeiertag erklärt worden, und Dresden wird überschwemmt mit einer Flut von Zeitungs- und Radiopropaganda, Hakenkreuzflaggen und Festen. Die Massenpsychose hat lähmende Wirkungen auf Klemperer: »Ich kann nicht mehr an meinem ›Frankreichbild‹ arbeiten. Ich glaube nicht mehr an die Völkerpsychologie. Alles, was ich für undeutsch gehalten habe, Brutalität, Ungerechtigkeit, Heuchelei, Massensuggestion bis zur Besoffenheit, alles das floriert hier.« Und: »Ich sehe nicht, von wo Rettung kommen sollte.«

Die nazistische Boykottstrategie gilt auch für den Hochschulbetrieb. Nichtjüdische Professoren dürfen keine Examen mehr abnehmen. Einer nach dem anderen werden sie ganz aus dem Lehrbetrieb gedrängt. An der Technischen Hochschule Dresden trifft es zuerst den Physiker Harry Dember. Da er sich das Recht nicht nehmen lassen will, seine Studenten weiter zu prüfen, wird er vom sächsischen Kulturministerium beurlaubt. Zwei andere Professoren müssen zunächst auf alle Mitarbeit in Kommissionen verzichten: der Jurist Felix Holldack, seiner Mutter wegen, und der Philologe Gustav Kafka, der einen jüdischen Vater hat. Letzterer ist ein Österreicher, und er erwies sich, als er 1923 an die Technische Hochschule nach Dresden kam, noch als »ein warmer Freund Hitlers und der Nationalsozialisten«. Auch Hans Gehrig als Demokrat und Wilbrandt als Sozialist haben keine Zukunft mehr an der gleichgeschalteten Hochschule.

Als ehemaliger Frontkämpfer hofft Klemperer zunächst noch glimpflich davonzukommen. Nicht einen Augenblick lang erwägt er ernsthaft, was in den linksintellektuellen Kreisen und unter den wohlhabenden Dresdner Juden nun Tagesgespräch ist: die Auswanderung. Obwohl er weiß, wie fragil sein eigener Status ist: »Im Augenblick bin ich noch in Sicherheit. Aber wie einer am Galgen in Sicherheit ist, der den Strick um den Hals hat. In jedem Augenblick kann ein neues ›Gesetz‹ den Tritt, auf dem ich stehe, fortstoßen, und dann hänge ich.«

Im Umfeld waltet indessen ein Effekt, dem der Dramatiker Eugène Ionesco später in seinem Theaterstück »Die Nashörner« ein berühmtes Gleichnis gesetzt hat. Die biedersten Leute laufen zu den Nazis über oder schließen mit ihnen einen angstverzerrten Waffenstillstand oder ducken sich unter deren vermeintlicher politischer Genialität. Daß Deutschland wieder Ordnung gewinne und zu neuer Größe aufsteige, ist eine Parole, der viele zustimmen – auch wenn ihnen die Mittel nicht gefallen.

Rigorosität ist nicht Klemperers bevorzugte Form im Umgang mit näheren und ferneren Bekannten. Tausendmal lieber ist er verbindlich, oder wenigstens schonend, nimmt vornehme Distanz, ist bereit zu einem spöttischen Verzeihen. Aber als sich die Geister in Deutschland für lange Zeit in verheerender Weise scheiden, ist er von einer radikalen Gereiztheit, die auf eine tiefe Verletzung seiner liberalen Seele schließen läßt: »Wer kein Todfeind der Nazis ist, kann mir nicht Freund sein.«

Der erste, von dem sich die Klemperers trennen, ist der junge Ingenieur Johannes Thieme, Hausfreund seit seiner Studienzeit und langjähriger Bewohner ihres Gästezimmers, der seine beiden Wirtsleute zuletzt Mutter und Vater nannte. Ein Arme-Leute-Sohn, technisch-mathematisch sehr begabt, der sich über sein Studium an der Technischen Hochschule zäh nach oben arbeitete und nun im vollen Naziwind segelt. Arbeiterpartei, Volksgemeinschaft – »alle Phrasen von Einigkeit, Aufwärts usw. gab er mit Andacht wieder«. Daß die Nazis seinem väterlichen Freund das Menschentum und Deutschtum absprechen, rührt den Bekehrten nicht: »Du nimmst das viel zu ernst, Babba.« Amüsiert berichtet er von einer Strafexpedition in Okrilla, einem kleinen Städtchen bei Dresden: »Spießrutenlaufen lassen, durch Gummiknüppel und ein bißchen Rizinus, nichts Blutiges, aber immerhin ganz wirksam«, erzählt Thieme. Klemperer verweist ihn schroff des Hauses. »Wenn ich die Macht hätte«, zürnt er noch zwei Jahre später, »würde ich ihn erschießen lassen.«

Seit dem 7. April 1933 gilt in Deutschland das Gesetz zur Wiederherstellung des Berufsbeamtentums. Der Paragraph 3 verfügt: »Beamte, die nicht arischer Abstammung sind, sind in den Ruhestand zu versetzen.« In der Begründung schillert der latente Ungeist auf, den Klemperer Jahre zuvor aus dem Munde des arroganten Antisemiten Becker von der Leipziger Universität vernehmen konnte: Juden könnten nicht deutsch denken und seien folglich ungeeignet, Deutsche zu regieren und deren Staat zu verwalten.

Dem Frontkämpfer des Ersten Weltkriegs wird vorerst Aufschub gewährt, wenn er sich die entsprechenden Zeugnisse aus Bayern beschaffen kann. Hundertprozentig will er sich nicht darauf verlassen. An der Technischen Hochschule gibt er das Prüfungsrecht vorsichtshalber an den Italienisch-Lektor Heinrich Wengler ab. Am 17. Januar 1934 wird seine Bestellung zum Mitglied der Prüfungskommission vom Rektor durch ein Rundschreiben auch offiziell aufgehoben.

Viele Studenten laufen ihm unterdessen aus Furcht vor Schikanen davon. Altfranzösische Literatur liest er nur noch vor drei Hörern. Vorsichtig treibt er am Rande der Vorlesungen seine Wortspiele, streut ketzerische Bemerkungen ein, immer auf der Hut vor Denunziation. Solche »subjektiven Abschweifungen, Intimitäten, Unvorsichtigkeiten« haben für ihn einen starken Reiz. Über ein Kolleg im Februar 1934 notiert er: »Ich sprach halb und halb vor Gesinnungsgenossen, ich hatte immer das Gefühl, ein paar Junge sozusagen mit Schutzimpfungen zu versehen oder zu Bazillenträgern zu machen. Den Arm habe ich nie gehoben. – Wie lange werde ich dieses Spiel fortsetzen müssen, wie lange fortsetzen können?«

Als seine eifrigste Schülerin erweist sich kurioserweise die Nazi-Zellenleiterin Eva Theißig. Sie erscheint mit dem Hakenkreuz auf der Schlipsnadel zum Seminar. Als sie sich im Sommersemester verabschiedet, um nach Freiburg zu gehen, gibt er ihr den Rat: »Weniger Politik und mehr Wissenschaft!« und glaubt festzustellen, daß sie wie Tausende andere Parteianhänger zu zweifeln begonnen habe.

Im Juli 1933 wird an der Technischen Hochschule der Gebrauch des Hitler-Grußes verordnet. Auch die Landesbibliothek, die von Klemperer so geschätzt wird wegen ihrer »ozeanischen Unausschöpfbarkeit« an französischer Literatur, bleibt nicht verschont von diesem nazistischen Ritual. Der Leiter Martin Bollert, der dem Professor mit dem jüdischen Makel wohlgesonnen bleibt, unterschreibt seine Briefe fortan »Mit den besten Empfehlungen, Heil Hitler! Der Direktor«. Entschuldigend teilt er im persönlichen Gespräch mit, daß er seine Gäste zwar mit ausgestrecktem Arm, aber nur mit »Heil« begrüßt, ohne Hitler. Eine subtile Form des Widerstands, die auch Klemperer gern übernimmt.

An dem Beamteneid auf Hitler kommt indessen auch der nichtarische Professor nicht ungesehen vorbei. »Ratio mentalis« versucht er sich einzureden, geistigen Vorbehalt, und dankbar nimmt er den Trost seines jüdischen Kollegen Walter Blumenfeld entgegen, man schwöre ja nicht auf Hitler persönlich, sondern auf den Reichskanzler für die Zeit seiner amtlichen Tätigkeit.

Ehe der peinliche Akt abläuft, beschafft sich Klemperer eine kleine heimliche Selbstabsolution. In einer Vorlesung über Blaise Pascal ergreift er Partei für die Jesuiten und erläutert am Begriff des Kavalierseides die Notwendigkeit eines gelegentlichen Falscheides. Doch dann ist es soweit. Die Professorenschaft versammelt sich im Auditorium maximum. »Ein Pedell schreit: ›Seine Magnifizenz, der Herr Rektor!‹ Alles steht auf und stramm wie auf dem Kasernenhof«, notiert Klemperer über diesen peinigenden Tag. »Der Rektor, ein jüngerer Mann, [...] eilt aufs Katheder, reckt den Arm weit aus; alles erhebt die Arme. Sekundenlanges Soverharren. Dann, militärisch: ›Bitte die Herren, sich zu setzen‹. Führerprinzip – Rührt euch!« Im Chor müssen die Professoren die Eidesformel nachsprechen. Als sie das Formular unterzeichnet haben, schreit der Rektor Oskar Reuther, ein Historiker, dreimal »Sieg« und die Staatsbeamten müssen jedes Mal »Heil« brüllen, auch der schon zum Juden gestempelte Professor Klemperer.

Das geschieht am 14. November 1934. Die Ratio mentalis nützt Klemperer so gut wie gar nichts mehr. Am 30. April 1935 stellt ihm die Post seine Entlassungsurkunde zu, »unterzeichnet mit einer Kinderhandschrift: Martin Mutschmann«. Das ist der einstige Plauener Spitzenfabrikant, der zum Gauleiter und damit zum mächtigsten Mann der Nationalsozialisten in Sachsen aufgestiegen ist, ein Judenhasser der schlimmsten Sorte. Nun ist auch der Bonus des Kriegsfreiwilligen aufgebraucht.

Im Juni 1934 kommt Hitler zur Reichstheaterwoche nach Dresden. Elbflorenz im Schmuck der Hakenkreuzfahnen, die SA in ständiger Bereitschaft, der Führer in ständigem Ortswechsel und immer zu anderen Terminen als den angegebenen. Keine Chance für einen Nichtarier, ihn auch nur entfernt zu Gesicht zu bekommen. »Wie der Zar, wie ein Sultan und noch angstvoller«, schreibt Klemperer. »Die Zeichen des nahenden Zusammenbruchs mehren sich.«

Eine trügerische Schlußfolgerung. Das Gegenteil ist richtig. Die Nationalsozialisten haben den Zenit ihrer Macht noch vor sich und schicken sich an, die Schlinge um den Hals der Juden noch fester zuzuziehen. Im September 1935 lassen sie den Reichstag in Nürnberg einstimmig das Reichsbürgergesetz und das Gesetz zum Schutze des deutschen Blutes und der deutschen Ehre beschließen, das dem Staatsapparat, den Beamten, den Richtern, der Wehrmacht, den Wirtschaftsverbänden, den Universitäten, den Kirchen die Handhabung der nationalsozialistischen Rassenideologie von der Personalpolitik bis zur Toilettenbenutzung vorschreibt und der Gestapo ein unerschöpfliches Instrumentarium zur Schikanierung der Juden zuspielt.

Die Nürnberger Rassengesetze billigen volle politische Rechte nur noch Inhabern des sogenannten Reichsbürgerrechts zu. Dieses steht »Staatsangehörigen deutschen oder artverwandten Blutes« zu. Eheschließungen mit Juden gelten fortan als Blutschande. Klemperer notiert sich: »Zuchthaus auf Ehe und außerehelichen Verkehr zwischen Juden und ›Deutschen‹, Verbot ›deutscher‹ Dienstmädchen unter 45 Jahren […], Entziehung des Bürgerrechts.«

In Dresden halten die Nationalsozialisten eine Pogromkundgebung im Zirkus Sarrasani ab unter der Losung »Die Juden sind unser Unglück«. Das ist ein Satz, den der Historiker Heinrich von Treitschke fünfzig Jahre zuvor in die deutsche Geisteswelt setzte. Die Zeitung *Freiheitskampf*, ausgewiesen als »amtliche Tageszeitung der NSDAP, Gau Sachsen«, beginnt mit der Veröffentlichung von Listen mit Namen von sogenannten Rasseschändern und deren artvergessenen Ehefrauen. Auch den Klemperers droht dieser öffentliche Pranger.

Die Menschen jüdischer Abstammung werden nun systematisch aus dem gesellschaftlichen Leben verdrängt und auf ihre Privatsphäre zurückgeworfen. Mehr als 1500

Gesetze, Verordnungen und Einzelbestimmungen zählt später der Historiker Josef Walk nach. Die Entwürdigungen reichen vom Verbot der jiddischen Sprache (die Klemperer nicht beherrscht), über die Einführung des Arierparagraphen im Verein der blinden Akademiker, die Erlaubnispflicht für die Benutzung öffentlicher Verkehrsmittel, die Verweigerung des Zutritts zu öffentlichen Schwimmbädern bis zum Verbot der Haltung von Haustieren. Zu den Obszönitäten kommen die Lächerlichkeiten: Man erläßt sogar eine antisemitisch begründete Verordnung zur Wiederherstellung der Ehrlichkeit im Viehhandel.

Klemperer, immerhin jetzt 55 Jahre alt, hofft vergeblich auf ein volles Ruhegehalt. Unermüdlich arbeitet er indessen an seiner französischen Literaturgeschichte des 18. Jahrhunderts ohne irgendeine Chance für die Publikation. Am 9. Oktober 1936 erfährt er in der Landesbibliothek, daß er nicht mehr in den Lesesaal darf. Ein Bibliothekar bietet ihm an, in den Katalogsaal zu gehen oder die bestellten Bücher mit nach Hause zu nehmen.

Am Nachmittag begibt sich Klemperer zur Totenfeier für seinen Juristenkollegen James Breit, dessen Werke man gerade aus der Bibliothek der Technischen Hochschule auszusortieren begonnen hat – auch ein sogenannter Nichtarier, auch aus jüdischem Hause stammend und protestantisch getauft. Der Trauerredner betont, wieviel dieser Mann dem deutschen Recht gegeben habe. Klemperer fühlt sich hochgerissen und schwört, weiterzumachen, »einerlei, ob man ein juristisches Buch schreibt oder die Geschichte der französischen Revolution«.

Doch das sind nur Selbsttäuschungen. Vier Monate später wäre er froh, wenn ihm sein früherer Italienisch-Kollege Wengler aus der Seminar-Bibliothek, die Klemperer 15 Jahre lang gepflegt und bereichert hat, »die kritische Ausgabe der ›Héloise‹ (und etliches andere) entleihen könne«. Der Mann, dem Klemperer sein Prüfungsrecht abtrat, wagt nicht, die erbetenen Bücher mitzubringen, »das neue Beamtengesetz sei zu streng, [...] deutschblütige Menschen und so«.

Der ausgegrenzte Romanist macht dem anderen nicht einmal einen Vorwurf: »Es war tapfer, daß er mich überhaupt besuchte.« Der TH-Kollege hat nämlich gerade einen Einsatz beim Arbeitsdienst in einem Lager bei Königs Wusterhausen hinter sich. Uniformierte Studienräte, herbeigeholt für Erdarbeiten, Sportübungen und Bildungsvorträge über Themen wie die fehlende Tierliebe bei Franzosen und Juden, wohnten zu sechst auf einem Barackenzimmer. Auch die arischen Akademiker bleiben von nationalsozialistischer Drangsal nicht verschont. Indoktrinierung macht willfährig, Disziplin übt für die Härten des kommenden Krieges.

LTI
»Die Sprache bringt es an den Tag«

Im Juni 1933 beginnt Victor Klemperer, Notizen über die Sprache zu machen, die im Dritten Reich aufkommt. Je weniger er sich frei bewegen, je weniger er sehen, je weniger er lesen darf, desto mehr verläßt er sich aufs Hören und Sammeln und Notieren. Die Worte und die Art, wie sie an sein Ohr dringen, geben ihm wichtiges Material für die Orientierung in einer Welt der Desinformation und der politischen Schizophrenie.

»Am Sonnabend, 4., hörte ich ein Stück der Hitlerrede aus Königsberg«, notiert er Anfang März 1933. »Ich verstand nur einzelne Worte. Aber der Ton!« Niemals, so bekennt er 13 Jahre später in seiner berühmten Sprachanalyse *LTI*, »habe ich von mir aus verstanden, wie er mit seiner unmelodischen und überschrienen Stimme, mit seinen grob, oft undeutsch gefügten Sätzen, mit der offenkundigen, dem deutschen Sprachcharakter völlig konträren Rhetorik seiner Reden die Masse gewinnen und auf entsetzlich lange Dauer fesseln konnte.«

Adolf Hitler, der Führer, und Josef Goebbels, sein Dauerlautsprecher, besaßen ein teuflisches Talent für den Mißbrauch der deutschen Sprache. Kaum an die Macht gelangt, erscheinen in der nationalsozialistischen Propaganda massenhaft Begriffe wie »nationale Erhebung«, »Volkskanzler«, »Schutzhaft« – Worte und Wendungen der Verschleierung, der Fälschung und der Lüge. Am 20. April 1933, Hitlers vierundvierzigstem Geburtstag, der zum Volksfeiertag ausgerufen worden ist, notiert Klemperer »Suggestion der ungeheuren Propaganda –

Film, Radio, Zeitungen, Flaggen, immer neue Feste [...].
Oder ist es zitternde Sklavenangst ringsum?«

Als Jude hätte er sich auf keine Veranstaltung mit Hitler oder Goebbels wagen dürfen. So er hat diese Volksverderber nie selbst gesehen. Bewerten kann er sie nur nach Gelesenem und Gehörtem. Und nach ihren Wirkungen, die er in seiner Umwelt beobachtet. Beinahe fassungslos berichtet er von der leidenschaftlichen Menschenmenge, die sich vor der angestrahlten Hotelfront am Dresdner Hauptbahnhof drängt, wo man Lautsprecher aufgestellt hat, während SA-Leute auf Balkons riesige Hakenkreuzfahnen schwenken und sich vom Bismarckplatz her, wo die Technische Hochschule steht, ein Fackelzug nähert. Oder von den Bildern im Kino, Hitlers »wenige Sätze vor großer Versammlung – geballte Faust, verzerrtes Gesicht, wildes Schreien – ›am 30. Januar haben sie noch über mich gelacht, es soll ihnen vergehen, das Lachen‹«. Oder über die Radioübertragung aus einer Maschinenhalle in Berlin-Siemensstadt: »Der Erlöser kommt zu den Armen. [...] weite Passagen im weinerlichen Ton des predigenden Sektierers [...], ordnungslos, leidenschaftlich; jeder Satz verlogen, aber ich glaube beinahe: unbewußt verlogen. Der Mann ist ein enger Schwärmer.«
Der Philologe Klemperer beurteilt den Führer später als einen Psychopathen, dessen Verkoppelung mit deutschen Unglücksgefühlen zu den grauenvollsten Exzessen der Menschheitsgeschichte geführt hat. Was ihm 1933 entgegentritt, ist pervertiertes Deutschtum. Da spricht kein Ankömmling aus einer grausamen Zivilisation von einem anderen Stern, sondern einer, der sein Instrumentarium gesammelt hat auf deutschem Kulturboden und seine diabolischen Fähigkeiten an der Seele dieses irritierten Volkes bis zur kollektiven Katastrophe austobt.
Er glaube, schreibt Klemperer nach dem Krieg in *LTI*, daß Hitler sich wirklich für einen neuen deutschen Hei-

land zu halten bestrebt war, daß in ihm die Überspannung des Cäsarenwahns in ständigem Zwist mit den Wahnideen des Verfolgtseins lag, wobei beide Krankheitszustände sich wechselseitig steigerten, und daß eben von solcher Krankheit her die Infektion auf den vom ersten Weltkrieg geschwächten und seelisch zerrütteten deutschen Volkskörper übergriff.«

Daneben Josef Goebbels, der »Reklameminister«, der »giftigste und verlogenste aller Nazis«, der die Juden »wie Flöhe und Wanzen vertilgen« will, obwohl er selbst »ungemein jüdisch« aussehe. Er sei »der Gebildete in der Regierung, d. h. der Viertelgebildete unter den Analphabeten.« Goebbels wirkt auf Klemperer nicht nur in seiner äußeren Erscheinung wie eine Täuschung, als das Gegenteil des blonden Prachtgermanen, den die nationalsozialistische Rassenlehre auf ihr Podest stellt. Nachdem er im Radio einer Rede des Propagandaministers zugehört hat, bekennt er: »Der Visage und Gesinnung nach hätte ich geglaubt, er müsse hell schneidig und schnoddrig sprechen.« Nun ist er »doppelt erstaunt über seinen Baß und über die pastorale Gesalbtheit und Herztönigkeit seines Vortrags«. In *LTI* vermerkt er später: »Herr Goebbels rechnet mit einer betrunken gemachten Masse. Und außerdem noch mit der Angst der Gebildeten.«

Die Sprachanalyse ist nun gleichsam Klemperers Sonar, da er sich nur noch wie ein U-Boot in der deutschen Gesellschaft bewegen kann. Veränderungen in der Nazisprache signalisieren ihm Veränderungen in der Politik. »Ich habe beobachtet: Seit dem 20. 6. ist in den Regierungskundgebungen nicht mehr von ›nationaler Erhebung‹ (Etappe I) oder von ›nationaler Revolution‹ (II) die Rede, sondern von ›national-sozialistischer Revolution‹. Dazu das neue Schlagwort: angestrebter ›totaler Staat‹. Unter dem ›Volkskanzler‹. Am 29. 6. sagt ein Reichsminister (Goebbels in Stuttgart) zum erstenmal in öffentlicher Rede: Wir dulden keine Parteien neben uns, Hitler ist ›unumschränkter Herr‹ in Deutschland.« Das Wort »Gleichschalten« fällt dem Philologen auf, die Sammelbeschreibung für die Unterwerfung aller noch bestehenden Parteien, Organisationen, Kulturbünde, aller staatlichen Institutionen, der Justiz, des Schulwesens unter das Diktat der neuen Macht. »Aufgezogen« stehe als mechanistischer Begriff für deutsche Organisationsprahlerei, »fanatisch« und »Gefolgschaftstreue« für hohe nazistische Tugenden, »Mischehe«, »artfremd«, »Rassenschande« dagegen als Vokabular antisemitischer Demütigung. Aus einer Berliner Rede Hermann Görings, des Ministerpräsidenten und zweiten Mannes in der Nazihierarchie, zitiert er: »›Wir alle, vom einfachen SA-Mann bis zum Ministerpräsidenten, sind von Adolf Hitler und durch Adolf Hitler. Er ist Deutschland.‹ Sprache des Evangeliums.«

Ein Giftquell, der unversiegbar zu sein scheint. »Die Studie über die Sprache des 3. Reiches bewegt mich immer mehr«, hält Klemperer am 27. Juli 1934 im Tagebuch fest, und er legt sich ein Arbeitsprogramm zurecht: »Literarisch auszubauen, etwa ›Mein Kampf‹ lesen, wo dann die (teilweise) Herkunft aus der Kriegssprache deutlich werden muß.« Mechanistischen Stil, enzyklopädischen Stil, Reklamestil, germanischen Stil hat er ausgemacht. »Auf die Kriegssprache (›Arbeitsschlacht‹) weist Eva hin.« Die »Treue«, die auf dem Nürnberger Reichsparteitag beschworen wird, der Anspruch auf »Ordnung auf *tausend Jahre*«, der Wahlspruch »*Deutschsein heißt klar sein*« – er will das vergleichen mit der einst alles umpflügen wollenden Sprache der französischen Revolution und mit der gebärdenbeladenen Sprache des italienischen Faschistenführers Mussolini. Die drei Buchstaben LTI stehen in den philologischen Notizen als Abkürzung für Lingua Tertii Imperii, die Sprache des Dritten Reiches. Sie persiflieren die erbärmliche sprachverarmende Abkürzungsmanie der Nationalsozialisten. »Es gab den

BDM [Bund Deutscher Mädel] und die HJ [Hitlerjugend] und die DAF [Deutsche Arbeitsfront] und ungezählte andere solcher abkürzender Bezeichnungen«, so beginnt Klemperer das erste Kapitel seines im Jahr 1947 erschienenen Buches. Die Abkürzung LTI habe ihm in seinem Tagebuch gedient »als parodierende Spielerei zuerst, gleich darauf als ein flüchtiger Notbehelf des Erinnerns, als eine Art Knoten im Taschentuch, und sehr bald und nun für all die Elendsjahre als eine Notwehr, als ein an mich selbst gerichteter SOS-Ruf steht das Zeichen LTI in meinem Tagebuch«.

Nicht das Etymologische, der Ursprung des Wortes, nicht das Semantische, der eigentliche Wortsinn, nicht die Stilübung, sondern die Art des Umgangs mit dem deutschen Wortmaterial im Dritten Reich, die Verbiegungen, die Tarnungen, die Mißbräuche, die Lügengewebe – das schlüsselt der Philologe auf, um in seiner Bedrängnis an die Wahrheit heranzukommen, die in dieser Zeit wie nie zuvor dem Volk, das diese Sprache spricht, vorenthalten wird. »Die Sprache bringt es an den Tag«, schreibe er in *LTI*. »Die Aussagen eines Menschen mögen verlogen sein – im Stil seiner Sprache liegt sein Wesen hüllenlos offen.«

Das Tagebuch wird seine Balancierstange, ohne die er »hundertmal abgestürzt wäre. In den Stunden des Ekels und der Hoffnungslosigkeit, in der endlosen Öde mechanischster Fabrikarbeit, an Kranken- und Sterbebetten, an Gräbern, in eigener Bedrängnis, in Momenten äußerster Schmach, bei physisch versagendem Herzen – immer half mir diese Forderung an mich selber: beobachte, studiere, präge dir ein, was geschieht – morgen sieht es schon anders aus; halte fest, wie es eben jetzt sich kundgibt und wirkt.«

Der Verfolgte bekennt eigenen Zwiespalt bei dieser Analyse: Zuerst, »solange ich noch keine oder sehr gelinde Verfolgung erfuhr, wollte ich so wenig als möglich von ihr hören. Ich hatte übergenug an der Sprache der Schaufenster, der Plakate, der braunen Uniformen, der zum Hitlergruß gereckten Arme, der zurechtgestutzten Hitlerbärtchen. Ich flüchtete, ich vergrub mich in meinen Beruf. [...] Warum mir durch das Lesen nazistischer Schriften das Leben noch weiter vergällen als es mir durch die allgemeine Situation vergällt war? [...] Grölte irgendwo auf der Straße die Stimme des Führers oder seines Propagandaministers, so machte ich einen weiten Bogen um den Lautsprecher, und bei Zeitungslektüre war ich ängstlich bemüht, die nackten Tatsachen – sie waren in ihrer Nacktheit schon trostlos genug – aus der ekelhaften Brühe der Reden, Kommentare und Artikel herauszufischen.«

Schon der Begriff »Drittes Reich« war so ein Schlagwort, über dessen Herkunft sich kaum jemand Gedanken machte. Hitler stahl es von dem Buchtitel einer kurz vor seinem Haßtraktat erschienenen Schrift des heute unbekannten Arthur Moeller van den Bruck. Dieser Historiker predigte eine konservative Revolution und die radikale Verneinung des Liberalismus des Westens in einem »Dritten Reich«, er glaubte an eine spezielle deutsche Sendung und erwartete die Erfüllung seiner Ideen durch eine Annäherung an die Völker des Ostens. Als Moeller längst im Selbstmord geendet war und sich nicht mehr wehren konnte, vereinnahmten ihn die Ideologen des Nationalsozialismus: nach dem Heiligen Römischen Reich Deutscher Nation und dem Bismarck-Reich das Dritte Reich, geboren aus dem Geist der Rassenseele.

Der Philologe schaut nicht nur den Nazibonzen wie Goebbels und Göring aufs Maul, er ortet den Virus des Ungeists auch im universitären Milieu: »Die philologischen Fachschriften, die Zeitschriften des Hochschulverbandes bewegen sich derart in Gesinnung und Jargon des dritten Reiches, daß jede Seite Brechreiz verursacht. Die Novemberlinge – Hitlers eiserner Besen – der jüdische Geist – die Wissenschaft frei auf nationalsozialistischer Basis usw. usw.«

Später, als er das Katheder verloren hat, von den Bibliotheken ausgesperrt, ins Judenhaus geworfen und zur Zwangsarbeit getrieben wird, als er die wenigen Bücher, die er für sich retten kann, zwischen dem Kohlenvorrat wie Anheizmaterial verstecken muß, schärft er seinen Empfangsapparat für alles, was von draußen zu ihm dringt, weiter. »Ich beobachtete immer genauer, wie die Arbeiter in der Fabrik redeten und wie die Gestapobestien sprachen und wie man sich bei uns im Zoologischen Garten der Judenkäfige ausdrückte. Es waren keine großen Unterschiede zu merken; nein, eigentlich überhaupt keine. Fraglos waren alle, Anhänger und Gegner, Nutznießer und Opfer, von denselben Vorbildern geleitet. Ich suchte dieser Vorbilder habhaft zu werden.«

Die selbstgewählte Aufgabe als Chronist ist Klemperers Antwort auf den Einbruch der nazistischen Barbarei in all das, was ihm am Deutschtum einmal wertvoll erschien. Der Beobachtungsposten ist sein Widerstandsnest. Kontakt zum aktiven Widerstand sucht er indessen nicht. Die Nazizeit vereinzelt den Individualisten nur noch mehr. »Zum erstenmal in meinem Leben habe ich einen politischen Haß gegen das Kollektivum einer Gruppe (im Kriege nicht), einen tödlichen«, bemerkt er im April 1933. Dem Gesetz kann er sich beugen, Gruppendruck jeglicher Art bedeutet für ihn unannehmbare Willkür.

Gerade diesen aber beobachtete er nun im Lager seiner Feinde. Im September 1934 wird das Studentenleben militarisiert, zwei Semester lang müssen die TH-Kommilitonen in Kameradschaftshäusern wohnen und Einheitstracht tragen. Die studentischen Verbindungen werden aufgelöst. Wie ein Fremder schaut Klemperer, der zu dieser Zeit noch im Amt ist, auf diese Welt herab: »Es geschieht ihnen gerade so recht mit ihrem Reinfall wie der Deutschnationalen Partei.« Eher trostbedürftig als zuversichtlich formuliert er »die leise Hoffnung, daß sich hier unter den Verbindungsstudenten nun eine neue Front gegen die Nationalsozialisten bildet. Aber es sind alles nur Gärungsfronten. Und bis zur durchgreifenden Explosion kann es Jahre dauern.«

Einmal, als die Nachricht vom Röhm-Putsch Dresden erreicht, empfindet der Verfemte Genugtuung. Der SA-Chef Ernst Röhm hat sich in einen Machtkampf mit Hitler verstrickt. Dieser läßt die SS und die Gestapo, gedeckt von der Reichswehr, am 30. Juni 1934 eine Nacht der langen Messer veranstalten. Etwa 200 Personen werden ermordet, darunter auch mißliebig gewordene Konservative wie der ehemalige Reichswehrgeneral und Reichskanzler Kurt von Schleicher. »Gar kein Gefühl für die Besiegten«, verspürt Klemperer, »nur die Wonne, a) daß man sich gegenseitig auffrißt, b) daß Hitler nun wie ein Mann nach dem ersten Schlaganfall ist.« Die Hochstimmung hält jedoch nur kurz: »Als am nächsten Tag alles ruhig blieb, war ich freilich deprimiert.«

Im Januar 1935, als die Bevölkerung des Saarlandes sich gegen Frankreich und für den Anschluß an Deutschland entscheidet, flaggt Klemperer im Jubelmeer der Hakenkreuzfahnen von Dölzschen schwarzweißrot. Was aussieht wie eine sentimentale Erinnerung an die Weimarer Republik, ist ein Notbehelf, denn irgendeine Fahne muß sein. Die Nachbarn nennen sie die »Judenfahne«, und so holt er sie gleich wieder ein mit dem bitteren Gefühl, Hitler sei »unvertilgbar und die schmutzige Sklaverei durchaus im Sinn Deutschlands und wirklich 90 Prozent aller Deutschen angemessen«.

Ein Sympathiekontakt bleibe noch zu Friedrich Delekat, dem mutigen Professor für Religionswissenschaften an der Technischen Hochschule, der in der Kreuzkirche predigt. Delekat hat sich der Bekennenden Kirche angeschlossen, dem 1933 von dem Pfarrer Martin Niemöller gegründeten Oppositionsbund deutscher Christen gegen den Nationalsozialismus. 1936 wird dieser Mann vom Gauleiter Martin Mutschmann zwangspensioniert, weil er sich weigert, seine Vorlesungen im Sinne des Nationalsozialismus auszurichten.

Später, im November 1941, als Klemperer den Judenstern trägt, wird er von Delekat eingeladen in die eleganten Geschäftsräume der Bekennenden Kirche in Dresdens Nobelstraße Johann-Georgen-Allee. Im Politischen verständigen sie sich leicht: Nur ein Kompromißfrieden ohne Hitler könne Deutschland retten vor dem Verbluten. Aber als der Besucher auf die Kirchensteuer zu sprechen kommt – er muß 279 Mark an die sogenannte Reichsvereinigung der Juden zahlen, die völlig unter staatlicher Kontrolle steht, und würde das Geld lieber der Bekennenden Kirche geben –, da bricht Mißtrauen auf. Delekat redet von Gestapo-Überwachung und überläßt die Entscheidung dem »Gewissenszwang«. Klemperer entgegnet: »Sie haben Angst, Judenkirche zu heißen. Mich kränkt das.« Und schroff setzt er hinzu: »Sie wollen also nicht, daß einer mit dem Judenstern in Ihre Gottesdienste kommt?« So gleitet die vielleicht einzige Chance für Klemperer, am Widerstand eines Kollektivums gegen die Naziherrschaft teilzuhaben, ungenutzt vorbei.

Zu den Kommunisten, die zuerst und am härtesten von den Nationalsozialisten verfolgt werden, zieht ihn schon gar nichts. Einmal, kurz vor Weihnachten 1934, fällt ihm »ein kommunistisch hetzerisches Rundschreiben der Dölzschener Organisation« in die Hand, das sich gegen die höheren Beamten wendet. Als sei er selbst damit gemeint, notiert er: »Darin wurde nicht nur auf ihren ›Gänsebraten‹ geschimpft, sondern auch darauf, daß sie nach ihrem Dienst nicht mehr in die Versammlungen kommen wollten, daß sie es vorzögen, ›Eigenbestrebungen‹ nachzugehen.« Gleich zeigt sich wieder seine Abneigung gegen das Kollektivum: »Man soll eben Masse sein, alles Eigene ist ›Volksverrat‹.«

Nationalsozialismus oder Kommunismus – nicht einmal das Gedankenspiel bietet für Klemperer im Jahr 1937 eine Alternative: »Ganz Deutschland zieht Hitler den Kommunisten vor. Und ich sehe keinen Unterschied zwischen beiden Bewegungen; beide sind sie materialistisch und führen in Sklaverei.« Die Ansicht bestätigt er in seinem Jahresrückblick: »Beide sind materialistisch und tyrannisch, beide mißachten die Freiheit des Geistes und des Individuums.« Die SA mit ihrem proletenhaften Erscheinungsbild gilt ihm als so etwas wie der kommunistische Flügel in der nationalsozialistischen Bewegung. Als er in der Zeitung *Freiheitskampf* die erste Rede Hitlers nach der Röhm-Affäre liest, hat er »fast ein menschliches Mitleid« mit ihm. »Der Mann ist verloren und *fühlt* es. [...] Ungeheuer interessant war Hitlers Wort vom drohenden ›Nationalbolschewismus‹. Er rühmt sich, die Kommunisten ›ausgerottet‹ zu haben. Er hat sie organisiert und bewaffnet, er hat sie durch seine Rassenlehre verroht und vergiftet. Was Hitler noch hält, ist nur die Angst vor dem nachfolgenden Chaos.«

Im Sommer 1936 nimmt Klemperer zum ersten Mal deutlich Anzeichen einer wachsenden Kriegsgefahr wahr. Der Achsenpartner Italien hat sich in einem kurzen Kolonialkrieg unbehindert Äthiopien in die Tasche stecken können, damals noch Abessinien geheißen. In Spanien ist der monarchistische General Franco zum Bürgerkrieg gegen die Republik angetreten, der Zehntausende Freiwillige aus Europa und Amerika zu Hilfe kommen, indem sie internationale Brigaden bilden. Die Sowjetunion stützt die Republikaner, Italien und Deutschland bereiten den militärischen Eingriff zugunsten Francos vor. »In Barcelona sind vier Deutsche als Märtyrer von einem Revolutionsgericht ›ermordet‹ worden«, hat Klemperer aus dem Radio erfahren,»und schon vorher hieß es, die emigrierten Juden hetzen dort gegen Deutschland.«

In Berlin gehen 1936 die Olympischen Spiele über die Bühne, für das Hitler-Regime Gelegenheit zu einer gewaltigen Propaganda-Schau. »Doppelt zuwider« ist Klemperer die Olympiade »1. als irrsinnige Überschätzung des Sports; die Ehre eines Volkes hängt davon ab, ob ein Volksgenosse zehn Zentimeter höher springt als alle andern. [...] 2. weil sie nicht eine Sache des Sports ist – bei uns meine ich –, sondern ganz und gar ein politisches Unternehmen. [...] Immerfort wird dem Volk und den Fremden eingetrichtert, daß man hier den Aufschwung, die Blüte, den neuen Geist, die Einigkeit, Festigkeit und Herrlichkeit, natürlich auch den friedlichen, die ganze Welt liebevoll umfassenden Geist des Dritten Reiches sehe.«

Ihm ist nicht entgangen, daß die auf versöhnliche Töne getrimmte Olympia-Propaganda ihre kriegerische Kehrseite nur versteckt: »In englisch geschriebenen Artikeln werden ›Unsere Gäste‹ immer wieder darauf hingewiesen, wie friedlich und freudig es bei uns zugehe, während in Spanien ›kommunistische Horden‹ Raub und Totschlag begingen.« Sprache des Dritten Reiches auch in der Auslandspropaganda.

Kaum sind die Spiele vorbei, da fällt dem LTI-Analytiker auf: »Die Spanienhetze tritt gegen die Rußlandhetze zurück. Jeden Tag aufregende Nachrichten über die russischen Kriegsvorbereitungen gegen Deutschland.« Für die politische Analyse zieht er Machiavelli zu Rate. Der Satz des Florentiners über das einstige Patt der Kräfte bei der Einigung Italiens finde »ein Analogon in der augenblicklichen europäischen Lage. [...] Die Mächte des Liberalismus, d. h. im Grunde der wägenden Vernunft, Frankreich und England, sind zu schwach, um von sich aus beide Radikalismen und Fanatismen, Bolschewismus und Nationalsozialismus, abzuwehren; sie müssen sich auf einen von beiden lehnen, um dem anderen standzuhalten, und müssen sich in jedem Augenblick fragen, welcher von beiden ihnen das kleinere Übel bedeutet.«

Vier Monate später werden Klemperers Prognosen präziser und seine Stimmung fatalistischer. »Vielleicht kommt der Krieg, der alle Tage näher droht (Spanien und dreimal Spanien, dann Polen-Danzig, dann die Tschechei, und immerfort das Raubtiergeschrei nach Kolonien und das Toben gegen ›Rußland-Juda‹ (so sah ich's neulich im ›Freiheitskampf‹), und vielleicht bringt er Umschwung und Hilfe oder Tod, jedenfalls Ausgang, und vielleicht wird das mit Tokio was, und jedenfalls: I cannot help.«

Das Szenario des Kriegsausbruchs ist damit schon weitgehend beschrieben, nur an der Reihenfolge wird sich etwas ändern. Als Hitlers Truppen im März 1938 in Österreich einmarschieren, schwappt die Welle des Chauvinismus bis auf den Kirschberg. Die Klemperers sind die einzigen, die keine Anteilnahme an der großdeutschen Euphorie zeigen: »Seit acht Tagen wehen die Fahnen, seit gestern klebt an jedem Pfeiler unseres Zauns ein breiter gelber Zettel mit Davidstern: *Jude*. Warnung vor der fahnenlosen Pestbaracke.« Sie müssen das Glokkengeläut ertragen, das aus Dresden heraufschallt, »dazu das Rauchrot der Fackelzüge über der Stadt, illuminierte Fenster selbst hier oben in unserer Einsamkeit«. Und LTI aus allen Propagandarohren. Das nationalsozialistische Hetzblatt *Der Stürmer* habe »seinen üblichen Ritualmord ausgegraben; ich würde mich nicht wundern, wenn ich nächstens eine Kinderleiche im Garten fände. [....] Ich glaube nicht, daß man mich hier noch vier Jahre sitzen läßt.«

Im nunmehr Großdeutschen Reich treibt der Führerkult um Adolf Hitler auf den Höhepunkt zu. Der Reichsjugendführer und Statthalter in Wien, Baldur von Schirach, bestimmt Braunau am Inn, die österreichische Geburtsstadt Hitlers, zum Wallfahrtsort für die deutsche Jugend. »Seit Tagen tritt das Gottesgnadentum immer deutlicher hervor. In der Zeitung immer wieder: *Er* ist das Werkzeug der Vorsehung. [...] Überall große Faksimiles der bischöflichen Zustimmung in Österreich. Wir denken, er wird sich zum Kaiser krönen lassen. Als Gesalbter des Herrn, christlich.«

Sechs Monate danach, und die Kriegsmaschine rückt vor bis auf die Elbbrücken. In München haben am 2. Oktober die Regierungschefs Großbritanniens und Frankreichs mit Hitler und Mussolini ohne die betroffene Tschechoslowakei das Abkommen über Angliederung des Sudetenlandes an Deutschland unterzeichnet, in der Annahme, daß die deutschen Territorialforderungen nun befriedigt und die Revision des Versailler Vertrags von 1919 vollendet sei. Auf den Elbbrücken sieht Klemperer die Maschinengewehre postiert. Wenige Kilometer südlich von Dresden rücken deutsche Truppen ohne einen Schuß in das Sudetenland ein, von einer monatelang emotionalisierten Bevölkerung mit jubelndem Hitlergruß empfangen. Ein »unausdenkbar ungeheurer Erfolg«, notiert der zutiefst deprimierte Klemperer. »Man wechselt Friedens- und Freundschaftswünsche mit England und Frankreich, Rußland ist geduckt und still, eine Null. [...] Aber wir sind nun zur Negersklaverei, zum buchstäblichen Pariatum verurteilt bis an unser Ende.«

Am 1. September 1939 fällt die deutsche Wehrmacht in Polen ein. Deutschland und die Sowjetunion haben sich überraschend am 23. August auf einen Nichtangriffspakt geeinigt und in einer Geheimklausel auf die Aufteilung Polens. Klemperer hält fest: »Dagegen ist Machiavelli ein schuldloser Säugling.«

Drei Tage lang hält sich in Dresden das Gerücht, England und Frankreich blieben neutral. Victor sagt zu Eva, dann sei »für uns eine Morphiumspritze oder etwas Entsprechendes das Beste«. Am 4. September vorübergehende Erleichterung, als die englische Kriegserklärung bekannt wird. Sie entkorken eine Flasche Sekt, die sie aufgehoben haben seit Evas Geburtstag für den Tag, an dem sie wieder hoffen können: »Jetzt muß sich entscheiden, ob Hitler allmächtig ist, ob seine Herrschaft eine unabsehbar dauernde ist, oder ob sie jetzt, *jetzt* fällt.«

Aber der Sekt spült die Ängste nicht weg. Hitler hat das Vokabular gewechselt: »Es heißt jetzt, der Feind ist die *jüdische Plutokratie* statt ›der jüdische Bolschewismus‹.« Die LTI ist schon der neuen Lage angepaßt. Für einen, der für die nationalsozialistische Weltsicht beliebig dem einen oder anderen Erbübel zuzuordnen ist, kann es nur schlimmer kommen.

Das Refugium
»Flache Dächer sind ›undeutsch‹«

Zurück in das Jahr der Machtergreifung Hitlers. Am 9. Oktober 1933, seinem 52. Geburtstag, acht Monate Naziherrschaft hat er schon ertragen, nennt Victor fünf Geburtstagswünsche: »Noch einmal Eva gesund sehen, im eigenen Haus, an ihrem Harmonium. Nicht jeden Morgen und abend zittern müssen vor einem Weinkrampf. – Das Ende der Tyrannei und ihren blutigen Untergang erleben. Mein 18. Jahrhundert fertig und gedruckt sehen. – Keine Seitenschmerzen und keine Todesgedanken.« Er glaubt freilich nicht, daß sich auch nur einer dieser Wünsche erfüllen werde.

Das Jahr 1933 hat für die Klemperers auch privat nicht gut angefangen. »Die Qualen des neuen Jahres die gleichen wie vorher: das Haus, Frost, Zeitverlust, Geldverlust, keine Kreditmöglichkeit, Evas Verbohrtheit in den Hausbau und ihre Verzweiflung immer noch wachsend.« Sie mußten Nickelchen, einen ihrer beiden Kater, kastrieren lassen, und Victor hat von den Tieren »manchmal den Eindruck, sie seien das einzige, was für Eva noch eine reine Freude und sichere Lebensbindung bedeute. Auch beklagt er häusliche Mühen und geistige Blockaden, »das stundenlange Heizen, Abwaschen, Wirtschaften. Und das ständige Zuhausesitzen. Und das Nichtarbeiten-, Nichtdenkenkönnen.«

Eine bedrückende Bilanz. Der hochleistungsfähige Spätaufsteiger, der sich mit seinem bescheidenen Dresdner Katheder nie zufriedenzugeben bereit war, ist nun beruflich und gesellschaftlich zum Rückzug gezwungen.

Er sieht allenfalls noch eine Chance auf ein privates Refugium.

Das schlägt auf den ganzen Mann. Ganz offensichtlich verschlimmert sich zu dieser Zeit die Angina pectoris. »Zu dem politischen Druck die Qual der ewigen Schmerzen im linken Arm, des ewigen Sterbegedankens.« Zum Arzt geht er nicht. »Er sagt mir doch nichts, verbietet mir höchstens das Rauchen. Berthold wurde 59 Jahre alt, vielleicht hält es bei mir ebenso lange. Und bisweilen ist mein sinnloses Grauen vor dem Tode schon jetzt paralysiert durch den vielen Kummer und die Dumpfheit. Ich sehe keinen Ausweg.«

Nicht einmal die alte Kinoleidenschaft bringt den Bedrängten Aufheiterung. Sie sehen den Film »Menschen im Hotel«, gedreht nach dem damals berühmten Roman der Österreicherin Vicki Baum, und Victor beklagt: »Eva ist so schwer zum Besuch zu bewegen. Und wenn es ihr dann nicht zusagt und sie elend dort sitzt, habe ich doch keinen Genuß.«

So gibt es für Victor nur noch die Droge Schreiben. »Ich will, nein: ich muß nun wieder den Albdruck des ›Frankreichbildes‹ aufnehmen. Ich will mich jetzt zum Schreiben zwingen und Kapitel um Kapitel die noch fehlende Lektüre nachholen.«

Ein Vorsatz, den er um so beharrlicher wiederholt, je mehr ihn die äußere Misere beutelt. Im Sommer 1934, bei den Vorbereitungen für den Umzug in das Haus auf dem Kirschberg, stößt er auf völlig vergessene Voltaire-Exzerpte, die er in seiner Zeit als Zensor im Ersten Weltkrieg gemacht hat. Der Fund gibt ihm Anlaß zu einer »Ordre für mich selber: Du *mußt* schreiben, mag es nun gut oder schlecht, fett oder mager, selbständig oder Imitation werden – dann ist es doch bisher nie so ganz schlecht und dürftig ausgefallen. Warum soll ich diesmal versagen? Ich bin noch kaum 53 Jahre alt. Ich muß mir wie ein Calvinist beweisen, daß ich noch in der Gnade bin.«

Evas Verfassung scheint noch bedenklicher. Sie ist seit Jahren depressiv, erleidet häufig Ohnmachtsanfälle und hält sich mitunter für gelähmt. »Ich bin zufrieden, wenn Eva einen Morgen ohne Wein- und Schreikrampf beginnt, einen Abend leidlich einschläft.«

Evas Droge ist das Haus. Für diese Leidenschaft hat Victor großes Verständnis, obwohl er sie nicht teilt. Die jahrelangen Bemühungen um Kredite und Genehmigungen hat er geduldig auf sich genommen, sie nehmen kein Ende. Demütig macht der Professor Bittgänge zu den Banken, weil er meint: »*Ohne* den Bau schleppe ich Eva nicht mehr lange durchs Leben.« Aber niemand in Deutschland vertraut zu dieser Zeit auf eines Juden Zukunft.

Noch ehe an irgendwelche eigene Bautätigkeit in Dölzschen zu denken ist, müssen sich die Klemperers an den Kosten für den Bau einer Kanalisation beteiligen. Das sind für sie 340 Mark, ein Preis, den sie angesichts ihrer immer unsicherer werdenden Finanzlage lieber in Raten bezahlen. Sie können nicht mehr auf Honorare rechnen, nur noch auf sein Monatsgehalt von 800 Mark. Und immer einer Kürzung gewärtig.

Von den Verlagen, die unter dem Gleichschaltungsdruck der Nationalsozialisten stehen, kommen keine guten Nachrichten. Teubner in Leipzig empfiehlt dem bisherigen Stammautor, sich besser einen Verlag im Ausland zu suchen. Von Quelle & Meyer, wo Klemperer »Das neue deutsche Frankreichbild (1914–1933)« unter Vertrag hat, wird er freundlich um Verzicht gebeten. Man sei »zu sehr von nichtsachverständigen ›Betriebszellen‹ überwacht«. Er will schon resignieren, aber Eva zeigt Härte und verlangt: »Auch nicht den Schein eines freiwilligen Verzichts!« So riskiert er den Prozeß. Es geht um 600 Mark. Ein Jahr später bekommt er recht. Einen Anteil von zwei Siebentel der Prozeßkosten muß er dennoch übernehmen. Es bleiben ihm 337,20 Mark. Sie brauchen alles für ihre Hausträume.

Aber mit der Kreditbeschaffung haben sie immer noch kein Glück. Ein polnischer Jude, Sandel mit Namen, verspricht 1500 Mark aufzutreiben, kassiert 240 Mark Provision und will, als Klemperer merkt, daß er keine Gegenleistung bekommt, nicht zurückzahlen. Er »rechnet darauf, daß ich ihn aus Angst nicht anzeige – (jetzt einen Juden, ich!)«. So versucht er, Geld bei Auswanderern zu leihen, die nach Palästina gehen, und etwas frei kriegen, weil sie ihrerseits ihre Häuser verkaufen müssen. Auch das vergeblich.

Das Hausprojekt schreitet dennoch allmählich voran. Eva kauft Gartengerät und Bäume und fährt mitunter täglich zum Kirschberg hinauf, um zu pflanzen und den Zaun zu streichen. Im April 1934 haben sie den Keller im Rohbau fertig. Im Mai lassen sie eine sieben Zentner schwere Eibe setzen, die Victor zu Weihnachten spendiert hat, und Eva »gärtnert fanatisch weiter«.

Doch die Bürokratie der Nationalsozialisten hat auch hier ihre Instrumente, dem Juden das Leben schwerzumachen. »Die Bauvorschriften des Dritten Reiches verlangen ›deutsche‹ Häuser, und flache Dächer sind ›undeutsch‹«, erfährt Klemperer auf dem Amtsweg. Der Jude muß einen deutschen Giebel vorweisen, obwohl es ringsum genügend Flachdächer gibt. Die Mehrkosten führen zu Streit mit dem Architekten, und die Banken geben immer noch nichts.

Die vorläufige Erlösung kommt von Wengler, Klemperers Italienisch-Kollegen, und dessen Schwester. Die beiden haben bei ihrer englischen Mutter geerbt. Die Devisen müssen sie zwangsweise in Reichsmark umtauschen, wenn sie überhaupt etwas davon haben wollen. Für Klemperers machen sie eine Hypothek von 12 000 Mark zu 6 Prozent Zinsen frei. Das ist Mitte Juli 1934. Victor triumphiert: »Sehr solvent« sei er nun, »ich habe Baugeld durch den Führer bekommen.«

Die neuen Zeitverhältnisse, die nun angebrochen sind,

reden immer ihr Wörtchen mit. Der Bauinspektor auf dem Gemeindeamt ist sehr höflich zu ihm, aber er trägt SA-Uniform wie der neue Bürgermeister. »›Heil Hitler!‹ – es geht nicht anders.« Das Lob einer Bekannten, am Kirschberg zu leben sei ein Gedicht, will Klemperer nicht hören: »Wie sehr ›Gedicht‹, geht daraus hervor, daß der hübsche Name eng umgeben ist von der Adolf-Hitler-, der Hermann-Göring-, der Horst-Wessel-Straße.«
Das Richtfest naht, und die Hausgefühle schwanken noch immer ein wenig: »Bald meine ich, ein Hundebudchen vor mir zu haben, bald sieht die Sache reputierlicher aus.« Für die Zeremonie wird eine Birke aus dem Wald geholt. Als Fahnenfarben will er schwarz-weiß-rot sehen, dann bescheiden sie sich aber vorsichtshalber mit weißroten Papierwimpeln. Mit den Arbeitern und ein paar Freunden ziehen sie zum Hebeschmaus mit Beefsteak, Biermarken und Kartoffelsalat in ein nahes Restaurant. Eine völlig verwandelte Eva tritt ihm auf diesem Richtfest entgegen: »Wie oft habe ich sie vom Sterbenwollen reden hören, und welche Vitalität steckt in ihr!« Sie schwelgt in ihrem Hausglück und richtet Worte an die Gäste, die eine ihm bisher unbekannte Sehnsucht enthüllen: »Das erstemal in dreißig Jahren. Fließend und geistvoll. Beziehungen zum Dreißigjährigen Krieg. Ihre nordischen Ahnen im Holzhaus, mit Gustav Adolf nach Deutschland gekommen. Wenn wir eine schwedische Holzladung auf dem Deck der Frachtdampfer schwimmen sahen, dachte sie immer: ›Da schwimmt mein Haus‹.«
Er selber spendiert Trinkgelder, Zigaretten und Zigarillos, kommt aber mit seiner intellektuell verschlüsselten Ansprache nicht so gut an: »Der Hohn, ich würde keine lange und schöne Rede halten, die könnten sie alle Tage im Radio hören, und hier wolle man doch vergnügt sein, wurde nicht verstanden.« Während Eva mit anderen Frauen tanzt, sitzt er »degagierter« dabei und bedauert: »Irgendwelche Beziehungen zum ›Volk‹ sind mir ganz unmöglich, irgend-

welches Feiernkönnen ist mir mein Leben lang versagt geblieben. Ich war froh, daß dies glimpflich hinter mir lag. Zu Haus legte sich Eva gleich ins Bett, und ich las lange den ›Grünen Bogenschützen‹ vor.«

Es folgen die Plagen des Neueinrichtens. Tagelang beklagt der Hausbesitzer »Chaos, Chaos, keinerlei Arbeitsmöglichkeit«. Das Badezimmer ist nicht fertig, Gestank von Farben und überall Staub, sie schlafen auf bloßen Matratzen. Die Küche befindet sich vorerst im Keller, die unverstaubaren Reste der Bibliothek auf dem deutschen Dachboden. »Macht 6–800 Stufen am Tag«, errechnet der Gestreßte, aber er gesteht sich und Eva nun doch: »Das Häuschen ist hübsch und der Fernblick in der wechselnden Beleuchtung der Herbststürme, -güsse, -sonnenspiele prachtvoll.«

Was für Eva das Haus ist, ist für Victor das Auto. Das »soll uns ein Stück Leben und die Welt wiedergeben«.

Der Traum verfolgt ihn schon lange. Die erste Fahrt seines Lebens hat er im »übereleganten offenen Reiseautomobil« von Fritzchen Thiele genossen, dem Leipziger Gummifabrikanten, dem er zum Titel des Ehrensenators an der Technischen Universität verhalf. Das war im Inflationsjahr 1923. Mit vierzig Sachen von Dresden nach Meißen, geschützt durch Ledermantel, Kappe und Autobrille, manchmal geradezu im Geschwindigkeitsrausch von sechzig Stundenkilometern, »ein eigentümlich surrendes Schnelligkeitsgefühl, eine Spannung in allen Gliedern. Einhüllung des ganzen Körpers.« Damals noch mit Chauffeur.

Nun macht er selbst einen Fahrkurs. Nach dem ersten Versuch reichen seine praktischen Fertigkeiten noch nicht. Erst Ende Januar 1936 ist es geschafft. Durch die Prüfung kommt er mit ein wenig Nachhilfe des Fahrlehrers, der ihm in den engen Dresdner Straßen mehrmals den Fuß vom Gashebel stoßen muß. Der Spätstarter feiert den »Sieg über meine Natur« und streckt die Fühler für den Autokauf aus. 3 000 Mark von seiner Lebensversicherung will er dafür opfern: »Desperadopolitik – der Zeit angemessen.«

Indessen wird er von den Nazibehörden weiter schikaniert Auch die schon angefangene Garage darf kein Flachdach bekommen, obwohl alle anderen Autobesitzer in Dölzschen so gebaut haben. Umsonst schickt der Bauherr den Maurer und den Zimmermann, die froh sind über den Arbeitsauftrag, zum Bürgermeister. Dieser läßt ausrichten: »Ich wüßte wohl nicht, was gespielt werde, ich sei hier Gast, und er hätte Lust, mich eine Nacht in Schutzhaft zu nehmen.«

Ein Ausweg findet sich dennoch: Sie lassen die Terrasse unterkellern. Im März wird das Auto gekauft: ein gebrauchter Opel, 6 Zylinder, 32 PS, Baujahr 1932. An einem Maientag unternehmen sie ihre erste große Ausfahrt. Das Ziel heißt Piskowitz bei Kamenz in der Lausitz, dort wohnt Agnes, ihr erstes sorbisches Dienstmädchen. Stolz vermerkt der Selbstfahrer, daß er streckenweise auf eine Geschwindigkeit von 50 Stundenkilometern gekommen ist. Im *Goldenen Hirsch* in Kamenz, wo einst die Familie Lessing die Taufe ihres Sohnes Gotthold Ephraim feierte, bestellt er »ein richtiges Menü für Eva und einen verbotenen Kümmel für mich«.

Der »Bock« – so nennt Klemperer das Gefährt, das sich unter seiner Hand oft störrisch gebärdet – macht ihn übermütig. Auf dem neuen Autobahnteilstück Wilsdruff – Dresden, das der Führer den Dresdnern geschenkt hat, riskiert er »ein paarmal 80 km Geschwindigkeit«. Eine Woche später notiert er genießerisch: »Motorisierter Hochzeitstag.« Sie fahren ins Kino am Freiberger Platz und sind eine Viertelstunde nach Vorstellungsschluß schon zu Hause: »Es war ein großer Genuß, und hier gab uns das Auto nun wirklich, was wir ersehnt hatten.«

Aber es wird ein teures Vergnügen. Das Gefährt schluckt

15 Liter Benzin auf 100 Kilometer statt der ausgewiesenen 10 Liter. Der noch ungeübte Fahrer verbeult beim Ausfahren wohl ein Dutzend Mal die Kotflügel und beschädigt das Tor. Die Reparaturkosten halten ihn in Atem. Klemperer raucht die billigsten Vier-Pfennig-Zigarillos, die Lebensversicherung ist hin, und sie sparen am Essen und der Aufwartung, um das Auto behalten zu können. Victor nimmt das in Kauf: »Welchen Zweck hat es in dieser Zeit, an nächstes Jahr zu denken? Vielleicht bin ich dann ermordet, vielleicht wieder im Amt, vielleicht ist die Versicherung wieder zerstört wie schon einmal, vielleicht – ich will leichtsinnig sein, ich *will* es ganz bewußt sein. […] Es ist so etwas wie eine innere Stimme in mir, die mich vorwärts treibt.«

Doch das bescheidene Freiheitsgefühl, das sie dem Auto abgewinnen, erlöst sie nicht. Der Nazigeist ihrer Nachbarn gönnt ihnen nicht einmal das. Am Tag, als sie zu einer großen Sommerfahrt aufbrechen wollen – nach Strausberg bei Berlin, wo Schwester Grete wohnt, und an die See – erscheint der Gemeindegärtner: »Kontrolle, ob der Garten gesäubert. Ich zeige ihm, daß alles geschnitten ist, er greift irgendwo in den Boden: ›Hier ist noch Unkraut‹.« Jemand hat den Juden angezeigt. Die Folge: Sie müssen den ganzen Garten durcharbeiten und neu besäen lassen, haben Kosten von 400 Mark und können ihre Reise erst Wochen später antreten.

Wieder bleibt nur die Droge Arbeit. In seiner »Autozeit« bringt Klemperer den Diderot zu Ende, nun will er an die Umarbeitung und Maschinenkopie der ersten drei Bücher seines 18. Jahrhunderts gehen, obwohl die Hoffnungen auf Publikation gleich Null stehen.

Klemperers Jahresresümee 1937: »Das fürchterliche Stillstehen der Zeit, das hoffnungslose Vegetieren.« Ein Stück Leben aber haben sie sich noch erkämpft. Das kleine private Glück macht stundenweise die Miseren vergessen, und sie greifen sich davon soviel wie möglich.

Dresden oder Zion

»Wir gingen auseinander wie bei einem Abschied an die Front«

Der Sproß einer wartheländischen Rabbinerfamilie, der kein Jude mehr sein wollte, notiert am 30. März 1933 in Sachsens Kulturmetropole Dresden: »Phantastisches Mittelalter: ›Wir‹ – die bedrohte Judenheit. Ich habe mich wahrhaftig immer als Deutscher gefühlt. Und ich habe mir eingebildet: 20. Jahrhundert und Mitteleuropa sei etwas anderes als 14. Jahrhundert und Rumänien. Irrtum.« Es herrsche eine »Stimmung wie vor einem Pogrom im tiefsten Mittelalter oder im innersten zaristischen Rußland«. Zu Besuch sind an jenem vorletzten Märzabend, auf den der erste Boykott jüdischer Geschäfte in Dresden folgt, zwei Hochschulkollegen mit ihren Gattinnen: Walter Blumenfeld, Psychotechniker am Pädagogischen Institut, und der Physikprofessor Harry Dember. Es eint sie ein Ghetto-Gefühl, das sie mit ihren Vorfahren längst begraben zu haben glaubten. Das Personalpronomen »Wir« in Anführungsstrichen ist Hinweis auf Sozialkontakt, nicht auf religiöses Bekenntnis oder zionistische Ideologie. Dember malt ein böses Szenarium aus: Rückschläge des Boykotts jüdischer Geschäfte auf die Börse, die Industrie – »und all dies würden dann ›wir‹ mit unserem Blut bezahlen«. Frau Blumenfeld flüstert, ein Sohn der Salzburgs sei wegen Verbindungen zu einem Kommunisten verhaftet worden. Klemperer hält erst einmal fest: »Wir gingen (nach reichlich gutem Essen) auseinander wie bei einem Abschied an die Front.«
Die jüdische Schicksalsgemeinschaft, in die er jetzt immer tiefer hineingestoßen wird, nimmt Klemperer nur wi-

derwillig und langsam an. Zu seinem privaten Dresdner Bekanntenkreis gehörten bis 1933 nur wenige jüdische Mitbürger. Belastende Wiederbegegnungen mit jüdischer Orthodoxie sind nun nicht mehr zu vermeiden. Aus Solidarität wechseln Eva und Victor den Zahnarzt und lassen sich von Erich Isakowitz behandeln, dem Vater einer ehemaligen Studentin. Einmal sind »die drei Isakowitz« ihre Gastgeber, »leider bei einem revanchefordernden Souper und dies am jüdischen Neujahrstage«. Isakowitz will auswandern nach Palästina, aber man gestattet ihm nicht, seine Praxis zu verkaufen. »Es ergab sich, daß Isakowitz' orthodoxer sind, als wir gewußt hatten; der Mann kam aus dem ›Tempel‹ [die Synagoge in der Zeughausstraße], er las bedeckten Hauptes ein Thorastück, auch mir wurde ein Hut aufgesetzt, Lichter brannten. Es war mir sehr qualvoll. Wohin gehöre ich? Zum ›jüdischen Volk‹, dekretiert Hitler.«

Das weist Klemperer weit von sich: »Ich empfinde das von Isakowitz anerkannte jüdische Volk als Komödie und bin nichts als Deutscher oder deutscher Europäer.« Aber die Selbstdefinition zählt nicht mehr. Die Kategorisierung durch die Nazibehörden weist ihm seinen Platz in der Gesellschaft zwangsweise zu: »Ich bin schon nicht Deutscher und Arier, sondern Jude, und muß dankbar sein, wenn man mich am Leben läßt«, notiert er am 20. April 1933.

Wo die Presse gleichgeschaltet ist und der Rundfunk überquillt von Führerreden, gibt es keine zuverlässigen Informationen für die Bedrohten der Rassenpolitik. Unter dem gewaltigen Druck der Nazi-Propaganda entstehen Klatschbörsen, an denen nach dem kleinsten Strohhalm gegriffen wird. Eine Reisende aus Berlin, die sich dort in wohlhabenden jüdischen Kreisen bewegt hat, erzählt, daß nichtemigrierte jüdische Geschäftsleute schon Besserung sehen. Wenn Zolleinigungen mit den westlichen Ländern kämen, müsse es wieder aufwärts gehen. »Das heißt: Diese Menschen sind froh, wenn sie Festigung der Regierung Hitler, Überwindung des Außenboykotts erhoffen können«, erbost sich Klemperer. »Mögen sie ins Ghetto zurückgedrückt, ganz und gar getreten und geschändet sein, mögen ihre Kinder die Heimat verloren haben – wenn sie nur wieder Geschäfte machen können, ist ›der Tiefpunkt überwunden‹.« Und bitter setzt er hinzu: »Es ist so unendlich schamlos und ehrlos gedacht, daß man beinahe mit den Nationalsozialisten sympathisieren möchte. [...] Ein Hundsfott, wer nicht jeden Tag auf Empörung hofft!« Eva findet für solche Denkweisen eine drastische Metapher: Manche Leute ließen sich mit Klosettbürsten ins Gesicht schlagen, ohne es übelzunehmen.

So sind Konflikte auch in ihrem jüdischen Dresdner Freundeskreis vorprogrammiert. Als der Schuhfabrikant Karl Kaufmann bei den Wahlen im November 1933 den Nazis seine Ja-Stimme geben will, hämmert Klemperer mit der Faust auf den Kaffeetisch und brüllt, ob er denn diese Politiker für Verbrecher halte oder nicht. Kaufmann, seit jeher »sehr pazifistisch, demokratisch, idealistisch«, verweigert ihm daraufhin »mit schöner Nathansweisheit die Antwort; ich hätte ›kein Recht, diese Frage zu stellen‹. Er fragte mich seinerseits höhnisch, weshalb ich im Amt bliebe. Ich erwiderte, daß ich nicht von dieser Regierung berufen sei und nicht *ihr* diene und daß *ich* mit bestem Gewissen Deutschlands Sache verträte, daß ich Deutscher sei und gerade *ich*.«

Kaufmann hat seine Entscheidung nicht aus eigenem Antrieb getroffen. Er handele »schweren Herzens« so, weil der Zentralverein deutscher Juden diese Anweisung ausgegeben habe. Der Zentralverein versteht sich als Heimstatt für alle deutschen Juden, die den Weg der Assimilation wählten. Gegründet 1893 als Zentralverein deutscher Staatsbürger jüdischen Glaubens, waren in seinen Karteien schon 1914 mehr als 30 000 Mitglieder registriert.

Paragraph 1 der Satzung nennt als Zweck, die deutschen Staatsbürger jüdischen Glaubens ohne Unterschied der religiösen und politischen Richtung zu sammeln, um sie in der tatkräftigen Wahrung ihrer staatsbürgerlichen und gesellschaftlichen Gleichstellung sowie der unbeirrten Pflege deutscher Gesinnung zu bestärken.

Trotz der Deutschtreue dieser Leute will Klemperer mit ihnen sowenig zu tun haben wie mit der Synagoge. Zumal jetzt, da sie sich auch mit der neuen Macht zu arrangieren versuchen. Der Hitlerwähler Kaufmann ist keine jüdische Ausnahme, sondern eher die Regel. Kompromißlos lehnen damals, wie der Freiburger Historiker Bernd Martin fünfzig Jahre später schreibt, nur »einige linksliberale und sozialistische jüdische Intellektuelle« den Hitlerstaat ab. »Die Masse der Juden versuchte sich – wie die Masse der Deutschen – mit dem Nationalsozialismus zu arrangieren.« Niemand sah 1933 voraus, daß die Diskriminierung der Juden auf die physische Vernichtung hinauslaufen würde.

Im Februar 1934 gesteht der stärkste jüdische Verband in seiner Bedrängnis der Hitlerregierung zu, »über Ausmaß und Grenzen unseres Tätigkeitsbereiches sowie über Formen und Inhalt unseres Zusammenseins zu entscheiden«. Die inzwischen nationalsozialistisch getrimmte Bürokratie fördert sogar jüdische Kulturarbeit und die Besinnung auf die Synagoge. Das weicht die Assimilation auf und fördert die Selbstausgrenzung, was manchen geborenen Juden erst wieder als solchen erkennbar macht und ihn später um so leichter dem Terror ausliefert. Eben dieser Zug ist Klemperer am Jüdischen Zentralverein zuwider.

Bleibt die Frage der Auswanderung. Diese beantwortet sich Klemperer anfangs mit einem harschen, später mit einem klammen Nein: »Ich kann *nichts* Praktisches, nicht einmal französisch *sprechen* und *schreiben*. Ich kann nur

Literaturgeschichte machen. Ich könnte auch ein guter Journalist sein. Für beides nirgends Nachfrage«, meint er im November 1933.

Sein Zögern entspricht zu dieser Zeit dem Verhalten der meisten seiner Schicksalsgenossen. Langsamer, als es aus der Rückschau scheint, stellt sich die große Mehrzahl der deutschen Juden 1933 der Frage der Emigration. Bei einer Volkszählung im Juni bekennen sich 499 682 deutschen Bürger offen zum jüdischen Glauben, das sind 0,77 Prozent der Bevölkerung. Bis zum Jahresende nimmt diese Zahl kaum ab.

Physisch gefährdet sind anfangs vor allem die erklärten politischen Gegner des Naziregimes unter ihnen. Viele linke jüdische Intellektuelle entziehen sich der drohenden Verhaftung durch die Flucht oder kehren von Auslandsaufenthalten nicht zurück. Solange die existentielle Bedrohung noch nicht auf jedem einzelnen lastet, sind es eher jüngere und gutbetuchte Juden, die sich vorsorglich dazu entschließen, Deutschland den Rücken zu kehren. Und auch dies bisweilen zögerlich. Die horrende Reichsfluchtsteuer des nationalsozialistischen Regimes macht den Wechsel ins Ausland teuer. Überdies betreiben die westeuropäischen Länder und die USA eine restriktive Einwanderungspolitik, Großbritannien als Mandatsmacht insbesondere auch für das unruhige, von Arabern besiedelte Palästina.

Die meisten kleinen Leute unter der deutschen Judenschaft nehmen die rassistische Hetze und die Geschäftsboykotte von 1933 noch nicht als Vorboten von Lebensgefahr. Eine deutliche Verschärfung spüren sie erst durch die Nürnberger Rassengesetze 1935. Bei nicht wenigen jüdischen Bürgern hält sich die Hoffnung auf einen Modus vivendi sogar noch bis zur Kristallnacht 1938. Denn Diskriminierungen ist die deutsche Judenschaft größtenteils schon aus der Weimarer Republik gewohnt. Der Fall Klemperer als Exempel.

Der erste aus dem Freundeskreis der Klemperers, der Deutschland verläßt, ist Julius Sebba. Der Königsberger Freund, »in seiner ganzen Bildung und Lebensführung Deutscher«, sieht keine Zukunft mehr als Dozent der Handelshochschule und als Notar in Deutschland. In Haifa will er eine Schiffshandlung aufmachen.

Ein Vierteljahr später, als ihm klagende Briefe der Sebbas aus Haifa zur Kenntnis kommen, notiert Freund Victor nicht ohne eine gewisse Genugtuung: »Unter tapferem Humor viel Not verborgen. Schwieriges und sinnloses Hebräischlernen – nur das Kind in der Schule lernt rasch (und wird in ein Scheinwesen hineingepreßt). [...] Sein ursprünglicher Geschäftsplan scheint gescheitert, ein neuer noch nicht gefunden, und der Mann ist fast so alt wie ich.«

Palästina, das Land der Sehnsüchte der zionistischen Bewegung, kommt für Klemperer unter gar keinen Umständen in Betracht. Dies nicht nur, weil er die von dem Ideenstifter Theodor Herzl gepflegte These, die Juden blieben ein nichtintegrierbares Fremdvolk in Europa, als Zoologie ablehnt und mit Hitlers Rassenwahn vergleicht. »Mir sind die Zionisten, die an den jüdischen Staat von 70 p. C. (Zerstörung Jerusalems durch Titus) anknüpfen, genauso ekelhaft wie die Nazis. In ihrer Blutschnüffelei, ihrem ›alten Kulturkreis‹, ihrem teils geheuchelten, teils borniertem Zurückschrauben der Welt gleichen sie durchaus den Nationalsozialisten.«

In der Hafenstadt Haifa im Norden Palästinas, wo Sebba Fuß fassen will, sind im Juli 1933 schon scharfe ethnische Spannungen spürbar. In der arabischen Oberschicht wächst der Widerstand gegen die jüdischen Einwanderer, deren zionistische Wortführer nicht Integration, sondern Vertreibung predigen. 1936 wird der Norden Palästinas zum Zentrum des arabischen Aufstands. Klemperer glaubt: »Wer dort hingeht, tauscht Nationalismus und Enge gegen Nationalismus und Enge aus.«

Die Einengung der arabischen Lebensräume in Palästina durch die zionistische Bewegung, die um einen eigenen Staat kämpft, erscheint ihm als Kolonisierungsakt. »Ich kann mir nicht helfen, ich sympathisiere mit den aufständischen Arabern.«
Für Sebba sieht Klemperer immerhin Chancen, daß dieser mit seinem kaufmännischen Talent dort sein Brot finde. Palästina sei »ein Einwanderungsland für Kapitalisten«. Ihm selbst aber werde »immer klarer, wie völlig ich ein nutzloses Geschöpf der Überkultur bin, lebensunfähig in primitiveren Umgebungen«. Er könne »nur Geistesgeschichte vortragen, und nur in deutscher Sprache und in völlig deutschem Sinn. Ich muß hier leben und hier sterben.«
Indessen wird es um ihn herum immer einsamer. Die ehemaligen Kollegen, die sich jetzt Arier nennen dürfen, meiden ihn, die wenigen jüdischen Freunde emigrieren. Dember hat schon seit Ende 1933 eine Anstellung an der Universität in Istanbul, Isakowitz kann einen Teil seines Vermögens am Zoll vorbei nach England retten und dort eine neue Praxis aufmachen. Kaufmanns entscheiden sich für Palästina. Blumenfelds gehen 1937 nach Lima.
»Es ist eine beängstigende Stille um mich«, klagt Klemperer im August 1938. Gebetsmühlenhaft wiederholen sich Tagebucheintragungen wie diese: »Ich so qualvoll hilflos. Weil ich ein Neuphilologe bin, der keine Fremdsprache spricht. Mein Französisch ist vollkommen eingerostet, ich habe Angst, auch nur einen Satz zu schreiben oder zu sprechen. Mit meinem Italienisch war es nie weit her. Und gar erst mit meinem Spanisch. Ich kann nichts Brauchbares.«
Das Sprachenargument wirkt ein bißchen vorgeschoben. Immer schwingt dahinter eine Seele, die deutsch bleiben will, ein Antäusgefühl, die Angst des Riesen aus der griechischen Sage, der kämpfend die Mutter Erde berühren muß, wenn ihm die Kräfte nicht schwinden

sollen, und der wehrlos wird, wenn er abhebt oder abgehoben wird.

Darin unterscheidet er sich gänzlich von seiner Familie, von denen, die ihm geblieben sind. Im Mai 1935 hat er Post von seinem Bruder Georg aus Rom erhalten. Dieser »begreift nicht, warum ich an meinem Haus und an Deutschland festhalte. Wenn uns die Staatsbürgerschaft entzogen werde, gehe er nach Amerika, wo er als Arzt noch ›ein wenig verdienen‹ könne, er will lieber draußen darben als in Deutschland in Wohlstand und Schmach leben.« Für Victor ist derlei »sehr schön gesagt. Aber wie soll ich aufs Geratewohl hinaus? Und womit kann ich draußen ›ein wenig verdienen‹? Er kennt meine Lage nicht.« Und sein Entschluß lautet: »Wir müssen hier bleiben und uns durchhungern, selbst wenn sich ein Auswärts bietet; ich kann Eva nicht einsperren.«

Das verweist in der Tat auf einen bohrenden Konflikt. Eva ist seßhafter veranlagt als Victor. Schon in Neapel war sie offensichtlich nicht glücklich, jedenfalls tritt sie in seinem *Curriculum* nie mit Glücksgefühlen über das Leben im Ausland in Erscheinung. Nun hat sie mit aller Energie das Haus erkämpft, sie muß ihre Depressionen niederhalten, selbst die Katzen wären ein Problem. »Sie gräbt sich förmlich in ihrem Garten ein.« Mit bitterem Neid sehe er auf Blumenfeld, schreibt Victor einmal in einer schwankenden Stimmung, schämt sich aber sogleich, weil er »den Neid als Verrat an Eva« ansieht. Düster prophezeit er sich im März 1936: »Ich werde der letzte von unserer Familie hier sein und werde hier zugrunde gehen. [...] Es ist Wahnsinn, aber vielleicht ist dieser Wahnsinn siegreich und die beste Kapitalsanlage.«

Kristallnacht
»Ins Nichts gehen, im Verderben bleiben?«

Zwischen den einzelnen Tagebucheintragungen Victor Klemperers gibt es in den folgenden Jahren manchmal lange Pausen. Am 22. November 1938 hat er volle sechs Wochen nachzuholen.

»Erst war es wohl der Wille, ein Stückchen in der Arbeit vorwärtszukommen, ehe ich wieder eine Tagebuchnotiz machte, und dann kam Unheil über Unheil, man kann wohl sagen: Unglück. Erst Krankheit, dann der Autounfall, dann, im Anschluß an die Pariser Grünspan-Schießaffäre, die Verfolgung, seitdem das Ringen um Auswanderung.«

Auswanderung! Das hat er immer von sich gewiesen. Da liegt eine einschneidende Änderung der Stimmungslage vor. Aber wie einer, der sich vor unfertigen Gedanken drückt, hält er auf Chronologie, und so steht vornan die Schilderung des Unfalls.

Die Klemperers kommen aus Berlin, vom Schwager Sußmann, dem Arzt. Dessen Haus im Nobelvorort Grunewald steht unter Bewachung. Er darf nicht mehr praktizieren, denn auch er ist Jude, und muß seine Tätigkeit tarnen. »Der ›spanische Unterricht‹, den er gibt, scheint an alte Patienten erteilt zu werden«, bemerkt der Dresdner Gast. Auch er hat solchen Unterricht nötig: das Herz!

»Heimlich, so wie die Priester in der Französischen Revolution das Sakrament brachten«, führt ihm der Schwager ein Katheter ein. Das Untersuchungsergebnis ist bedrückend: Victor müßte eigentlich in eine Klinik. Den

Rückweg erledigen sie in Eile. Hinter Elsterwerda kreuzt ein Motorradfahrer die Straße. Victor bremst, der Wagen gerät ins Schleudern, sie finden sich auf einem Acker wieder, aber sie haben Glück im Unglück. Eva blutet nur ein bißchen im Gesicht, er selbst ist unverletzt. Aber nun muß er sofort katheterisiert werden. Der Zufall kommt ihnen zu Hilfe: Ein Arzt hält an, nimmt sie mit in die Stadt, legt ihn auf den Operationstisch, erledigt die Sache. Die Schwester, die mitbekommen hat, daß hier ein Nichtarier versorgt worden ist, schreibt eine Rechnung auf den Namen Professor Klemm. Kein Wort der Erklärung, kein Wort des Dankes. Das eine wie das andere könnte lebensgefährlich sein. Für jeden Beteiligten.

Nun müssen sie nach Dresden. Der Arzt hat dringend geraten, den Zug zu nehmen, aber Victor will den Wagen nicht zurücklassen. Der Motor ist noch intakt, das Verdeck klemmt, eine Tür hängt, und vom Lenkrad sind nur noch die Speichen übrig. Der Autonarr fährt seinen Bock trotzdem, schleichend und immer auf der Hut vor der Polizei, zurück nach Hause.

Nächster Tagebucheintrag: 25. November. Es scheint, als ob Victor Klemperer sich geradezu sträubt wahrzunehmen, was zu dieser Zeit in Deutschland geschieht. Nur beiläufig schreibt er auf, was er zwei Wochen zuvor, am 10. November, von dem Dresdner Buchverleiher Jordan Natcheff gehört hat: Nämlich »daß man die Nacht zuvor ›spontan‹ die hiesige Synagoge niedergebrannt und jüdische Fensterscheiben eingeschlagen habe«.

Mehr nicht zu diesem Schreckensereignis, das Dresden mit peripherer, die jüdischen Zentren in Deutschland aber mit tödlicher Wucht getroffen hat. Geschehen ist der schlimmste Pogrom der deutschen Geschichte seit den Judenjagden zu Zeiten der mittelalterlichen Pest. In der Nacht vom 9. zum 10. November hat Goebbels fanatisierte Horden, voran die SA, gegen alles wüten lassen, was in Deutschland noch als jüdisch erkennbar war. Fast alle Synagogen gingen in Flammen auf, mehr als 7 000 Geschäfte in jüdischem Besitz wurden zerstört, 91 jüdische Bürger wurden erschlagen, erschossen, verbrannt. Die zertrümmerten Fensterscheiben lieferten dem Reichspropagandaminister die höhnische Metapher Kristallnacht. Dies ist der schauerliche Auftakt für das, was die SS-Bürokratie vier Jahre später mit dem trockenen Wort Endlösung umschreiben wird: den industriellen Massenmord in den Gaskammern der Konzentrationslager.

Den Anlaß für die Hetzjagden am 9. November 1938 gab ein Attentat in Paris. Herschel Grynszpan, ein neunzehnjähriger Jude, hatte den neunundzwanzigjährigen Botschaftssekretär Ernst vom Rath erschossen. Ein blinder Racheakt für unendliche Demütigungen, die seine Familie erfahren hatte, ein Täter bar jeglichen politischen Hintergrunds, keine Verschwörung, keine verabredete Aktion, nur der Ausfluß blinden Gegenhasses, der sich gegen einen zufälligen Repräsentanten des NS-Staates entlud.

Für die Goebbelssche Propaganda eine hochwillkommene Gelegenheit, dies als perfides Wirken des Weltjudentums hinzustellen und in Deutschland in beispielloser Weise den Druck auf die Juden zu verstärken, die Kriegsvorbereitungen begleitend und verdeckend. 30 000 Menschen werden verhaftet und in Konzentrationslager geworfen. Den Juden deutscher Staatsangehörigkeit wird eine Sühnezahlung von einer Milliarde Reichsmark auferlegt. Es scheint, daß dem Tagebuchschreiber die Hand versteinert: »Ich brauche die historischen Ereignisse der nächsten Tage, die Gewaltmaßnahmen, unsere Depression nicht zu schildern. Nur das eng Persönliche und konkret Tatsächliche.«

Klemperers Kristallnacht findet am 11. November bei Tageslicht statt. Zwei Gendarmen und ein Zivilist verschaffen sich Zutritt zu dem Haus Am Kirschberg 19:

Waffensuche. Der ehemalige Frontsoldat erinnert sich dunkel eines Säbels und eines Seitengewehrs aus dem Ersten Weltkrieg, die er als Andenken aufbewahrt hat. Aber wo? Eva verbittet sich den Griff mit ungewaschenen Händen in ihren Wäscheschrank. Der Zivilist höhnt: »Dreckstall.«

Alles durchwühlen die Eindringlinge, Kisten und Aufbauten brechen sie mit dem Beil auf. Der Säbel wird in einem Koffer auf dem Boden gefunden, das Seitengewehr nirgends. Beschlagnahmt wird auch ein Exemplar der Zeitschrift »Sozialistische Monatshefte«. Der Hausherr darf sich noch bei halboffener Badezimmertür rasieren, dann wird er »zugeführt«.

Zu Fuß durch den Park, der jüngere der beiden Polizisten mit dem Fahrrad hinterher, dann die Straßenbahn, dann das Gerichtsgebäude. In dem Ausweis, den der Aufgegriffene vorlegen muß, heißt er seit einem Vierteljahr Victor Israel Klemperer. Das verlangt nun das Gesetz. Man soll seinesgleichen bei jeder Kontrolle, bei jedem Behördengang sofort als Juden identifizieren können; jüdische Frauen sind gezwungen, den Zusatznamen Sara zu tragen.

Noch einmal hat Klemperer Glück. Ein junger Mann mit Parteiabzeichen, wahrscheinlich der Untersuchungsrichter, scheint sich des Professorennamens zu erinnern und läßt ihn laufen.

»Seitdem peinigt uns beide unablässig die Frage: Gehen oder bleiben?«, sagt der Tagebucheintrag vom 27. November. »Ins Nichts gehen, im Verderben bleiben? Wir bemühen uns immerfort, alle Gefühle des Ekels, des verletzten Stolzes, alles Stimmungshafte auszuscheiden und nur die Konkreta der Situation abzuwägen. Zuletzt werden wir das pro et contra buchstäblich erwürfeln können.«

Sie würfeln nicht, sondern Victor schreibt SOS-Briefe ins Ausland, davon einen an Georg in Boston: »Sehr schweren Herzens, aus ganz veränderter Situation, ganz an den Rand der Existenz gedrängt, ohne Details: Kannst Du für mich und meine Frau Bürgschaft leisten, kannst Du uns beiden für ein paar Monate helfen?«

Eine Bitte, die ihm sehr schwer fällt. Denn in seiner Großfamilie steht er mit seinem Bekenntnis zum Deutschtum mittlerweile allein da wie einer mit einer Narrenkappe. Grete ist die erste, die ihm gesagt hat: »Du magst dir ja einreden, Deutscher zu sein – ich kann es nicht mehr.« Sie wolle die Lage nur noch unter dem jüdischen Gesichtspunkt betrachten. Ihm aber erschienen diese Worte als Rückfall in »gräßliche Ghetto-Bedrücktheit, mithin als ein Sieg der Nazis. [...] Im ganzen also: entdeutscht, innerlich entwürdigt und ganz resigniert. So steht es gewiß um überviele Juden.«

Betroffen hat er von Auswanderungsplänen unter der reichen Nachkommenschaft seiner Brüder und Schwestern Kenntnis genommen: Brasilien, Jerusalem, Schweden, USA. Schwager Martin Sußmann ist nach dem Tod der Schwester Wally nach Schweden emigriert, die lungenkranke Nichte Lotte Sußmann geht in die Schweiz. Schwester Marta und ihr Mann Julius Jelski haben sich für Südamerika entschieden und gelangen noch im April 1939 über Hamburg nach Uruguay, ohne daß der Bruder Gelegenheit hat, von ihnen Abschied für immer zu nehmen. Ihr Sohn Walter versucht, in Jerusalem Fuß zu fassen.

Georg, der die Nachkömmlinge immer vorwärtsgetrieben hat in die deutsch-bürgerliche Gesellschaft und so sorgfältig darauf achtete, daß keine jüdische Spur im gesellschaftlichen Verhalten zurückblieb, scheint nun zu gegenteiliger Ansicht gelangt. Er »hält mich offenbar für ehrlos, weil ich in Deutschland bleibe«, befürchtet Victor. Der siebzigjährige Bruder bezog zuerst in Freiburg im Breisgau eine Wartestellung, betreute noch Patienten in verschiedenen Ländern Westeuropas und ging dann zu seinen Söhnen in die USA, wo sich auch ein Sohn von

Felix aufhält. Zusammen wollen sie eine kleine »Klemperer-Kolonie« aufbauen.

In seiner fast hoffnungslos gewordenen Situation entwickelt Victor Klemperer eine halbherzige Betriebsamkeit. Er schickt Bewerbungen bis Australien. Er beginnt sogar ernsthaft Englisch zu pauken. Vom amerikanischen Konsul in der Dresdner Schloßstraße erfährt er, daß er keine Chance hat, als Professor angefordert zu werden, weil er schon zu lange, vier Jahre, amtsentsetzt sei. Man schickt ihn zum Reisebüro Haessel, wo er sich unverzüglich für eine Schiffspassage nach Kuba entscheiden müßte, aber er ist sich nicht sicher, ob er da nicht Geschäftemachern zum Opfer falle. Bei einem Erkundungsbesuch auf der Beratungsstelle für Auswanderer in Dresden glaubt Victor Klemperer herauszuhören, »daß man uns tatsächlich nackt und bloß herauslassen würde, mit je siebzig Mark und siebeneinhalb Prozent vom Erlös des Hauses«. Annemarie kommt und will das Haus vielleicht sogar kaufen.

Evas Stimmungslage versucht er sich schönzureden. Sie könne draußen vielleicht wieder Organistin sein oder Baupläne zeichnen oder Landarbeit verrichten. Sie träume sogar davon, in Rhodesien eine Selterswasserfabrik aufzumachen. »Die Zeit ist so verrückt, daß kein Plan zu phantastisch ist. Und jedenfalls halten diese Phantasien sie aufrecht«, notiert der Bedrohte. Dennoch ereilt ihn wieder der resignative Unterton: »Das Wahrscheinlichste, nehme ich an, ist unser zwangsweises Hierbleiben.«

Unterdessen wird die Atemluft für die noch in Deutschland lebenden Juden immer dünner. Das Regime ersinnt immer neue Schikanen. Die Ortsbehörden dürfen ihnen fortan zeitliche und örtliche Beschränkungen im Straßenverkehr auferlegen. In der Landesbibliothek erfährt Klemperer vom totalen Benutzungsverbot für Bibliotheken, »also die absolute Mattsetzung«. Der Mann, der ihm das mitteilt, wird von Tränen bedrängt, so daß Klemperer ihn beruhigen muß.

Anfang Dezember ordnet der Reichsinnenminister und oberste SS-Führer Heinrich Himmler an, den Juden auch die Autofahrerlaubnis zu entziehen. »Wegen des Grünspanmordes seien die Juden ›unzuverlässig‹, dürften also nicht am Steuer sitzen, außerdem beleidige ihr Fahren die deutsche Verkehrsgemeinschaft, zumal sie anmaßlicherweise sogar die von deutschen Arbeiterfäusten gebauten Reichsautostraßen benutzt hätten.« Die Freude am Autofahren hat nicht einmal drei Jahre angedauert.

Dafür gibt es für einen Augenblick andere Hoffnung. Kurz vor Weihnachten trifft das Affidavit ein, die Einwanderungsbürgschaft aus Amerika von Georg E. Klemperer, dem jüngsten Sohn des Bruders Georg. So haben sie sogar Grund zum Feiern. »Eva schnitt ein paar Zweige von einer Tanne in unserem Garten und ordnete sie zum Bäumchen auf dem Gestell einer Tischlampe; wir tranken eine Flasche Graves zur Zunge, und der gefürchtete Weihnachtsabend verlief vergnüglicher, als ich zu hoffen gewagt.«

Klemperer ist nun entschlossen, sein *Curriculum vitae* zu beginnen, seine Lebenserinnerungen. Die Kapitel sind schon geordnet. Er braucht dringend die Erfrischung des Schreibens. In seinem Jahresrückblick 1938 vergißt er freilich nicht die Vorahnungen: »Ich will nicht voreilig behaupten, daß wir bereits im letzten Höllenkreis angelangt sind.«

Nein, die Phantasie der Judenhasser ist noch lange nicht ausgeschöpft. Für Juden wird eine Kennkarte eingeführt, aufgedruckt ein großer, auffälliger Buchstabe: J. Dazu kommt der zwangsweise für jeden Juden hinzugefügte Vorname Israel. Die Zeitungen preisen die Wanderausstellung »Der ewige Jude« mit dem Standardsatz:

»Die abscheulichste Rasse, das scheußlichste Bastardgemisch.«

Die Juden in Deutschland sollen denunziert werden als freilaufende Kriminelle und als Ungeziefer. Vom Fiskus werden ihnen – der künftigen Praxis in Auschwitz vorausgreifend – schon mal die Taschen geleert. Klemperer begibt sich am 28. März zum Leihamt, um eine kleine goldene Uhr und ein Goldkettchen abzuliefern. Die Sachen gehören Eva, er hat sie bei der Vermögensaufstellung törichterweise als die seinen angegeben, nun ist er sie los. Der Arierin hätte man sie vielleicht gelassen.

Auf dem Leihamt herrscht gemilderte Gefängnisatmosphäre. In Einzelverschlägen treten die Leute an den Liefertisch, man sieht nicht die Gesichter der anderen, nur das, was auf den Tisch kommt. Nebenan eine Frauenstimme, Klemperer erblickt zwei schwere Schabbesleuchter und einen zierlichen Chanukkaleuchter mit dem Davidstern auf dem Tisch. Drei Pfennig pro Gramm Silber zahlt der Staat und zieht von der Summe noch einmal 10 Prozent ab. Der Kunstwert spielt keine Rolle. Klemperers Goldkettchen und die goldene Uhr bringen fünfzehn Mark und siebzig Pfennig.

Aber anderer Jammer ist schlimmer. An einem Frühlingstag sind Victor und Eva Kaffeegäste bei dem entlassenen Amtsgerichtsrat Moral. In einem Gartenhaus hoch über der Elbe, in gleicher Blütenlandschaft wie neunzehn Jahre zuvor, als sie in Dresden ankamen. Der entlassene Jurist zieht Tulpen und haust in einem Zimmer mit einem mottenzerfressenen Tigerfell. Auf seinem Schreibtisch ein Englisch-Wörterbuch und ein Bibelkommentar. Klemperer hält ihn für einen Selbstmordkandidaten und redet »mit äußerstem Optimismus auf ihn ein«. Umsonst. Fünf Monate später nimmt sich der Verzweifelte das Leben. Und erfährt noch im Tode rassistische Diskriminierung. Ihm wird »trotz seines Protestantismus das Begräbnis auf einem evangelischen Friedhof verweigert, weil er ›Volljude‹ sei«.

Zu dieser Zeit ist schon Krieg. Und davon wird das ganze Dresdner Zivilleben betroffen. Die Behörden mühen sich, die Versorgungslücken zu verdecken. Die Technische Hochschule ist geschlossen, die Einkommenssteuern sind um die Hälfte erhöht. »Man läßt die Schlächterläden nach der Straße schließen: Schlange wird im Hof gestanden.« Die Tabakläden verkaufen Zigaretten nur noch zu fünf Stück und mit zwanzig Prozent Aufschlag für die Kriegssteuer. Weil beide Klemperers starke Raucher sind, hamstert Victor Zigarren, Zigaretten und Tabak, wo er kann.

Auch registriert der Vorortbewohner »Verdunklung in Permanenz, gestern Strafwarnung, da die Permanenz des Verdunkelns nachließe«. Das Verdunkeln soll Schutz bei Luftangriffen bieten, ist aber vorerst eher ein psychologisches Instrument der Disziplinierung für den größeren Krieg. »Judenhetze scheint im Augenblick zurückgestellt«, glaubt Klemperer am 10. September. Aber der Schein trügt. Schon am nächsten Tag hat er wieder Haussuchung. »Ein dicker Gendarmerie-Leutnant aus Gittersee und unser Gendarm. [...] ›Warum sind Sie eigentlich noch nicht im Ausland?‹ – Heute Anforderung neuer Vermögensaufstellung. Das bedeutet?«

Weitere zwei Tage später erscheint eine ihnen unbekannte Dame mit dem Auftrag, einen Befehl der Regierung an die Juden mündlich zu verbreiten: »Verbot, jüdische Verwandte als Besuch bei sich aufzunehmen. Außerdem Fragebogen für *Gestapo* ausfüllen, wie weit Stand der Auswanderung. Ob man uns abschieben oder austauschen will? Ob man die nichtarisch Christlichen zwingen will, der Jüdischen Gemeinde beizutreten?«

Am 4. Oktober erfolgt die nächste Haussuchung, diesmal durch zwei Gestapoleute, die von einer Dame aus der Staatsbibliothek begleitet werden. Sie fahnden nach

»sicherzustellendem Kulturgut‹, d. h. kostbaren Erstdrucken und derartigem«. Die Bibliothekarin findet nichts, die beiden anderen bemerken sieben Bände des in der Schweiz lebenden Schriftstellers Emil Ludwig, darunter das in den zwanziger Jahren sehr erfolgreiche patriotische Bändchen *Fahrten der Goeben* aus dem Ersten Weltkrieg. Das ist jetzt Judenliteratur und gehörte eigentlich schon am Tag der Bücherverbrennung auf den Scheiterhaufen.

In den Geschäften beobachtet Klemperer »immer mehr Hitlerbilder und immer weniger Ware«. Im jüdischen Gemeindehaus in der Zeughausstraße, wo er seine Steuer und seine Beiträge zum sogenannten Winterhilfswerk entrichten muß, werden ihm Anfang Dezember von der Lebensmittelkarte die Marken für Pfefferkuchen und Schokolade abgeschnitten, »›zugunsten derer, die Angehörige im Felde haben‹. Auch mußten die Kleiderkarten abgegeben werden: Juden erhalten die Kleidung nur auf Sonderantrag bei der Gemeinde. Das waren so die kleinen Unannehmlichkeiten, die nicht mehr zählen.«

Von der Jüdischen Gemeinde ist er abhängig, weil diese die Verwaltungsangelegenheiten zu regeln hat. Nur sie ist berechtigt, Lebensmittelkarten auszugeben – eine der bürokratischen Regelungen, mit denen das NS-Regime die Kontrolle über alle Bürger behält, die als Juden klassifiziert werden. Ortswechsel und Untertauchen sind damit so gut wie ausgeschlossen. Seit Juli 1939 untersteht die Reichsvereinigung der Juden mit ihren einzelnen Kultusgemeinden in Deutschland dem Reichssicherheitshauptamt und den jeweiligen Polizeileitstellen. Dem schwachen jüdischen Verwaltungsapparat fällt neben der minimalen sozialen Betreuung und der Hilfe zur Auswanderung auch die Pflicht zu, bei antijüdischen Zwangsmaßnahmen den nationalsozialistischen Behörden zu assistieren.

Auf Klemperer wartet dort nicht viel Nächstenliebe.

Er weiß selbst: »Niemand wird uns helfen. Den Juden bin ich Apostat«, ein vom Glauben Abgefallener. »Ich gehöre, heißt es, zur Gruppe Pfarrer Grüber.« Der Probst Heinrich Grüber leitet in Berlin die Hilfsstelle für evangelische Rasseverfolgte, eine Einrichtung der Bekennenden Kirche. »Aber diese Gruppe ist völlig mittellos«, klagt Klemperer. Grüber wird bald darauf verhaftet und in das Konzentrationslager Sachsenhausen gesperrt.

Bei der Jüdischen Gemeinde in Dresden sitzt im Dezember 1939 ein deutscher Beamter, der Klemperer mitteilt, bis zum 1. April müsse er das Haus in Dölzschen verlassen. »Sie können es verkaufen, vermieten, leerstehen lassen; Ihre Sache, nur sie müssen heraus; es steht Ihnen ein Zimmer zu. Da Ihre Frau arisch ist, wird man Ihnen nach Möglichkeit zwei Zimmer zuweisen.« Der Mitteiler sei nicht höhnisch, nicht bösartig, nicht einmal unhöflich, merkt Klemperer an. Er personifiziert die nazistischen Schikanen nicht, jedenfalls nicht auf die kleinen Ausführer. »Die sadistische Maschine geht eben über uns weg.«

Eva versucht Haltung zu wahren, doch gegen ihre Ausbrüche von Verzweiflung findet Victor keinen Trost. »Ihre alte Klage: daß ich nicht auf sie gehört und zu spät gebaut, daß ich nicht beizeiten das Haus auf ihren Namen geschrieben und damit gesichert. Es kränkt mich ungemein, so angeschuldigt zu sein. Und doch wohl mit halbem Recht.«

Die Gründe sucht er dennoch bei sich selbst: »Der Hausbau ging mir gänzlich gegen die Natur, Erziehung, Familiendruck, Rat der gesamten Umgebung, ich fühlte mich ihm absolut nicht gewachsen. Vielleicht habe ich in all den Jahren mehr Kummer gehabt als Eva.« Aber moralisches Versagen hat er sich nicht vorzuwerfen: »Ich habe immer geglaubt, ihr Interesse über das meine zu stellen und das Menschenmögliche zu tun. Sie scheint anderer Meinung. Diskussionen helfen nichts, machen Eva nur noch elender und mich auch. Ich sage mir jetzt oft: Wozu noch all diese Kränkung um Vergangenes? Man ist so dicht am Ende.«

Bei der Jüdischen Gemeinde ist der jüdische Beamte Willy Estreicher zuständig für die Vermittlung von Mietwohnungen in sogenannten Judenhäusern. Dort werden Juden zusammengepfercht, die noch eine gewisse Schonung erfahren, weil sich ihre arischen Ehepartner nicht von ihnen trennen oder weil sie Kinder haben, die nur als Halbjuden gelten. Die Häuser gehören meist Leuten mit ebensolchen Familienverhältnissen. Vermieten müssen sie zwangsweise, ob ihnen das gefällt oder nicht.

Estreicher gilt als zwielichtige Figur, viele Mitglieder der Gemeinde halten ihn für einen Denunzianten. Er bietet Klemperer zwei Zimmer in einer Villa in der Caspar-David-Friedrich-Straße an mit der Bemerkung, er hätte das auch einem Orthodoxen geben können, und es hätten schon Leute auf den Knien vor ihm gelegen und zwei- und dreihundert Mark geboten für so ein Paradies. Als Klemperer aufbraust, droht Estreicher mit Meldung an die Kreisleitung der NSDAP.

Der Umzug zwingt die Klemperers in eine Selbstamputation ihrer Lebenswelt. Von ihren Möbeln gehen acht Wagenmeter auf den Speicher, nur sechs können sie in das Judenhaus mitnehmen. »Haupttätigkeit des Tages«, notiert er am 22. Mai 1940, »verbrennen, verbrennen, verbrennen, stundenlang: Briefe, Manuskripte in Haufen. Angreifend für die Augen, man muß das Zeug immer wieder umwälzen, die Manuskriptblätter, dicht aufeinander, brennen sonst nur am Rand.« Er wüte geradezu gegen seine Vergangenheit, stöhnt Klemperer, nennt seine Papierbestände mit Galgenhumor. »Mistbeet im allerweitesten Sinn«, und weiß doch, daß er sich damit unschätzbare Verluste zufügt. Zurück läßt er »die *sämtlichen* Sonderdrucke, die ich in zwanzig Jahren gesammelt habe, die sämtlichen Rezensionen meiner Arbeiten 1904–1933; von meinen eigenen Studien behalte ich je zwei Exemplare, ein Berg von eigenen Sonderdrucken also bleibt hier. Alle Handschriften gedruckter Sachen bleiben zurück; ebenso Theaterprogramme, Briefe und derartige Andenken [...]. Alle alten Kolleghefte. [...] Berger wird sich über die Hinterlassenschaft wundern.«

Tagelang dauert dieses Autodafé. In das Judenhaus nimmt Klemperer nur mit, was für die Fertigstellung seines *Curriculum* wichtig ist, »sehr viel Papier aus der Kriegs- und Revolutionszeit«, die Wörterbücher, Grammatiken der modernen Sprachen »und meine eigenen wissenschaftlichen Opera« und dazu seine Talmudverse, die er nach so vielen Jahren als Maschinemanuskript herstellen will. Zu Annemarie Köhler, die zu dieser Zeit noch in Heidenau wohnt, schafft er je ein Exemplar der fertiggestellten Teile des *Curriculums* und der Französischen Literatur des 18. Jahrhunderts, dazu seine »fraglos wertvolle Markensammlung« und einen Wäschekoffer. Bei den Manuskripten merkt er an: »Falls mir etwas zustoßen sollte, *nach* veränderter Lage an die Dresdner Staatsbibliothek.«

Das Haus übernimmt der Gemüsehändler Berger. Den einstigen Frontsoldaten hält Klemperer für einen ganz gutartigen Menschen, »gänzlich antihitlerisch, freut sich aber natürlich des guten Tausches«. Berger legt gleich los. Sie müssen noch mit ansehen, wie er mit einem Maurer im Garten auseinandernimmt, was Eva so mühselig gebaut hat. Am Haus baut er einen neuen Stufengang. Evas Musikzimmer verwandelt er in einen Grünkramladen ...

Das Judenhaus
»Kein Kokettieren mit dem Heizungsrohr«

Tagebuch Victor Klemperer, im Frühjahr 1940:
»Judenhaus, Caspar-David-Friedrich-Straße 15 b
26. Mai, Sonntag morgen
Eine hübsche Villa, zu eng, zu ›modern‹ gebaut, gepfropft voll mit Leuten, die alle das gleiche Schicksal haben. Wunderschön im Grünen gelegen. Parzellierter alter Parkbestand, hinter dem Baum- und Gartenstreifen Wiese und Ackerland; wenn wir auf dem der Straße abgekehrten Balkon stehen, zur Rechten als Blickgrenze eine Geröllwand, zur Linken eine Klinik. Die Straße ziemlich schmal, drüben auch Villen, Gärten, Sanatorien, Villen. Nächste große zur Stadt führende Verkehrsader (auch eine Parkallee, keine geschlossene Straße) die Teplitzer Straße. [...] Alles in einer Fülle von Flieder, Kastanienblüten, Frühling in jeder Form. [...] Kurzum allerschönstes Dresden.«
Eine Idylle?

32 solcher Häuser sind im Frühjahr 1940 in Dresden etabliert worden, um die in der Stadt verbliebenen Juden noch rigoroser kontrollieren und ihre Lebensräume weiter einschnüren zu können.

Klemperers Schilderung liest sich indessen wie ein Spruch aus dem vier Jahre später gedrehten Propagandafilm »Der Führer schenkt den Juden eine Stadt«. Der Verfolgte schaltet gewissermaßen einen Mechanismus der Selbsttröstung ein. Diese Fähigkeit scheint öfter bei ihm auf, wenn man ihn ganz nach unten drücken will, mit dem Gesicht in den Morast. Ein Stabilisator scheinbar wider alle Vernunft. So schafft er seiner Seele einen Platz, wo er sich gegen die Misere totstellen kann. Wenigstens ein paar Tagebuchzeilen lang.

Der weitaus größere Teil seiner Schilderungen reflektiert blanke Misere. Tagelang hat er sich seit dem Umzug noch nicht richtig gewaschen, die Zähne nicht geputzt, die Nächte in demselben verschwitzten Hemd zugebracht. Die Schränke mußten auseinandergenommen werden, weil sie nicht die Treppe hinaufpaßten. Die beiden Zimmer sind durch eine Diele miteinander verbunden, haben einen Balkon, aber kein Bad. Auch nach einer Woche stört Klemperer noch »unentwirrbares Chaos. Muschels Kästchen, Torfmull, Brot, Geschirr, Betten, Koffer, Möbel – alles inextrikabel.« Seine eigentliche Klage: »Der größte Zeitverlust ist das ständige Hineinwusseln fremder Humanitas.«

Das hautnahe Beieinanderleben, die ständige Berührung mit den Nachbarn in diesem parkettierten Pferch wird dem an bürgerliche Distanz gewöhnten Neuling zu einem spannenden Beobachtungsfeld und zugleich zu einer seelischen Plage. Die Mitmieterin Käthe Voß, jüdische Witwe eines arischen Versicherungsdirektors, »ist eine etwas kindliche, kaum gebildete, ein bißchen kleinbürgerliche Frau, gutartig, hilfsbereit, sehr anschlußbedürftig, ungeheuer gesprächig. Sie erscheint schon, wenn Eva noch im Bett liegt, sie frühstückt auf dem Balkon. Sie hat uns am Einzugstag zweimal zum echten Tee eingeladen, […] wir wiederum mußten ihr Geschirr mit abwaschen. […] Das beste an Frau Voß ist ihre große Freundschaft für Muschel, eine sofort erwiderte Freundschaft. Das erleichtert vieles.«

Klemperer nennt das neue Leben »eine große Promiskuität«, eine Gemeinschaftsehe, »die hoffentlich reibungslos bleibt, aber natürlich auch reibungslos auf die Nerven fällt«. Über ihnen wohnt der Hausbesitzer Paul

Kreidl, ein Mann Anfang Sechzig, der Bankprokurist war, mit seiner arischen Frau, einer Mittvierzigerin. Unter ihnen seine verwitwete Schwägerin, die aus ihrem eigenen Haus vertrieben wurde, »bei ihr noch allerlei Volk«. Der Mann besaß ein Sportgeschäft, der Sohn, ein Florettfechter, hat schon ein paar Wochen im Konzentrationslager hinter sich. Doch damit hört die für ihn erträgliche Gesellschaft schon auf. »Dann ist da unten irgendwie angeheiratet verwandt ein dicker, brutal aussehender Herr Katz, Kaufmann, hat den Krieg als Offizier mitgemacht, ist Monomane des deutschen Soldatentums, gebärdet sich nazistischer als jeder Nazi, freut sich der deutschen Siege, verachtet Entente. ›Wir‹ werden England aushungern, ›wir sind unwiderstehlich, unbesiegbar‹. – Die englische Blockade? ›Nebbich die Blockade!‹« Katz behauptet: »In Berlin beten die Juden für Hitlers Sieg.«

Die Enge geht dem Eigenwilligen schnell auf die Nerven. Er kommt nicht zum Schreiben. »Keine Sammlung, wenige Zeilen Curriculum, kein Vorlesen oder Für-mich-Lesen. Immer im Nichtigen beschäftigt, jeden Tag das gleiche Elend, die gleichen Gespräche – dabei ungeheure Siege Deutschlands bei rasender Triumphsprache. Gestern traten ›zahllose Divisionen‹ zu neuen Operationen ›aus der Abwehrfront‹ an, zur ›Vernichtung‹ unserer Gegner. Jeder Tag qualvoll. Abends Nervenberuhigung bei Kartenlotterie – morgens der ganze Jammer. Gehobenes KZ.«

Das Judenhaus bildet kein solidarisches Gruppenverhalten aus – trotz des gemeinsamen Feindes vor der Haustür. Die Grundstimmung ist aufs höchste gereizt, Ausbrüche sind beinahe an der Tagesordnung. Mal ist es maßloser Streit um den Wasserverbrauch mit dem Besitzer Kreidl, mal ist es der Nervenzusammenbruch der so gesprächigen Frau Voß, als man den Juden auch noch das Telefon wegnimmt, mal ist es die Panikmache, alle

Juden würden abgeschlachtet, wenn Deutschland den Krieg verlöre.

Ein ausgeklügeltes Regelwerk spaltet die Schicksalsgemeinschaften der Judenhäuser: die sogenannten Privilegien. Auch Klemperer ist privilegiert: die Ehe mit einer »Arierin« schützt ihn vorläufig vor der Deportation. Nachbar Kreidl hat noch einen weiteren Vorteil. Er ist in Böhmen geboren, also in jenem Teil der Tschechoslowakei, der nun unter deutscher Besatzung steht, und er wird als protektoratsdeutscher Jude nicht allen Einschränkungen unterworfen. Er darf abends nach neun Uhr noch auf der Straße sein, er darf noch im Großen Garten spazierengehen, und seine Frau besucht zum Neid der Mitbewohner regelmäßig die Oper. Klemperer hat von der »steifen und kalten Frau« den Eindruck, »sie würde eine Stunde nach dem Tod ihres Mannes um Aufnahme in die NSDAP bitten«.

An Eva bemerkt er zu dieser Zeit mit großer Sorge, daß ihre Widerstandskraft nachläßt. Er hat ihr Patiencekarten geschenkt, und mit Frau Voß legt sie nun eine Partie nach der anderen. Während sie sich mit den Karten beschäftigt, fühlt sie sich von Victors Maschinengeklapper gestört, und er muß sich mit seinen alten Aufzeichnungen beschäftigen oder schleppt Kohlen oder macht den Abwasch.

»Ihr Zustand nähert sich dem des wirklichen Trübsinns. [...] Keine Taste wird angerührt, kaum ein Buch, keine Zeitung. Das schlechte Wetter, die frühe Dunkelheit hindern am Spaziergang, das viele Frieren in der unheizbaren Wohnung, das furchtbar dürftige Essen geben den Rest. Sie sieht sehr blaß aus, ist abgemagert. Ich bin tief bedrückt.«

Im Dezember werden die Gesetze gegen die Juden weiter verschärft. Es gibt kaum noch Restaurants, in denen sie sich zu einem Apfeltee oder einem Grießpudding niederlassen dürfen. Nach 20 Uhr müssen sie nun auch im Judenhaus in ihren Wohnungen bleiben, Besuche bei Mitbewohnern und Aufenthalt im Treppenhaus sind verboten. Wegen der Gefahr von Fliegerangriffen ist strenge nächtliche Verdunklung in Dresden angeordnet.

Eines Februartages 1941 – die Klemperers kommen entgegen ihrer gewohnten Vorsicht erst Punkt 20 Uhr zur Sperrstunde nach Hause und draußen ist es schon stockdunkel – schaltet Victor das Licht an, ohne zu bemerken, daß kein Rollo heruntergelassen ist. Ein Revierpolizist erscheint und zeigt ihn an wegen Mißachtung der Verdunklungsverordnung. Dafür handelt er sich eine achttägige Gefängnisstrafe ein.

Vier Monate später, am 23. Juni, erscheint er aufforderungsgemäß im Dresdner Polizeigefängnis in der Schießgasse. Von einem Bekannten hat er sich die autobiographischen Bände Goethes geborgt, aus seiner Schrumpfbibliothek hat er einen Band über deutsche Philosophie im 20. Jahrhundert dazugepackt. Die Polizeibeamten empfindet er als höflich, wenn auch als unnahbar. »Erst in der Sekunde der zufallenden Tür, des zufallenden Hakens wußte ich es mit einer namenlosen Beängstigung. In diesem Augenblick verwandelten sich die acht Tage in 192 Stunden, leere Käfigstunden.«

Kein Buch darf er behalten, nicht einmal die Brille, keine Hosenträger. Er muß lernen, mit dem »Elend der rutschenden, nachher zusammengewürgten Hose« fertigzuwerden, mit der Enge der graugrünen Wände, mit dem Guckloch in der Tür, mit den Schritten des Gefangenen in der Zelle über ihm, mit den Wanzenstichen, mit der quälerischen Nähe der Toilette, die nur morgens und abends auf Knopfdruck von außen gespült wird.

Wieder versucht er es mit seinem Verdrängungsmechanismus. Über die ersten Stunden hilft er sich mit vergleichenden Betrachtungen, ob denn »die Romantik des mittelalterlichen Kerkers« mit ihren Strohlagern, raschelnden Ratten und Spinnen wirklich grausamer war. Er lauscht den Schlägen der nahen Kreuzkirche, verspürt keinen Hunger, vermißt nicht einmal das Rauchen. Die eigentliche Qual besteht in der völligen Beschäftigungslosigkeit, der Endlosigkeit, »dem Nichts der vier Schritte zum Fenster und der vier Schritte zur Tür«.

Natürlich wird er durchhalten, kein »Kokettieren mit dem Heizungsrohr«. Er denkt an Verlaine, der im Gefängnis die schönsten Verse geschrieben habe, und an Freund Meyerhof, der bei einer 18-Tage-Haft in Italien unendlich viele Lieder gesungen habe. Doch er selbst findet in der Zelle »nicht einmal die bescheidensten Reime« und bedauert nun sehr, daß er unmusikalisch sei und schon nach den ersten Takten entgleise, und daß er nicht einmal Blindschach spielen könne, da ihm die Raumvorstellung fehle.

Erst als ihm am vierten Tag ein freundlicher Wachtmeister einen Bleistiftstummel und ein Blatt Papier zusteckt, findet der Kopfarbeiter eine kurze Entspannung. Er notiert die vergangenen Tage in winziger Schrift, zuerst auf das Blatt, dann auf Toilettenpapier. Und reaktiviert Rätselspiele aus der Kinderzeit: »Wieviel Worte lassen sich aus Baumpilz bilden, wieviel Städte und Flüsse mit dem Anfangsbuchstaben R kenne ich?«

Die Erleichterung hält einen knappen Tag an, der Häftling löffelt sogar zum ersten Mal seine Haftsuppe mit Appetit. Später erinnert er sich, daß auch »die Minuten der letzten Tage auf fast noch schleimigeren Beinen krochen und fast noch drückender auf mir lasteten, als die des Anfangs«. Am 1. Juli erhält er pünktlich Hosenträger und Brille zurück, tritt hinaus in den Sonnenschein und erlebt »ein paar Tage des absoluten Glücksgefühls. Was war mir der Krieg, was die übliche Unterdrückung? Ich war frei, wir waren zusammen. Ich ließ mich im Judenhaus ein bißchen als Märtyrer feiern.«

Dann erst breitet er seine Stichworte aus, beginnt seine

Niederschrift. Dabei bleibt er gerecht wie immer. Er mißt das, was er zu diesem Zeitpunkt für »die schlimmsten Qualen seines Lebens hält«, an anderen Schicksalen: »Wie läßt es sich mit dem vergleichen, was heute von Abertausenden in deutschen Gefängnissen erlebt wird?«

Allen Widerwärtigkeiten zum Trotz hat sich Klemperer wenige Tage vor seiner Gefängnishaft entschieden, Deutschland nicht zu verlassen. Die USA als Fluchtziel beschäftigt ihn Anfang Juni 1941 ein letztes Mal. Er fühlt Ohnmacht der englischen Sprache gegenüber, während Eva sagt, sie habe dort drüben »keine Hoffnung, noch einmal zu einem eigenen Leben zu kommen, da werde sie herumsitzen und ins Kino gehen können, sonst nichts. Hier bleibe ihr wenigstens Hoffnung.« Auch ihre lebenslange Feindschaft mit der Familie wirkt nach: »Soll dein Bruder Berthold als Georg auferstehen?«

Ein Leben in Georgs Klemperer-Kolonie kann sich auch Victor nicht vorstellen. Nur einen einzigen flüchtigen Lebensmoment, beim Lesen amerikanischer Literatur, träumt er kurz von einem Besuch in diesem Land, dessen Volksgemisch »aus hundert Blutarten, Stämmen, Kulturen [...] aufs schlagendste die rassische Volkstheorie der Nazis« widerlege. »Mit eigenem Wagen kreuz und quer durch die USA. In dieser Zeit englisch sprechen, nur Zeitungen, Journale lesen, in Tonfilm gehen.« Mehr nicht. Dann allenfalls »im eigenen Haus an der Ostseeküste amerikanische Literatur studieren und über sie schreiben«.

Indessen steht den Klemperers schon gar keine Tür mehr nach draußen offen. Im Mai des zweiten Kriegsjahres haben sie eine winzige Chance verpaßt. Ein Auswanderungsberater der Jüdischen Gemeinde verwies sie auf den Weg über Moskau nach Shanghai, falls ein Angehöriger im Ausland 400 Dollar vorstrecken könne. Der Schienenweg nach Osten ist ihnen längst blockiert.

Am 22. Juni beginnt Hitlerdeutschland den Krieg gegen die Sowjetunion.

Auch das Affidavit, die familiäre Bürgschaftserklärung für die USA, könnte ihnen schon nicht mehr helfen. Es fehlt noch das Einreisevisum, und sie stehen wegen ihres Zögerns weit hinten auf der Warteliste. Im Kriegssommer 1941 werden die amerikanischen Einwanderungsbestimmungen verschärft, so daß alle bisherigen Bemühungen hinfällig sind. Überdies sperrt das Reichssicherheitshauptamt in Berlin nun die Auswanderung von deutschen Juden bis auf »besonders gelagerte Einzelfälle bei Vorliegen eines positiven Reichsinteresses«. Darauf kann der mittellose und dem Ausland völlig unbekannte ehemalige Dresdner Professor sowieso nicht zählen.

Victor Klemperers Tagebucheintrag am Sonntag, dem 27. Juli 1941, in Dresden: »Alles Schwanken hat nun ein Ende. Das Schicksal wird entscheiden. Während des Krieges können wir nicht mehr heraus, nach dem Krieg brauchen wir es nicht mehr, so oder so, tot oder lebendig.«

Der gelbe Stern
»Die Bestien sind feige«

Aus der deutsche Polizeiverordnung über die »Kennzeichnung der Juden« vom 1. 9. 1941:

§ 1
1. Juden, die das sechste Lebensjahr vollendet haben, ist es verboten, sich in der Öffentlichkeit ohne Judenstern zu zeigen.
2. Der Judenstern besteht aus einem handtellergroßen, schwarz ausgezogenen Sechsstern aus gelbem Stoff mit der schwarzen Aufschrift ›JUDE‹. Er ist sichtbar auf der linken Brustseite des Kleidungsstücks fest angenäht zu tragen.

§ 2
Juden ist verboten,
a) den Bereich ihrer Wohngemeinde zu verlassen, ohne eine schriftliche Erlaubnis der Ortspolizeibehörde bei sich zu führen,
b) Orden, Ehrenzeichen und sonstige Abzeichen zu tragen.

§ 3
Die §§ 1 und 2 finden keine Anwendung,
a) [...]
b) auf die jüdische Ehefrau bei kinderloser Mischehe während der Dauer der Ehe.

§ 4
1. Wer dem Verbot der §§ 1 und 2 vorsätzlich oder fahrlässig zuwider handelt, wird mit Geldstrafe

bis zu 150 RM oder mit Haft bis zu 6 Wochen bestraft.
2. Weitergehende polizeiliche Sicherungsmaßnahmen sowie Strafvorschriften, nach denen eine höhere Strafe verwirkt ist, bleiben unberührt.

Am 19. September 1941 tritt diese Verordnung in Kraft, und Klemperer, wenn er später nach dem schwersten Tag der Juden in den zwölf Höllenjahren gefragt wird, nennt immer diesen. »Von da an war der Judenstern zu tragen, der sechszackige Davidstern in der gelben Farbe, die heute noch Pest und Quarantäne bedeutet und die im Mittelalter die Kennfarbe der Juden war, die Farbe des Neides und der ins Blut getretenen Galle, die Farbe des zu meidenden Bösen.«

Jetzt sind sie vogelfrei, die kaum noch mehr als tausend in Dresden lebenden Juden, jetzt können sie nicht einmal unerkannt die Straßenbahn benutzen oder in einem Lebensmittelladen auf nichtjüdische Rationierungsmarken, die ihnen Freunde zustecken, unbeanstandet ein paar Eier kaufen. Jetzt sind sie bei jedem Gang auf die Straße in Gefahr, den Pöbeleien Jugendlicher ausgesetzt und von den Kontrollen der allgegenwärtigen Augen der Gestapo, der Geheimen Staatspolizei bedroht, von der sie für Bagatellverstöße gegen die Judengesetze in die Konzentrationslager geworfen werden.

Für zehn Pfennig hat auch der von einer sogenannten Mischehe scheinbar Begünstigte den »gelben Lappen« bei der Jüdischen Gemeinde erwerben müssen. Während Eva zur Nähnadel greift, gerät er in einen »tobsüchtigen Verzweiflungsanfall«. In den ersten Tagen kostet es ihn furchtbare Überwindung, überhaupt noch das Judenhaus zu verlassen. Nur im Schutz der Dunkelheit will er ein bißchen Luft schöpfen. Eva übernimmt die Besorgungen, begleitet in den ersten Tagen auch andere Hausbewohner, indem sie ihnen den Arm gibt, so daß der Stern verdeckt bleibt.

Als Klemperer sich dann gewöhnt hat, werden ihm die Gänge draußen zu Studien deutschen Anpassungsverhaltens, deutscher Niedertracht und deutschen Mutes. Das Kind eines früheren Bekannten läuft weg: »Huh, ein Jude.« Betreten entschuldigt sich die Mutter, das habe es wohl aus dem Kindergarten, nicht von zu Hause. Radelnde Vierzehnjährige halten an und höhnen: »Der kriegt Genickschuß [...] ich drück' ab [...] Er wird an den Galgen gehängt ... Börsenschieber.« Eine Gemüseverkäuferin packt für Klemperer unter dem Ladentisch verbotene Tomaten und Zwiebeln ein. Empfänglich eher für das Gute im Menschen, schreibt er ermutigt in sein Tagebuch: »Fraglos empfindet das Volk die Judenverfolgung als Sünde.«

Im Oktober 1941 kursieren die ersten Nachrichten von einer Judenverschickung nach Polen. Die Leute »müssen fast buchstäblich nackt und bloß hinaus. Tausende aus Berlin nach Lodz.« Daß eine solche Deportation in Dresden schon drei Jahre früher abgelaufen ist, hatte Klemperer nicht mitgekriegt. Wohl deshalb, weil es die ansässigen Juden nicht berührte. Es waren aus 724 aus Polen stammende und in allen Regierungsbezirken Sachsens zusammengeholte Männer, Frauen und Kinder, die in den Abendstunden des 27. Oktober 1938, zwei Wochen vor der Kristallnacht, in Dresden den Zug besteigen mußten und über die polnische Grenze abgeschoben wurden.

Noch klammert sich der Bedrohte wie viele andere an milde Interpretationen. »Es lägen relativ günstige Nachrichten aus Lodz vor«, hört er, »saubere Baracken, gute Heizung und Verpflegung, anständige Behandlung in den Munitionsfabriken. Das gilt schon als Trost.« Die deutschen Juden können zu dieser Zeit nicht wissen, daß in der Führungsebene der SS und der Partei über die physische Vernichtung der jüdischen Bevölkerung im gesamten deutschen Machtbereich nachgedacht wird. Anfang 1940 plante man noch, sie in einem halbautonomen Staatengebilde südlich der polnischen Stadt Lublin einzupferchen. Erste Transporte österreichischer, Prager und pommerscher Juden wurden dorthin gelenkt zu dem Zweck, Lager aufzubauen. Schon da begann die SS ihr grausiges Erschießungswerk.

Als die deutsche Wehrmacht in Polen einmarschierte, gerieten 2,8 Millionen Juden in deutsche Kriegshand. Seit dem Überfall auf die Sowjetunion werden 2,5 Millionen hinzugezählt. Die SS-Einsatzgruppen kommen mit den Erschießungen nicht nach, und in der Führung von SS und Partei werden zynische Überlegungen für eine sogenannte Humanisierung des Tötungsprozesses angestellt. Im Dezember 1941, der deutsche Blitzkrieg war inzwischen vor Moskau steckengeblieben, beginnen Häftlingskommandos an der Mündung der Sola in die Weichsel mit dem Aufbau des Vernichtungslagers Auschwitz. Im Frühjahr 1942 werden die Gaskammern fertig, in denen auf einen Schub bis zu 300 Menschen umgebracht werden können. An machen Tagen weisen die Lagerlisten bald mehr als 5 000 Morde aus.

Im März 1942, die Gaskammern sind eben erst in Betrieb genommen, hört Klemperer zum ersten Mal von »Auschwitz (oder so ähnlich) bei Königshütte in Oberschlesien«. Es sei das »furchtbarste KZ«, »Bergwerksarbeit, Tod nach wenigen Tagen«. Noch sind die Informationen verschwommen, die der Tagebuchschreiber einfangen kann, aber selbst diese reichen, die Legende zu widerlegen, die nach dem Krieg in Deutschland millionenfach gepflegt wurde: Man habe von diesen gräßlichen Dingen ja nichts wissen können. Der Insasse eines Judenhauses, obwohl gewissermaßen in einem Informationsloch verschwunden, konnte schon damals ziemlich deutlich zwischen den seit langem bestehenden Konzentrationslagern im Reich und den Todesfabriken im besetzten Polen differenzieren. »Nicht unbedingt und sofort tödlich, aber schlimmer als Zuchthaus, soll Buchenwald bei Weimar sein. Hierhin kam Estreicher.«

Klemperers Sinne für diese neue Gefahr sind nun aufs äußerste geschärft. Aus Berlin erfährt er per Post von Selbstmorden deportationsbedrohter Juden, aus Köln von grausigen Verhältnissen in polnischen Lagern. Sußmann mahnt ihn dringend aus Stockholm, sich weiter um die Auswanderung nach den USA zu bemühen, in Schweden könne er ihm in diesem Falle einen Interimsaufenthalt verschaffen. Er schreibt sofort zurück, jetzt sei jeder Weg verriegelt, jetzt müßten sie in Dresden ihr Schicksal abwarten. Bemühungen um ein schwedisches Transitvisum hätten keinen Sinn. Es klingt wie ein Abschied.

Der Zurückgebliebene trifft Vorkehrungen für seine Art zu überleben. Daß ihnen mit den Fotoapparaten und Operngläsern die Schreibmaschinen abgenommen werden, kann er verschmerzen. Mehr als drei Viertel der Zeit seines intellektuellen Lebens hat er alles, was er für seine Erinnerung bewahren wollte, in seiner schwer lesbaren Schrift mit der Hand zu Papier gebracht. Als der Mitbewohner Ernst Kreidl die Nachricht von einer Bestandsaufnahme des Hausinventars bringt, läßt er dennoch größte Vorsicht walten: »Das bedeutet Beschlagnahme, vielleicht auch Verschickung.« Und er entscheidet: Das Tagebuch muß aus dem Haus.

Ein Versteck weiß er. Eva soll die Aufzeichnungen zu Annemarie bringen, die beim Abschied von dem Haus in Dölzschen schon behilflich war. Sie hat mit dem Arzt Friedrich Dreßel in Pirna eine Privatklinik aufgemacht. Politisch vertraut Klemperer den beiden von Anfang an, seit 1933: »Beide rechtsstehend, beide anti-nationalsozialistisch und entsetzt.« Immer aber in dieser schweren Zeit bleibt Annemarie ihm und Eva »ein psychologisches Rätsel. Treu und untreu, herzlich und kalt in einem, gleichgültig dem Leben und dem Krieg gegenüber.«

Eva fährt regelmäßig zu Besuch nach Pirna, bringt auch mal ein paar Lebensmittel oder ein anderes kleines Geschenk mit zurück. Andererseits läßt sich Annemarie nicht mehr sehen, seit Victor den gelben Stern trägt. Sie weiß natürlich, daß es sich bei den Manuskripten um Tagebuchaufzeichnungen von höchster Brisanz handelt, und sie weiß auch, »daß es sich bei solchem Verhalten nicht mehr um Gefängnis, sondern ganz eindeutig um den Kopf handelt. [...] Die Guillotine auf dem Münchner Platz arbeitet aus geringeren Anlässen.«

Eva nimmt den Pirnaer Bus, der nahe der Gestapo-Zentrale seine Endstation hat. Die Tagebuchblätter liegen meistens verteilt zwischen den unendlich vielen Exzerpten, die er aus anderen Büchern anfertigt. Werde sie »einmal angehalten, *so weiß sie von nichts*«. Der Schreiber fragt sich dennoch manchmal, ob er ein moralisches Recht hat, das Leben beider Frauen damit aufs Spiel zu setzen und das manches darin Erwähnten dazu. Aber mit der jahrelangen Praxis hat sich bei ihm der Zwang des Chronisten aufgebaut, die bisherigen Anstrengungen nicht in Frage zu stellen und das Werk zu vollenden. »Zuletzt sage ich mir immer wieder, man müsse Fatalist sein, ich täte meine Pflicht.« Einer muß festhalten, was in diesem Monster Deutschland zu dieser Zeit, in diesen gräßlichsten Jahren des Jahrhunderts geschieht. »Wenn es mir nicht gelingt, wenn ich nicht die Zeit zu haben glaube, LTI als Sonderwerk auszuarbeiten, dann veröffentliche ich die (natürlich gefeilte und geordnete) Gesamtheit meiner Tagebücher seit 33.«

Es ist nicht Fatalismus, der ihm die Feder führt, sondern der vage Glaube ans Überleben. »Ich habe gewiß im Tagebuch schon öfter betont, daß ich in Minuten der Frische ein wirkliches Glücksgefühl empfinde«, gesteht er sich am 30. Mai 1943, »weil mir so vieles zu erleben vergönnt ist, weil ich in meiner Ehe beglückt bin, weil ich noch produziere oder doch Produktion vorbereite.

Aber dieses Glücksgefühl kann sich bei mir niemals in Religion, in naiven ›Dank an den Schöpfer‹ umsetzen. Hurra ich lebe!, während rings um mich gestorben wird, empfinde ich als ein unsittliches Gefühl. ›Warum gerade ich?‹«

Schon das Jahr 1941 hat für den Eingepferchten im Judenhaus die schmerzlichsten Einschränkungen seiner Bewegungsmöglichkeiten gebracht. Theater, Kino, Konzerte, Museen, Dresdens Großer Garten, die meisten Restaurants, der Bahnhof, Taxis, Autobusse – alles verboten. In der Straßenbahn ist nur der Aufenthalt auf dem Vorderperron erlaubt, und zwar auch nur dann, wenn der Sternträger mehr als sieben Kilometer zur Arbeit laufen müßte, oder wenn er ein Krankheitsattest besitzt. Juden dürfen nicht einmal mehr öffentliche Telefonzellen benutzen. Briefe ins Ausland wagt Klemperer kaum noch zu schreiben aus Furcht vor den Kontrollen. Die Schlußeintragung des Jahres in seinem Tagebuch lautet: »Die letzten schweren fünf Minuten des Jahres die Nase hoch!«

Solchen Selbstzuspruch hat er bitter nötig. Eine Woche später, beim Einsteigen in die Straßenbahn, »dreht sich ein junger Mann nach mir um, ganz gut geschnittenes Gesicht, kalte graue Augen, und sagt leise: ›Nächste Haltestelle aussteigen.‹« Der Angesprochene fragt erst gar nicht nach dem Ausweis. Am Dresdner Bahnhof, zwischen den Hotels in der Hohen Straße, residiert die Gestapo. Dort steigen sie aus: »Mein Hundefänger zu einem Kameraden, der ihm entgegenkommt: ›Der latscht in der Verkehrszeit in der Elektrischen rum; ich will ihn flöhen.‹«

Das ist die erste direkte Berührung Klemperers mit der Geheimen Staatspolizei. Man läßt den Sternträger erst mit dem Gesicht zur Wand unter einer Freitreppe warten. Dann, in einem Büroraum, muß er seine Taschen leeren. Zum Vorschein kommt, was er am Chemnitzer

Platz gekauft hat: eine Flasche Magermilch, ein Brot, ein Stück Kuchen, ein halbes Pfund Brombeertee, den er zu rauchen pflegt, weil es für die Juden keinen Tabak mehr gibt.
»Was tun Sie?« fragt der Hundefänger.
»Ich schreibe ein Buch.«
»Das können Sie ja doch nie veröffentlichen. – Sie kommen morgen in Arbeit. Goehle-Werk.«
Der Aufgegriffene, bleich und nach Luft ringend, hört noch die Frage: »Sind Sie herzkrank?« und konzediert: »Soweit war die Behandlung noch beinahe anständig.«
Dann erscheint ein zweiter Gestapomann, »vielleicht einen Grad höher, mittelgroß, braune höhnische Augen«, und raunzt: »Nimm deinen Mist vom Tisch. Setz den Hut auf, das ist doch bei euch so. Da wo du stehst, ist geheiligter Boden.«
»Ich bin Protestant«, wagt Klemperer einzuwenden.
»Was bist du? Getäuft? Das ist doch bloß getarnt.«
Und weiter nichts als Hohn und neue Schikane: »Wie alt? Was, erst sechzig? Mensch, mußt du in deine Gesundheit hereingewütet haben. – Was war das für eine Bewegung mit den Pfoten? Du hast doch eben was gemaust. Pack die Mappe aus.«
So muß Klemperer noch einmal seinen jämmerlichen Einkauf vom Chemnitzer Platz ausbreiten, während der Duzer ihn angiftet, daß die Juden für die deutsche Kriegsniederlage beten: »Das ist doch der jüdische Krieg. Adolf Hitler hat's gesagt – (pathetisch schreiend:) Und was Adolf Hitler sagt, das ist auch so.«
Die Gestapo entläßt den Vorgeführten nicht ohne ihm zu verbieten, noch einmal die Straßenbahn zu benutzen oder wieder am Chemnitzer Platz im Zentrum einzukaufen. »Wenn wir dich nochmal hier treffen, fliegst du heraus. Du weißt schon, wohin.«
Als Klemperer wieder draußen ist, schmerzen ihm Brust und Arme. Vier Tage lang fühlt er sich so elend, daß

er nicht einmal sein Tagebuch anfaßt. Und es war nur ein Warnschuß.

Zum 20. Januar 1942 wird der erste neue Abtransport von Juden zusammengestellt. Von den Leuten aus dem Judenhaus steht Kätchen Voß mit auf der Liste, die bei Zeiss-Ikon in den Goehle-Werken Zwangsarbeit leistet. Durch die Glastür im Parterre bemerkt er ihre Weinkrämpfe, er geht sie trösten, sie klammert sich an ihn und droht, sich umzubringen.

Zur selben Zeit geschieht in Dresden etwas, das belegt, daß die Tat des Judenretters Otto Schindler kein solitärer Vorgang in diesen Jahren gewesen ist. Die Chefs der Goehle-Werke, wo Klemperer 400 Juden beschäftigt glaubt, stellen sich gegen die Forderungen der Gestapo und kommen durch. Fast alle jüdischen Arbeiter dieses Rüstungswerkes, bis auf zwanzig, bleiben in der Stadt. »Es sollen sich im Werk die pathetischsten Szenen abgespielt haben«, hört Klemperer. »Kätchen berauscht.«

Am Tag, als diese Nachricht eintrifft, wogt eine aberwitzige Debatte im Judenhaus. Der junge Paul Kreidl, der Schwerstarbeit beim Verlegen von Eisenbahnschwellen leistet, ist »für christlichen Verzicht auf Rache« nach der Befreiung von der Nazidiktatur. Klemperer plädiert für »Auge um Auge, Zahn um Zahn«. Der Versöhnliche wird zwei Tage später deportiert.

Noch aber ist der Schreckensname Auschwitz nicht präsent und die Hoffnung auf irgendeine Neuansiedlung der Juden im Osten glimmt. Eva näht Rucksackgurte für Kreidl, der Abgänger überläßt Victor ein paar Schuhe und Brombeertee zum Rauchen, ehe die Wohnung von der Gestapo versiegelt wird. Dann muß Kreidl weg zum Bahnhof, wo man auch Alte, Kranke und Kinder sammelt, bei 15 Grad minus. 240 Dresdner Juden sind bestimmt für das Ghetto in Riga. Für die meisten nur die Zwischenstation auf dem Weg in das Gas. Von Kreidl bleibt nur das Gerücht, daß er zum Minenräumen eingesetzt wurde und bei einer Explosion ums Leben kam.

Im deutschen Hinterland werden die Arbeitskräfte Anfang 1942 schon so knapp, daß die Behörden Sternjuden zum Schneeschippen befehlen. Klemperer, in den Schuhen von Kreidl, schleppt sich im Morgengrauen des 14. Februar 1942 zum Sammelpunkt an einem Gasthaus, das wie zum Hohn den Namen Elysium trägt, gelegen am Stadtrand in Räcknitz. Siebzehn ältere Männer treffen dort ein, darunter »ein Bruch ohne Bruchverband, ein Lahmer, ein Verwachsener«. Klemperer ist offensichtlich der jüngste. Straßenbahn- oder Busfahren ist ihnen nicht erlaubt worden. Die Alten sollen liegengebliebene Autos flottmachen und Gehwege freischippen. Ein 67jähriger Orthopäde ist dabei, ein 72jähriger ehemaliger Landwirt, ein Handelsreisender mit Staroperation auf einem Auge, das andere blind, der aber George Bernard Shaw auf englisch zitieren kann, auch ein Lederfabrikant, der immer ein Schnapsfläschchen dabei hat und Klemperer ein Schlückchen abgibt.

Sie müssen sich nicht überanstrengen. Ein uniformierter Straßenreiniger hält eine Art Appell ab, läßt sie Schaufel und Stoßeisen aufladen. Einer der Rottenführer erweist sich als alter Sozialdemokrat, er benutzt die Anrede Herr und den Doktortitel und erlaubt ihnen lange Eßpausen. Ein anderer fordert sie auf: »Sagen Sie nicht, daß wir gut zu Ihnen sind, auch nicht auf der Gemeinde, machen Sie uns lieber schlecht, sonst haben wir Ärger.« Es sei »tausendmal besser als im Gefängnis zu sitzen«, meint Klemperer. Aber es bringt keine Erlösung. Sehnsüchtig erkennt er die Straßen wieder, auf denen er Auto gefahren ist, und unweit in der Schneelandschaft liegt Dölzschen.

Im deutschen Reichsalltag herrscht unterdessen schon größter Mangel an Gebrauchsgütern und Lebensmitteln, und die Juden bekommen das äußerst verschärft zu spüren. Im Judenhaus hat die Hungerzeit begonnen. Sonntags bürstet der Professor für sich und seine Frau die Kartoffeln, bis man sie mit der Pelle essen kann. Er hat gelernt, sich mit Brombeertee in der Tabakspfeife zu begnügen. Manchmal, wenn ihm Annemarie aus Pirna zwei oder drei Zigarren schickt, raucht er sie hastig auf, bis ihm schlecht wird. Würden sie von der Gestapo gefunden, ginge es ihm noch schlechter.

Eine Seifenkarte gibt es nur noch alle vier Monate, Rasierseife wird den Juden ganz verboten, so daß sich Klemperer spöttisch fragt: »Will man den mittelalterlichen Judenbart zwangsweise wiedereinführen?« Eine nichtjüdische Bekannte bringt einen Fischkopf für den Kater und bittet inständig, nach dem Auskochen die Gräten zu verbrennen, damit ihr niemand auf die Spur kommt, denn Haussuchungen durch die Gestapo sind nun die Regel, und so ein Fund kann Konzentrationslager bedeuten.

Der Fischkopf tröstet auch nicht mehr. Im Mai 1942 wird allen Trägern des gelben Sterns in Dresden das Halten von Haustieren verboten, und den Leuten, die mit ihnen zusammenwohnen, auch. Die Hunde, Katzen und Vögel dürfen auch nicht in Pflege gegeben werden. »Das ist das Todesurteil für Muschel, den wir über elf Jahre gehabt haben und an dem Eva sehr hängt. [...] Welch eine niedrige und abgefeimte Grausamkeit gegen die paar Juden.«

Den Kater, auf den er einst sogar eifersüchtig war, haben sie zuletzt bisweilen mit der minimalen Fleischration am Leben gehalten, die ihnen selbst zustand. Sein Kosenamen wanderte in diesem Intellektuellenhaushalt durch drei Sprachen: von Lateinisch, Mucius, über Französisch, Mujel, ins Deutsche, Muschel. Sie wollten das Tier durchbringen und versprachen ihm ein Kammschnitzel zum Siegesfest: »Wir haben uns oft gesagt: Der erhobene Katzenschwanz ist unsere Flagge, wir streichen sie nicht. [...] Es macht mich beinahe abergläubisch, daß die Flagge nun niedergeht.« Und was schlimmer ist: »Für Eva war es immer ein Halt und ein Trost. Sie wird nun geringere Widerstandskraft haben als ich.«

Am 22. Mai, es ist ein Freitag, kommt Klemperer kurz vor der Sperrstunde von einem Erkundungsgang zu einem Leidensgefährten zurück und findet das Judenquartier in der Casper-David-Friedrich-Straße verwüstet vor. Die Türen offen, der Mitmieter Friedheim mit blutunterlaufenem Hals und Kinn und mit schweren Schmerzen, die von einem Tritt in den Bruch am Unterleib herrühren, Eva dagegen in voller Fassung: »Es sei alles programmgemäß verlaufen.«

Das ist blanke Ironie. Man hat Eva geohrfeigt und ins Gesicht gespuckt. Der Schläger heißt Johannes Clemens, er hat »blaßblaue, kleine harte Augen, vorspringende Nase« und mitunter ein »Hütl auf dem blonden Kopf«. Der Spucker heißt Weser, es ist derselbe »mit den irren dunklen Augen«, den Victor schon aus dem Gestapo-Hauptquartier kennt.

Der Inhalt der Schränke, der Kommoden, der Regale – alles wurde auf den Boden geschleudert. »Zerrissene Spielkarten, Puder, Zuckerstücke, einzelne Medikamente, Inhalt von Nähkästen dazwischengestreut und eingetreten: Nadeln, Knöpfe, Scherben zerschlagenen Weihnachtsschmucks, Pastillen, Tabletten, Zigarettenhülsen, Evas Kleidung, saubere Wäsche, Hüte, Papierfetzen [...]. Im Schlafzimmer der Gang zwischen Betten und Schränken, die Betten selber übersät.«

Die Haussuchungen sind der Gestapo nicht nur psychisches Folterinstrument, sondern auch Gelegenheit, vandalistische Triebe auszuleben und sich an den verbliebenen armseligen Besitztümern der Juden zu bereichern. Von den Medikamenten ist das Fiebermittel Pyramidon verschwunden, auch alle Lebensmittel, die sie auf Marken gekauft haben, Butter, Speck und Zucker, der Schaumwein, den sie für den Tag der Erlösung aufbewahren wollten, ein paar ausländische Münzen, die Visitenkarten, die Briefkuverts mit dem Professorentitel, das Kriegsverdienstkreuz, alles, was seine deutsche Identität bestätigen könnte. »Was gestohlen, was vernichtet, was willkürlich versteckt, ist nicht recht festzustellen.«

Überall im Haus stinkt es nach Knoblauch, die Schergen haben die Knollen verstreut und zertreten – es soll das herrschen, was sie für einen typisch jüdischen Geruch halten. Im Keller fanden sie eine Schüssel mit Spinat, den Inhalt schmierten sie den anderen Frauen über die Gesichter und Kleider und an die Tür des Badezimmers.

Von Victors Büchern fehlt vorläufig nichts. Auf Evas Notenschrank liegt zerrissen ein Titelblatt von Mendelssohn Bartholdy – der Komponist war jüdischer Herkunft, das weiß sogar die Gestapo. Nicht gefunden haben sie die letzten Tagebuchnotizen, die zwischen den Seiten des Griechisch-Lexikon eingelegt waren, vielleicht hat ihnen das wiederum das Leben gerettet. »So sind wir alles in allem für diesmal noch leidlich davongekommen und haben uns wieder gegenseitig geschworen, die Nerven zu behalten. Aber welch eine unausdenkbare Schmach für Deutschland.«

Beim Aufräumen verwerten die Bedrängten ihre neuen Erfahrungen mit den Verfolgern. »Dinge, mit denen man ›Unfug treiben‹ kann, werden sicher verstaut: Nägel, Nadeln, Baumschmuck kamen in den Keller, vieles wird unter die Schränke geschoben (›Sie sind zu faul, sich zu bücken‹); auch die Butter hat jetzt einen versteckteren Platz.« Die zerrissenen Patiencekarten klebt Eva zusammen und behält sie fortan in der Handtasche.

Die Gestapoleute erscheinen nun mit quälender Regelmäßigkeit. Am 10. Juni sind Clemens und Weser wieder dabei. Zuerst fallen sie über Kätchen Voß her, bei der sie den Brief eines Schwagers finden, der über die Zerstörungen durch Bombenangriffe auf Köln berichtet. »Ihr freut euch darüber! Ihr hetzt damit!« Die Frau muß die Adresse herausgeben, sie soll den Teppich aufrollen, wird dabei mit Fußtritten traktiert und als »Judenhure«, »Sau« und »Miststück« beschimpft.

Klemperer wird von den Prüglern auf einen Stuhl gezwungen. »Warum hat deine Alte soviel Wollzeug und Stoff herumliegen«, wollen sie wissen. Er redet sich heraus, dies sei vorbereitet für die Spinnstoffsammlung. Dann finden sie das Buch »Mythus des 20. Jahrhunderts« ihres eigenen Chefideologen Alfred Rosenberg. »Das Buch wurde mir auf den Schädel gehauen, ich wurde geohrfeigt, man drückte mir einen lächerlichen Strohhut Kätchens auf: ›Schön siehst du aus!‹ Als er auf das Lehramt hinweist, das er bis 1935 innehatte, wird er zwischen die Augen gespuckt. Das Buch soll der Jude unverzüglich zurückgeben, eine Leihbücherei zu benutzen wird ihm fortan verboten.

In diesem Moment kommt Eva von einem Einkauf zurück. Die Schergen entreißen ihr die Tasche. Victor, der ihr zu Hilfe eilen will, wird dafür wieder geohrfeigt und mit Fußtritten in die Küche gestoßen. Auf Eva prasseln die Beschimpfungen als »artvergessenes Weib«. Artvergessenheit ist ein anderes Wort für Rassenschande. Den Prügeln entgeht sie, weil sie den Gestapoleuten vorspielt, daß sie den Oberbürgermeister in Potsdam zum Vetter habe. Ein gewagter Schritt, diese Verteidigung, meint Victor, als die Gestapo weg ist. Sie antwortet: »Die Bestien sind feige.«

Die Bilanz dieses vierten und heftigsten Überfalls: »Es fehlte alles Brot, ein unangerissener Zweipfünder, ein Pack Streichhölzer, alle Seife im Badezimmer, fast aller Zucker, ein Fünfmarkschein aus der Brieftasche. Jämmerlich! *Aber die eigentliche irreparable Schädigung besteht doch im Fortfall der Leihbibliothek.*«

Für die jüdischen Frauen im Haus gehen die Quälereien noch weiter. Bei hochsommerlichen Temperaturen werden sie in Wintermänteln zum Gestapo-Hauptquartier bestellt. Bei den Verhören wird weiter geschlagen. Eva steht den Zurückkehrenden bei, so gut sie kann: Sie schneidet ihnen die Haare, denn der Friseur ist Juden inzwischen verboten, sie geht mit dem Staubsauger herum und bekommt dafür manchmal ein paar Zigaretten. Sie nimmt das dankbar an, denn sie »hängt noch wesentlich leidenschaftlicher am Nikotin als ich«.

Von den Männern im Judenhaus verschwindet einer nach dem anderen auf dem Polizeipräsidium, spurlos. Unterdessen gehen auch die Gruppendeportationen weiter. Alle Dresdner Juden depotiert man nach Theresienstadt in Nordböhmen. Man täuscht ihnen altersgerechte Unterbringung vor, schließt sogar sogenannte Heimeinkaufsverträge, um die letzten Vermögensreste einzukassieren. Aber bald kursiert das Gerücht, daß in Theresienstadt die Kranken gleich durch Giftinjektionen beseitigt würden. Niemand ist zurückgekehrt. Der jüdische Gemeindearzt Willy Katz, der sich nur Krankenbehandler nennen darf, begleitet die Transporte bis in die Stadt Leitmeritz und muß dort umkehren.

Mitte Juli werden die Insassen aus dem jüdischen Altersheim nahe dem Gemeindehaus in der Zeughausstraße, mitten im Zentrum Dresdens, auf einen Lastwagen verladen. Über die Transportfähigkeit entscheidet kein Arzt, nur die Gestapo. Die Leute bleiben fast ohne Medikamente. Rollstühle mitzunehmen ist verboten. Passanten, die der brutalen Verfrachtung dieser alten Menschen zugesehen haben, sollen ihren Unmut geäußert haben, erfährt Klemperer. Aber solcher Nachrichten ist er sich nie sicher, mitunter setzt er die Abkürzung JMA hinzu – Jüdische Märchenagentur.

Aber Gerüchte können genügen, um panische Handlungen auszulösen. Ende Juli hört Klemperer, daß sich einer aus seiner Schneeschipperkolonne – er kennt nur den Familiennamen Aufrichtig – mit Gas vergiftet haben soll. Der alte Landwirt und seine Frau standen auf der Liste des letzten Transports, als Reservekandidaten, was sie aber nicht wußten. Mit deutscher Gründlichkeit werden nämlich immer ein paar Leute mehr bestellt, falls der eine oder andere Todeskandidat vorzeitig ausfällt und noch Transportplätze frei sind. Braucht man sie nicht, dürfen sie in die versiegelte Wohnung zurück und sind das nächste Mal an der Reihe.

Ende August muß das Judenhaus in der Caspar-David-Friedrich-Straße geräumt werden, arische Mieter erheben Anspruch auf Wohnrecht in der guterhaltenen Villa. Kätchen Voß ist schon deportiert, eine andere Nachbarin, die Witwe Ida Kreidl, zeigt sogar Vorfreude auf Theresienstadt, weil sie dort eine Schwester aus Prag wiederzufinden hofft. Klemperer hütet sich, ihr den Mut zu nehmen.

In den Momenten vor dem Abtransport zeigen viele Leidensgefährten erschütternde Dankbarkeit für Klemperer. »Sie haben mir viele gute Stunden bereitet«, sagt ihm Fritz Marckwald, ein siebzigjähriger gelähmter Mann, mit dem er geistreiche Gespräche geführt und Bücher leihweise getauscht hat.

Frau Kreidl muß die letzte Nacht mit fünfzig Leuten im Gemeindehaus verbringen, wo man Liegestühle ausgestellt hat. Von ihr hören sie zum letztenmal zwei Jahre später aus Theresienstadt. Damit verliert sich ihre Spur.

Die Klemperers leben vom September 1942 an in ihrem zweiten Judenhaus. Es befindet sich im Lothringer Weg 2, in Dresden-Blasewitz. Der Baustil verrät den Geschmack der siebziger und achtziger Jahre des 19. Jahrhunderts: »Schwere, gediegene Eleganz der grands bourgeois, in unserem Verfall verfallende Eleganz.«

Der Besitzer war Hofjuwelier, seine achtzigjährige Witwe ist für die nächste Deportation bestimmt, in der

Diele steht schon ihr Koffer mit der Aufschrift Jenny Sara Jacoby. Auf halber Höhe der Treppe zum ersten Stock bemerkt Klemperer einen Vorhang, dahinter versteckt eine Tür. Dort hat die Angestellte Frieda Hulda ihr Zimmer, eine Nichtjüdin, die der Witwe Jacoby trotz Kontaktverbot bis zuletzt treugeblieben ist. Von ihrer Wohnstatt im Judenhaus weiß die Gestapo nichts.

Während die Klemperers sich notdürftig in der neuen Bleibe einrichten, erscheint ein Trupp junger Sternträger, aufgeboten von der jüdischen Gemeinde. Sie sollen allen Besitz der Witwe Jacoby zusammenstellen für die staatliche Beschlagnahme. Anschließend kommen zwei Angestellte des Finanzamts und ein Kunstsachverständiger, die alles inventarisieren, abschätzen und abtransportieren lassen. »Es ist unglaublich, welche Mengen von Lederstühlen, Schränken, Taschen, Petroleumlampen da hervorquellen. (Die Gemälde sind entweder schon fort oder folgen noch.) Und das alles wird geraubt.«

Das ist die große Beute, aber die NS-Behörden verschmähen auch nicht den Kleinkram. Eine Verordnung über die Abgabe von Buntmetall beraubt die Klemperers eines Markenkästchens aus Blei, eines Briefklemmers aus Nickel und eines Aschenbechers. Ein Zimmernachbar muß mit einem Magneten helfen, damit sie feststellen können, welche Lampen aus Eisen und somit abgabefrei sind.

Die Liste der verbotenen Besitztümer wird immer länger. Textilien dürfen sich Juden schon lange nicht mehr kaufen. Eva tauscht ihre Textilmarken gegen Lebensmittel. Victor muß sich mit gebrauchter Ersatzkleidung behelfen, die er aus der Kleiderkammer der Jüdischen Gemeinde bekommt. Es sind Hinterlassenschaften der Evakuierten – mal ein paar Hemden, mal ein Paar Schuhe. Eine Nachbarin im Judenhaus schenkt ihm den Schlafrock ihres verstorbenen Mannes. Ihm ist »das schlappe, senile, philiströse Kleidungsstück zuwider«. Aber als er es zum ersten Mal anzieht, scheint ihm, daß es »herrliche Dienste« leiste.

So gut er kann, hält er im Judenhaus an der alten Sitte fest, für Eva vorzulesen, manchmal sogar schon morgens. An Lesestoff mangelt es ihm zu keiner Zeit, wenngleich er sich die Literatur nicht mehr aussuchen kann. Wo immer gebildete Juden ihre Bleibe verlieren, geben sie Bücher weg. Mit den Jahren verwischen sich die Besitzansprüche. »Es gibt unter den Juden nicht mehr die Idee des Bucheigentums. Zu vieles fährt herrenlos herum, zu vieles ist erraubt worden, zurückgeblieben, von Hand zu Hand gewandert, nichts ist als Judenbesitz sicher«, sagt Klemperers Tagebuch im August 1944 aus. »Bücher sind herrenlos, Judenbücher.« Seine »Zu-treuen-Händen-Bibliothek« füllt sich auch mit dem einen oder anderen Buch, das Leute zurücklassen, die den Deportationsbefehl erhalten. Darüber gerät er in doppelten Zwiespalt: »Der Erbe von heute ist der Evakuierte von morgen.«

Der Pferch, in dem die letzten Dresdner Juden gehalten werden, wird immer enger gepflockt. Von Mitbewohnern im Lothringer Weg erfährt Klemperer im November 1942, daß alle seine Leidensgenossen, die nicht durch Mischehen geschützt sind, in dem Lager Hellerberg im Norden der Stadt isoliert werden. Dort sammelt man seit einem halben Jahr Juden aus dem ganzen Regierungsbezirk Dresden. Es steht unter sogenannter jüdischer Selbstverwaltung. Viele Insassen arbeiten bei Zeiss-Ikon in der Rüstungsproduktion. Wenige Monate nach dem Riga-Transport am 1. April 1942 zählte die Reichsvereinigung der Juden noch 985 jüdische Bürger im Bereich der Staatspolizeileitstelle Dresden. Von dem Sammelplatz Hellerberg aus läßt sich die sogenannte Ostabwanderung besser organisieren.

Das geschieht dann in der Nacht vom 2. zum 3. März 1943. Ein Eisenbahnzug, der schon durch halb Deutschland unterwegs ist, um die menschliche Fracht für Auschwitz aufzusammeln, hält mit 30 Viehwagen auf dem Bahnhof Dresden-Neustadt. Die Insassen von Hellerberg werden mit Lastwagen herbeigekarrt und zugeladen. Es herrschen haarsträubende hygienische Verhältnisse. Von den Gärtnern auf dem Jüdischen Friedhof hört Klemperer zwei Tage später Zweifel, das die Dresdner Deportierten noch am Leben seien: »Wahrscheinlicher ist, daß sie in ihren Viehwagen – zwei Notdurfteimer in jedem Waggon – vergast worden seien.« Die Angstphantasie verlegt das Auschwitz-Geschehen schon auf den Schienenstrang.

Die Möglichkeit, daß es auch ihn treffen kann, muß Klemperer nun ernsthaft ins Auge fassen. Doch seine Ratio ist noch nicht verlassen von der schützenden Fähigkeit, sich gegen äußerste Bedrängnisse mit Selbstironie zu wappnen. Ohne alle Larmoyanz und Märtyrerpose erwägt er am 21. November 1942 in seinem Tagebuch: »Sollte Eva die Möglichkeit haben, durch Scheidung Polen oder den Baracken zu entgehen, so müßte sie unbedingt die Scheidung wählen, die als erpreßt nachher anzufechten wäre. Denn 1) könnte sie auf solche Weise wahrscheinlich einige Vermögenswerte erhalten, 2) mir sofort nach erlebter Wendung zu Hilfe kommen – während sie mitgefangen gar nicht helfen könnte, und 3) mag ich keine Witwenverbrennung. Wenn ich in Polen oder auf einem ›Fluchtversuch‹ erschossen werde, soll sie sich meiner Manuskripte annehmen und zur Freude einiger Katzen weiterleben.«

Am 17. April 1943 erhält Klemperer einen Gestellungsbefehl zum Arbeitsdienst. Er wird zur Firma Willy Schlüter kommandiert, als Tee-Abwieger und Verpacker. Eine körperlich leichtere Arbeit als das Schneeschieben, aber von tödlichem Stumpfsinn: »Jetzt bin ich für Kriegsdauer rettungslos um meine Tage betrogen. Es wird nicht möglich sein, irgend etwas ernsthaft fortzusetzen.«

Die Juden sollen in abgetrennten Gruppen arbeiten, aber die Fabrik ist kein Gefängnis. Von der eingesessenen Belegschaft wagen viele das Gespräch. Später, als Klemperer an einer Schneidemaschine arbeitet, steht er unter der wohlwollenden Kontrolle eines früheren Seemanns, der als Kommunist sechs Jahre im Konzentrationslager Dachau verbracht hat. Vorarbeiter wie dieser sind mit Argumenten gerüstet für Kontrollen: Falls ihnen jemand etwas anhängen wolle, würden sie sich darauf berufen, daß sie dem Neuling die Arbeitsanweisungen gegeben hätten. Der Firmenchef ist weitherzig gegen alle bei der Entlohnung und bei der Urlaubsvergabe, er läßt dutzendweise Hitlerbilder aufhängen und spricht dennoch von seinen »jüdischen Mitkameraden – das darf ich wohl sagen, wir sind alle Menschen!« Nirgends in der Belegschaft stellt Klemperer instinktiven Antisemitismus fest. Mit den meist älteren Arbeiterinnen des Nachbarsaales gibt es »Augenblicke des Albernens, Johlens und der vergnügten Handgreiflichkeiten [...]. Es wird gelacht, geduzt, auch wohl der Arm um die Taille gelegt. In vollkommener Harmlosigkeit. Aber wenn es die Gestapo erfährt ...«

Die Gestapo erfährt es nicht, obwohl die Zwangsverpflichteten zeitweise das Gefühl haben, unter ihnen befände sich ein Spitzel: der Sternträger Stephan Müller, der vor der Feststellung seiner Judenschaft Flieger im Ersten Weltkrieg war, dann Mitmarschierer im Sudetendeutschen Freikorps und SA-Mann. Klemperer weiß nicht recht, was er davon halten soll. Immerhin ist hier einer, der über Deutschtum und Judentum denkt wie er selbst. »Müller ist erbittert deutsch; [...] er bestreitet das Vorhandensein der jüdischen Rasse, er bestreitet den durchgängigen Antisemitismus, er bestreitet, daß Hitler und sein Regime dem Wesen des deutschen Volkes völlig entspreche.« Andere teilen diese Meinung kaum, aber Klemperer hört es gern, daß auch Müller immer in Deutschland bleiben will und ihm sagt: »Übers Jahr haben Sie Ihr Häuschen wieder, Herr Professor!«

Als die Firma Schlüter gegen Ende des vierten Kriegsjahres stillgelegt wird, teilt man den Romanistikprofessor der Kartonagenfabrik Adolf Bauer zu. Für Juden gibt es sogar ein gesondertes Klosett. Der Chef, ein Mittdreißiger, ist SS-Mann. Doch auch er scheint nicht mehr viel auf das Regime zu geben. Mit Mühe habe er die jüdische Arbeitsgruppe bekommen, teilt er der Aushilfsbelegschaft mit, denn der Betrieb müsse eigentlich nur Frauen einstellen. Bauer verspricht anständige Löhne und überantwortet die Leute seinem Freund. Der reicht jedem seiner neuen Arbeiter die Hand. Bei Klemperer macht er sogar eine kleine Verbeugung, er wisse schon. Das Werkessen, kostbares Zubrot in der Not, haben die Neuen bei ihm umsonst.

Klemperer läßt schon um halb vier Uhr früh den Wecker klingeln, um etwas Zeit zu finden fürs Schreiben. Um Viertel nach sechs verläßt er das Haus. Er darf Straßenbahn fahren, aber er ist nicht geschützt vor Leuten, die verlangen, daß er wieder aussteigt. Sowenig ihm das Arbeitsmilieu der Fabrik behagt, die kleinen Überlebensvorteile will er nicht verspielen.

Ein drittes Mal müssen die Klemperers im Dezember 1943 das Judenhaus wechseln: Nun Zeughausstraße 1, drei Treppen hoch. Gleich daneben das Jüdische Gemeindeamt: Zeughausstraße 3. Zwischen beiden Häusern war früher die Synagoge. Ein kleines Ghetto, leicht überschaubar für die Gestapo, nur einen Steinwurf entfernt von der Frauenkirche. »Nun sind wir ganz in der Hand der Gestapo, ganz eingejudet«, notiert Klemperer.

Es ist dasselbe Haus, wo er in besseren Zeiten das Schlachtfest des Rechtsanwalts Fleischmann mitmachte und mit einer Verballhornung von Hamlet witzelte: »Schwein oder Nichtschwein, das ist hier die Frage«.

Küche, Toilette und Bad müssen sich die Klemperers mit Nachbarn teilen. Zwischen diesen herrscht Spannung. Und natürlich kommuniziert das Haus auch mit der Zeughausstraße 3. »Es ist schon halb ein Barackenleben, man stolpert übereinander, durcheinander«, stöhnt Klemperer. »Und die ganze Judenheit auf einen Haufen.« Dem vierzehnjährigen Nachbarsjungen Bernhard Stühler, der seit eineinhalb Jahren keine Schule mehr besuchen darf, gibt er Privatunterricht. Seit eineinhalb Jahren sind die Schulen für jüdische Kinder geschlossen. Dem Jungen fehlen die elementarsten Kenntnisse, »eine der ruchlosesten Taten der NSDAP«.

Eine bleierne Stimmung legt sich über die letzten neun Judenhäuser, von denen es in Dresden anfangs 32 gab. »Alle sind sie demoralisiert und entnervt«, vermerkt das Tagebuch, »jeder warnt vor jedem, rät zu Schweigen und Vorsicht und ist selber unvorsichtig.« Für sich selber nimmt Klemperer in Anspruch, er vertrete in den endlosen geduckten Gesprächen »den Standpunkt des absoluten furcht- (*nicht* angst-)losen Fatalismus«. Mit Genugtuung hört er den jüdischen Satz: »Wir sind durch das Rote Meer gekommen, wir werden auch durch die braune Scheiße kommen!«

Auf Dresden sind zu dieser Zeit, im Sommer 1944, noch kaum Bomben gefallen. Aber der Luftschutz geht alle an, sogar die Juden. In der Zeughausstraße wird auf behördliche Anweisung Brandbekämpfung geübt, mit fingierten Phosphorbomben, Kreidemarkierungen als Phosphorspritzer, Wassereimern und fiktivem Sand. Es fehlt nicht an Belehrungen, Mahnungen und Drohungen, aber an Gasmasken. Und an Sanitäterinnen, weil der jüdische Arzt Willy Katz keine arischen Ehefrauen ausbilden darf. In den Betrieben sind für die Juden gesonderte, meist weniger befestigte Luftschutzräume eingerichtet. Dennoch wird nicht gespart mit Appellen an die verschworene Gemeinschaft für den Ernstfall.

»Hübsch zu hören«, spottet der Zwangsarbeiter, »wenn man den Stern trägt und ›Staatsfeind‹ ist.« Den ersten ernsten Alarm notiert er am 8. Oktober 1944. Er sitzt im Luftschutzkeller mit der Lektüre von Thomas Manns »Tonio Kröger«, sorgt sich um Eva, die unterwegs ist. Außer Lichtflackern und ein paar entfernten Einschlägen geschieht zum Glück nichts. Verängstigte Mitbewohner vergleichen die Flugzeuge mit den Gestapobluthunden Clemens und Weser. Klemperer lächelt milde: Dann zöge er die Bomber vor.

Aus den Judenhäusern in der Zeughausstraße verschwinden die Leute mit derselben grausigen Regelmäßigkeit wie zuvor. Es trifft auch die Frauen. Dort wo die Synagoge stand, sind Baracken gebaut worden, in denen russische Kriegsgefangene untergebracht sind. Im Frühling hat Klemperer sie in ihrem Barackenhof singen und Trompete blasen und Balalaika spielen gehört. Ein Mädchen aus dem benachbarten Judenhaus riskiert eine offensichtlich harmlose Beziehung mit einem jungen Russen. Der war zu Hause in Kiew Ingenieur war und besohlt nun deutsche Militärstiefel. Sie tauschen kleine Briefe. Mutter und Tochter werden denunziert und verhaftet. Auf dem Barackenhof wird es still. Die Mutter kehrt noch einmal kurz aus dem Gefängnis zurück, sie ist keine Jüdin. Kurz darauf wird sie erneut verhaftet, ebenso ihr Ehemann, eine Freundin des Mädchens und ein aus Odessa gebürtiger Jude, der mit dem Russen russisch gesprochen haben soll. Die Mutter wird zu zweieinhalb Jahren Zuchthaus verurteilt, von den meisten anderen verliert sich die Spur sofort – wahrscheinlich in Auschwitz.

Auch der ehemalige SA-Mann Stephan Müller ist in das Räderwerk der Vernichtung geraten. Die Gründe seiner Verhaftung bleiben den anderen Juden unbekannt. »Er mag sich seines Einvernehmens mit der Gestapo, seiner Anerkennung als ehemaliger Freikorps-Leutnant zu sicher gefühlt, den Stern zu häufig verdeckt haben. Vielleicht auch war er unvorsichtig im Punkte Rundfunk«, mutmaßt Klemperer. »Im ersten Fall KZ, im zweiten Tod.« In Dresden leben am Ende des Jahres 1944 nicht einmal mehr 200 Juden.

In dem jetzt weniger intensiv geführten Tagebuch Klemperers zeigt sich zunehmend das Bestreben, mit erzwungener Gleichgültigkeit den Erlebnisdruck und die eigenen Ängste abzuwehren. Er glaubt zu beobachten, daß es seinem Gedächtnis allmählich schwerer falle, Tatsachen zu speichern, die richtige Zeitgliederung aufrechtzuerhalten, zwischen Gestern und Morgen und der Ewigkeit zu unterscheiden. »Ein Grund, warum man von erlebter Geschichte nichts weiß: Das Zeitgefühl ist aufgehoben; man ist gleichzeitig zu stumpf und zu überreizt, man ist überfüllt mit Gegenwart.« Er weiß jedenfalls: »Ich bin Optimist den anderen gegenüber, in meinem Inneren bin ich es nicht.«

Im August 1943 beobachtet Klemperer an sich zum ersten Mal einen Schwächeanfall. »Morgens beim Rasieren knickte ich im Stehen schlafend zusammen, fiel mit den Händen auf den Elektrotopf, verschüttete heißes Wasser auf die Filzdecke, es drang durch und ruinierte die Politur des Flügels.« Seine Herzschmerzen plagen ihn beinahe täglich. Acht Monate später, im Mai 1944, zeigen sich Lähmungserscheinungen am linken Augenmuskel, und er muß fortan eine einseitig mattierte Brille benutzen. Er glaubt sogar, er habe einen kleinen Schlaganfall erlitten.

Der Arzt Willy Katz, der einzige für die Dresdner Juden noch zugelassene Krankenbehandler, hilft. Dieser vom Lavieren zwischen der erbarmungslosen Gestapo und der Not seiner jüdischen Klientel gepeinigte Mann, der dennoch von den meisten als Feigling beurteilt wird, stellt dem geschwächten Klemperer ein Attest aus und bekommt den Herzkranken im Juni 1944 vom Arbeitsdienst, von der »Fabriksklaverei«, frei.

Klemperer aber wird darüber nicht wirklich froh. Beklommen fragt er sich, ob die Dienstentpflichtung eine gute Entscheidung für ihn war: »Wenn es zur Evakuierung Dresdens kommt, würde ich als arbeitsfähig irgendwo schanzen müssen, während ich als nutzloser Judengreis fraglos beseitigt werde.«

Eines Septembermorgens am Wohnungsfenster, als er erfahren hat, daß Evas Heimatstadt Königsberg zu drei Vierteln in Schutt und Asche liegt, bewegt ihn eine merkwürdige Dresdner Vision: »Wie ich morgens – purpurnstes, glühenddunkles Morgenrot – beim Abwaschen auf die Carolabrücke und die Häuserreihe drüben hinsah, stellte ich mir immerfort vor, diese Reihe bräche vor meinen Augen in sich zusammen.«

Vox populi

»Eh ick mir hängen lasse,
jloob ick an'n Sieg.«

Seit Kriegsbeginn notiert Klemperer alles, was ihm die Volksmeinung über diesen Krieg zuträgt, vergleicht es mit der Propaganda und den Falschinformationen und den eigenen Beobachtungen. Aus Indizien in den Führerreden, dem Kleingedruckten in den Zeitungen, solange ihm diese noch zugänglich sind, aus den Erzählungen von Freunden, aus Gerüchten von Leidensgefährten puzzelt sich der ehemalige Kanonier mit Erfahrungen aus dem flandrischen Stellungskrieg seine eigenen Bilder über die Frontlage zusammen, geprüft an der Ratio des geschichtskundigen Literaturwissenschaftlers.

Meist kommt er damit der Wahrheit sehr viel näher als belogene Zeitgenossen wie der Dölzschener Nachbar Schmidt. Dieser, ein biederer Steuersekretär, erscheint bei ihnen am zehnten Tag des Krieges, als die Klemperers noch nicht im Judenhaus wohnen, mit einer Karteiangelegenheit der Gemeinde. Schmidt ist ein etwa vierzigjähriger Mann, der mit Fleiß sein bescheidenes Anwesen und seine beiden Kinder pflegt. Und was bei Klemperer immer besonders zählt: Schmidt war Feldwebel in Ersten Weltkrieg, hat sich einen Lungenschuß eingehandelt und sechs Jahre Gefangenschaft in Sibirien durchgestanden.

»Wir siegen«, glaubt Schmidt zehn Tage nach Kriegsbeginn. »Unsere U-Boote lassen eher England verhungern, ehe es uns klein kriegt! Italien setzt Frankreich matt, es ist nicht neutral, in Polen kämpfen italienische Truppen. Im Westen werden wir nicht angegriffen, oder aber: die mögen anrennen.«

Sei das Vox populi, die Stimme des Volkes? fragt sich Klemperer. »Wenn der Mann das, was ihm gesagt wird und was er sagen muß, nur zur Hälfte glaubt, und vielleicht glauben es viele Millionen.«

Er selbst schwankt zwischen fast schamhafter Hoffnung auf den schnellen Sieg des Gegners, Trauer über das Schicksal des Vaterlandes und der Angst, das Hitlerregime könne im Falle seines Untergangs zuletzt noch ein alles Bisherige übertreffendes Judengemetzel ausführen. Noch schwingt ein Rest seines früheren Patriotismus mit. Er spricht von Ländern, die »vorher uns befreundet« waren, und sagt »wir«. Wie einer, der mit auf dem Unglücksboot sitzt, ein Sträfling auf der Galeere, der mit der Niederlage und dem Untergang auch sein Ende fürchten muß.

Klemperer sehnt die Niederlage dieses Regimes, aber nicht Deutschlands herbei. Mit seinem gespaltenen Verhältnis zum Vaterland steht er unter seinen Leidensgefährten nicht allein. »Lieblingsgespräche der Juden, gleich nach Gestapo und Situation des Augenblicks: ihre Teilnahme am Weltkrieg 14–18«, notiert er später im Judenhaus. Es ist immer Schmerz in seiner Seele dabei, wenn er jubelt, daß die Front seinem Dresdner Ghetto näherrückt. Bei den Gesprächen im sogenannten Judenkeller der Kartonagenfabrik während eines Luftalarms im Juni 1944 erschreckt ihn die Absurdität deutsch-jüdischer Gefühle: »Mit der gleichen Leidenschaft hängt jeder von uns am deutschen Heer des ersten Weltkrieges und an dessen Gegnern im zweiten Weltkrieg.«

Der »ungeheure Sieg« über Polen im September 1939 blendet ihn nicht. »Wer spielt dieses Spiel, und wer überspielt den anderen? Hitler? Stalin?« Eine Frage, auf die zu dieser Zeit nicht einmal die Westmächte eine Antwort haben, die sich ihrerseits erst 1941 zum Bündnis mit Stalin, zur Antihitlerkoalition, entschließen werden.

Dem wachsamen Beobachter muß keiner sagen, was

hinter der Androhung der Todesstrafe für das Abhören von Feindsendern steckt. Jubelmeldungen über den Seesieg gegen Englands Flotte vor Island und den angeblich entscheidenden Vernichtungsschlag gegen den englischen Flottenstützpunkt Scapa Flow auf den Orkney-Inseln durchschaut er leicht als strategisch wertlose Nachrichten angesichts der Selbstversenkung der »Admiral Graf Spee«, des Frachters »Columbus« und anderer deutscher Verluste. »Aber ich weiß auf der anderen Seite nicht, ob es die Masse auch weiß.«

Frankreich enttäuscht ihn, weil es sich so wenig wehrt: »Seit Jahren ist mein Begriff von Deutschland hin, und jetzt Frankreich! Als ob es ein kleiner Balkanstaat oder die Tschechei wäre. [...] Was bleibt von meiner Idee des Franzosentums?« Dennoch sucht er den Funken Hoffnung in allem, was ihm der Wind zuträgt. »Aus dem Kleingedruckten, Verhüllten und Bagatellisierten glaube ich entnehmen zu können, daß England sich noch längst nicht für besiegt hält und – vor allem – daß ein Eingreifen Amerikas wahrscheinlich scheint.«

Als der Judenhausgefährte Paul Kreidl im Sommer 1940 die erste Nachricht von Militärzügen auf dem Weg nach Osten bringt, herrscht im Judenhaus eitel Freude: Rußland womöglich im Bündnis mit England, Krieg von zwei Seiten, das »kann den Umschwung und die Entscheidung bringen«.

Nach dem schnellen deutschen Einbruch in das sowjetische Hinterland dann tiefe Depression: »Damit ist aber nun auch entschieden, daß Hitler den Krieg jahrelang weiterführen kann, daß er unbesiegbarer Herr des gesamten Festlandes ist. Zu Europa wird Asien kommen. Für uns im intimen Sinn bedeutet das Knechtschaft bis an unser Lebensende.«

Klemperers Quellen fließen immer spärlicher, nachdem er nicht einmal mehr Rundfunk hören und Zeitungen lesen darf. Es ist ein Leben wie in der Dunkelkammer. Eva wird seine wichtigste Zuträgerin. Wenn sie in der Stadt unterwegs ist, schreibt sie an den Zeitungskästen für ihn den Heeresbericht ab. Abends geht sie auf den Pirnaischen Platz, um den Stadtfunk abzuhören und Victor den Inhalt von Goebbels-Reden zu vermitteln, was sie mit erstaunlichem Gedächtnis tut, wie an der Formulierungstreue zu erkennen ist, die sich in seinem Tagebuch niederschlägt.

Im April 1942 bringt ihm Eva die ersten Nachrichten über Massenmorde an Juden in Kiew. Der Fahrer einer Polizeitruppe hat ihr erzählt, wie »kleine Kinder mit dem Kopf an die Wand gehauen, Männer, Frauen, Halbwüchsige zu Tausenden auf einen Haufen zusammengeschossen, ein Hügel gesprengt und die Leichenmassen unter der explodierenden Erde begraben« wurden – vermutlich ein sehr früher Bericht über die Massaker von Babi Jar.

Das Judenhaus selbst ist für Klemperer eine Nachrichtenbörse, wenn auch keine sehr zuverlässige. Anfangs, im Lothringer Weg, bringt das Dienstmädchen Frieda Hulda heimlich noch Zeitungen mit, bis ihre Angst vor der Gestapo zu groß wird. Herbert Eisenmann, ein früherer Kaufmann, schildert ihm, wie sich der Arbeitskräftemangel verschärft: Von 7 000 Deutschen sind in der Rüstungsproduktion von Zeiss-Ikon im September 1942 nur noch 500 beschäftigt, die abgezogenen 6 500 Leute wurden durch Russen, Polen, Holländer, Franzosen ersetzt: »6 500 Gezwungene, Fremde, Feinde auf 500 Deutsche, das sei doch ein Zustand äußerster Krankhaftigkeit und ein Symbol für den gegenwärtigen Zustand Deutschlands überhaupt. Das Land sei wie ein sehr schwer Herzkranker.«

Im November 1942 gewinnt Klemperer seine erste Kenntnis über den sowjetischen Gegenstoß bei Stalingrad. Indessen sieht er nach dem Untergang der 6. Armee an der Wolga keinen Anlaß zu ungetrübtem Triumph, denn die politische Logik sagt ihm schmerzhaft, daß die deutsche Kriegsniederlage auf die deutsche Teilung hinauslaufe: »Wie sollen die Gegner einem unzerstückelten Deutschland noch einmal trauen?«

Sogar den Aufstand im Warschauer Ghetto, der am 19. April 1943 beginnt, eine Verzweiflungsaktion von mehr als tausend fast unbewaffneten Juden, die sich nicht widerstandslos in die Todesfabriken abtransportieren lassen wollten, nimmt Klemperer in seiner Isolation deutlich wahr. Es habe »ein Blutbad gegeben«, erfährt er, »deutsche Panzerwagen seien am Eingang der Judenstadt durch Minen zerstört worden, daraufhin habe man deutscherseits das ganze Ghetto zusammengeschossen – tagelange Brände und Abertausende von Toten«. Eva hört beim Zahnarzt, daß auch 3000 deutsche Deserteure beteiligt gewesen seien. Klemperer vermag Dichtung und Wahrheit aus seiner isolierten Position nicht zu unterscheiden, vermerkt aber: »Immerhin: *daß* solche Gerüchte im Umlauf sind, ist charakteristisch.«

Die Vorsicht bei der Beurteilung von Mundinformationen hat Klemperer unter Schmerzen gelernt: »Wie viele Nachrichten haben wir in diesen Qualjahren, von Röhm angefangen, für entscheidend, für den Anfang vom Ende gehalten und sind immer wieder enttäuscht worden.« So läßt ihn auch die Rundfunkmitteilung vom Sturz Mussolinis in Italien im Juli 1943 schon nach wenigen Augenblicken »ungemein kalt«, zumal sie gefolgt wird von Gerüchten, daß es auch mit Göring vorbei sei: »›Hermann‹ ist in Schweden, in der Schweiz, erschossen; Emmy [Görings Frau] ist in Schweden, in der Schweiz, sie hat auf Hitler geschossen, sie hat seinen Chauffeur erschossen ...«

Auch als Eva die Nachricht von der Kapitulation Italiens mitbringt – sie hat es aus dem NS-Blatt *Freiheitskampf* –, bleibt er skeptisch: »Ich kann mich noch nicht freuen, es ist ja auch mehr als ungewiß, ob nun rasch

Weiteres folgt, und ob dieses Weitere nicht zuerst einmal Pogrom heißt.« Und in der Tat kehrt Mussolini bald, befreit aus seiner Internierung im Gran Sasso in den Alpen von deutschen Fallschirmjägern unter dem Kommando des SS-Generals Otto Skorzeny, noch einmal an die Macht zurück und hält ein grausames Blutgericht ab unter denen, die ihm in den Rücken gefallen sind. In der deutschen Presse wird das »groß aufgezogen«, weshalb Klemperer schlußfolgert, »daß man mit dieser ganzen Affäre in erster Linie abschreckend auf deutsche interne Gegner (Paulus, Seydlitz) wirken will«. Friedrich Paulus ist der General, der in Stalingrad gegen den Befehl Hitlers kapituliert hat, Generaloberst Walther von Seydlitz unterstützte ihn, und beide gelten nun als Verräter, zumal sie in einem Bund gefangener deutscher Offiziere aus sowjetischer Kriegsgefangenschaft heraus ihre früheren Kameraden zur Kapitulation oder zum Überlaufen aufrufen, damit der Krieg ein schnelles Ende finde.

Immer noch bleibt Dresden im Sommer 1943 verschont von Luftangriffen, aber es wächst die allgemeine Angst. Das schwerzerstörte Hamburg, »dessen Flüchtlinge zahlreich hierherkommen – Frauen im Nachthemd, nur einen Mantel darüber, – wirkt auf alle verstörend«. Für die LTI notiert sich Klemperer »den schnoddrigen Berliner Wunsch (mir von mehreren Seiten berichtet): ›Bleiben Sie übrig!‹«.

An einen baldigen Zusammenbruch des Regimes glaubt er zu Beginn des Jahres 1944 allerdings nicht mehr. »Zwei Momente wird künftige Historie den Nationalsozialisten nachrühmen: ihre Zähigkeit im ›Nehmen‹ und ihre Skrupellosigkeit im Volksverdunkeln. Sie behaupten mit kalter Stirn im Abendblatt das Gegenteil dessen, was sie im Morgenblatt behauptet haben, und das Volk frißt beides. Sie haben Röhm und Heß [nach England geflohener Stellvertreter des Führers] und Stalingrad und Achsenbruch [das aufgelöste Bündnis mit Italien] überstanden. [...] Heute bin ich durchaus nicht sicher, daß ›er‹ in diesem Jahr erledigt wird: Resistenz, Tyrannei und Dummheit sind alle drei grenzenlos.«

Die Stimmung im Volk sieht Klemperer noch immer nicht kippen. Bei den Fabrikarbeitern, die das Radio nicht abschalten, wenn er sich in solcher verbotenen Nähe bewegt, beobachtet er: »Einzeln genommen sind fraglos neunundneunzig Prozent der männlichen und weiblichen Belegschaft in mehr oder minder hohem Maß antinazistisch, judenfreundlich, kriegsfeindlich, tyranneimüde [...], aber die Angst vor einem Prozent Regierungstreuer, vor Gefängnis, Beil und Kugel bindet sie.« Er hört auch von dem Berliner Spruch: »Eh ick mir hängen lasse, jloob ick an'n Sieg.«

In dieser Grundstimmung nimmt Klemperer selbst die Nachricht von der Landung der westlichen Alliierten in der Normandie mit großer Zurückhaltung auf. Am Vormittag des 6. Juni 1944 – die Invasion hatte im Morgengrauen begonnen – hat er das Diarium zur Hand, weiß aber noch von nichts und notiert nur Belanglosigkeiten. Gegen Abend macht er – eine seltene Übung – eine zweite Eintragung, denn Eva ist mit der Nachricht aufgeregt nach Hause gekommen: »Ihr zitterten die Knie.« Er indessen zwingt sich zur Skepsis: »Ich selbst blieb ganz kalt, ich vermag nicht mehr oder noch nicht zu hoffen.«

Mehr Gewißheiten findet er durch konträre Entschlüsselung der Nazipropaganda. Aus dem Goebbels-Gerede über eine neue Wunderwaffe hört der einstige flandrische Artillerist leicht die Angst vor der zweiten Front heraus. Es scheine sich »mehr um ein Beruhigungsmittel für Deutschland als um etwas wahrhaft Kriegsentscheidendes zu handeln. Raketengeschosse, Fernwirkung nach London, so wie der »›lange Max‹ im ersten Weltkrieg nach Paris schoß«.

Und dann die Nachricht von Graf Stauffenbergs Attentat auf Hitler am 20. Juli 1944. Soviel ist für Klemperer gleich klar: Bloßer Verrat einer »Kleinen Gruppe dummer Offiziere« kann das nicht sein. Aus dem geifernden Geschimpfe von Hitler und Goebbels, aus dem eiligen Gebrauch von Verben wie »liquidiert« und »niedergemacht« und aus der wiederholten Wiedergabe von Anweisungen, keine Befehle von den sogenannten Usurpatoren entgegenzunehmen, schließt Klemperer, daß es mindestens »Metastasen im Körper der Armee« gegeben haben muß.

Das Scheitern des Umsturzversuches dieser deutschen Offiziere drückt ihn nieder. »Es werden wieder Millionen an den Endsieg glauben, [...] das Hakenkreuz herrscht weiter.« Dennoch schwört er sich: »Ich will bis zum letzten Augenblick weiter beobachten, notieren, studieren. Angst hilft nichts, und alles ist Schicksal.«

Anfang 1945 endlich – die sowjetische Armee ist tief nach Oberschlesien eingebrochen, hat im Wartheland Klemperers Geburtsstadt Landsberg passiert und setzt über die Oder, im Westen haben die Amerikaner den Rhein überschritten – lebt Klemperers Optimismus wieder auf. Der Dresdner Bahnhof ist bereits »flüchtlingsüberschwemmt«. Goebbels versuche nun die Masse nur noch mit einer Vergottung des Führers und mit dem Schreckgespenst des Bolschewismus bei der Stange zu halten, »obwohl sie selbst Bolschewikissimi sind«.

Im Judenhaus erzählt der Verwalter Kurt Waldmann von einer Radiorede Thomas Manns. »Danach haben die Deutschen in Auschwitz anderthalb Millionen Juden vergast, ihre Knochen gemahlen und als Dünger verwertet. Die genaue Zahl verdanke man der deutschen Gründlichkeit, es sei über jeden erledigten Juden Buch geführt worden, und die überraschend eindringenden Russen fanden die Bücher.«

Unter den Hausinsassen selbst herrscht »Mischstimmung und Erlösungsnähe: die Russen vor Krakau, die anglo-amerikanischen Bomber über uns, die Gestapo hinter uns«. Angst hätten alle, notiert Klemperer am 8. Februar: »Die Juden vor der Gestapo, die sie ermorden könnte vor dem Eintreffen der Russen, die Arier vor den Russen, Juden und Arier vor der Evakuierung, vor dem Hunger. An ein rasches Ende glaubt keiner, und Jud und Christ fürchten auch gemeinsam die Bombenangriffe.«

Bombennacht und Flucht

»Im ganzen
hat sich Eva viel besser gehalten
als ich«

Es kommt der 13. Februar 1945, der Tag des Untergangs von Dresden. Klemperer notiert am Abend in seinem Tagebuch: »Dienstag nachmittag bei vollkommenem Frühlingswetter [...]. Gestern nachmittag ließ mich Neumark hinüberrufen; ich müßte heute vormittag beim Austragen von Briefen behilflich sein.«

Der Rechtsanwalt Ernst Neumark, der sich nur Konsulent nennen darf, ist letzter zugelassener Rechtsberater für Juden in Dresden und hat sein Büro im Haus der Jüdischen Gemeinde. Was er zu erledigen hat, bestimmt die Gestapo. An diesem Tag ist es die Verteilung von Deportationsbescheiden an alle »Einsatzfähigen«. Jeder benannte Jude soll sich mit Proviant für zwei bis drei Reisetage in der Zeughausstraße 3 einfinden.

Auswärtiger Arbeitseinsatz – das klingt nach Schanzarbeiten, die nun überall angesichts der näherrückenden Front angeordnet werden. Auschwitz kann das nicht mehr bedeuten, das Lager ist überrannt, die Russen stehen schon dicht vor Görlitz. Aber der Tod – das kann sich jeder Betroffene selbst ausrechnen – fährt so oder so mit.

Für die Zustellung der Benachrichtigungen hat die Jüdische Gemeinde selbst zu sorgen. Dafür braucht man Boten. Der Sternträger Victor Israel Klemperer darf für seine Schreckenstour zum ersten Mal wieder die Straßenbahn benutzen. Alle Adressaten sind Leute aus Mischehen. Der Austräger selbst steht nicht auf der Liste. Er gilt als entpflichtet, seit es dem Arzt Willy Katz gelungen ist, seine Arbeitsunfähigkeit glaubwürdig zu machen.

In der Hiobspost steht: »Auf Anweisung der vorgesetzten Dienststelle, der Geheimen Staatspolizei Dresden, fordere ich Sie auf, sich *Freitag, den 16. Februar 1945, früh 6.45 Uhr pünktlich im Grundstück Zeughausstr. 1, Erdgeschoß rechts*, einzufinden. Sie haben damit zu rechnen, daß Sie außerhalb Dresdens zum Arbeitseinsatz kommen. Sie wollen am Freitag Ihr Gepäck und für 2–3 Tage Marschverpflegung mitbringen. Es darf 1 Koffer und 1 Rucksack (nicht beides) mitgenommen werden. [...] Empfehlenswert ist es, an denselben den Namen des Besitzers anzubringen. *Mitzunehmen ist*: Vollständige Bekleidung, ordentliches Schuhwerk, Arbeitskleidung 1 mal Bettwäsche, Decke (keine Daunen- oder Steppdecke), Eßgeschirr (Teller und Topf mit Löffel), Trinkbecher. *Nicht* mitgenommen werden dürfen: Wertpapiere, Devisen, Sparkassenbücher, Streichhölzer, Kerzen. Außer dem Koffer dürfen Frauen eine Damenhandtasche normaler Größe mit sich führen. Die Decke darf über dem Arm getragen werden. Der Lebensmittelkartenbezug ist bei der zuständigen Stelle *für den 18. Februar 1945* abzumelden [...]« Unterschrift: »Der Vertrauensmann der Reichsvereinigung der Juden in Deutschland für den Bezirk Dresden Dr. Ernst Israel Neumark.«

Überall, wo Klemperer die Deportationsbefehle abzuliefern hat, löst er schlimme Gefühlsszenen aus. Hysterie erträgt er dabei noch besser als stillen Jammer. Er ist heilfroh, wenn er die Unterschrift hat und sich davonmachen kann. Zurück bei Neumark, findet er das ganze Büro mit Deportanden besetzt. »Ich reichte Paul Lang, Rieger, Lewinsky die Hand – ›Sie kommen auch mit? Nein?‹, da war schon eine Kluft zwischen uns.«

Klemperer kann mit den allerletzten arbeitsunfähigen Juden in Dresden zurückbleiben. Das sind weniger als hundert. Wer in der größeren Gefahr ist, das läßt sich nicht voraussehen. Es grassiert neue Angst, daß die Gestapo zu ein Massaker unter den übriggebliebenen Juden anrichten könnte, bevor die Russen in Dresden einmarschieren. Der Hausverwalter Waldmann meint: Die Zurückbleibenden hätten »nichts als eine Galgenfrist von etwa acht Tagen. Dann holt man uns früh um sechs aus den Betten. Und es geht uns genauso wie den andern.«

Zu dieser letzten Notiz am 13. Februar steht in Klemperers Tagebuch eine ziemlich genaue Zeitangabe: »Gegen neunzehn Uhr«. Keiner der Leute in der Zeughausstraße, weder Waldmann noch Klemperer noch Neumark noch die verfeindeten Familien Cohn und Stühlers noch die außerhalb dieses Minighettos Wohnenden wie die junge blonde stupsnasige Frau Bitterwolf in der Struvestraße mit dem kleinen Mädchen, das Klemperer seinen Teddybär schenken wollte, noch irgendeiner von den anderen Leute, denen er den Evakuierungsbefehl zu überbringen hatte, ahnt auch nur im entferntesten, daß ihnen zu diesem Zeitpunkt ein ganz anderes Unheil droht, das sie mit Zehntausenden Dresdnern teilen werden.

Mehr als 1400 britische und amerikanische Bomberpiloten sind zu diesem Zeitpunkt schon in der Luft unterwegs zum schwersten Bombenangriff, der je in diesem Krieg gegen eine deutsche Stadt geflogen wird. Am Morgen haben die alliierten Stabschefs angeordnet, eben jenes von Klemperer erwähnte »vollkommene Frühlingswetter« für die Aktion Donnerschlag zu nutzen. Eine Vernichtungsoperation gegen eine bisher weitgehend unversehrte Großstadt soll die deutsche Kampfmoral entscheidend schwächen. Wenige Wochen zuvor fiel die tödliche Wahl auf Dresden. Längst sind die Täuschungsmanöver, die Scheinanflüge auf Berlin, auf das Ruhrgebiet, auf mitteldeutsche Industriestädte durchgespielt und festgelegt. Während Klemperer mit seiner Hiobspost in der Stadt unterwegs war, wurden auf den Flugplätzen zwischen Schottland und der Kanalküste die schweren Lancasterbomber und die Mosquitos, die schnellen begleitenden Jagdmaschinen, aufgetankt und aufmunitioniert. Als

Victor und Eva Klemperer am späten Abend in der Zeughausstraße 1, drei Treppen hoch, mitten im Stadtzentrum und nur einen Steinwurf entfernt von der Frauenkirche, erschöpft bei einer Tasse Malzkaffee sitzen, sind die ersten Pulks mit Tausenden von Tonnen Spreng- und Phosphorbomben in den Bombenschächten schon an Hannover und Erfurt vorbei. Gegen zehn Uhr nachts geben die Dresdner Sirenen Vollalarm.

»Wenn sie doch alles zerschmissen!« schreit die Nachbarin Lisl Stühler, deren Mann auf der Deportationsliste steht. Minuten später fällt im Altstädter Elbbogen die erste Markierungsbombe. Die Bewohner der beiden Judenhäuser im Zentrum der Stadt suchen Schutz in dem dürftig befestigten Keller in der Zeughausstraße 3.

Victor versucht, ruhig zu bleiben. Er vernimmt das Summen der anfliegenden Geschwader, die Explosionen in der Nähe, das Wimmern und Weinen im Keller. Das rückwärtigen Fenster fliegt auf, draußen scheint es taghell zu werden, jemand ruft: »Brandbombe.« Zwei Männer arbeiten an einer Spritze, im Keller ducken sich die Judenhausbewohner. 24 Minuten lang dauert dieser erste Angriff. Als die Entwarnung kommt, steigen Eva und Victor mit den anderen nach oben. Überstanden, denken sie. Irgendwo in der Nähe brennt es lichterloh. Das Straßenpflaster ist mit Scherben bedeckt. »Ein furchtbarer Sturmwind blies. Natürlicher oder Flammensturm? Wohl beides.« In der Wohnung in der Zeughausstraße 1 sind die meisten Fenster eingedrückt, die Verdunklung zerrissen, es gibt keinen Strom. Sie sehen den Widerschein der Brände jenseits der Elbe, stellen eine Kerze auf den Tisch, trinken den Kaffeerest aus und wollen sich schlafen legen. Eva räumt noch Scherben aus ihrem Bett, Victor denkt nur daran, daß ihr Leben gerettet sei und dämmert weg.

Nach kaum einer Stunde schüttelt Eva ihn aus dem Schlaf: Neuer Alarm! Kaum zu hören, denn man fährt

Handsirenen in der Stadt herum, der Strom fehlt. Eva hämmert noch bei Cohns an die Tür, dann sind sie wieder unten auf der Straße. Kaum haben sie den Hausflur der Nummer 3 erreicht, folgt ein schwerer naher Einschlag. Victor drückt sich kniend an die Wand neben der Hoftür, dann eilt er in den Keller. Ein glutheißer Schlag trifft seine rechte Gesichtshälfte und er fühlt das Blut herabrinnen.

Im Keller hockt auch eine Gruppe gefangener Russen, die nun zur Tür hinausdrängt. »Ich sprang zu ihnen. Den Rucksack hatte ich auf dem Rücken, die graue Tasche mit unseren Manuskripten und Evas Schmuck in der Hand, der alte Hut war mir entfallen. Ich stolperte und fiel. Ein Russe hob mich auf.« Eva ist verschwunden. So läuft er in die taghelle Bombennacht, hört das Krachen neuer Einschläge, verspürt nicht einmal Angst, denkt nur: Das ist das Ende.

Der zweite Angriff ist noch verheerender. Der Flüchtende kann sich nicht mehr orientieren in dem Flammenmeer und drückt sich platt an den Boden eines Bombentrichters. Als er sich aufrafft, wird er angerufen: »Hierher, Herr Klemperer!«

Es ist der Mitbewohner des Judenhauses Herbert Eisenmann. Er hat einen Sohn auf dem Arm. Von den anderen Kindern und von seiner Frau keine Spur. Von Eva weiß er auch nichts. Sie laufen gemeinsam zu dem noch stehenden Gebäude der Reichsbank, fühlen sich da aber nicht sicherer und wenden sich zur Elbe hinunter.

Klemperer kann dem anderen bald nicht mehr folgen. Er klettert, dem Funkenregen ausweichend, auf die Brühlschen Terrassen, sieht ringsum nichts als Brandfackeln: die Kunstakademie, das Belvedere und das Finanzministerium jenseits der Elbe. Und kein Lebenszeichen von Eva. »Manchmal meinte ich: Sie ist geschickter und mutiger, sie wird in Sicherheit sein; manchmal: Wenn sie wenigstens nicht gelitten hat!«

Es beginnt zu regnen, er hat noch eine Wolldecke bei sich, mit der er sich etwas schützen kann. Im Windschutz der Terrasse trifft er auf das Ehepaar Löwenstamm aus dem Judenhaus, die ihm mit einer Serviette aushelfen, womit er das Blut vom Gesicht wischt. Ein Holländer, dem die Hosen rutschen, berichtet, daß er im letzten Moment aus dem Polizeigefängnis geflohen sei, die anderen seien dort verbrannt. Klemperer hat selbst dort in der Zelle gesessen, aber was zählen jetzt solche Erinnerungen? »Ich dachte gar nichts, es tauchten nur Fetzen auf. Eva – warum sorge ich mich nicht ständig um sie – warum kann ich nichts im Einzelnen beobachten, sondern sehe immer nur das Bühnenfeuer zur Rechten und zur Linken, die brennenden Balken und Fetzen und Dachsparren in und über den steinernen Mauern.«

Als es dämmert, sieht man einen Menschenstrom die Uferstraße der Elbe entlangwandern. Langsam steigt Klemperer die den Juden verbotene Terrasse hinunter und wird angerufen: »Eva saß unversehrt in ihrem Pelz auf dem Handkoffer. Wir begrüßten uns herzlich, und der Verlust unserer Habe war uns vollkommen gleichgültig.«

Eva war im Moment der Explosion von irgend jemandem aus dem Flur der Zeughausstraße 3 in den sogenannten arischen Keller gerissen worden, hatte beide Häuser in vollen Flammen gesehen, war in den Keller des Albertinums geflüchtet, jenes wuchtigen Ausstellungsbaues, der früher mal ein Zeughaus war und die Kanonen der sächsischen Könige verwahrte. Nach der letzten Angriffswelle hatte sie sich auf die Suche nach Victor gemacht. Einmal, als sie sich eine Zigarette anzünden wollte und nach einem glühenden Stück auf dem Boden griff, mußte sie erkennen, daß dies zu einem brennenden Leichnam gehörte. Nun, da sie bei ihm ist, senkt sich Gelassenheit in Victors Herz. »Im ganzen hatte sich Eva viel besser gehalten als ich, viel ruhiger beobachtet und sich selber dirigiert, trotzdem ihr beim Herausklettern Bretter eines Fensterflügels auf den Kopf gefallen waren. (Zum Glück war er dick und blieb unverletzt.)«

Zu retten ist nichts, zu gewinnen ist die Freiheit. Eisenmann taucht wieder auf, er hat sich den Judenstern abgerissen und empfiehlt Victor, dasselbe zu tun. Entschlossen trennt Eva das Schandzeichen, das sie ihm vier Jahre zuvor aufnähen mußte, mit einem Taschenmesser von seinem Mantel, so fürsorglich, wie einst Victors Mutter Henriette den Vater Wilhelm umkleidete, wenn er aus der Synagoge zurückkam.

Die Szene im Morgengrauen des 14. Februar 1945 an der Brühlschen Terrasse ist von geradezu theatralischer Symbolik. Vor Dresdens Elbkulisse, die nur noch einen traurigen Abglanz dessen vermittelt, was einst Dresdens berühmter italienischer Maler Bernardo Bellotto, genannt Canaletto, auf die Leinwand brachte, vor den Konturen der zerschmetterten, rauchenden Kulturstadt, wo in dieser einen Nacht 35 000 Menschenleben ausgelöscht worden sind, holt eine unendlich tapfere deutsche Frau ihren als Juden gebrandmarkten Mann in die Gemeinschaft derjenigen Deutschen zurück, die von diesem Regime nur Leid und Krieg erfuhren und nun den Kampf um das nackte Überleben vor sich haben. Kein Paß, keine Adresse, kein Judenstern – so ist er wenigstens auf den ersten Blick nicht mehr als zu Verfolgender gezeichnet. Weder an der Nase noch am Knoblauchgeruch noch durch Blutprobe kann die Nazibürokratie mit ihren Rassengesetzen einen Juden identifizieren.

Noch aber wissen sie nicht wohin. Auf dem Irrweg durch das zerbombte Dresden stoßen sie immer wieder auf Tote. »Einem war der Schädel weggerissen, der Kopf war oben eine dunkelrote Schale. Einmal lag ein Arm da mit einer bleichen, nicht unschönen Hand, wie man so ein Stück in Friseurschaufenstern aus Wachs geformt sieht.

Metallgerippe vernichteter Wagen, ausgebrannte Schuppen.«

Auf dem Jüdischen Friedhof, wo sich sonst wenigstens die Gärtner und die Totengräber aufhielten, treffen sie niemanden mehr an. Auf dem Weg zu dem Arzt Willy Katz, der Victors verletztes Gesicht behandeln könnte, kehren sie um, weil ein brennendes Haus vor ihnen zusammenstürzt. Von den Judenhäusern in der Zeughausstraße finden sie nur noch Geröllhaufen. So landen sie noch einmal an der Außenmauer der Brühlschen Terrasse. Dort werden inzwischen Verletzte notdürftig versorgt. Ein Sanitäter macht Victor eine lindernde Augeneintropfung.

Doch da ist ein neues Flugzeuggeräusch. Victor wirft sich zu Boden, den Kopf gegen die Mauer gepreßt, er wird von Staub und Geröll eingedeckt, und als er sich erhebt, ist Eva erneut verschwunden. Mehr taumelnd als gehend sucht er den Weg zum Albertinum, wo ein Lazarett eingerichtet ist. Und wo sich Eva, wie er vermutet, auch wieder einfinden werde. Sie hat sich bei dem neuerlichen Angriff in einen Keller geflüchtet. Zwei Stunden später, als sie endlich erscheint, sind im Albertinum alle Betten und Bahren schon von Verwundeten belegt. So streckt sie sich auf einem Stromgenerator aus und schläft sofort ein.

Von einem Sanitätssoldaten erbettelt Victor unterdessen etwas Brot für Eva. Ihm selbst hilft eine unbekannte Frau, die mit schmutziger Hand von ihrem eigenen Brot einen Brocken abbricht. Im Keller gibt es keinen Tropfen Wasser. Sie müssen buchstäblich zusehen, wie der Hausverwalter Waldmann an einem Lungenödem, vermutlich vom Phosphor verursacht, verröchelt. Witkowsky, ein anderer Bewohner des Judenhauses, bringt die Nachricht, daß man Ausgebombte aus Dresden herausbringt. Da hängen sich die Klemperers an. Ein Lastwagen, der Schwerverwundete am Albertinum ausgeladen hat, schafft sie aus dem Zentrum der Stadt, und am nächsten Morgen erreichen sie Klotzsche.

Dort, auf Dresdens Flugplatz, herrscht kein Militärbetrieb mehr. Die Fliegerschule ist nach Straubing in Bayern evakuiert. Den letzten Jahrgang von Offiziersanwärtern hat man einem Fallschirmjägerregiment zugeordnet, dessen Ausrüstung nur noch für die Bodenkämpfe reicht. In den Unterkünften und Ausbildungsräumen werden nun die Ausgebombten versorgt. Es gibt für sie Nudelsuppe aus dem Kessel, und auf Feldbetten können sie sich ihr Nachtlager einrichten. Aber aufatmen können sie nicht. Eva muß am nächsten Morgen Wolljacke und Rock zurückerobern, die ihr nachts gestohlen worden sind. Ein junger Arzt untersucht Victors Auge und schließt nicht aus, daß die Netzhaut gerissen sei. Sie müßten einen Facharzt aufsuchen, aber sie hüten sich. Nichts ist nun wichtiger als weiter unterzutauchen.

Ohne Sentimentalität bilanziert Klemperer seine Verluste. Wie immer in Momenten, da es keiner Phantasie mehr bedarf, um zu erkennen, daß er im Nichts angekommen ist, zeigt sich der sonst so gern Selbstmitleidige psychisch überraschend stabil. Alle seine Bücher, die Lexika, seine eigenen Werke, ein Typoskript der französischen Literatur des 18. Jahrhunderts sind unter den Dresdner Trümmern begraben, auch die Stücke des dritten Bandes seiner gesammelten Aufsätze, die er im Schreibtisch aufbewahrte. Eva hat den Speicher brennen sehen, wo jener Teil ihrer ausgelagerten Habe aus Dölzschen untergebracht war, den sie nicht mit ins Judenhaus nehmen konnten. Bleibt nur die Hoffnung auf das geheime Manuskript-Lager bei Annemarie in Pirna. Geschähe dort ein Unglück, wäre seine ganze Arbeit seit 1933 vernichtet.

»Das alles focht mich nicht übermäßig an«, schreibt er, fast mit einem Anflug von Koketterie. »Das Curriculum würde ich in knapperer und vielleicht besserer

Fassung aus dem Kopfe wiederherstellen. [...] Nur um meine Sammlungen zur LTI wäre es schade.«

Sie müssen weg aus dem Dunstkreis von Dresden. Piskowitz fällt ihnen als Fluchtziel ein, das sorbische Dorf in der Lausitz, wo ihr einstiges Dienstmädchen Agnes wohnt. Das Dörfchen am Rande der Oberlausitz gehört zur Amtshauptmannschaft Kamenz. In der Stadt ein wildes Gemisch von Flüchtlingen aus dem Osten und aus Dresden und Militärtransporte von Russen, die auf deutscher Seite stehen und an die zusammenbrechende Front geworfen werden. Die Geflüchteten müssen sich beim Bürgermeister melden, sonst gibt es keine weiteren Lebensmittelkarten. Auf die Frage nach der Religion antwortet Victor mit »Evangelisch« und auf die Frage, ob er jüdischer Abstammung sei oder Mischling, reagiert er ohne Unsicherheit mit »Nein«.

Die Nacht verbringen sie in der Schalterhalle auf dem Bahnhof. Eva schläft auf dem blechbeschlagenen Gepäckausgabetresen. Am nächsten Morgen machen sie sich mit ihrem Gepäck auf einen acht Kilometer langen Fußmarsch, vorbei an entgegenziehenden Flüchtlingen, Soldaten, Panzersperren, Trainwagen. Das Wiedersehen mit Agnes wird ein Freudenfest.

Bei den Piskowitzern haben sie ein paar Tage Ruhe und sind sicher vor Verrat. Slawische Identitätsgefühle und der Katholizismus haben in dieser Gegend kaum jemanden zum Hitler-Freund werden lassen. Aber die Front rückt näher, und die Flüchtlinge müssen weg aus der Kamenzer Gegend. Man stellt einen Sammeltransport nach Bayreuth zusammen. Da könnten sie mit, aber da ist die Gefahr zu groß, erkannt zu werden. So folgen die Klemperers dem Treck nur bis Kamenz, dort lösen sie Fahrkarten nach Pirna. Der Zug braucht für die kaum fünfzig Kilometer lange Strecke neun Stunden.

Aber in Pirna finden sie auch nur kurzen Unterschlupf.

Annemarie ist nicht mehr die frische junge Frau von Leipzig, sie ist von Krankheit gezeichnet und offenbar auch von ihrem ewig unglücklichen Verhältnis zu dem Arzt Friedrich Dreßel. Dem kühlen Empfang bei der Retterin seiner Manuskripte versucht Victor zu begegnen, indem er seine Geschichte trotzig dramatisiert, »in der Vereinfachung, daß ich selber schon zu dem Freitag, 16. 2., angesetzten Vergasungstransport gehört hätte«.

75 Kilometer weit darf man zu dieser Zeit mit der fast zusammenbrechenden Reichsbahn noch ohne Genehmigung der zuständigen NSDAP-Kreisleitung fahren. Das reicht bis Falkenstein im Vogtland, wo Scherner, der Leipziger Apothekerfreund, sich niedergelassen hat. Unterwegs wird der Zug von Tiefffliegern angegriffen, aber sie kommen durch. Scherner, »ein übermäßig dickes Wrack, schwerfällig in jeder Bewegung, [...] trägt den Parteiknopf und im Privatkontor hängt ein Hitlerbild. [...] Unsere eigene Geschichte wird mit Rührung und Abscheu, aber doch wieder mit einiger Abgestumpftheit aufgenommen. Vielleicht aber ist die Stumpfheit nur das Nichtwissen, das Sich-nicht-vorstellen-Können.«

Trotz eigener Ängste behält der Apotheker seine Freunde für ein paar Tage der Erholung bei sich. Eva entwickelt unterdessen einen »Seiltänzerplan« für die weitere Flucht: Richtung Bayern: »geänderter Name, verlorene Papiere – Mixtur aus Karl May und Sherlock Holmes«. Sie erinnern sich einer Namensverwechslung auf einer Apothekerflasche in Dresden, wo Buchstaben vertauscht wurden und der Name Kleinpeter herauskam. So bricht am 1. April 1945 der Professor Kleinpeter aus Landsberg an der Warthe mit Gattin auf nach Bayern. Scherner hat ihm noch etwas Geld zugesteckt und ihn mit dem Trostspruch versehen: »Du wirst noch Rektor der TH.« Das Tagebuch der letzten vier Wochen bleibt in einem verschlossenen Kuvert in Falkenstein zurück, getarnt als wissenschaftliches Manuskript. Die Pässe und einen Judenstern behalten sie bei sich, entscheidet Eva, »weil wir diese Alibi-Zeugnisse für unsere Rettung ebenso nötig haben werden wie die arische Kleinpeterei.« Bis zum Ende des Krieges sind es noch sechs Wochen.

Mit der gefälschten Identität gelangen Victor und Eva Klemperer über viele Umwege – Fußmärsche inbegriffen – via München nach Unterbernbach, einem kleinen Dorf zwischen Augsburg und Ingolstadt. Sie finden Quartier im Haus des Ortsbauernführers Jakob Flammensbeck, einem »hageren Mann, der sich sofort mit der rührendsten Güte unserer annahm (ein Quäker, sagt Eva). Mit Selbstverständlichkeit wurden Strohsäcke, Kissen und Decken für uns auf den Boden der Wohnstube gelegt. [...] Wir legten uns erleichtert und beglückt (zumal uns die Wirtin im Gasthaus ein Festessen gegeben hatte, Suppe, Pellkartoffeln, Brot, Käse, Bier). Und wirklich hatte nun die eigentliche Odyssee und die ärgste Not (wenn auch nicht alle Peinlichkeit) für uns ein Ende.«
Zu den Peinlichkeiten zählt ein Kontaktversuch bei Karl Vossler in München, auch wenn das Klemperer mit keiner Silbe so benennt. Der von ihm lebenslang verehrte Professor hatte in all diesen schweren Jahren kein übermäßiges Verständnis für die Lage seines treuen Schülers aufgebracht. Ende 1933 fragte er ihn leichthin, warum er nicht im Ausland veröffentliche – ein solcher Versuch hätte Klemperer sofort das Lehramt gekostet. 1935, als der Romanistik-Lehrstuhl in Istanbul frei wurde, hätte Vossler seinen bedrohten Schüler protegieren können, aber er zog einen anderen, den Marburger Erich Auerbach, vor. Nach Klemperers Rauswurf aus der Technischen Hochschule schrieb der Münchner Romanistik-Fürst nach Dresden die beinahe höhnische Empfehlung, »in dieser Zeit müsse man auf Überzeitliches Wert legen und nicht darüber klagen, daß man nicht mehr vor 20 bis 30 gleichgeschalteten Sächsinnen dozieren dürfe«.

Bei Übervater Vossler hat der Flüchtling auf der Durchreise nach Unterbernbach vorgesprochen. Erwartungsvoll erklomm er die Treppen im Maximilianeum, das ihm aus seiner eigenen Münchner Zeit noch so gut bekannt war. Der emeritierte Romanistikprofessor in seiner großbürgerlichen Prachtwohnung empfing ihn mit der eher verlegenen als unkundigen Bemerkung: »Wir glaubten Sie längst in Amerika.« Dann gab er sich längerem Fachsimpeln und Fachklatsch hin, ließ die beiden Gäste, die jahrelang fast nur von Kartoffeln gelebt hatten, mit Schnitzel, Spinat und Pudding abfüttern und spendierte für seinen Schüler eine Zigarre, für Eva zwei Zigaretten. Das Judenschicksal nahm er gar nicht zur Kenntnis: »Für mich sind Sie beide arisch, ich weiß nichts anderes.«

»Vossler selber war schwer ermüdet, fast ein bißchen apathisch, und verabschiedete sich sofort und in endgiltiger Form von uns.« Zu einem Übernachtungsangebot für die beiden abgerissenen Flüchtlinge durch Frau Vossler reichte es nur für den Fall, daß sie nirgendwo anders unterkämen. Sie übernachteten dann im Bahnhofsbunker auf blankem Beton und erlebten noch einen Münchner Bombenangriff. Weiterhelfen mußten sie sich selbst.

Von der Flüchtlingsbetreuung nach Unterbernbach verwiesen, bekommen sie dort eine Bodenkammer und leidliche Versorgung. Immer noch gelingt im untergehenden Reich ein Rest von organisiertem Beistand für ausgebombte Landsleute. Die Entkommenen des Judenhauses genießen unerkannt ihre wiedergewonnene Bewegungsfreiheit, das Gefühl, endlich wieder allein und unbeobachtet sein zu können. Victor, der seinen Kopf nachts noch auf einem Keilkissen mit den Runen der Waffen-SS betten muß, liest wieder vor, sie hören das ferne Rollen der Frontgeschütze und sehen amerikanische Flugzeuggeschwader wie Silberfischchen am bayrischen Himmel entlangziehen. Sie haben stille Stunden in ihrer Dachkammer und im Wald, »bukolische Stunden sozusagen«.

Die Stunden im Dorfbunker hingegen werden immer kürzer. Ein halbverwilderter Haufen von Hitlerjungen bricht in das Dorf ein, »proletenhafte Kinder in Uniform, mit dem kurzen Gewehr spielend«, die mit der Panzerfaust gegen die Amerikaner kämpfen wollen. Dann kommen noch deutsche Deserteure durch und schließlich, am 28. April, nach einem kurzen Schußwechsel, läßt sich ein Troß Amerikaner auf dem Kirchplatz in Unterbernbach nieder.

»Der Krieg lag hinter uns, während wir ihn noch vor uns glaubten«, notiert Victor und nutzt die Gelegenheit, den Ofen in ihrem Quartier mit einem Hitlerbild zu heizen. Das Hakenkreuz am Amtshaus ist verschwunden. Niemand im Dorf will Nazi gewesen sein. »Hier tut man jetzt manchmal so [...], als sei Hitlerei im wesentlichen eine preußisch-militaristische-unkatholische-unbayrische Sache gewesen. Aber München war doch ihr Traditionsgau.«

So hält Klemperer in Unterbernbach lieber an seiner Identität als Ausgebombter fest. »Um wirkliche Hilfe zu erfahren, müßte ich mich als Jude dekuvrieren. Das möchte ich aber erst dann tun, wenn ich aus der hiesigen Umgebung mit Bestimmtheit und sogleich fortkomme.«

Die Gelegenheit kommt am 15. Mai, eine Woche nach der deutschen Kapitulation, als der Dresdner Flüchtling in der Kreisstadt Aichach bei der amerikanischen Militärbehörde vorstellig wird. Am Hauptplatz, wo ein Sternenbanner weht, in einem umgenutzten Laden, davor eine lange Schlange von Bittstellern, schiebt Victor Klemperer seinen Paß über den Tisch und erklärt einer üppig geschminkten jungen Frau, die Wiener Dialekt spricht, wer er sei.

»Sofort strahlende Höflichkeit, Hilfsbereitschaft, Achtungsbezeugung. Ein ›Herr Professor‹ um den anderen. Ob ich eine finanzielle Hilfe brauche, ob ich anständig untergebracht sei, für Kleidung würde gesorgt.« Buchstabe für Buchstabe läßt sie sich seinen Namen diktieren und sagt strahlend: »Schon g'hört.« Er nimmt es ohne verletzte Eitelkeit hin: »Sie wird wohl Georg oder Otto Klemperer nennen gehört haben, immerhin, ich hatte meine Chance.«

An den Amerikanern überraschen ihn die Lockerheit und der verschwenderische Umgang mit Benzin und halbaufgerauchten Zigaretten. Sie machten »weder einen bösartigen noch einen hochmütigen Eindruck. Sie sind überhaupt keine Soldaten im preußischen Sinn«, wundert sich der ehemalige Kanonier, wohl auch in Erinnerung an seine bayrischen Erlebnisse in der Maxzweikaserne gut drei Jahrzehnte zuvor.

Zurück in Unterbernbach, breitet er vor Eva seine Zukunftsträume aus. Er hätte nun mehr als zwei Rosse im Stall. »Ich könnte: 1) eine Professur übernehmen, 2) ein Unterrichtsministerium, 3) eine Redaktion, 4) die Arbeit am Curriculum, 5) an der LTI, 6) am 18ième, 7) an einer Weiterführung meiner modernen französischen Literaturgeschichte und Prosa bis 1940. Aber eines von diesen sieben Rössern möchte ich wirklich reiten, solange es mein Herz noch zuläßt. Und dazu Garten und Musikmöglichkeit für Eva und Rauchen und Alkohol für uns beide, und noch einmal die Freude des Autos!« Doch noch immer will er sich keine Euphorien gönnen: »Wenn man heiß und schwer mit Rucksack und Tasche voll Nudeln beladen heimkommt und Eva klagt um die Zigarette und ich um das Getränk – dann bekommen alle sieben Rösser ein illusorisches und gespensterhaftes Aussehen.«

Zwei Tage später brechen sie auf. Flammensbeck packt ihnen Speck und Eier als Wegzehrung und beordert in aller Frühe ein Pferdefuhrwerk vor das Amtshaus, auf dem sie wie auf einer Lafette durch die niederbayrische Landschaft holpern. In Aichach, wo sie die Papiere für

München abholen können und Eva einen Ohnmachtsanfall erleidet, schüttet ihnen ein jüdischer Amerikaner deutsche und amerikanische Konservenbüchsen in die Tasche. Victor genießt die Sympathien, die sein J-Paß auslöst, bedauert sein mageres Englisch, hört aber gern »etwas von ›many books‹«, und macht sich nach soviel Startglück nun auch Hoffnungen auf Vorzugsbehandlung in München, vielleicht sogar Weiterreise mit dem Flugzeug nach Berlin oder Dresden.

In München aber geraten sie in den ungeheuren Andrang der Flüchtlinge, der freigekommenen ausländischen Kriegsgefangenen und Zwangsarbeiter, die nach Hause wollen. Die Klemperers sind ein Zehntausender-Problem, Nobodies zwischen den Absperrnetzen der Militärbehörden, wo es so ruppig zugeht, daß er sich an einen Viehmarkt erinnert fühlt. »Wir schieden wirklich von den Fleischtöpfen Ägyptens«, notiert er in der Trostlosigkeit des Münchner Martinsspitals, eines katholischen Heimes, das nun kurzzeitig Flüchtlinge beherbergt. München ist »mehr als eine danteske Hölle«. Sie schlafen auf dem Fußboden im Speiseraum der barmherzigen Schwestern und werden jämmerlich beköstigt in einer Schule in der Kaulbachstraße, wo sich auch viele ehemalige Häftlinge des Konzentrationslagers Dachau einfinden, noch in ihrem langgestreiften weißblauen Leinen. Klemperer hört »furchtbar verbitterte Äußerungen«, darunter einmal, als sich Flüchtlinge über Hunger beklagen, die folgende: »Die Entente sei viel zu human. 40 Prozent des deutschen Volkes müßten ausgerottet werden.«

München im Mai 1945, »dieser Albdruck aus Vernichtung, Staub, rasenden Cars der Amerikaner, aus Mangel an allem und vor allem aus absoluter Ungewißheit, Unzuverlässigkeit, Qualligkeit – dieser in buchstäblichem und metaphorischem Sinn fürchterliche Gallert aus Schutt, Geröll und Staub« – dort wollen sie weg so schnell wie möglich, wenigstens zurück nach Falkenstein. Wenn es sein muß, zu Fuß und obwohl es ein »fast irrsinniges Unternehmen« für die Dreiundsechzigjährigen ist, »ohne ordentliche Wanderausrüstung, ohne Gewißheit der Lebensmittelmarken des Quartiers drei-, vierhundert Kilometer zurücklegen zu wollen«.

Am 26. Mai, einem Sonnabend, brechen sie auf. Zuvor hinterlegen sie einen Karton, der Evas Kompositionen enthält, bei der Oberin im Martinsspital – auf Abruf. Sie werden ihn nie wiedersehen. Eva wird den Verlust nie verschmerzen, und auch Victor wird sich noch lange Vorwürfe machen.

Zu Fuß passieren sie die Isar-Anlagen und den Englischen Garten, vorbei an manchem Bombentrichter, und dennoch ist Victor plötzlich überwältigt von einem nostalgischen Gefühl, das München »dieses Mal in all seiner Trostlosigkeit als mächtige Prunkstadt vieler Jahrhunderte hoch über das zierliche Rokoko-Kästchen Dresden stellte«. Eine Straßenbahn befördert sie nur wenige hundert Meter, wiederum zu Fuß erreichen sie den Vorort Freimann und finden Platz auf dem Anhänger eines Bulldozzers, der sie nach Garching bringt. Dort bekommen sie einen Bauernwagen für vier Kilometer, aber nach Dresden sind es noch vierhundert, und nun bleiben ihnen in der Tat nur noch Schusters Rappen.

An ihrem Weg immer wieder verstreute Munition, ausgebrannte Autos und die Asche von Lagerfeuern. Sie sind nicht die einzigen Wanderer zwischen den zersplitterten Bäumen auf Bayerns Straßen, auch ehemalige Soldaten befinden sich auf dem Heimweg und befreite Häftlinge aus Konzentrationslagern. Manche ziehen in Gruppen dahin. Victor knüpft verschiedentlich Gespräche an. In einem Dorfgasthaus bekommen sie einen schauerlichen Pfefferminztee, und kurz vor der Sperrstunde erreichen sie die Stadt Freising, wo sie in einem verwahrlosten, von Soldaten verlassenen Massenquartier in gebrauchtem Bettzeug übernachten.

Ungewaschen brechen sie am nächsten Morgen auf. »Wir nahmen alles von dem Soldatenerbe mit, was wir gebrauchen konnten: ein Glas, die Bestecksachen, ein Taschenmesser (die Sachen haben uns unendliche Dienste geleistet), einen Brotbeutel.« Victor schleppt einen Rucksack, eine Handtasche und – sobald die Morgenkühle vorbei ist – auch noch den Mantel über dem Arm. Die »überschweren und faltenharten uralten Militärstiefel« machen sich immer quälerischer bemerkbar.

Die 36 Kilometer seit München bei einem geplanten Marschtempo von 20 Kilometern, das ist eine Leistung, die sie kaum wieder erreichen werden. Das Wandern geht nun über »in Marschieren, in schweigende Energietätigkeit, man marschierte allmählich mehr mit zusammengebissenen Zähnen als mit den Füßen«. Sie halten sich bei der abendlichen Quartiersuche an die Bürgermeister, die Pfarrer oder die Polizei, übernachten bei ärmlichsten Bauernfamilien, müssen da und dort bei einem Dorfschullehrer Erkundigungen nach dem weiteren Weg einziehen und können sich nur ganz unregelmäßig verköstigen, weil niemand ihre Lebensmittelmarken will. Manchmal bekommen sie auch eine Suppe oder eine Tüte Eierkuchen oder ein Maß Bier umsonst.

Am sechsten Tag erreichen sie Regensburg, wo Leo Ritter ein Krankenhaus führt. Den Arzt kennen sie aus räterepublikanischer Münchner Zeit, jetzt ist er ein wohlbeleibter älterer Herr, der auf die Amerikaner schimpft, weil sie zuviel geplündert hätten. Ritter versorgt sie mit einem gut gedeckten Tisch und einem sauberen Quartier, spendiert Seife und Strümpfe und für Victor ein paar Schuhe, allerdings von der Größe 46, vier Nummern zu groß.

Dann Aufbruch in Richtung Oberpfalz. In den folgenden Tagen haben sie mehr Glück mit Fuhrwerken, erwischen auch mal einen Güterzug, aber die Strapazen verringern sich nicht. Mal nächtigen sie in einer für Flüchtlinge hergerichteten ehemaligen Schuhfabrik, mal in einem Gartenhäuschen, mal in einer Scheune. Das Haus in Dölzschen – wenn es noch stehen sollte – liegt unter einem anderen Horizont. Eine Fata morgana, die ihnen den Durchhaltewillen erhält.

Am 6. Juni, nach elf Tagen auf bayrischen und zuletzt sächsischen Landstraßen und Schienensträngen, erreichen sie Falkenstein. Auch dort stehen die Amerikaner, deren Front war bis vor Chemnitz vorgedrungen, als die deutsche Wehrmacht kapitulierte. In Falkenstein herrscht bitterste Not. Scherner kann sie nur notdürftig mit einer Kartoffelmahlzeit abfüttern, Brot ist ausverkauft, Butter haben die Leute seit langem nicht mehr gesehen, in einem Restaurant gibt es nur Rübenschnitzel.

Wieder brauchen sie Papiere, denn ein paar Kilometer ostwärts werden sie russisch besetztes Gebiet betreten. Auf der amerikanischen Kommandantur schreibt ein freundlicher junger Mulatte, dem sie sich offenbar nur unvollständig erklären konnten, eine Empfehlung aus: »This professor Victor Israel Klemperer is a half Jew and he would like to go to Dresden. He is one of Germany's famous professors in philosophy and languages. He is a good man and we would recommend to help him.«

Es nützt ihnen gar nichts. Als ein Bekannter Scherners die Klemperers mit dem Auto nach Auerbach befördert hat, findet sich auf der dortigen Kommandantur niemand, der ihnen den Weg durch das anliegende Niemandsland, das später als Fünf-Wochen-Republik Schwarzenberg legendär werden wird – literarisch beschrieben von Stefan Heym – in die sowjetisch besetzte Zone weisen kann. Wer begibt sich schon in dieser Zeit, da Millionen Deutsche aus den verlorenen Ostgebieten auf dem Treck nach Westen sind, gegen diesen Strom nach Osten, zu den Russen?

So marschieren sie also auf gut Glück 18 Kilometer zu einer Bahnstation namens Schneidehammer, übernachten dort im Hotel Carlshof ohne Verpflegung und ohne aus den Kleidern zu kommen und fahren am nächsten Tag unbehindert nach Chemnitz. »Ich weiß nicht, wo das berüchtigte Niemandsland, ich weiß nicht, wo die eigentliche russische Zone begann«, notiert Klemperer später, ich bin weder von Soldaten noch von Plünderern belästigt worden.«

In Chemnitz treffen sie zum ersten Mal auf leibhaftiges russisches Militär. In einem Gasthof nahe dem Bahnhof Hilbersdorf, wo es immerhin Malzkaffee und Pellkartoffeln gibt, haben außer deutschen Kriegsheimkehrern auch sowjetische Offiziere Quartier gefunden. »Daß ich in dem armseligen Vorstadthotel unter Landsern und Volk auffiel, verdanke ich kaum meinem bedeutenden Gesicht«, vermutet Klemperer. »Viel eher dem hohen weißen Kragen, den ich tragen mußte, da das Hemd mit dem weichen Umlegekragen gänzlich hinüber war: Dieser bourgeoise Stehkragen und dazu die zerschlissene Kleidung des Landstreichers und der mehrtägige Stoppelbart – es sah nach Evas Worten aus wie die schlechte Verkleidung eines flüchtigen Bourgeois und Antibolschewiken.«

Aber so fällt er eben auch einem vierschrötigen russischen Hauptmann auf, der ihm auf den Leib rückt und wissen will, wer er sei. Der Uniformierte setzt sich auf die Kanten von Tisch und Sofa in einer Weise, daß für den suspekten Gast keine Bewegungsfreiheit bleibt. Klemperer zeigt seinen Paß vor, weist auf das J und versucht es mit seinen einzigen russischen Worten: »Ja Gewree«, ich bin Jude. Das hat ihm im Dresdner Judenhaus vorsorglich der aus Odessa stammende Gefährte Eisenmann beigebracht.

Es scheint, daß der andere das nicht versteht. Glücklicherweise erscheint eine Dame mit Krückstock am Tisch, die dolmetschen kann, eine Baltin. Und Victor erzählt beredt wie auf dem Katheder seine Geschichte in Kurzfassung. Nicht ohne darauf zu verweisen, daß sein

Bruder Georg Lenin behandelt habe. Da endlich klopft ihm der Offizier freundlich auf die Schulter und geht. Klemperer atmet auf. »Die Geschichte, verbunden mit alledem, was ich nun schon von selbstverständlichen Plünderungen und Vergewaltigungen gehört, war mir reichlich peinlich – ganz so weit ab von der Gestapoverhaftung auf der Tram – ›ich will ihn mal flöhen!‹ – hatte sie ja nicht gelegen.«

Am nächsten Mittag, es ist ihr fünfzehnter Reisetag, befördert ein überfüllter Zug die Klemperers von Chemnitz nach Dresden. Aber wohin zuerst? In ihrem Haus auf dem Kirschberg in Dölzschen werden sie einen anderen Bewohner vorfinden und keinen Gegenstand, der ihnen gehört. So machen sie sich erst einmal auf die Suche nach einer Verpflegungsstelle in der Altstadt. Aber umsonst.

Dann endlich, im kaum beschädigten Schweizer Viertel, finden die erschlafften Heimkehrer das Haus einer überlebenden Bekannten. Sie treffen Frau Glaser, mit der Eva einst Geigensonaten von Mozart und Beethoven spielte.

Frau Glaser hat wie Eva allem Druck widerstanden und zu ihrem jüdischen Mann gehalten, dem schon recht hinfälligen Rechtsanwalt Fritz Glaser. Sie ist eine jener tapferen Frauen, von denen Victor Klemperer zwei Jahre später in seiner *LTI* sagen wird: Sie durften nicht einmal den Gedanken an Selbstmord zulassen, weil »sie wußten, ihr Tod werde den Mann unweigerlich hinter sich herzerren, denn der jüdische Ehegatte wurde von der noch warmen Leiche der arischen Frau weg ins mörderische Exil transportiert.«

»Frau Glaser empfing uns mit Tränen und Küssen, sie hatte uns für tot gehalten«, berichtet Klemperer. »Wir wurden gespeist, wir konnten ausruhen. [...] Dies war die Wendung zum Märchen.«

Das Prinzip Hoffnung

»Ich will Antigone an den Arbeiter heranbringen«

»Am Sonntag dem 10. sind wir hier angekommen, die erste Nacht schliefen wir beim braven Kalau, die zweite schon in *unserm* Haus, [...] ein Wachtraum, wir leben seitdem in einer Märchenwelt, einer komischen, imaginären und doch höchst realen, aber etwas unsicheren Welt.«
Das ist Dölzschen, das ist Klemperers neues Dresden-Gefühl im Juni 1945, sechs Wochen nach dem Ende der Naziherrschaft. Zwar weiß er noch nicht sicher, daß die Manuskripte in Pirna gerettet sind – die Koffer mit dem Papier, den Wollsachen und dem Silberbesteck bei Annemarie nur beschädigt durch ein paar Einschlaglöcher von plündernden sowjetischen Soldaten, die anderes suchten. Doch der große Druck weicht langsam von Klemperers Seele. Nichts von bisherigem Gehetztsein, den zermürbenden Entbehrungen, dem allgegenwärtigen Hauch des Todes. Die Gefühlsschwankungen, die er jetzt an sich bemerkt, sind »gedämpft durch Müdigkeit und animalisch träges Wohlbehagen« – wenigstens für ein paar Tage. Sein Tagebuch verzeichnet Essen, Dösen, Schlafen, Plaudern, Pläne, Radio hören, Skepsis, Staunen, Freude, Warten, Treibenlassen.
Der fast Vierundsechzigjährige hat noch einmal eine tiefgreifende Verwandlung seiner äußeren Lebensumstände zu erwarten. »Umschichtig schwimme ich in erstaunter Seligkeit, in skeptischer Verwunderung über diesen vollkommnen Märchenumschlag unseres Schicksals – und in der dunklen Angst, es möchte alles zu spät kommen, das Herz, die Vergreisung des Denkens, auch

das bloße Eingerostetsein meiner Kenntnisse – ich spreche ja keine zehn Worte mehr französisch – möchten mir einen vernichtenden Streich spielen.«

Der Kaufmann Berger, der das Haus in Dölzschen bewohnte, solange die Klemperers in Judenhäuser gepfercht waren, ist verschwunden. An seiner Statt hat ein fremdes Ehepaar mit Tochter und Schwiegermutter Quartier genommen. Der Mann spielt den Kommunisten, will auch Jude sein, habe sich aber als sogenannter Vierteljude ausgeben können und immer wieder den Aufenthaltsort gewechselt: Hotelportier in vielen Städten, zwischendurch Arbeitslager und nun »irgendwie als Unterhändler mit den Russen und gut bei ihnen angeschrieben, ohne Russisch zu kennen, irgendwie Führer der Radikalen, Haussucher etc.«. Hauseigner Klemperer bleibt mißtrauisch: »All das ist tintenfischig.«

Die Gemeinde Dölzschen wird nun von ein paar KPD-Leuten verwaltet, dem Tankwart Alfred Scholz, dem Tischler Herbert Bräuer und dem Stricker Michel, der schon aus dem Ersten Weltkrieg als Invalide zurückgekehrt ist. Der Feinmechaniker Peter Kalau, der für die Klemperers in der ersten Nacht das Ehebett räumte, verteilt Aufträge für Aufräumarbeiten an zwangsverpflichtete Pg's, Parteigenossen der Nazipartei. Eine durchsichtige Konstellation: »Von Verwaltung und Regieren verstehen sie alle nichts, sind nur brave und überzeugte KPDer, nur Arbeiter der ersten Stunde.«

Immerhin: Die Heimkehrer werden mit dem Notwendigsten an Kleidung versorgt, Nachbarn bringen ein paar Lebensmittel, Zigaretten und Kaffee, man hat einiges gutzumachen. Gemäß einer Anordnung der sowjetischen Militärverwaltung steht dem Gelehrten eine Schwerarbeiterkarte zu, das bedeutet unter anderem 450 Gramm Brot am Tag, auch für Eva, der diese Rationierung wegen der durchlittenen Entbehrungen zunächst ebenfalls gewährt wird. Aus dem beschlagnahmten Besitz eines Landgerichtsrats bekommt Klemperer eine tadellose Continental-Reisemaschine.

Mit den fremden Hausbewohnern lassen sich die Rückkehrer fürs erste auf eine Symbiose ein. »Sie kochen für uns, halten die Wohnung in Ordnung und versehen uns mit vielen guten Dingen, so daß wir fast ein bißchen Angst vor ihrem Fortzug haben.« Alles scheint intakt geblieben, nur eine Tür zum Keller ist demoliert von russischen Soldaten, die auf Weinsuche waren, heißt es.

Das Mobiliar, das Geschirr, jeder Löffel, jedes Glas, die Wäsche gehört den Bergers. Die letzte Habe der Klemperers ist in der Bombennacht unter den Trümmern des Judenhauses in der Zeughausstraße und auf dem Speicher verbrannt. Selbst der Bücherschrank ist ihnen fremd. Was sie vorfinden, ist eine »nicht geschmacklose Neureicheneinrichtung« mit schweren Polstersesseln, Couchs, Buffett aus feinpoliertem Holz, Rauchtisch, Ölgemälde, teurem Radioapparat und Tischbillard. »Der Mann muß Schiebergeschäfte gemacht haben«, mutmaßen die rechtmäßigen Hausbesitzer und haben keine Scheu, sich des Vorhandenen zu bedienen, bis sie wieder zu Eigenem kommen.

Der Krämer wäre gern ein Arisierungsgewinnler geworden. Den Hinausgeworfenen hatte er sich als Beschützer ausgegeben, wollte angeblich eine Hypothek auf das Haus beschaffen, ließ ihnen aber sogar ins Judenhaus noch falsche Rechnungen für die Schuttabfuhr zustellen. In Dölzschen verbreitete er Gerüchte über ihren Tod, in der Hoffnung, das Haus an sich zu bringen.

Als Berger jetzt barmend auftaucht, empfinden Klemperers kein Mitleid. Sie geben ihm von dem beschlagnahmten Gut ein paar Stücke heraus, einen anderen Teil behalten sie als Pfand für mögliche Forderungen an den zwischenzeitlichen Hausbesetzer. Ganz wohl fühlt sich Victor dabei nicht, denn »als jüdischer Rachegeist und Triumphator erscheinen« möchte er nicht.

In seinen Garten blickt er in diesen ersten Heimattagen mit denselben gemischten Gefühlen. Dort arbeiten vier zwangsverpflichtete Männer, die ihm die Gemeinde geschickt hat. Sie müssen den von Schimmel befallenen Bunker abreißen. Es sind ehemalige Parteigenossen aus der nationalsozialistischen Verwaltung, unter ihnen der entlassene Ortsbürgermeister Darre. Das Rückkehrmärchen Dölzschen findet für ihn auf diese Weise einen »peinlichen Höhepunkt«. Denn die Aufräumarbeiten im Garten sähen ja für die Nachbarn so aus, als leisteten die Männer schändende Fronarbeit für den rachsüchtigen Juden.

Kein Zweifel: Das Verfolgungstrauma wirkt nach. Der Überlebende traut nicht der reinigenden Wirkung der deutschen Katastrophe. Er fürchtet, die Nachkriegsnot könnte kurzschlüssiges Denken auslösen: die Juden sind wieder da, an der Seite der Russen, nun drohe die von den Nazis beschworene Judenrepublik. Mehr noch: Die Fehler der KPD-Funktionäre könnten dem Wirken der Juden angelastet werden. Die ständigen Kotaus und deutschen Schuldbekenntnisse im Radio würden ohnehin nur nationalsozialistische Stimmungen pflegen.

Als die Stadt Dresden dem Romanistik-Professor im Dezember 1945 die wissenschaftliche Leitung der Volkshochschule anträgt –, die erste sich öffnende Tür für die Rückkehr zur Lehrtätigkeit – reagiert er fast mit Scheu. Keine hundert Juden haben in Dresden überlebt. »Aber wie viele von diesen wenigen sitzen auf leitenden Posten! Lang ist Minister, Katz oberster Arztgutachter, Glaser Landgerichtsdirektor, Neumark in dem Juristenkolleg, das neue Gesetze berät, der Handwerker Berger kommandiert die Kripo in Heidenau, und ich habe nun die zwei großen Ämter nebeneinander!«

Die ihm wieder zuerkannte Professur steht vorläufig nur auf dem Papier. Gesichert ist nur sein Gehalt. Und der öffentliche Respekt. Man nennt ihn nun auf den Ämtern, wo größtenteils unerprobte neue Verwalter nach den Vorgaben der Besatzungsmacht eine neue Ordnung fügen sollen, eilfertig den berühmten Professor. Ob man ihn kennt oder nicht.

Klemperers Orientierung nach zwölf Jahren demütigender Ausgrenzung und völliger Entrechtung, zuletzt sogar im Zustand der Betäubung unter ständiger Todesfurcht, braucht Zeit. Jedes Gerücht bestärkt ihn in seiner Sorge vor neuem Antisemitismus. Auf einem seiner Gänge in die Stadt hört er, die aus Dresden vertriebene jüdische Bankiersfamilie Arnhold habe schon die ganze zerstörte Prager Straße aufgekauft. In einem neuen Anflug von Verzweiflung notiert er: »Das Volk ist so rettungslos dumm und gedächtnislos. Es denkt jetzt nur: ›vorher haben wir weniger gehungert‹, und alles andere ist vergessen. Es wird sehr bald denken: all diese Hitlergreuel sind erfundene Propaganda.«

Leute, die ihm irgendwo einmal begegneten oder in seinen Kollegs gesessen haben wollen, bedrängen ihn entlastender Zeugnisse wegen. Eine Lehrersgattin macht für ihren Mann geltend, er habe einst Kinder des Bankiers Ralph von Klemperer unterrichtet und damit seine Judenfreundlichkeit bewiesen. Sie hält Victor für einen nahen Verwandten. Der Lehrer war seit 1933 in der Nazipartei. Ein Opportunist der ersten Stunde. Klemperer weist die Frau zurück. Ebenso eine entlassene Studienrätin für Musik und Französisch, die ihre Parteimitgliedschaft in milderem Licht bewertet sehen will, weil sie mit ihren Schülerinnen weiterhin den verfemten Komponisten Mendelssohn Bartholdy durchgenommen habe.

Wo er sich der Aufrichtigkeit eines Bittgesuches einigermaßen sicher glaubt, verweigert er seinen Beistand nicht. Aber auch das bringt ihn in Konflikte. Der einarmige, graugewordene Dölzschener Bürgermeister läßt sich bescheinigen, daß er 1942 die Weigerung Klemperers, das Haus zu verkaufen, hingenommen und ihn nicht angeschwärzt habe. Zwei Wochen später heißt es im Ort, Klemperer trete »für das Nazischwein« ein. Der Mann soll in seiner Amtszeit zwanzig KPD-Leute der Gestapo ausgeliefert haben. Ein anderes Mal erscheint die Frau eines Arztes, um Klemperer daran zu erinnern, daß er von ihrem Mann freundlich behandelt worden sei trotz des Judensterns. Der Arzt will seinen Posten als Vertrauensarzt halten. Als der einstige Patient seine Erinnerung bezeugt hat, zieht die Frau das Portemonnaie und fragt: »Was bin ich ihnen schuldig?«

Empört weist der Überlebende des Holocaust Hans Hirche zurück, einen Nachbarsjungen aus der Holbeinstraße, dem Eva einst kostenlosen Klavierunterricht gab. 1931 hatte Klemperer dem Abiturienten über seinen Kollegenkreis an der Technischen Hochschule Kontakte für eine Offiziersaspirantur bei der Reichswehr vermittelt. In der Wehrmacht hat es Hirche zum Major im Generalstab gebracht, und damit ist für Klemperer die Schwelle der Unschuld überschritten. Nun, da Hirche in britischer Gefangenschaft sitzt und ein Papier erbittet, das der Volksmund Persilschein nennt, fragt er zurück: »Hat denn nicht einer von Ihnen den Hitler-Kampf gelesen, wo doch alles nachher Ausgeführte mit schamloser Offenheit vorher geplant ist?« Lange vor dem 20. Juli 1944 hätten sie diesen Wahnsinn begreifen müssen. »Ich nehme das Volk, ich nehme den gemeinen Soldaten aus, aber nicht die Intelligenz, nicht die Heeresführung.« Dienstverweigerung wäre die Gewissenskonsequenz gewesen, und wenn es den Tod bedeutet hätte – es wäre ein Tod auf dem Felde der Ehre gewesen. Nicht, daß Klemperer den Richter spielen will – es ist eher die Scheu, etwas zu tun, was seiner Motivation nach diesen finsteren zwölf Jahren entgegenstünde: »Wir selber haben nichts gerettet als eine zerrüttete Gesundheit und den leidenschaftlichen Willen, den Rest unseres Lebens daran zu setzen, daß es in Deutschland noch einmal menschlich werde.«

Zu seiner neuen »vita activa« rechnet Klemperer im Januar 1946 die Technische Hochschule, die Volkshochschule, den Kulturbund, die KPD und die Schriftstellerei.

Die Technische Universität zuerst. Kaum zehn Tage zurück von seiner Flucht, wird er bei Stadtverwaltung im Rathaus in der Melanchthonstraße vorstellig. Will Grohmann, ein Kunsthistoriker und Schriftsteller, der später das Rektorat der Dresdner Hochschule für Werkkunst übernehmen wird, ist von der Sowjetischen Militäradministration als Kulturdezernent eingesetzt worden.

»Mein erster Eindruck, noch ehe er den Mund aufgetan, war: Kunst, Dilettantismus, Landauer, München 1919«, notiert Klemperer. Die Erinnerung an die Räterepublik wird dem ehemaligen Münchner Privatdozenten im Nachkriegschaos der Dresdner Verwaltung noch öfter kommen. Seinen Vorschlag zur Umwandlung in eine Universität hört sich der Stadtrat an, »als ob es sich um ein Butterbrot handelte«. Und was Klemperers Träume von einem Doppelkatheder für romanische Literatur und Geistesgeschichte in Dresden und Leipzig betrifft, verspricht der ziemlich machtlose neue Beamte das Blaue vom Himmel.

Indessen geht in der übriggebliebenen Dresdner Professorenschaft das Gerücht um, daß die Russen, die sowieso jede noch intakte Maschine und jede Schraube auf ihre Reparationslisten setzten, überhaupt keine technische Hochschulbildung mehr wollen, damit die Deutschen nie wieder eine Kriegsindustrie aufbauen können. So oder so ist an der zu großen Teilen in der Bombennacht beschädigten Technischen Hochschule für den Romanistikprofessor noch lange kein Hörsaal in Aussicht. Die Technische Hochschule quält sich noch ohne Lehrbetrieb dahin. Die Wiedereröffnung gelingt erst im Oktober 1946, und auch da vorerst beschränkt auf die Fakultäten Kommunalwirtschaft, Forstwirtschaft und Pädagogik.

Dagegen bieten sich für den Literaturprofessor andere öffentliche Betätigungsfelder. Ende August findet sich in Dresden eine Arbeitsgemeinschaft Wissenschaft und Forschung des neuen Kulturbundes zusammen. Diese überparteiliche Sammelbewegung für Intellektuelle ist in Ostberlin gegründet worden und will in allen vier Besatzungszonen wirksam werden, also auch in der amerikanischen, der britischen und der französischen Zone. Eine gewisse Austrahlung erreicht sie aber nur auf die Westsektoren Berlins und auch da nur beschränkt und bis zum Verbot ihrer dortigen Tätigkeit am Ende der vierziger Jahre. Der volle Name lautet »Kulturbund zur demokratischen Erneuerung Deutschlands«. Gründer und treibende Kraft ist der Dichter Johannes R. Becher, der aus dem Moskauer Exil zurückgekehrt ist und 1949 erster Kulturminister der DDR werden wird.

Wie in der Berliner Zentrale tritt auch in Dresden zuerst jene Gruppe bürgerlicher Intellektueller organisierend in Erscheinung, die sich schon in der Zeit der Weimarer Republik nach links orientiert hat, pazifistisch geworden ist nach dem Schreckenserlebnis des Ersten Weltkriegs und zum Teil auch der marxistischen Tradition der Arbeiterbewegung zuneigt. Dazu stoßen Leute, die mit Anstand über die Zeit des Nationalsozialismus gekommen sind, auch wenn sie den neuen Machtverhältnissen mit großen Vorbehalten gegenüberstehen. In Dresden bilden Leute wie die aus Palästina zurückgekommene Malerin Lea Grundig, der Schriftsteller Ludwig Renn, Sohn eines sächsischen Prinzenerziehers und Stabsoffizier der Internationalen Brigaden im Spanienkrieg, oder der integer gebliebene Musikwissenschaftler Karl Laux, die Tanzpädagogin Gret Palucca und eben auch ein Victor Klemperer die neue städtische Kulturprominenz: »Prominente und Prominentucci.«

Der Romanist wird 1946 zum Dresdner Vorsitzenden und zum Mitglied der sächsischen Landesleitung gewählt.

Eine willkommene gesellschaftliche Aufgabe für den Bildungsbürger. Nach den zwölf Höllenjahren in den geistigen Wirren der Nachkriegszeit empfindet er seinen pädagogischen Auftrag drängender als romanistischen Professorenehrgeiz. Der Kulturbund müsse »mit einer gewissen Autorität als demokratischer Gewissenslenker auftreten«.

Ungezählt sind die kulturgeschichtlichen Vorträge, die Klemperer in der sowjetischen Besatzungszone und gelegentlich auch im Westen hält. Was er mündlich so wortreich formuliert, fließt ihm bald auch verdichtet in die Feder, und er verfaßt die Broschüre *Kultur*, seine »Erwägungen nach dem Zusammenbruch des Nazismus« für die »äußere und innere Wiederaufrichtung des körperlich und geistig zerstörten Vaterlandes«. Er schreibt als einer, der sich wohl zum »anderen Deutschland« zählt, aber durchaus wahrnimmt, daß dieses Deutschland sich noch in der Minderzahl befinde. Eine »traurige Selbstverständlichkeit«, die er in Problemgruppen aufteilt: Zum ersten »diejenigen, die als Nutznießer des Nazismus dem beseitigten Regime immer noch anhängen und böswillig um seine Wiederkehr bemüht sind. Sie dürften die am wenigsten zu Fürchtenden sein, denn man braucht sich nur um ihre Unschädlichmachung zu bekümmern, und dazu ist die Hilfe des mitbedrohten Auslands zu haben. Zum zweiten ist die Riesenmasse derer da, die guten Willens sind und auch ein Gefühl für die Verruchtheit des gestürzten Systems besitzen; aber dem dumpfen Gefühl kommt kein gebildetes Denken zu Hilfe, denn das Denken ist ihnen zwölf Jahre lang verkümmert. An ihnen muß Erziehungsarbeit geleistet werden.«

Aber weniger dieser Masse, an deren Dumpfheit, Gleichmut und Egoismus er genug gelitten hat, gilt sein geradezu missionarischer Eifer, sondern vielmehr denjenigen, die zu Beginn der Naziherrschaft Kinder waren und durch den Krieg um einen großen Teil ihrer Jugend gebracht worden sind. Erschüttert steht er vor deren Ahnunglosigkeit und »Verirrung des Kulturdenkens. [...] Sie hatte gelernt, daß es eine allein von den Germanen erschaffene Kultur gäbe; sie hatte gelernt, daß Herder und Schiller und Goethe und Fichte den Nationalsozialismus vorausverkündet hätten; sie hatte [...] Nietzsche und Wagner sozusagen mit dem goldenen Ehrenzeichen der NSDAP einherkommen sehen.« Klemperer ortet darin das schwerstwiegende Moment, »schwerer als das Unschädlichmachen der bewußt Böswilligen, schwerer als das Wiederdenkfähigmachen einer betäubten Millionenschar älterer Menschen, [...] unendlich viel schwerer ist es, diese Jugend zu gewinnen«.

Das verhaltene Pathos, mit dem er sich in der Broschüre *Kultur* an die junge Generation wendet, ist echt. Er ist nicht hoffnungslos: »Bei ihnen gibt es ja Anknüpfungspunkte, sie haben doch alle irgendwann einmal, gleichgültig in welcher Konfession oder Konfessionslosigkeit, die Zehn Gebote gelernt: du sollst nicht töten, du sollst Vater und Mutter ehren usw. usw., sie umerziehen heißt nur sie erinnern, so wie man einen aus tiefer Narkose Erwachenden etwa anruft: ›Können Sie sich schon auf Ihren Namen besinnen?‹«

Beim Nachlesen dieser vergessenen Broschüre fällt Klemperers ungebrochene liberale Gesinnung auf. Mit aufdringlichen Verweisen auf sein eigenes Schicksal kommt er nie. Doch es muß einen Sinn haben, daß er durchhielt und sich in der Nazizeit sein Deutschtum nicht nehmen ließ. Den verführten Deutschen will er die heilende Wirkung der Begegnung mit der Menschheitskultur im Vertrauen auf die Vernunftfähigkeit beibringen. Der KPD, bei der er neue Defizite vorfindet, will er »begreiflich machen, daß ich in *ihrem* Interesse Humanismus und *Nichtpolitik* ins Zentrum stellen möchte. Ich will Antigone an den Arbeiter heranbringen.«

Nicht mehr Professoren, Anwälte, Bankierssöhne, Unternehmer, Studienräte und die Damen aus dem Nobelviertel Weißer Hirsch, die seine Kollegs voluntaristisch besuchten, bestimmen Klemperers gesellschaftlichen Umgang. Von der bürgerlichen Gesellschaft, aus der er 1933 durch die judenfeindlichen Gesetze ausgesondert wurde, ist nach dem Krieg nicht mehr viel übrig. Dezimiert durch die Bombennacht und die Fluchtwelle nach dem Westen, zerrüttet durch Vermögensverluste im Krieg und durch Enteignungen, bekommt sie keine neue Atemluft.

Es ist eine Zeit der politischen Ungewißheiten, auch der Hoffnungen auf ein neues Gleichheitsideal, da den Intellektuellen mit dem antifaschistischen Bonus russische Pajokpakete zugeteilt werden, aber noch nicht die denkmalsgeschützte Konservierung auf den neuen Piedestals geboten wird. Der Hader mit dem sich festigenden Funktionärsapparat, mit dem neuen Typ des politischen Spießers, nimmt erst seinen Anfang.

Nun absolviert er nicht mehr mit Zylinder und Kraftdroschke seine Pflichtbesuche in den Bürgervillen, sondern erledigt im geliehenen Anzug des Strickers Michel seine Gänge auf die Ämter, meist zu Fuß, weil die Tram nicht fährt. In Dölzschen findet er auf der sogenannten Begerburg, einem wuchtigen Anwesen, das sich einst ein Steinbruchbesitzer nach seinem Geschmack bauen ließ, die bescheidene Creme des neuen Soziotops. Wo bis 1945 die NS-Dienststellen residierten, sitzt nun die von KPD-Leuten dominierte neue Verwaltung. KPD und SPD halten dort ihre Veranstaltungen ab, Victor Klemperer hält im September zum ersten Mal wieder einen Vortrag. Eva Klemperer musiziert für die Dölzschener.

In diesem neuen Gesellschaftsmilieu findet der Sohn einer Aufsteigerfamilie Sozialkontakte einer Art, die ihm eigentlich nie behagt haben, die er allenfalls ertragen hat als Kanonier im Ersten Weltkrieg oder unter den Zwängen des Judenhauses. Obwohl ihm diese Kleine-Leute-Welt auch jetzt fremd bleibt, bewegt er sich in ihr doch mit Neugier und genießt mit Wohlgefallen ihr Interesse an seiner Person.

Von der Verwaltung auf der Begerburg werden die Klemperers mit Kleidung und Lebensmittelkarten versorgt. Mit dem Mann in der Kleiderkammer schließen sie ihre erste neue Freundschaft. Erich Seidemann ist Ortsvorsitzender der KPD, Mitte Dreißig, gelernter Stenotypist, hat Zuchthaus und Konzentrationslager hinter sich, »ein sehr ruhiger, nicht ungebildeter Mann«, die »Augen und Haare farblos blond, [...] eine gewisse Härte und Kürze im Auftreten – man merkt dann, daß dahinter Gefühl, Nachdenken, Idealismus, Erfahrung, Selbsterziehung, auch Unsicherheit steckt«. Klemperers laden ihn zu sich nach Hause ein, Eva gibt ihm später auch Klavierunterricht.

Was Klemperer merkwürdigerweise nicht erfährt: Seidemann war vor dem Krieg persönlicher Sekretär von Herbert Wehner. Diesen geborenen Dresdner und einstigen Kommunisten hat der TH-Professor nie wahrgenommen, auch nicht später, als Wehner eine Schlüsselrolle in der SPD zu spielen begann und durch seine rhetorisch brillanten Auftritte im Bundestag auf sich aufmerksam machte.

Seidemann bringt das Gespräch auf die Kommunistische Partei. Klemperer, der lebenslang liberal Gesinnte, dem in seiner Jugendzeit Friedrich Spielhagen unter den Dichtern und Friedrich Naumann unter den Politikern das Maß gesellschaftlicher Ethik vorgaben, zeigt unter dem Schock der Hitlerzeit deutliche Verluste von Vertrauen in die Kraft der Demokratie. Die Erfahrungen mit der Weimarer Republik liegen ihm schwer auf dem Herzen. Im Judenhaus hat er noch im Februar 1944 Hitlers »Mein Kampf« gelesen. Mit tiefem bürgerlichen Entsetzen: »Dies Buch lag vor, und man machte diesen

Menschen zum Führer [...]! Das ist der deutschen Oberschicht niemals zu verzeihen.«

Aus dieser Negativposition heraus, keineswegs erfaßt von den linksbürgerlichen Euphorien einer vielleicht doch möglichen gerechten Gesellschaft, denkt er den Sommer über immer häufiger nach, ob er sich selbst nun nicht parteipolitisch positionieren müsse. »Ausmisten« – dieses Wort kommt nun häufig vor in seinem Vokabular. Die »Jauchegrube« Deutschland will er trockenlegen helfen, seinen Teil zur »Entdunkelung« der Nazi-Düsternis beitragen, schreibt er in einem Brief an Freunde.

Zur Auswahl stehen zu dieser Zeit vier von der Sowjetischen Militäradministration zugelassene Parteien. Über die Liberaldemokraten denkt er einmal kurz nach, aber nur der Name legt das nahe. Einem Werber der Partei bescheidet er Ende September, »der Gesinnung nach sei ich Demokrat, aber erst müsse gesäubert werden«. Der CDU ist er ganz abgeneigt, zumal er im August aus der Protestantischen Kirche ausgetreten ist, die ihm in der Zeit der Verfolgung nicht einen Schimmer von Hoffnung geben konnte. Die SPD kann es auch nicht sein. Nach einer biederen Veranstaltung auf der Begerburg notiert er: »Singsang (gänzlich unpolitisch, Werbung einer Vorstadt-Oper).«

Und die KPD? Selbst diesen Leuten hält er Lauheit vor im Umgang mit ehemaligen exponierten Parteigängern der Nazis, die um die Erhaltung ihrer Posten in der Verwaltung und im Schulwesen buhlen: »Ihr seid zu sanft! Mit euren Sammetpfötchen gewinnt ihr keinen bürgerlichen Gegner, verprellt euch aber die eignen Anhänger.« Er beklagt die geringe Gefolgschaft und den Makel, daß sie von der Volksmeinung für alle Entgleisungen der Besatzungsmacht mit in Haftung genommen wird. Auf die Selbstreinigungskräfte der großen Masse zählt er nicht. »65 Millionen glauben genau das, was man ihnen sagt und weitere 4 $^1/_2$ Millionen fügen sich gleichgültig, skeptisch, resigniert in alles, heute so und morgen so. Und wer die halbe Million ist, unter der ein Dutzend zur Herrschaft kommen, und wer das Dutzend ist – das weiß nur – wer, wer? Das ganze Reden von Umlernen, Bessermachen, Demokratie etc. etc. ein Schwindel, bestenfalls ein Selbstbetrug.«

Es wäre ihm offensichtlich genehmer, die KPD gäbe sich elitärer. Dennoch beschäftigt er sich bald häufiger mit ihr. »Sie muß ausmisten; aber es fehlt ihr an intellektuellen Mitgliedern, und wie wird sie sich den Intellektuellen und Gebildeten gegenüber verhalten? *Ihre* und *unsere* Schicksalsfrage. Ich will nicht nach – schwankendem – Gefühl, ich will nicht rein idealistisch entscheiden, sondern kalt berechnend, was für *meine* Situation, *meine* Freiheit, *mein noch zu leistendes Werk* das beste ist, und damit *doch meiner idealen Aufgabe dienend*, auf das richtige Pferd setzen.«

So stellt er sich die Frage schon im Juli 1945. Eine Antwort hat er da noch nicht. Noch dreht sich die Scheibe der Glücksspielpferdchen immerfort. »Rußland? USA? Demokratie? Kommunismus? Professor im Amt? Emeritiert? Unpolitisch? Politisch festgelegt? Fragezeichen über Fragezeichen. Aber vielleicht habe ich schon Position bezogen, als ich meine Gegnerschaft zu Kühn offenbar gemacht habe.«

Johannes Kühn lehrt als Historiker an der Technischen Hochschule. Die Professoren kennen sich aus den zwanziger Jahren. Einst besuchten sie sich privat und diskutierten über Politik und Katzen. Klemperer hielt den anderen für einen aufrechten Hitler-Gegner, aber im August 1936 fiel ihm ein Zeitungsartikel über Friedrich den Großen in die Hand, worin sich der Autor Kühn als willfähriger Verbreiter von Naziideologie auswies: Der Preußenkönig als nördlich-germanischer Mensch, seine Hinneigung zum Französischen »eine typische Form- und Südsehnsucht des nördlichen Germanen«. Als der verfehmte Romanist das las, lief ihm die Galle über: »Wenn es einmal anders käme und das Schicksal der Besiegten läge in meiner Hand, so ließe ich alles Volk laufen und sogar etliche von den Führern, die es vielleicht doch ehrlich gemeint haben könnten und nicht wußten, was sie taten. Aber die Intellektuellen ließ ich alle aufhängen, und die Professoren einen Meter höher als die andern; sie müßten an der Laterne hängen bleiben, solange es sich irgend mit der Hygiene vertrüge.«

Nun ist es anders gekommen, und der Professor nebst Gattin begrüßt Klemperer in der Technischen Hochschule, »als wären wir gestern das letzte Mal zusammen gewesen«. Kühn hat seinen Lehrstuhl behalten und macht fürs erste auch den Direktor der Hochschulbibliothek. Auch als im August die Dresdner Gruppe des Kulturbundes gegründet wird, ist er dabei. »Es soll offenbar so weitergehen wie 1918: man läßt die Feinde des neuen Régimes ruhig an der Arbeit, die natürlich zur Wühlarbeit wird«, ereifert sich Klemperer, und darin steckt offenbar viel persönliche Kränkung des so lange Geächteten. Monatelang führt er geradezu eine Kampagne gegen Kühn und verdirbt es sich dadurch auch mit manchen der anderen unbeschadet über die Nazizeit gekommenen Altprofessoren. Es ist offenbar auch diese Erfahrung, die ihn der KPD entgegentreibt.

Freilich vergißt er nicht, mögliche persönliche Effekte eines Parteibeitritts kühl zu analysieren. Sein Weiterkommen, seine ganze verspätete Karriere wird nicht ohne politisches Engagement möglich sein. Überdies will er an alle Privilegien, die in dem behördlichen Betreuungssystem den Opfern des Faschismus zuerkannt werden. Nicht nur für sich, auch für Eva, die nicht weniger gelitten hat. Aber da gilt es Hürden zu nehmen. Die politisch Verfolgten, die ehemaligen Häftlinge und Exilanten, stehen als aktive Widerstandskämpfer obenan auf der Liste. Klemperer als sogenannter rassisch Verfolgter wird zunächst in die zweite Kategorie gesteckt, und für Eva läßt sich nicht einmal der Vorteil der bevorzugten Rationierung über die Schwerarbeiterkarte halten. Schon zwei Wochen nach der Rückkehr bemerkt er: »Die KPD hier unterstützt den Juden nicht so eifrig wie etwa den Parteigenossen, sie wittert im Juden offenbar mit Mißtrauen den Kaufmann, den Nicht-Arbeiter, Kapitalisten.«

Dieser Makel läßt sich beheben. Im November 1945 entscheidet sich der TH-Professor Victor Klemperer, der nun in Dresden endlich zu einer bekannten Persönlichkeit aufsteigen kann, für den Eintritt in die KPD. Nach einem Vortrag auf der Begerburg über die Sprache des Dritten Reiches läßt er sich von Seidemann die Antragsformulare geben. »Bin ich feige, wenn ich nicht eintrete«, fragt er sich noch einmal, »bin ich feige, wenn ich eintrete? Habe ich zum Eintritt ausschließlich egoistische Gründe? Nein! Wenn ich schon in eine Partei muß, dann ist diese das kleinste Übel. Gegenwärtig zum mindesten. Sie allein drängt wirklich auf radikalste Ausschaltung der Nazis. Aber sie setzt neue Unfreiheit an die Stelle der alten! Aber das ist im Augenblick nicht zu vermeiden.«

In seinen Aufnahmeantrag schreibt er: »Ich habe nie einer Partei angehört, mich aber gesinnungsgemäß und als Wähler zu den Freisinnigen gehalten; man kann das auch aus meinen Publikationen herauslesen. Wenn ich ohne eine Änderung dieser Tendenz, was die philosophische und besonders geschichtsphilosophische Grundhaltung anlangt, dennoch um Aufnahme in die Kommunistische Partei bitte, so geschieht das aus folgenden Gründen: ich glaube, daß Parteilosbleiben heute einen Luxus bedeutet, den man mit einigem Recht als Feigheit oder mindestens allzugroße Bequemlichkeit auslegen könnte. Und ich glaube, daß wir nur durch allerentschiedenste Linksrichtung aus dem gegenwärtigen Elend hinausgelangen und vor seiner Wiederkehr bewahrt werden können. Ich habe als Hochschullehrer aus nächster Nähe mit ansehen müssen, wie die geistige Reaktion immer weiter um sich griff. Man muß sie wirklich und von Grund aus beseitigen suchen. Und den ganz unverklausulierten Willen hierzu sehe ich nur bei der KPD.«

Seiner persönlichen Rechnung ist er sich indessen nicht so sicher: Die weithin unbeliebte KPD ist für ihn keine Siegerpartei. »Setze ich persönlich auf das falsche Pferd? Ganz unbegreiflich ist mir nicht, was so viele Pg's sagen: ›bloß in keine Partei mehr! Einmal hereingefallen zu sein, genügt ... ‹ Aber ich muß nun wohl Farbe bekennen. Eva tendiert zum Eintritt, und ich bin eigentlich dafür entschieden. Aber es kommt mir wie eine Komödie vor: Genosse Klemperer! Wessen Genosse?«

Immerhin: Er ist empfänglich für das neue Milieu und neue Ehren. Da sind Leute, die ihn um Rat fragen, die ihn respektieren, die zum ihm aufschauen – das hat er seit seiner Vertreibung vom Katheder nicht mehr erlebt. Er hält weiter Vorträge in der Begerburg, es kommen Abiturienten in sein Haus, das alles schmeichelt ihm: »Sehr komisch ist jetzt meine dominierende und patriarchalische Stellung hier oben: Leuchte der KPD und Zuflucht aller bedrängten Pg's. [...] Ich werde allmählich der Patriarch von Dölzschen. Und ich werde der Mittler zwischen KPD und Intelligenz und Bourgeoisie.«

Auch bei der Anrede mit dem Du, die er nun öfter zu hören bekommt, ist ihm nicht unwohl. Mit Pikanterie notiert er, daß er sich manchmal heimlich sage: »Prolete rechts, Prolete links, das Weltkind in der Mitte.« Laut erkläre er dagegen gern: »Das österreichische Offizierscorps duzt sich, und im ungarischen Adel hat das Sie statt des üblichen Du diffamierende Bedeutung und ein Duell zur Folge.« Im übrigen: Das Du der Arbeiter beglücke ihn, das Du der Gestapo hatte ihn rasend gemacht.

Aus seinem früheren Lebenskreis erhält er keine Beifallsbekundungen für seine Entscheidung. Bei Annemarie Köhler, der Ärztin in Pirna, und ihrem Gefährten Friedrich Dreßel schlägt ihm eisige Entrüstung entgegen: »Jetzt bist Du PG«, spottet die Retterin seiner Aufzeichnungen aus dem Judenhaus. Er rechtfertigt sich im Tagebuch: »Dahinter steckt das übliche: ›Ihr macht es wie die Nazis!‹ Aber 1) machen wir's nicht so, 2) sollten wir es vielleicht so machen, mindestens von ihnen lernen sollten wir. [...] Und 3) wessen Schuld wäre es, wenn wir's so machen müßten? Fluch der bösen Tat! [...] Jedenfalls: In Pirna sind wir unter Feinden.«

Annemaries heftige Reaktion ist zu einem Gutteil familiär bestimmt. Ihr Bruder hat durch die Bodenreform sein Land verloren und wurde in ein Lager verschleppt. Sie selbst ist schwer erkrankt und stirbt drei Jahre später als gläubige Christin.

Aber auch Georg, der Arzt und Herzspezialist, schüttelt den Kopf. Er meldet sich mit Briefen aus Cambridge in Massachusetts. »Laß Dir bitte sagen, daß Du Dich durch Deine vielseitige Tätigkeit zu Grunde richtest; jedes öffentliche Auftreten, jede öffentliche Verhandlung beschleunigt Dein Ende.« Der besorgte pädagogische Ton des jetzt Einundachtzigjährigen gegenüber dem fünfundsechzigjährigen Bruder hat sich seit der Berliner Jugendzeit kaum verändert. Es habe sowieso keinen Sinn mit den »wohlverständlichen idealen Intentionen«, doziert der Ältere. Kaum einer von den Politikern, die er, Georg, in den Jahren nach dem Ersten Weltkrieg behandelte, habe mit seinen demokratischen und antinationalistischen Idealen Erfolg gehabt. »Die meisten sind umgebracht, keiner konnte die wachsende Revanchestimmung aufhalten.«

Einig zeigt sich Georg mit Victor »in dem heißen Wunsche, Deutschland von der nazistischen Pest zu befreien«, aber er glaubt nicht, »daß Männer semitischer Descendenz dazu geeignet sind«. Deutschland sei nur durch einen großen Staatsmann wie Bismarck zu retten, sonst gebe es einen dritten punischen Krieg. Victor solle die Finger von Politik lassen und sich wieder der französischen Literatur widmen, was seinen Gaben doch am meisten entspreche. Auch schickt Georg ein Carepaket, und er würde gern ein immaterielles Paket hinzutun, »enthalten viele Pfunde antiidealistischer Gesinnung«.

Victor ist entrüstet: »Wozu schrieb mir Georg das? Ich starre ja eh schon auf mein Grab.«

Der älteste Bruder stirbt am Ende des Jahres 1946, der jüngste hat noch einen bewegten letzten Lebensabschnitt vor sich.

Von Katheder zu Katheder
»Ich hätte Outsider, Journalist, Politiker bleiben sollen«

Vanitas vanitatum. Kein anderes lateinisches Vokabular ziert Klemperers letzte Tagebücher häufiger als dieses. Das sind die verkürzten Eingangsworte des alttestamentlichen Buches *Prediger Salomo*: Eitelkeit der Eitelkeiten. Auf eine handlichere Formel gebracht: Alles ist eitel. Nicht die Selbstgefälligkeit vor dem Spiegel ist gemeint, sondern die Alterseitelkeit, der Drang nach gesellschaftlicher Geltung, nach Anerkennung der Lebensleistung, nach dem gebührenden Platz auf dem Olymp des Geistes. Und dahinter auch immer eine Angst: die Angst vor dem Nichts.

Gemeinhin läßt sich ein Hochschulprofessor mit fünfundsechzig Jahren emeritieren und – wenn er Lust hat – mit der einen oder anderen wissenschaftlichen Sonderaufgabe betrauen, die er gelassen und ohne Zeitdruck einlösen kann, seine Gesundheit schonend und sein Ehrbedürfnis auf komfortablere Weise weiter befriedigend. Nicht so der Literaturwissenschaftler Victor Klemperer, in dessen Biographie die Zeitebenen so kraß verschoben sind: Der späte Start nach dem Ersten Weltkrieg in der ihm unangemessen klein erscheinenden Dresdner Arena, die vielen enttäuschten Hoffnungen der zwanziger Jahre auf ein richtiges Universitätskatheder und das Loch zwischen 1933 und 1945. Da hat sich quälender Nachholebedarf angesammelt. Statt Emeritierung erstrebt er Inthronisierung. Der Aufsteigerehrgeiz seiner Familie, die Hoffnung, im Brockhaus noch ein paar Zeilen zuzulegen, die Ängste vor der Angina pectoris – es gibt genug gute Gründe für seine späte professorale Aufholjagd.

Aber die Kriegsfolgen lasten schwer, auf Dresden besonders. Die Wiedereröffnung der Technischen Hochschule ist nicht nur vom Fortgang der Instandsetzungsarbeiten abhängig, sondern auch vom Segen der Besatzungsmacht. Der Professor für Maschinenbaukunde Enno Heidebroek ist Ende 1945 von der Sowjetischen Militäradministration zum neuen Rektor bestimmt worden. Eine »chevareleske Erscheinung« und angenehm »sachlich unpathetisch«, urteilt Klemperer, aber für ihn selber bleibt unklar, ob er seinen alten Lehrstuhl jemals wieder aktivieren kann. Nach einem Professorenkollegium am 11. Februar 1946 notiert er: »Sehr interessant: die Russen gaben die Eröffnung einer erziehungswissenschaftlichen Fakultät zu; auf Bitten erlaubten sie noch die Forst- und die Hochbauabteilung – aber nicht Maschinenbau und Elektrotechnik. Das heißt, man fürchtet neue Rüstungskonstruktionen.«

Obwohl das die Stimmung verbessert, bleibt er skeptisch. »*Ich* habe immer den Eindruck der Feindseligkeit, besonders von seiten meiner alten Kollegen.« Er fühlt sich »wie in einem Raubtierkäfig«. Nach mehr als zehn Jahren Abwesenheit muß er ihnen vorkommen wie das frei herumlaufende schlechte Gewissen. Seine Attacken gegen den Historiker Kühn sind den anderen ein Greuel. Und so halten die meisten gegen ihn zusammen. Der Germanist Christian Janetzky meint, Klemperer sei »in seinen Handlungen und Entschlüssen wesentlich bestimmt durch einen ungewöhnlich starken Ehrgeiz, [...] kritische und polemische Entgleisungen in Aufsätzen und Reden [hätten] seiner anfangs günstigen Position eines politisch geprägten Intellektuellen in Dresden geschadet.«. Dieses Urteil steht in einem Gutachten, das die Klemperer-Schülerin Rita Schober vierzig Jahre später in der romanistischen Zeitschrift *Lendemains* zitiert.

Nichtsdestotrotz ist der Rückkehrer zur Stelle, als bei der Bildungsabteilung der Landesregierung über die neuen Lehrpläne verhandelt wird. Im Februar 1946 geht es um die personelle Besetzung der Pädagogischen Fakultät und der Forstwirtschaft mit Leuten aus den nicht wiedereröffneten technischen Abteilungen. »Die Auswahl erfolgte politisch, viele Professoren werden brotlos«, notiert Klemperer in einer Mischung von Verständnis und Betroffenheit. Ihn interessiert natürlich nur die »geisteswissenschaftliche Sparte«, und so kommt er »sehr abgekühlt und degoutiert nach Hause [...]. Ganz kleine und ganz ignorante Leute sitzen auf wackelnden Stühlchen, haben große Titel und wissen nicht, ob sie nicht morgen schon Tisch und Stuhl los sind.«

Erst am Ende des zweiten Nachkriegsjahres, am 16. Dezember 1946, hält der Romanistikprofessor in Dresden wieder eine Vorlesung. Die Technische Hochschule hat im September offiziell wieder den Lehrbetrieb aufgenommen, allerdings nur mit den Fakultäten Kommunalwirtschaft, Forstwirtschaft und Pädagogik, ohne Lehrstuhl für Romanistik. Von Dölzschen fährt keine Straßenbahn, und Klemperer schleppt sich zu Fuß mit grausamen Herzschmerzen den eineinhalb Stunden weiten Weg in die Südvorstadt. Im großen Chemiesaal spricht er vor höchstens fünfzig Leuten. Nicht über Voltaire, sondern über die Sprache des Dritten Reiches.

Acht Monate später – nur das Professorengehalt verbindet ihn eigentlich mit der Hochschule – erfährt Klemperer von Rektor Heidebroek, daß die Sowjetische Militäradministration in Berlin-Karlshorst weiterhin kein Romanistik-Katheder genehmige. Und noch eine böse Nachricht muß er hinnehmen: In der Landesbibliothek ist der ganze Bestand der französischen Literatur in der Dresdner Bombennacht verbrannt.

Eine deprimierende Situation, wäre da nicht die Arbeit zu Hause an seiner sprachwissenschaftlichen Analyse der durchlebten Terrorjahre mit dem bescheidenen Titel *LTI. Notizbuch eines Philologen*. Eine Zeitlang hatte er noch geschwankt. Eigentlich wollte er seine Autobiographie gern fortsetzen. Aber die Umstände sprechen für eine wirksamere und schnellere Publikation seiner Erfahrungen. Aus seinem Konvolut von mehreren tausend Tagebuchseiten der Jahre 1933 bis 1945 gewinnt er 1946 unter manchem Amputationsschmerz den Extrakt für die erste Fixierung, Beschreibung und Bewertung des Zusammenhangs von Sprache und Denken im Hitlerreich.

Alles, was der Beobachter gesammelt hat, die Gemeinheiten, den Aberwitz, die Zynismen seiner Peiniger, das Angstvokabular, die Einfältigkeiten, die Gerüchteküche im Judenhaus, die Euphorien, den Selbstbetrug, die kleinen und großen Heucheleien der Leute draußen – dies alles führt er zusammen in einer sprachsoziologischen Betrachtung, von der Klemperers Schüler Johannes Klare sagt, sie gehöre »zu den klassischen Werken der antifaschistischen Literatur, die in deutscher Sprache gedruckt worden sind«.

Auch in der *LTI* kein Gedanke, die Demütigungen zurückzugeben, keine Siegerpose, keine Zurechtweisungen. Ein freundlicher, aber mit tiefem Ernst mahnender Lehrer tritt da vor die Generation der irritierten Hitlerjungen, der Flakhelfer, der Kriegsheimkehrer, der Mitläufer, der Mittäter, der Antwortsuchenden. Für Klemperer eine Zeit der Reaktivierung seiner journalistischen Fähigkeiten. Der »entschlagnahmten Schreibmaschine« entquillt eine Flut von Artikeln zu literarischen Themen für die Kulturbund-Zeitschrift *Aufbau*, für die von der sowjetischen Militäradministration herausgegebene Tageszeitung *Tägliche Rundschau* und für das *Neue Deutschland*, das Zentralorgan der Sozialistischen Einheitspartei. Diese Partei, der er nun auch angehört, ist im April 1946 durch den von der Besatzungsmacht forcierten Zusammenschluß von KPD und SPD gebildet worden. Aber seine eigentliche Wirkung sieht er als Redner auf Kulturbund-Veranstaltungen. Der Orator ist zu neuem Leben erweckt, auch der Rundfunk in Berlin nimmt ihm gern Vorträge ab über »Französische Lyrik, Politik und Dichtung, Humanismus, Humanität und wieder Humanismus«.

Gegen Mitte des Jahres 1946 erhält Klemperer ein Angebot für eine Ordentliche Professur an der Universität Greifswald. Zuerst lehnt er ab, obwohl ihn einiges lockt: »See, Ruhe, König im Dorf, Bücher schreiben können, keine Zerrissenheit.« Er bewegt sich in einem schwierigen Interessengeflecht. Eva hängt an dem Haus in Dölzschen. Sie hat den Schmerz über den Verlust ihrer Kompositionen noch nicht überwunden und kultiviert nun – endlich wieder in vertrauter Umgebung – ein anderes Talent: Sie übersetzt für den Verlag Volk und Welt in Berlin den Roman *Herr über den Tau* von dem haitianischen Erzähler Jacques Roumain. Victor selbst will neben dem Buch *LTI* seine französische Literaturgeschichte des 18. Jahrhunderts voranbringen und erwägt auch eine Monographie. Eventuell springt dabei für den Autor sogar eine Reise nach Paris heraus. Der Verlag Neues Leben bereitet die Herausgabe der Broschüre *Kultur* vor, von dem Jungverleger Henschel wird er gebeten, das französische Segment der *Dramaturgischen Blätter* zu übernehmen. Teubner in Leipzig fragt nach einer Neuauflage der *Modernen französischen Prosa* aus dem Jahre 1926. Genügend Aufträge für einen Senior der Romanistik, sich an seinem gewohnten Schreibtisch festzuhalten.

Mit einem Jahr Verzögerung, im Sommer 1947, entscheidet sich er dann doch für Greifswald. Es wird sein erstes Ordinariat an einer ordentlichen deutschen Universität, er erlangt es im Alter von fast 66 Jahren. Hartnäckig hat er seine Konditionen ausgehandelt. Er bekommt eine Villa zugewiesen, ein für damalige Verhältnisse üppiges

Gehalt von 1000 Reichsmark und 1000 Mark Zulage pro Jahr und Leistungsprämien. 50 Prozent des Gehalts hat er steuerfrei aufgrund des Befehls 56 der Sowjetischen Militäradministration zur Begünstigung von Verfolgten des Naziregimes. Auf dem Gelände der Ohrenklinik hält ihnen die Universität einen Garten frei.

Im Dezember ziehen sie um aus Sachsens Kulturmetropole in eine verschlafene Stadt am Bodden. Klemperer sucht kameradschaftlichen Schulterschluß zu den Studenten. Er will die gesellschaftliche Kluft überbrücken, die zu seiner eigenen Studienzeit zwischen den Universitäten und dem Industrieproletariat bestand. Vor sich hat er das Bild einer neuen vaterlandstreuen Intellektuellengeneration aus Arbeiterstudenten, denen »die stolzeste, aber auch die schwerste Verantwortung« aufgebürdet sei, »denn als Studierte, als [...] gelernteste unter den gelernten Arbeitern werdet ihr an oberster Stelle des öffentlichen Lebens zu stehen haben«. Der Arbeiterstudent ist für Klemperer a priori »überzeugter Marxist und stolz darauf, schon im praktischen Leben gestanden zu haben, sieht mit Mißtrauen auf den durch seine Vorbildung noch immer privilegierten Bürgerlichen«. Sie sind ja alle Kriegsgeneration. Da sitzen Leute mit Gliederprothesen, Lungenschüssen, Flüchtlinge, auch Dreißigjährige, die nachholen müssen. »Kommilitonen«, ruft er ihnen in einer Ansprache zum 100. Jahrestag der deutschen Revolution von 1848 zu, »ihr seid unschuldig an dem grenzenlosen Unglück! [...] Als die Herrschaft des Wahnsinns und des Verbrechens begann, wart ihr Kinder [...] und von Anfang an hat man Euch die Grundlehren des Menschlichen vergiftet, hat man Euch notwendigstes Wissen vorenthalten oder verfälscht. [...] Ihr seid nicht schuldig zu sprechen, sondern Eure damaligen Lehrer und Erzieher tragen die Schuld.« Das Manuskript dieser Rede liegt im Nachlaß Klemperers bei der Sächsischen Landesbibliothek.

Aber weder Victor noch Eva werden froh im »Exil von Greifswald«. Die Lebensverhältnisse in der vorpommerschen Stadt sind bescheiden. Einen geistigen Austausch mit philologischen Fachkollegen, wie er ihn sich von großen Universitäten gern erhofft hätte, kann Klemperer dort kaum erwarten. Sie sind für ihn »nur blasse Studienräte«. Eine schöne Seminarbibliothek wiegt das nicht auf. Denn in der renovierten Villa müssen sie jämmerliche Wohnverhältnisse mit nassen Öfen und nassen Dielen ertragen, und zu aller Pein holt er sich auch noch die in der Nachkriegszeit so verbreitete Krätze.

Eva, die zwar in der Ortsgruppe des Demokratischen Frauenbundes Deutschlands aktiv ist, aber den Anschluß an die Kränzchen der Professorengattinnen verweigert, empfindet ihr Schicksal in Greifswald als ihre dritte Vertreibung – nach der durch die Gestapo und nach dem Bombenangriff. Ihr Mann wird unterdessen geplagt von Schuldgefühlen: »Ich hätte Outsider, Journalist, Politiker, moimême bleiben sollen. Der verfluchten allerdümmsten Eitelkeit, Universitätsprofessor zu sein, habe ich alles geopfert.«

Die Hoffnung auf Erlösung heißt Halle. Dort ist seit drei Jahren der Lehrstuhl vakant. Der Kollege, der Klemperer dorthin empfehlen will, ist Werner Krauss, ein Romanist aus dem hessischen Marburg, der 1947 eine Berufung nach Leipzig erhielt: »Mitte Vierzig, schlank, groß, kühn aufgebuschte dunkelblonde Mähne, mehr Künstler- als Gelehrtentyp.« Aber rednerisch ein Versager, der lange und leise vom Blatt abliest, wie Klemperer mit Enttäuschung notiert.

Der fast zwanzig Jahre jüngere Marburger gehörte in der Hitlerzeit zum Kreis der Widerstandsgruppe Schulze-Boysen/Harnack und wurde im Januar 1943 zum Tode verurteilt und zur Hinrichtung in das Zuchthaus Brandenburg verbracht. Dann aber kam er dank des Einsatzes einiger prominenter Fachkollegen, darunter Karl Vossler, mit der Umwandlung der Strafe in fünf Jahre Zuchthaus davon.

Nach dem Krieg, von der Haft gesundheitlich gezeichnet, schließt Krauss sich der KPD an. So ist sein Wechsel in die sowjetische Besatzungszone auch politisch motiviert. Er kommt schon als Marxist, nennt sich selbst »primo loco Hispanist« und gilt auch als hervorragender Kenner der französischen Aufklärung. Bald gewinnt er in dem von einer starken Abwanderung bürgerlicher Professoren betroffenen Osten die Rolle des tonangebenden Romanisten.

Klemperer und Krauss lernen sich auf einer Tagung des Kulturbundes im Juli 1946 im Berliner Rundfunkhaus kennengelernt. Im Februar 1948 treffen sie sich auf einer Hochschultagung der SED in Berlin wieder. Sie haben neben der Romanistik auch ein gemeinsames hochschulpolitisches Interesse. Mit einer gewissen Genugtuung merkt Klemperer an, daß »Krauss sagte: überall sitze ein Emigrantenklüngel, man müsse heute, um in Deutschland zu florieren, Emigrant oder Nazi sein.«

Also Halle! Die Protektion nimmt Klemperer gern an. Die Stadt an der Saale löst zwei blockierte Seelen. Für Victor sind das auch Erinnerungen an den Philologenkongreß von 1920. Eva fühlt sich heimischer im Angesicht der Heidelandschaft vor dem kleinen Siedlungshaus am nördlichen Stadtrand, wo sie Quartier nehmen, und ein wenig kann sie wohl auch auf Anschluß an die musikalische Szene dieser Stadt hoffen.

In Halle hat bis 1936 Karl Voretzsch gelehrt und das Niveau bestimmt. Die Bibliothek, in den letzten Kriegstagen ausgelagert, ist wieder beisammen, gerettet aus den Salinen der Umgebung per Pferdewagen, gesäubert und geordnet von der Sprachwissenschaftlerin Rita Hetzer und einigen Studenten. In der jungen Frau mit dem Lehrauftrag für Provenzalisch findet er eine wissenschaftliche Partnerin erster Ordnung. Rita Schober heißt sie bald, denn sie heiratet wieder, der erste Mann ist nicht aus dem Krieg zurückgekehrt. Drei Jahre später wird sie gleich ihm nach Berlin gehen, dort zunächst im Staatssekretariat für Hochschulwesen arbeiten und sich bei Klemperer habilitieren. Später wird sie seine Nachfolgerin auf dem Lehrstuhl für Romanistik an der Humboldt-Universität.

In diesen späten vierziger Jahren widerfährt dem Aufsteigerehrgeiz Klemperers doppelte Genugtuung. Mit einem anfangs nicht minder großen Elan wie in der Wissenschaft läßt er kaum ein öffentliches Amt aus, das sich ihm bietet. Seit 1947 sitzt er im Präsidialrat des Kulturbundes und übernimmt nun auch den Landesvorsitz in Sachsen-Anhalt. Er gehört zum Zentralvorstand der Gesellschaft für deutsch-sowjetische Freundschaft (DSF) und rückt 1951 auch in den Zentralvorstand der Vereinigung der Verfolgten des Naziregimes (VVN) ein. Man schickt ihn zur Tagung des Deutschen Volksrates in Berlin, dem Vorläufer der Volkskammer. 1950 nimmt er als Delegierter am III. Parteitag der SED teil. Er rechnet sich Chancen aus auf das Rektorat in Halle, auf den Nationalpreis und auf einen Platz in der Akademie der Wissenschaften.

Dieser Drang nach öffentlicher Anerkennung steht in merkwürdigem Gegensatz zu seiner Skepsis, zu seinen deprimierenden Erkenntnissen über die Angelegenheiten, für die er als bürgerliches Aushängeschild benutzt wird. An den großen Machtspielen der Partei- und Kulturbundfunktionäre beteiligt er sich nicht. Lobbyismus scheint er nicht zu kennen, engagierte persönliche Auftritte hat er nur, wenn es um elementare Hochschulinteressen geht wie den Latein- und Französischunterricht an den Schulen. Oder als er in Halle 1949 durchsetzt, daß seinem Lehrer Karl Vossler die Ehrendoktorwürde erteilt werde. Oder als er acht Jahre später ein gesamtdeutsches Romanistenkolloquium in Halle verteidigt gegen die Angriffe derer, die schon an der Zementierung der Spaltung Deutschlands arbeiten und in den Köpfen den Bau der Mauer vorwegnehmen.

Klemperer sieht seine Wirkungsmöglichkeiten vor allem auf Vorträgen. Einladungen bekommt er im Übermaß – in Hörsäle und Werkhallen, Kulturhäuser und Dorfkneipen – und er jagt den Terminen beinahe zwanghaft nach mit seinem unerschöpflichen kulturgeschichtlichen Wissen und dem offensichtlichen Drang einer permanenten Selbstbestätigung. Immerhin ist, wie seine Schülerin Rita Schober später anmerkt, »die Kunst der Rede das Eindrucksvollste an seinem öffentlichen Wirken«.

Dem Umworbenen schmeichelt das Zugehörigkeitsgefühl zu der neuen kulturpolitischen Klasse. Der Karrieredruck, den seine Familie einst ausgeübt hat, erfährt eine späte Entspannung. Nicht nur Georgs Geist schwebt ihm nach. Mit dem Vater bleibt er bis ins hohe Alter im Tagebuch-Dialog, nie eigentlich sich lösend aus der Haltung des sich rechtfertigenden Sohnes, der nach Anerkennung dürstet. Geradezu erschrocken bemerkt der Achtundsechzigjährige einmal, im Februar 1950: »Über der Nichtigkeitshetze vergaß ich Vaters Todesdatum. 12. II. Herrgott – wenn man sich vorstellen könnte, der sieht dir zu! *Er* hätte sein Vergnügen daran.« Indessen macht er sich selbst damit gar nichts vor: »Mir ist es peinlich, diese Hetze, diese Leere, diese Eitelkeit, dieses Nichts um mich und vor mir.«

Noch immer, noch auch in dieser ausschwingenden Phase seines Lebens, rührt sich in Victor Klemperer der Literat, der er einst sein wollte. In seinem Diarium gelingen ihm nach wie vor mit knappesten Strichen meisterhafte Porträtskizzen, wobei er auch gern ein wenig überzeichnet. Zumal wenn es Leute betrifft, deren gesellschaftlicher Rang ihn nicht immer frei von Neidgefühlen läßt.

15 Victor Klemperer 1947

16   Eva und Victor Klemperer um 1948

17   Seit April 1951 war Victor Klemperer Besitzer eines neuen Autos, eines BMW

18–21 Victor Klemperer im Romanischen Seminar der Universität Halle

22   Victor und Hadwig Klemperer nach ihrer Hochzeit im Mai 1952 zu Besuch bei Rita Schober (links mit ihrem Sohn)

23   Der Romanist Werner Krauss, 1952

24–25   Victor und Hadwig Klemperer im Mai 1953

26   Ostsee-Urlaub in Ahrenshoop auf dem Darß

27 Victor Klemperer in seinem Arbeitszimmer in Dölzschen, Mai 1954

28 Festakt der Schillerehrung am 14. 5. 1955 in Weimar mit Thomas Mann (Mitte)
2. Reihe links: Hadwig und Victor Klemperer, daneben Arnold und Beatrice Zweig; vorn rechts: Johannes R. Becher

29 Verleihung des Vaterländischen Verdienstordens durch den Präsidenten Wilhelm Pieck am 14. 11. 1956

30, 31 Victor Klemperer mit seiner Frau Hadwig und seinem Neffen Peter Klemperer

32 Ansprache Victor Klemperers auf einer Gedenkveranstaltung in Jena zum 10. Jahrestag der Ausrottung Lidices, Juni 1952

Schon früh stört Klemperer der Kult um Johannes R. Becher, dem Gründer des Kulturbundes und der Zeitschrift *Aufbau*, des späteren Textdichter der Nationalhymne und Kulturminister, »den man jetzt immerfort von kommunistischer Seite überschwenglich feiert und zum größten deutschen Dichter erhebt. Ich hörte schon wiederholt als Zusammenstellung der Größten: Goethe, Heine, Thomas Mann, Becher.« Nie zuvor hat der Tagebuchschreiber von dem einstigen Avantgardisten expressionistischer Lyrik Notiz genommen, obwohl sie sich in seiner zweiter Münchner Zeit hätten begegnen können. Während Klemperer bei Muncker promovierte, saß Becher bei dem gleichen Lehrer seine Vorlesungen und Übungen zur deutschen Literaturgeschichte ab. Zum ersten Mal bekommt Klemperer ihn im April 1946 auf einer Landestagung des Kulturbundes im Dresdener Ernemannwerk zu Gesicht: »Untersetzt, rundlich, runder Kopf, ergraut und kahl, […] keineswegs wie ein Dichter, nun gar expressionistisch revolutionärer Dichter«, eher der Typ »bürgerlich gutmütig besorgter Hausvater« und »wohltuend einfach im Sprechen«.

Einen öffentlichen Auftritt Bechers im benachbarten Freital kommentiert Klemperer im August 1946 als »breiige Versöhnlichkeit gegen den Westen, gegen die Pg« und beklagt an ihm »Lauheit als Prinzip«. Im Mai 1947 auf einer Präsidialratstagung des Kulturbundes in Berlin fühlt er sich ihm etwas näher. Denn Becher spricht eindringlich für die Freundschaft mit den Russen und für die Geduld mit der Jugend. Aber schon auf der nächsten Tagung im Dezember nimmt Klemperer wieder Distanz: »35 von 40 Präsidialräten sind Statisten, Becher, Willmann, Gysi, Kleinschmidt machen alles.« Heinz Willmann ist Bechers Sekretär, Klaus Gysi der Chefredakteur des *Aufbau*, Karl Kleinschmidt Domprediger in Schwerin. Die Cliquenwirtschaft im Kulturbund mißfällt dem Abgegrenzten ebenso wie Bechers Bemühungen um den

Dramatiker Gerhart Hauptmann oder auch den Erzähler Hans Fallada, die während der Hitlerzeit in Deutschland geblieben sind und dem Naziregime nicht ihre Ablehnung gezeigt haben.

Daß Becher Thomas Mann zur Rückkehr nach Deutschland bewegen will, notiert der überaus vaterlandstreue Philologe zunächst mit Sympathie. Als daraus nichts wird und der große Romancier im August 1949 beiden Teilen Deutschlands nur einen Besuch abstattet und bei dieser Gelegenheit die Ehrenbürgerschaft von Weimar annimmt, kippt Klemperers Stimmung um. Das höfische Gewese um den Ehrengast kränkt ihn geradezu: »Man hat ihn bei Gutenfürst [an der Zonengrenze] eingeholt wie einen Herrscher. Am arschleckendsten der Kulturbund.« Nun entsetzen ihn der »Hymnus der üblichen Phrasen bei Becher und der herablassende Nebensatz in Manns Rede: »... sofern man hier in Weimar überhaupt von ›Osten‹ reden kann«.

Je mehr Becher die Manieren des sich verfestigenden Funktionärsapparats der DDR annimmt, desto brüchiger wird Klemperers Respekt für den Kulturbund-Vorsitzenden. Auf dem Schriftstellerkongreß im Juli 1950 fühlt er sich deplaziert »in einem Hoheitsklumpen Becher mit Gefolge«. Auf der Fünf-Jahres-Feier des Aufbau-Verlages will Klemperer nicht die »misera plebs«, das gemeine Volk, für »Papst Becher« spielen.

In der Volkskammer hört Klemperer den Dichter-Minister Worte sagen, »salbadrig und leer [...] wie üblich und ein paar Verse von ihm auch«. Er weiß sich freilich Bechers autoritärer Hilfe zu bedienen, als ihm der Chefredakteur der Zeitschrift *Sinn und Form*, Peter Huchel, den Abdruck einer Maupassant-Studie nicht zusagen will. Auf einer Volkskammertagung im Januar 1952 sitzen sie nebeneinander, und Becher teilt dem Fraktionskollegen über die Schulter mit, daß er in den PEN-Club gewählt sei. Die Nachricht überläuft ihn »mit einer ganz dummen heißen Ehrgeizfreude«. In diese exklusive internationale Vereinigung von Dichtern, Romanschriftstellern und Essayisten darf jedes Land nur eine begrenzte Zahl von Vertretern entsenden. Nachher erfährt Klemperer, daß der gesamtdeutsche PEN sich gespalten und die DDR-Gruppe eiligst 20 Mitglieder für die Ergänzung benötigt habe. »Ich schwoll ab; ich komme in diesen Klub, wie ich in die Humboldt-Universität gekommen bin und in die Akademie kommen werde. So sehen meine Ehren aus.«

Als Becher, der immer tiefer in die Turbulenzen der vom Politbüro der SED bestimmten Kulturpolitik geriet, im Oktober 1958 stirbt und von der Partei mit einem Nachruf als »größter deutscher Dichter unserer Zeit« versehen wird, notiert Klemperer kühl: »Selbst wenn man Dichter auf französische Art nur auf Lyriker bezöge, würde es nicht stimmen.«

Nicht minder bizarr die Beobachtungen, die Klemperer aus seiner philologischen Nische an anderen Personen der Literaturszene dieser Zeit anstellt. Von Anna Seghers, die wie er im Mai 1947 in den Präsidialrat des Kulturbundes gewählt wird, hält er literarisch nicht viel. Dem Roman »Das siebte Kreuz« liest er mit Unlust als Detektivgeschichte. An einem ihrer Redeauftritte bemängelt er »geradezu ciceronisch lange Schriftperioden [...] ohne Pause, ohne Zögern, ohne alle Betonung, ohne allen Affekt«. Brecht kommt nicht besser weg. Bei einer Theateraufführung von Brechts Einakter »Die Gewehre der Frau Carrar« in Dresden nickt Klemperer mehrmals ein, ohne nach dem Aufwachen eine Handlungslücke zu bemerken. Den Dichter in persona erlebt er im Mai 1953 im PEN-Club, als sich Ost und West trotz des Zerwürfnisses noch einmal im Berliner Westen, im Tusculum-Hotel am Kurfürstendamm treffen: »Ein verkniffen schlaues, weder geniales noch gütiges Gesicht, aber eine sehr ruhige, ganz unaffektierte natürliche Art zu sprechen.« Es gefällt ihm sichtlich, daß Brecht anstelle Bechers zum Vorsitzenden gewählt wird.

Im Februar 1949 trifft Klemperer beim Kulturbund zum ersten Mal wieder Arnold Zweig, den er in seiner Zeit als Zensor während des Ersten Weltkriegs in Kowno kennengelernt hatte. Zweig ist aus Palästina zurückgekehrt: »Dick, eisgrau, trübe Augen hinter dicken Brillengläsern, sehr alt, sehr eitel. Er prunkte mit seinem Übersetztwerden ins Chinesische.« Später ist Klemperer ihm dankbar für manchen moralischen Beistand im Kulturbund und in der Volkskammerfraktion und hält ihm Freundschaft bis zum Tod.

Vollkommen unterkühlt, vollkommen abseits seiner politischen Bekundungen bleibt Klemperers Verhältnis zur russischen Literatur. Auf einer Veranstaltung im Dresdner Hygienemuseum im Oktober 1947 erlebt er zum ersten Mal einen sowjetischen Berufskollegen. Der Literaturhistoriker Alexander Dymschitz, »ein kleiner dicklicher Mann in Zivil – Jude?«, ist Germanistikprofessor in Leningrad und Oberstleutnant in Diensten der Sowjetischen Militäradminstration in Deutschland. Einen direkten Kontakt zu Dymschitz sucht Klemperer bei dieser Gelegenheit nicht. Im ganzen aber ist er von dem Vortrag angetan. Es geht um Realismus und Romantik, viel Heine, Novalis, Hugo und Herwegh ist im Spiel, aber Sartre kommt nicht in Frage, weil seiner Dichtung die Philosophie vom schicksalhaft Tierischen innewohne. Und Anouilh natürlich auch nicht, weil er mit dem Tode spiele. Klemperer kann nicht ahnen, daß dies ein vorauseilender Windhauch jener unseligen Formalismusdiskussion ist, die in den frühen fünfziger Jahren wie ein kulturelles Unwetter über die DDR hereinbrechen und auch ihm noch viele Schmerzen machen wird.

Die Phalanx der frühen DDR-Politiker, denen er über den Weg läuft, zeichnet Klemperer mit groberem Strich.

Wilhelm Pieck, den späteren ersten Präsidenten, sieht er zum ersten Mal auf einer KPD-Konferenz im Februar 1946 in einer Schulaula im Norden Berlins, und der joviale Siebziger kommt in Klemperers Urteil noch am besten weg: »Gar nicht größer als ich [Klemperers Militärmaß betrug 1,66 m] – aber wie eine Mauer, nicht fett, aber durchweg massig, hindenburgisch. Ich versank in seiner Flosse.« Zehn Jahre später, nachdem er oft genug bei Piecks rituellen Reden in der Volkskammer mit dem Schlaf zu kämpfen hatte, empfängt Klemperer – vanitas vanitatum! – aus derselben Hand im nahen Schloß Niederschönhausen den Vaterländischen Verdienstorden in Silber.

An Ministerpräsident Otto Grotewohl bemerkt der Chronist die Fähigkeit, »fast kokett wissenschaftlich dozierend« in zwei Stunden alles zu sagen, »was 1 000 x über das Thema gesagt worden ist«. Das notiert er im Oktober 1948, und ein bißchen bringt er sogar Mitleid für den Polit-Orator auf: »Ich tue das ja nun auch, und jedesmal ist es ja doch eine Kraftausgabe.«

Stärker als zu seinen Dölzschener Genossen, zu denen er mindestens in der Anfangszeit nach dem Krieg Sozialkontakt gesucht hatte, empfindet Klemperer zu den Parteigrößen innerlich nur Distanz. Die Staatsschöpfung DDR entlockt ihm ohnehin keinen Jubel. »›Die Deutsche Demokratische Republik‹. Das tobt seit gestern im Rundfunk. Die Präsidentenwahl, die Aufmärsche, die Reden. Mir ist nicht wohl dabei. Ich weiß, wie alles gestellt und zur Spontaneität und Einstimmigkeit vorbereitet ist. Ich weiß, daß es nazistisch genauso geklungen hat und zugegangen ist«, notiert er bedrückt.

Ein Vergleich ohne Gleichheitszeichen, erfüllt von einer andersartigen Angst. Zwanzig Millionen Menschen seien noch kein Drittel des deutschen Volkes, rechnet er sich vor, und von diesen zwanzig seien mindestens ein Dutzend antisowjetisch. Er sieht nicht das humanistisch geprägte Gemeinwesen für Deutschland kommen, auf das er eigentlich hofft: »Ich weiß, daß die demokratische Republik innerlich verlogen ist, die SED als ihr Träger will die sozialistische Republik, sie traut nicht den Bürgerlichen und die Bürgerlichen mißtrauen ihr. Irgendwann gibt es Bürgerkrieg.«

Die Liste der beschämenden Beobachtungen, die er seit seinem Beitritt zur KPD aufmacht, wird immer länger: die Verdrängung des SPD-Elements aus der Einheitspartei SED und die Umwandlung in eine Kaderpartei nach sowjetischem Vorbild, das Banausentum in der Kulturpolitik, die Abgänge so vieler bürgerlicher Kollegen in den Westen, die Fanfarenaufmärsche der FDJ, die ihn so penetrant an die Hitlerjugend erinnern, die Kotaus in der Volkskammer bei bloßer Nennung des Namens Stalin, die aus den Nöten des Alltags, den Erfahrungen mit der Besatzungsmacht und aus den ererbten Vorurteilen geformte Russenfeindschaft der Bevölkerung, worin er eine Fortsetzung des Franzosen- und Judenhasses zu erkennen glaubt.

Ein Wechsel in den Westen als Alternative kommt ihm jedoch nie in den Sinn. Dort sieht er gar keine Chance zum »Ausmisten«, zu viele seiner Peiniger haben sich da in Sicherheit gebracht. Der Gestapo-Schläger Johannes Clemens macht eine neue Karriere als Doppelagent, was Klemperer allerdings nicht erfährt. Er beklagt häufig die amerikanische Überfremdung und hat kein Vertrauen in das Erstarken einer originären deutschen Demokratie jenseits der Demarkationslinie. Die Anwesenheit sowjetischer Panzer hält er noch geraume Zeit für seine Überlebensgarantie. Das sind auch die Spätfolgen der implantierten jüdischen Angst. Für das Versagen des deutschen Bürgertums in der Zeit der Weimarer Republik hat er viel zu bitter bezahlt.

Die Chance, die ihm bleibt, sieht er in einer Strategie zwischen Anpassung an die neuen Verhältnisse und Verbreitung seiner humanistischen Botschaft in einem Wirkungskreis, den er ständig zu vergrößern trachtet. Dies erklärt, daß er neben der wissenschaftlichen auch gesellschaftliche Anerkennung im DDR-System suchen muß. Es würde keinen Sinn machen, den Sitz in der Volkskammer wegen der »Hundertprozentigkeit« und den Hochrufen auf Stalin aufzugeben und auf die staatlichen Ehrungen zu verzichten und sich in die Dölzschener Emigration zurückzuziehen. Er handelt allerdings in dem Glauben, an einer Besserung der Verhältnisse mitwirken zu können.

So auch, als er im Dezember 1950 den Auftrag annimmt, für den Kulturbund in der Volkskammer das Gesetz zum Schutze des Friedens zu begründen, an dessen Ausarbeitung er gar keinen Anteil genommen hat. Gegen alle eingeübten Gepflogenheiten hält er die Rede frei, liest außer dem Gesetzestext nichts vom Blatt und erhält prasselnden Beifall.

Was er nicht weiß und erst sehr viel später wahrnimmt, ist der Hintersinn dieses so pazifistisch klingenden Gesetzes. Es bietet fortan die Grundlage für Anklagen gegen jede Art von Opposition. Nicht nur die zu dieser Zeit häufigen Sabotageakte, schon die Verteilung von Flugblättern mit politischen Karikaturen kann als Attacke auf die Friedenspolitik der DDR ausgelegt werden. Das Gesetz ist nichts anderes als ein Instrument zur weiteren juristischen Absicherung der bestehenden Machtverhältnisse. Es schließt die Möglichkeit der Todesstrafe ein.

In seinem Tagebuch gesteht sich Klemperer Schwelgen in Eitelkeit am Rednerpult: »Hinter mir die Regierung, vor mir die Volkskammer und über mir der Rundfunk und die ewigen Sterne« und zugleich auch die »leere törichte Hoffnung«, daß ihm das auch noch das Rektorat in Halle einbringen könnte. Drei Tage darauf ist er »völlig abgeschwollen. Das Radio brachte zwei, drei Sätze daraus, die Tägliche Rundschau dito – und schon ist alles vergessen und von x anderen Namen verdrängt. Vanitas!«

Im Mai 1951 kommt der Staatssekretär Gerhard Harig auf einer Rundreise durch die Universitätsstädte der DDR nach Halle, um Lehrpersonal und Studentenschaft über die anstehende Studienreform in der DDR zu belehren, bei der es um die Zurückdrängung des bürgerlichen Bildungsprivilegs und die Förderung des klassenmäßigen Elements geht: mehr Arbeiterklasse in die Hörsäle, mehr Marxismus in die Lehrpläne. Kein Anlaß zu Hosiannarufen. Klemperer weiß schon aus den Senatsgesprächen, was das für Halle heißt: Verkürzung des philologischen Fachstudiums und Anstellung von 35 Professoren für die verschiedenen Zweige des Marxismusstudiums, »d. h. natürlich, daß man 35 Parteifunktionäre zu Universitätslehrern macht«.

Aber für ihn steht an diesem Tag ein anderes Thema vornan. Im Senatszimmer, während draußen die Kollegen antichambrieren, fragt der Bildungsfunktionär nach seinen Ambitionen für Berlin. An der Humboldt-Universität ist das Direktorat des Romanischen Instituts verweist, seit Fritz Neubert 1949 an die Freie Universität in Westberlin gewechselt ist. Klemperer und Krauss halten Gastvorlesungen. Der Hallenser Professor zeigt gegenüber dem Staatsekretär züchtiges Interesse: »Ja, wenn ich in Dresden wohnen bleiben und Halle als Gastprofessur behalten darf, auch nähme ich gern Rita Schober mit.«

Als Harig weg ist, jubelt Klemperer: »Vanitas vanitissimum vanitas!« Berlin, »die Hauptstadt und die Fahne [...]. Jetzt, wo ich 70 und am Rand der Erde bin. [...] Ich zittere, die könnte im letzten Augenblick wieder scheitern wie die Rektoratsaffäre. [...] Es steht Ungeheures vor meiner Phantasie [...], ich gedenke der Sehnsucht Georgs usw. usw.«

Soviel Hoffnungsstoff schluckt er jedoch nicht ohne

ein paar selbstberuhigende Skepsis-Pillen. Der Zustand der Humboldt-Universität – eine Ruine. Mehr noch: »Als welch abgelegten, zerrissenen Rock bietet man mir dieses Katheder – und nur weil man keinen anderen Mann hat, und weil Krauss moribund ist, und weil Krauss den ›Schwerpunkt‹ egoistisch nach Leipzig verlegt haben will.« Aber das Glücksgefühl überwiegt: »Es ließ mich nicht frei, ich schlafe damit ein, ich wache damit auf.«

Nun will er nichts mehr dazwischentretenlassen. In Leipzig spricht er mit Krauss, der »mit Selbstverständlichkeit für sich, für Leipzig, für die gesamte DDR-Romanistik die Führung in Anspruch« nimmt, »wie er ja auch den obersten Platz in der ›Nachwuchsförderung‹ hat«. Klemperer hält sich dabei bedeckt wie einer, »der auf etliche Züge Schach spielt«. In Berlin wird er nicht allein sein. Rita Schober steht als »Abteilungsleiter für Sprachsachen« auf der Kandidatenliste des Staatssekretariats für Hochschulwesen. Er als ihr »›Chef‹ und Betreuer‹« will sie habilitieren und zugleich den Doppelposten für sie, »wodurch dann für mich eine enorme Position geschaffen wäre«. Sie kann ihn mit den Leuten im Zentralkomitee bekanntmachen, denn ihm ist mittlerweile klar, daß hochschulpolitische Weichenstellungen in der DDR nicht allein im Ministerium vorgenommen werden. Ihm scheint, daß »alle endgiltigen Entscheidungen vom ZK ausgehen«, was ihn keineswegs beglückt, denn dort sitzen Laien, die »nichts von der Wissenschaft wissen, die SED-Funktionäre und Katechismusleute sind«.

Einen Monat später stellt sich der Direktoratsanwärter im Senatssaal der Humboldt-Universität vor. Er ist der einzige Kandidat für das Ordinariat, und in der etwa zehnköpfigen Prüfungskommission entdeckt er kein bekanntes Gesicht. Die junge Dame, die das Wort führt, schlägt gleich den zeitgemäßen Ton an: »Dein Verhältnis zur Arbeiterklasse?« Klemperer weiß, was wirkt. Er läßt »Georgs Lenin-Behandlung und andere Stücke meiner

Referat-Arie [...] wiederholt einfließen«, erklärt, daß er im Sektor Kulturpolitik zu Hause sei, in marxistischer Theorie finanzpolitisch und physikalisch allerdings gar nicht, und daß er ein Handbuch der deutschen Arbeiterbewegung vermisse. Am Ende wird er »gar nichts gefragt, im Gegenteil getröstet, daß *einer* eben nicht alles umfassen könnte, und brillierte eine volle Stunde«.

Anschließend parliert er mit der Prüferin noch ein wenig über Goethes Demokratismus und sein Prunkhaus und die Matratze in Schillers Sterbezimmer. Der Kommissionsvorsitzende, ein stiller, etwa fünfzigjähriger Mann, merkt an, daß über Goethe auch an Parteischulen diskutiert werde. Es gibt ein allgemeines Händeschütteln und der Kandidat für das Direktorat des Romanischen Instituts darf sich seines Erfolgs gewiß sein: »Die Partei freue sich, daß ich ihr Genosse sei, ich stünde ›in vorderster Front‹.«

Das ist vorauseilende Ironie. Klemperer weiß genau: An die vorderste Front gelangt er nie. Sein kulturelles Weltbild wird dominiert von bürgerlich-humanistischem Bildungsgut, wie man es an den Gymnasien und Universitäten der Kaiserzeit und der Weimarer Republik erwerben und pflegen konnte, die keine oder kaum Berührung mit dem Marxismus hatten. Klemperers Denken verläßt nie den Bannkreis, den er sich selbst markiert durch seine wissenschaftlichen Forschungen über die französische Aufklärung. Er hat keinen Grund dazu, der kritische Umgang mit diesem Erbe bietet ihm Erfüllung genug.

Von der großen Zahl linksbürgerlicher Intellektueller, die in diesen Jahren die Katheder der Universitäten der DDR und die Präsidien der gesellschaftlichen Organisationen und Künstlerverbände bevölkern, unterscheidet ihn seine geistige wie soziale Biographie: Weder hatte er vor 1933 Berührung mit der Arbeiterbewegung noch mit der marxistischen Ideologie. Von einer Marxistischen Arbeiterschule, an der mancher seiner neuen Professorenkollegen lehrte – von Wieland Herzfelde bis Jürgen Kuczynski –, hat er nie etwas gehört, das dialektische Begriffssystem hatte in seinem Gedankengebäude nie einen Platz.

In seiner späten Kathederkarriere müht er sich darum. Auf einem Schulungstag in Schwerin im Februar 1948 notiert er sich zum ersten Mal die vom Marxismus als Gegensätze wahrgenommenen Begriffe Eigentum – bürgerliches Eigentum und Materialismus – Idealismus. Aber er benimmt sich nicht wie ein Schüler, der nachsitzen muß. Den Schriftsteller Willi Bredel ermahnt er, mit hochfliegenden Worten sei nichts zu erreichen, er, Klemperer, habe beim Abitur zu Anfang des Jahrhunderts nie den Namen Marx gehört.

Marxistisches Gedankengut und marxistisches Vokabular nimmt Klemperer fast ausnahmslos über Sekundärquellen auf. Außer dem *Kommunistischen Manifest* hat er offensichtlich nie eine marxistische Schrift wirklich gelesen. Georg Lukács, der Budapester marxistische Literaturpapst der frühen fünfziger Jahre, der 1956 nach dem ungarischen Aufstand als Parteigänger der sogenannten Konterrevolution verfolgt wird, ist für Klemperer schon 1950 das »konzentrierte Gegengift ästhetischer Betrachtung. [...] wieso die ungemeine Ungerechtigkeit gegen Gutzkow, Spielhagen, Zola? Man betet da stur Engels – Marx nach. Und welche Enge, daß der Dichter *nur seine eigene Klasse* zu schildern vermag! Überhaupt steht hier *Klasse* wie bei den Nazis *Art* steht!«

Anfangs weicht er ideologischen Querelen lieber aus. Über die Doktorprüfung des ihm seit vielen Jahren verbundenen Cheflektors des Verlags Volk und Wissen notiert Klemperer: »*Er* antwortete, mir unverständlich, soziologisch marxistisch, ich ließ ihn reden und sagte: sehr gut.« Seine Franzosen verteidigt er bisweilen vehement gegen vulgärmarxistische Interpretationen, wie sie von wohlfeiler ideologischer Kritik Halbgebildeter in diesen frühen DDR-Jahren mit Vorliebe gefordert werden. Ob man denn aus Molière einen revolutionären Bolschewisten machen wolle, fragt er sich angesichts einer Rezension seiner Molièrestudie in der Jenaer Universitätszeitung, worin der Romanist des falschen Umgangs mit Begriffen wie Realismus, Surrealismus und Naturalismus geziehen wird. Es gäbe kein Laster, das nicht von der Gesellschaft hervorgebracht sei, heißt es da. »Ein Nonsens!« empört sich Klemperer. »Der Schreiber hat offenbar einige halbverdaute Clichéworte der Parteiästhetik mit vollkommener Sachunkenntnis gemischt und verzeiht es mir nicht, daß ich das nichtrevolutionäre Element in Molière unterstreiche.«

An solche Schelte ist er zu dieser Zeit schon gewöhnt. Ein Jahr zuvor hat ihn Stephan Hermlin heftig attackiert. In einem Brief vom 29. April 1949 erteilte der vierunddreißigjährige Lyriker dem achtundsechzigjährigen Philologen Nachhilfe in marxistischer Literaturwissenschaft. Klemperer habe in seinem Lesebuch zur französischen Literatur dem mystisch-patriotischen Dichter Ernest Psichari zuviel Ehre erwiesen und überhaupt »die Rolle der Reaktionäre überbetont (in Wirklichkeit hätte kein einziger Reaktionär hineingehört)«. Damit der sehr geehrte Herr Professor sich an der richtigen Lektüre orientiere, weiß der Briefschreiber revolutionären Rat: »Wenn Sie genug Marx, Engels, Lenin und Stalin lesen, dann kennen Sie Ihre Gegner besser als sich selber.«

Die Belehrungen erteilt Hermlin dann auch öffentlich über die *Tägliche Rundschau*. Dennoch übt Klemperer erstaunliche Nachsicht, als er ihm im Mai 1951 zum ersten Mal persönlich begegnet: »Blonder, hübscher, neutral aussehender Mann. Er sagte, er habe mich damals nicht als Wissenschaftler angreifen wollen. Meine Texte seien gefährlich in der Hand gefährlicher Lehrer. Damit hat er recht.«

Wenn es um die Bewahrung des Institutsklimas vor vulgärmarxistischem Karrieristengeschwätz geht, reagiert er heftiger. In einem Brief an Rita Schober am 17. Februar 1954 beschäftigt er sich mit einem Doktoranden, der den französischen Dichter Vercors in das Korsett klassenmäßigen Denkens preßt und als wirklichkeitsfremden Idealisten bewertet: »Es ist mir unfaßbar, daß jemand, der semesterlang bei mir studiert hat, solch eine Arbeit schreiben kann.« Dichter wie Homer, Goethe, und Feuchtwanger seien groß, weil sie Menschliches gestalteten und nicht nur die Interessen und Ansichten ihrer Klasse. »Es ist doch so, daß jeder Mensch zuerst einmal eine Kopf- oder Steiß- oder sonstige Lage im Mutterleib hat. Und das Zweite: jeder Mensch eine Sarglage hat, die auch wieder mit der Klassenlage nichts zu tun hat, sofern man in diesem zweiten Fall nicht das Begräbnis erster, zweiter oder sonstiger Klasse und die daraus folgende Beschaffenheit des Sarges für wesentlich erklären will.« Nach dem Spott der apodiktische Schlußsatz: »Solange das Institut unter meinem Namen läuft, lasse ich sie [die Arbeit] weder als Literarhistoriker noch als Marxist passieren.« (Auch dieses Dokument liegt im Klemperer-Nachlaß in der Sächsischen Landesbibliothek.)

Andere Male, wenn er mit sich selbst dialogisiert oder von nahestehenden Leuten zurückgewiesen wird, verfällt er in Selbstzweifel. Als er im April 1951 einen neuen Sammelband von Vossler, »Südliche Romania«, rezensieren soll, beklagt er in Bausch und Bogen eigene Defizite: »Früher konnte ich nur kein Provenzalisch, Altfranzösisch, Portugiesisch, Rumänisch, keine französische, spanische, italienische etc. Grammatik, kein Latein und keine Philosophie, heute kann ich zu alldem kein Marxistisch.« Zwei Jahre später, in einem Seminar des Wirtschaftswissenschaftlers und Soziologen Jürgen Kuczynski an der Humboldt-Universität, widerspricht er dessen Molièrestudie mit dem Argument, der Komödiendichter treibe keine Gesellschaftskritik, sondern Menschheitskritik. Von allen Seiten, auch von seinem Schüler Horst Heintze, muß er sich darauf anhören, diese Kritik sei »unmarxistisch, idealistisch, kindlich«, woraus er schlußfolgert: »Diese ganze Menschheits-Ideal-Theorie, die Kuczynski und Horst Heintze vortragen, geht offenbar über meinen verkalkten Horizont.«

Im Hintergrund solch resignativer Selbsteinschätzungen steht immer auch der Krauss-Komplex. Der Leipziger Romanist, der in Berlin erste Wahl war und dann auch noch zeitweise neben ihm in Berlin einen Lehrstuhl besetzt, ist marxistisch außerordentlich firm und eine Generation jünger, was doppelt ins Gewicht fällt, da Klemperer im Grunde seit 1933 den Umgang mit den moderneren Instrumentarien der Romanistik entbehren mußte und nun eher dazu neigt, auf den von ihm erarbeiteten Feldern weiter zu graben, denn an Aufbrüche zu neuen Ufern zu denken.

Nachdem er das Berliner Ordinariat erhalten hat, ersehnt Klemperer nichts heftiger als die Aufnahme in die Akademie der Wissenschaften. Und es erschüttert den Kandidaten tief, als er Kunde erhält von einem Brief, den Krauss aus diesem Anlaß schrieb, worin unter anderem der Vorwurf stehe, Klemperer habe nie einen Schüler in die Welt gesetzt. Das einem Mann, dem sich nie Gelegenheit dazu bot, weil man ihm in der Zeit der Weimarer Republik keinen Lehrstuhl an einer ordentlichen Universität gab und ihn nach 1935 von jedem Hochschulleben ausschloß.

Den Brief hat der Beurteilte offenbar nie zu Gesicht bekommen. Ein Text, ohne Anschrift, ohne Unterschrift, offensichtlich die Blaupause des Krauss-Briefes, hat sich zwischen den Personaldokumenten im Archiv der Humboldt-Universität erhalten. Die Rede ist von »Verzicht auf forscherische Darstellung zugunsten der darstellenden und interpretierenden Funktion« bei Klemperer, »rhetorisch durchgearbeiteter Stil« wird zugestanden und versehen mit dem in Wissenschaftlerohren zumindest nicht ganz unverdächtig klingenden Komplimenten »breite Pinselführung des Polyhistors« und »einfühlsame Betrachtungen über weltanschauliche oder poetische Lebensbilder«. Dezidiert heißt es dann: »Diese Fähigkeiten sind allerdings von deutschen und französischen Literaturhistorikern nie anerkannt worden.«

Und dann kommen die Vorwürfe ganz massiv: »Völliger Kontaktmangel zur französischen Wissenschaft, [...] fortgesetzte Gefahr, durch den Mißbrauch von typologischen Begriffen sich selbst und seinen Zuhörern Zugang zu schlichtesten Sachverhalten der Literatur zu versperren, [...] kein einziger Habilitand, [...] kein forschender Gelehrter.« Kein Wunder für den Verfasser, denn Klemperer habe eben »lange Zeit unter dem extrem idealistischen und vor allem expressionistischen Einfluß der früheren Weimarer Nachkriegsjahre gestanden«. Der Idealismus-Vorwurf verweist auf den Lehrer Vossler. Der zweite ist nicht recht erklärlich, denn Klemperer zeigt bis in seine DDR-Zeit eine auffällige Abneigung gegen expressionistische Kunst – er fühlt sich in einer Dresdner Ausstellung von expressionistischer Malerei »angepöbelt« und veranlaßt auf einer Veranstaltung des Kulturbundes, daß nicht Hindemith, sondern Beethoven gespielt werde.

Berechtigt oder nicht: Das Urteil von Werner Krauss grenzt Klemperer aus vom Kreis der marxistischen Wissenschaftler. Den Studenten ist solche professorale Kategorisierung freilich gleichgültig. Das Auditorium maximum im Westflügel der Humboldt-Universität gleicht in diesen Jahren einer Pilgerstätte, wenn Klemperer liest. Mitunter lauschen ihm mehr Germanisten als Romanisten. Solchen Andrang hat er nie kennengelernt in Halle, Greifswald oder Dresden – Neapel vielleicht ausgenommen und viele Veranstaltungen des Kulturbundes in Werkskantinen und Schulen natürlich auch. Er kommt immer nur mit einem kleinen Notizzettel, den er seinen Schnuller nennt, stützt sich während seiner Rede auf den linken Ellenbogen, hämmert den Takt seiner Betonungen mit den Fingerspitzen der aufgewölbten rechten Hand auf das Pult und verläßt sich auf die elementare Kraft seines Gedächtnisses. In den Pausen nimmt er in seinem Direktorenzimmer kaum mehr als einen Zuckerkaffee und ein Brötchen zu sich.

Klemperers unbürgerliche Manieren sind ohne jede Pose. In den Seminaren verlangt er gar die Anrede Du, was freilich manchem der jungen Leute nicht leicht fällt, die zum Teil aus einfachsten Verhältnissen kommen und mit dem Abitur der Arbeiter-und-Bauern-Fakultäten verspätet an die Universität gelangt sind. Wem es gelingt, ihn in seinem leicht gebückten Gang auf dem Korridor aufzuhalten und in ein Gespräch zu verwickeln, der kann schon mal damit rechnen, von ihm eine Zigarette angeboten zu bekommen. Die kumpelhafte Nähe hat nichts mit Anbiederung zu tun, sondern erscheint ihm offenbar eher als neue Norm von Sozialverhalten, in der er sich selbst ganz gut gefällt – auch hier ein bißchen Vanitas. Seinen Assistenten bringt er von einer Polenreise antiquarische Literatur mit, die in der DDR auf dem Index steht, und manchmal lädt er den einen oder anderen auch zum Mittagessen ein. Auf gut berlinisch: »Injeladen, nich uffjefordert«, wie sich Rita Schober erinnert.

Krauss stimmt in der Akademie dann durchaus für die Aufnahme von Klemperer, denn sie haben genug gemeinsame öffentliche Interessen. Der Professorenneid schlägt zunächst nicht auf die Romanistenausbildung durch. Als aber das Projekt für ein Romanisches Institut an der Akademie scheitert, kommt es im Oktober 1953 zu einem bösen Streit vor den Ohren von ZK-Funktionären. Krauss, »überlegener Philosoph und Hohepriester«, hält eine im Urteil Klemperers »unverschämte Rede«, in der er überdies Rita Schober mit Verachtung behandelt habe, worauf Klemperer ihn als Saboteur und Unterminierer bezeichnet. Darauf Krauss: »Verleumdung, Delikt, Untersuchung meines Geisteszustandes.«

Aber eine Untersuchung vor der Kontrollkommission der Partei, was Klemperer für unvermeidlich hält, findet nicht statt. Soviel ist das Professorengezänk nicht wert. Sieben Jahre später, nach Victor Klemperers Tod, verfaßt Krauss einen Nachruf, der davon zeugt, daß er diesem so ganz anders geprägten Rivalen in der Tiefe seiner Seele und seines Verstandes einen großen Respekt gezollt hat.

Von der Humboldt-Universität zieht sich Klemperer 1954, in seinem dreiundsiebzigsten Lebensjahr, schrittweise zurück. Es wird Zeit, denn von Januar bis in den Mai hinein liegt er krank. Er behält seinen Vertrag, liest ein Zwei-Stunden-Kolleg pro Woche und ein einstündiges für Aspiranten und gibt die Direktion an Rita Schober ab. Leicht fällt ihm das nicht. Er bemängelt, daß sie sich »allzu schroff gegen Assistenten, allzu anspruchsvoll gegen Studierende, allzu unausgeglichen gegen alle benimmt«. Wohl eine Überzeichnung seiner Beobachtungen, denn in der Tonlage seiner Aufzeichnungen spiegeln sich Komplementärgefühle. »Vanitas Ritae«, notiert er eifersüchtig, und »aplombhafte Machtübernahme«. Persönlich bleiben Rita Schober und Victor Klemperer bis zu seinem Tod eng verbunden, wissenschaftlich arbeiten sie weiter einander zu, und »einen kleinen Hosenhandel«, so seine Bezeichnung für das Spezialseminar, unterhält er in Berlin bis zu seinem letzten Lebensjahr. In Halle gibt er die tägliche Institutsarbeit an seinen Schüler Horst Heintze ab, behält sich aber die Oberhoheit vor. Bis zum Ende.

Das zweite Glück
»Mein Leben ist zu sündhaft lang«

Im Schnellzug nach Wien findet Victor Klemperer Anfang Juni 1951 Gelegenheit zu einem längeren Gespräch mit einem Mann vom SED-Politbüro. Fred Oelßner, zu dieser Zeit prominenter Wirtschaftstheoretiker, später als Rivale Ulbrichts in Ungnade gefallen und im Gedächtnisloch der SED-Geschichte verschwunden, gehört wie Klemperer einer Delegation an, die zu einem Treffen der Internationalen Vereinigung der Widerstandskämpfer (FIR) reist.

Sie kennen sich flüchtig von Kulturbundtagungen. Oelßner erinnert den Mitreisenden bei dieser Gelegenheit an dessen noch nicht eingelöstes Versprechen, einen Artikel zur Sprachsituation in Deutschland für die Zeitschrift *Einheit* zu schreiben. Der Professor, nicht zaghaft in der Nutzung seines Bonus als parteitreuer und gesellschaftlich aktiver Wissenschaftler, nutzt die Gelegenheit, einen Wunsch zu äußern, der zu jener Zeit aus deutschem Mund sich noch fast so anhört wie die Bitte um ein Ticket für eine Reise zum Mond: »Ich: mir fehle ein Aufenthalt in der SU.«

Der Politbüro-Mann sieht darin kein Problem. Generös erwidert er, er werde Klemperer einer Delegation zuteilen lassen. Der aber schiebt einen Sonderwunsch nach: Er will natürlich mit seiner Frau reisen. Sie war auf fast allen seinen großen Reisen dabei, von Neapel bis Buenos Aires, und in schweren Kriegstagen wie im Lazarett von Paderborn und bei der Flucht nach Bayern sowieso. Das muß auch jetzt gelten.

Für einen Moment gerät der Machtmensch in Verlegenheit. Er murmelt etwas von Ausnahme, die man ergreifen müsse. Klemperer läßt nicht locker. Er ist seit 1948 Mitglied im Vorstand der Gesellschaft für deutsch-sowjetische Freundschaft und hält sich durchaus für anspruchsberechtigt: »Schenkt es mir zum 70. Geburtstag!«
Der Romanistikprofessor und Volkskammerabgeordnete weiß die Vorteile zu nutzen, die ihm seine gesellschaftliche Stellung bietet. Auch bei der Behebung der tausend kleinen Mängel im Alltag. Die Nachkriegszeit fordert ihnen nach wie vor viele Entbehrungen ab. Von der Reise nach Wien hat er zwei Pfund Kaffee und 170 Zigaretten mitgebracht. Eine Beute, die er nicht ohne Zittern nach Hause bringt, denn der Zoll ist penibel: »schlimmste Genauigkeit an der DDR-Grenze«. Bei ihm war man es nicht.

Geldsorgen dagegen plagen ihn zum ersten Mal in seinem Eheleben nicht mehr. Seit April besitzen die Klemperers wieder ein Auto. Ein Privileg, das zu dieser Zeit nur ganz wenigen Leuten zuteil wird. Als Klemperer die Verrechnungsschecks auf knapp 15000 Mark für den Autokauf ausschreibt, genießt er das nachhaltig: »Eine Sensation für mich.« Er selbst setzt sich nicht mehr ans Steuer, sondern engagiert den 52jährigen Kraftfahrer Hans Lindner, der den zweieinhalb Tonnen schweren BMW aus Eisenach abholt, fortan pflegt und ihnen ein treuer Familienbegleiter wird. Wann immer Klemperer Gelegenheit dazu hat, sagt er jetzt: »Schenkt mir zum Siebzigsten Benzin statt Blumen.«

Aber ganz ungetrübt ist die Freude nicht. Der neue Autobesitzer vermutet nachbarschaftlichen Neid auf seinen für damalige Verhältnisse geradezu bourgeoisen Lebensstil: »Ich bin überzeugt, nun heißt es im ganzen Dorf: Bonzenwirtschaft wie bei den Nazis. Ausgebautes Haus, großfressiger Wagen – wann hängen wir den Juden Klemperer. Hitler hat ganz recht gehabt.«

Klemperers Geburtstag fällt auf den 9. Oktober. Eva ist schon am 12. Juli an der Reihe. Das besondere Geschenk für diesen Tag kennt sie schon. Victor hat Kieswege im Garten anlegen lassen. Er weiß, womit er sie am besten erfreuen kann. Der Garten sei »ihr letztes Glück«, notiert er, ohne zu ahnen, wie schnell daraus die bitterste Wahrheit werden wird.

In Dresden ist Klemperer sogleich wieder der sorgsame Chronist. Er holt ein paar Reisenotizen nach, legt sich die Arbeiten für die nächsten Tage zurecht, vermerkt auch, daß sich Evas Gesundheitszustand nicht gebessert habe, und nimmt am Sonntagabend gegen halb neun noch wahr, daß sie beim Schlafengehen wie so oft in letzter Zeit über einen Druck auf der Brust klagt. Es ist der 8. Juli, eine schwüle Hitze liegt über Dölzschen, es gewittert auch ein wenig.

Um halb zehn will er, wie immer in der letzten Zeit, einen Tee an Evas Bett bringen. Meistens trifft er sie dann noch lesend an, manchmal auch schlafend. Diesmal liegt sie »starr, mit offenem Mund und offenen Augen – aber ganz friedlich und ganz unverzerrt auf dem Rücken«.

Victor weiß sofort, was geschehen ist. Er ruft die Wirtschafterinnen herbei und einen Arzt. Der stellt einen sanften Tod fest. »Kein Leiden, das wünschenswerteste.« Es klingt wie eine Erlösung.

Klemperers Hand zittert nicht bei diesem Notat in der schwersten Stunde seines Lebens. Das Tagebuch als Balancierstange. Ihm vertraut er sich an mit schonungsloser Selbstbeobachtung. »Ich weiß nicht, was mit dieser Nacht anfangen. Einmal, gegen 12, war ich oben; wir haben die Tischlampe brennen lassen und die Fenster geöffnet. Es ist so heiß, daß die Zersetzung rasch beginnen wird. Es fehlt mir der körperliche Mut, dort oben zu sitzen. Totenwache – all das kommt mir so literarisch vor. Ich versuche Erinnerungen zu erwecken, ich versuche mich irgendwie zu ›benehmen‹ – alles wäre nur Literatur, nach Vorlage, ›Gehört sich‹. Ich bin bloß völlig stumpf und wünschte, diese Nacht wäre vorüber.«

Für Momente entdeckt er eine Abwehrhaltung wieder, die er beim Tod seiner Mutter an sich selbst und beim Tod seines Bruders Berthold an den Reaktionen seiner Familie ähnlich beschrieben hat: »Ich habe rein egoistische Gefühle: Was wird aus mir? Ich bin ganz allein, alles hat für mich seinen Wert verloren, es fehlt mir kindischerweise nur der physische Mut ihr zu folgen, aber dieser Mut fehlt mir gänzlich.« Kein Gedanke mehr nach vorn: »Alles an mir ist stumpf und unecht. Nur die Leere, die Angst vor der Leere meines weiteren Lebens und die Angst vor der Leere des Todes ist echt. Ich werde absolut allein sein. Wer bringt mir denn wirkliche Gefühle entgegen – wem bringe ich wirkliche Gefühle entgegen?«

Seine ichbezogene Trostsuche ist vollkommen ehrlich. »Der Garten, das Haus: Wirklich ihr letztes Glück – Gott sei Dank, daß ich nicht daran gespart habe.« Und wieder die so oft in Bedrückungen formulierte Selbstbescheidung: »Sie war so 1000mal begabter als ich: Musikerin, Malerin, Philologin, und sie war 1000 x tapferer, sittlicher, uneigennütziger, freier, selbständiger, geschickter als ich, und sie war, im vollen Gegensatz zu mir, niemals neidisch und niemals ehrgeizig. Meine einzige Gewissensberuhigung: ich habe das nie verkannt und es ihr 1000 x gesagt.«

Wie um sich selbst zu betäuben, notiert er für die nächsten Tage: »Es wird niemand diesen Tod als tragisch nehmen.« Er stürzt sich in den Universitätsbetrieb, es laufen gerade die Prüfungen. Nach einer Studienplanberatung in Leipzig wird er sarkastisch: Der kranke Kollege »Krauss sah leichenhafter aus als Eva in ihrem Sarg«. Bei der Urnenfeier auf dem Friedhof in Dölzschen bewegt ihn der Gedanke, daß dort auch schon Platz für ein Loch mit seiner »Konservenbüchse« reserviert sei.

Nach einer Woche dann der Vorsatz: »Die Lähmungsferien müssen ein Ende haben.« Und Selbstbefragung wie bei einem, der sich durch Kneifen in den Rücken vergewissern will, ob er noch vorhanden sei: »Habe ich noch Eitelkeit, noch Lust am Gewinn. Ja, fast wider meinen Willen und im nächsten Augenblick das Ja verlachend. So als Rita mir sagte [...], mein Name werde für das Rektorat in Berlin genannt.«

An diesem Punkt setzt ein tiefes, fast irrationales Schuldgefühl ein, das noch lange durch sein Tagebuch hallen wird. »Immer noch Ehrgeiz zu dem und jenem und dabei das Gefühl des Unrechts gegen Eva«, stellt er an sich fest. »Mußte ich Eva vorher soviel allein lassen? Der ehebrecherische Ehrgeiz.« Quälend vermischt er das mit der existentialistischen Frage: »Was war sie wirklich, was war ich ihr, was wußte und hielt sie von mir?« Immer häufiger ertappt er sich bei assoziativen Gedankensprüngen in die französische Literatur und beklagt die literarische Motorik seines Geistes: kein wahres Gefühl, nur »die Angst vor der Leere, schon wieder Berufsgedanken und -eitelkeiten und -schwierigkeiten und Gewissensnot über all das. [...] Und der Kater schläft ruhig auf ihrem leeren Bett, so wie er neben ihr schlief, und ich – nicht anders als der Kater.«

Daß er einmal siebzig Jahre alt werde, hat der seit seinen Vierzigern von schweren Herzschmerzen Geplagte einst nicht geglaubt. Nun hat er nicht nur seine Frau, sondern auch fast seine ganze Familie überlebt. Von seinen Geschwistern ist nur noch Marta da, aber sie wohnt weitab in Montevideo. In Berlin West weiß er Schwägerin Anny, Bertholds Witwe. Er hält ihr die familiäre Treue, gelegentlich besucht er sie an seinen Tagen in Berlin. Annys verheirateter Sohn Peter studiert an der Humboldt-Universität. An dem jungen Paar hat Klemperer manchmal eine melancholische, fast väterliche Freude. Aber einen

Ersatz für seine Dresdner Geborgenheit kann ihm das natürlich nicht sein.

Die anderen Nachgeborenen sind weit weg. Die meisten Kinder von Georg und Felix haben sich verstreut über die USA und Großbritannien. Der immer so großspurige Neffe Walter Jelski, der Klemperers in Dresden so oft belagerte, Schauspieler werden wollte, dann Verbindung zur Komintern nach Moskau suchte, betreibt Versicherungsgeschäfte in Jerusalem. Die einzige Verwandte in der Nähe ist Lotte Sußmann, die Tochter von Schwester Wally. Aus der Emigration zurück, hat sie es in Dresden zur Oberärztin gebracht. Nicht ohne Genugtuung hört der Oheim, daß sie im Streit mit ihrer Vorgesetzten auch schon mal »ein bißchen mit den Holzpantinen des großen Onkels gewinkt zu haben scheint«. Aber die Kontakte bleiben lose.

Eine Entdeckung ist für Klemperer die Großnichte Doris Machol, Enkelin seiner früh verstorbenen Schwester Hedwig. Es imponiert ihm, mit welch »selbstverständlicher Sicherheit und wurstiger Dazugehörigkeit« die junge Malerin sich unter die Prominenz des Kulturbetriebes in Berlin mischt. Bei ihr und ihrem Gefährten nimmt er gern Quartier, wenn er in Berlin ist. Max Kahane, aus bürgerlich-jüdischem Haus, hat sein Jurastudium der Hitlerzeit wegen abbrechen müssen, überlebte im Exil und macht nun journalistische Karriere bei der staatlichen Nachrichtenagentur *ADN*, dann beim *Neuen Deutschland* und zuletzt bei der außenpolitischen Zeitschrift *horizont*. Die familiäre und intellektuelle Partnerschaft tröstet Klemperer, aber auch das gibt keinen Füllstoff ab für das Vakuum in Dresden.

Was den Witwer krankzumachen droht – seelisch krank –, ist sein lebenslanges Einsamkeitssyndrom: Er erträgt kein Alleinsein, er ist kein Mann der Meditation, des stillen Rückzugs an den Schreibtisch. Im Alter um so weniger. Ein Betäubungsmittel bieten ihm die Vorträge und Kollegs: »Ich muß mich darüber hinwegreden.« Aber die Öde in Dölzschen erträgt er nicht: »Das Zurückkommen ist das Schlimmste.« Er braucht den Menschen neben sich, den Reflektor seiner selbst. Die Anwesenheit von drei guten Geistern, der Aufwärterin Frau Richter, des Gärtners Rudolf Weller und des Fahrers Hans Lindner, die alle unter Evas Hoheit standen – auch alle zusammen ergeben sie nicht das Balancegewicht, das er schlicht im Alltag braucht. »Ich muß eine Hausdame, der Kater eine Freundin haben«, weiß er schon drei Wochen nach Evas Tod.

Auguste Wieghardt-Lazar könnte so eine sein, die Wienerin, die sich in den zwanziger Jahren in Dresden niederließ und an deren kommunistischer Gesinnung er sich immer gern die Zunge wetzte, bis sie nach London ins Exil ging. Ihr Mann, ein Mathematiker, ist 1924 in Dresden gestorben, sie hat es inzwischen zur Schriftstellerin gebracht. »Sally Bleistift in Amerika«, eine Kindererzählung, die gegen den Rassismus agitiert, ist 1935 in Moskau zum ersten Mal gedruckt worden. Seit 1949 wieder in Dresden, schreibt sie nun weitere Kinder- und Jugendbücher.

Der alte Streit zwischen den beiden hat sich gelegt. »Grund ist nicht nur das Alter; ich bin weit nach links gerutscht, und beide sind wir mit den ästhetischen und einschlägigen Ideen der SED wenig einverstanden.« Gusti Wieghardt hat Platz im Oberstock ihres Hauses, er könne dort »als Emeritus schreiben«, aber in die Verlockung mischen sich Bedenken: »Auch Gusti ist recht herzleidend, es kann ihr jeden Tag so ergehen, wie es Eva ergangen ist.«

Das notiert er am 20. Februar 1952, und das Thema gerät offensichtlich nicht zufällig in sein Tagebuch. Zehn Tage später, als er mit Rita Schober einen möglichen Umzug nach Berlin erörtert, verweist ihn seine Schülerin auf eine Germanistin, die ihr Staatsexamen in Halle gemacht hat und seit einigen Wochen als wissenschaftliche Assistentin am Romanistischen Institut der Humboldt-Universität tätig ist. Hadwig Kirchner, die ihn offensichtlich sehr verehrt, sitzt häufig in seinen Vorlesungen. »Nimm doch Hadwig als eine Art Hausdame zu dir«, sagt Rita Schober, darin durchaus »ein bißchen Marthe Schwerdtlein«, die Kupplerin aus Goethes *Faust*. »Du kannst dem armen Ding so viel Freude machen, und sie sorgt für dich!«

Dieser jungen Frau, 26 Jahre alt, hat er zum ersten Mal nach seinem siebzigsten Geburtstag einen nicht ganz emotionslosen Eintrag in seinem Tagebuch gewidmet: »Das Seminar am Nachmittag fiel aus – stattdessen große Kaffeetafel – auch die Anglisten, auch (vor allem) die Leipziger. Ansprachen, die hübscheste von Hadwig Kirchner.«

Einen Monat später in Berlin, als er seine Aufnahme in die Akademie der Wissenschaften betreibt, liest sich das schon wie ein Gewissenskonflikt. Der Alleingebliebene fragt sich plötzlich: »Wieviel Verrat nach allen Seiten. Von meinem Gefallen an Hadwig Kirchner gar nicht zu reden.« Bei der anstehenden Staatsexamensprüfung gibt er Hadwig Kirchner die Note eins und beruhigt sich: »Versuchung? Wirklich nicht.« Im Januar fällt ihm auf, daß sie katholisch ist, im März gebraucht er zum erstenmal den Ausdruck »Affäre«.

Dabei ist noch nichts Ernsthaftes geschehen. Nur haben andere von diesem seltsamen Techtelmechtel Kenntnis genommen. Nicht ganz ohne Eifersüchtelei. Im Universitätskasino wird in seiner und Hadwigs Gegenwart gestichelt: Sie solle ihn in seinem biblischen Alter ein bißchen betreuen. Er zieht es ins Lächerliche: »Wenn du mies wärest, wenn du wenigstens einen Buckel hättest!«

Nachher, in seinem Professorenzimmer, »sprach ich sehr leise und kokett zu ihr. [...] Ich sei mir bewußt meiner Lächerlichkeit, meiner Untreue, der Unmöglichkeit der Sache; ich könnte ihr Großvater sein. [...] Du brauchst einen jungen hübschen Mann.«

In den Vorlesungen und im Institut bemüht er sich um Unbefangenheit, aber im Tagebuch gesteht er sich: »Welche Freude, dies blasse, schmale, geistvolle, zugleich fühlende und intellektuelle, kindliche und sehr reife Gesicht zu sehen.« Er spricht von »gegenseitigen Geständnissen und Heimlichkeiten [...] immer auf der Grenze [...] es läge an mir, sie zu umarmen. [...] Der Verführer bin doch ich.«

Hadwig ist es, die den Mut findet, diese altmodische Verschämtheit zu durchbrechen und zu später Stunde in sein Professorenzimmer zu schleichen, wo er häufig auf dem Sofa übernachtet. Er ist davon überwältigt und erschüttert. Während die anderen nichts merken sollen, steckt dieser lebenslang so monogame Mann nun voller Skrupel: »Es ist so schön und so traurig, so lächerlich und so komisch – so ernst und so eigentlich tragisch. Und da ist ein junges Geschöpf, das mir rätselhaft ist, unbegreiflich erschütternd und in jeder Sekunde ganz fern und ganz nah.« Er vermerkt auch »Verzweiflung, Schuldgefühl, Fatalismus, Mirzusehen« und fragt sich: »Wie soll Hadwig über diese halbes Jahrhundert, die Mauer dieses halben Jahrhunderts hinübersehen können, das ich vor ihr, mit Eva durchlebt habe.«

Dennoch: Auch in dieser Liebe schwankt er nicht und zögert nicht. An einem Apriltag sitzt er bei seinem Notar wegen des Testaments und fragt, ob er Hadwig zu seiner Universalerbin machen könne. Unter Amtsgeheimnis vertraut er ihm an, daß er heiraten wolle, sobald man ihn in die Akademie aufgenommen habe. Die Klippen des Gesellschaftklatsches will er ungesehen umschiffen.

Als dann jedoch die Akademie-Angelegenheit weiter im ungewissen bleibt, entscheidet er sich für sofort. Am 23. Mai 1952 erscheinen Victor und Hadwig auf dem Standesamt in Berlin-Mitte, mit Rita Schober und ihrem

Mann Robert als Trauzeugen. Es wird »eine komisch-würdig-peinliche Zeremonie«. Der Standesbeamte, eine »zerknitterte drollige Persönlichkeit«, weiß zuerst nicht recht, Brautpaar und Trauzeugen zu sortieren, hält dann aber, »stolz auf den Sonderfall [...] eine feierliche Rede mit vielen Zitaten und mit dem Fünfjahrplan am Schluß«.

Und damit ist es besiegelt. Für eine Feier mit Hochzeitsschmaus bleibt keine Zeit. Der Bräutigam schickt Hadwig mit dem Fahrer Lindner zum Essen in den Klub des Kulturbundes und begnügt sich selbst mit »Kaffee und Wurstsemmeln« in seinem Institut. Er hat noch eine Volkskammersitzung zu bewältigen, wo Otto Grotewohl spricht und »Kuczinsky mir nachher zu meinem Schlaf gratuliert«. Erst um Mitternacht gelangt das gestreßte Hochzeitspaar zurück nach Dresden, unterwegs behob Lindner noch zwei Reifenpannen.

Aber es steckt ein tiefer Ernst in dieser Altersliebe. Klemperer quält sich mit dem Gedanken: »Ich bringe doch Hadwig um ihr Jugendrecht« ebenso wie mit der Erinnerung an Eva: »Sooft ich Hadwig jetzt vergnügt mit ihren jungen nackten Beinen und Füßen den Garten sprengen sehe, Evas Garten, jetzt in höchster Pracht! Und nun mit allem, was Eva geschaffen [...]: immer dies doppelte treulose Gefühl: habe ich recht gehandelt.«

Andererseits setzt dieses zweite Glück seiner Atemlosigkeit, seinem Arbeitstempo und seinem bisweilen verzehrenden Drang nach später gesellschaftlicher Anerkennung ein ausgleichendes Moment entgegen. Die scheinbar so ungleiche Verbindung zwingt ihn in generationsübergreifende Nachdenklichkeiten. Denn trotz des Altersunterschieds von 45 Jahren ist er in dem neuen häuslichen Milieu nicht Lehrer, nicht literarischer Guru, nicht bewunderter intellektueller Charmeur, sondern Partner, der sich einrichten muß auf ein ganz anderes Lebensraster. Auf eine junge Frau, die Nazizeit und Krieg ganz anders erlebt hat, die nicht lebensbilanzierend, sondern perspektivisch denkt und immer wieder, oft unfreiwillig, in Bereiche seines Seelenlebens vordringt, wo auch er, trotz seiner kritischen Selbstbefragungen im Tagebuch, sich lieber Konsequenzen entzieht, als sich ihnen zu stellen.

Einmal – sie sind auf dem Rückweg vom Friedhof in Dölzschen, wo Eva begraben liegt – packt ihn »ein Schauder, ein doppelter a) vor der eigenen Konservenbüchse und dem eigenen Nichts, b) vor meiner Untreue. Was ist mir Eva heute? Alle meine Liebe gilt Hadwig – was habe ich im letzten von Eva gewußt, was weiß ich im letzten von Hadwig? Es sind sehr biblische Betrachtungen anzustellen über den Wert des Menschen, des Lebens.«

Ein anderes Mal glaubt er zu erkennen: »Hadwig hat den schärfsten und praktischen Verstand und ein mir überlegenes Wissen. [...] ich liebe ihre unendliche Güte, ihren auf keine Weise zu blendenden Gerechtigkeitssinn.« Um jedoch gleich wieder ein wenig seiner Vanitas anheimzufallen: »ich liebe ihre Liebe zu mir, ich liebe ihre Jugend – ich liebe sogar ihren – *nur ihren* – Katholizismus.«

Hadwig ist eine wissenschaftlich selbständig denkende junge Frau. Sie promoviert bei dem Germanistikprofessor Alfred Kantorowicz über Heinrich Mann, dessen Erzählstil Klemperer früher nicht mochte. Sie kommt aus einer Familie, die es mit dem gesellschaftlichen Aufstieg in der DDR viel schwerer hat. Die Mutter ist Lehrerin, promovierte Historikerin, katholisch, der Vater Dozent an der Arbeiter-und-Bauern-Fakultät in Halle, Mitglied der Liberaldemokratischen Partei und protestantisch, der Bruder Slawistikstudent, konfessionslos und zu dieser Zeit noch unbefangener Anhänger der sozialistischen Idee.

Die Kirchners stammen aus Berlin, der Bombenkrieg hatte sie nach Schlesien vertrieben, mit einem Flüchtlingstreck gelangten sie 1945 in den Harz. Hadwig lernte Köchin, servierte dann in einem Café – die ernährenden Berufe standen bei dieser Kriegs- und Nachkriegsjugend auf der Wunschliste obenan.

Als Klemperer seiner Dresdner Freundin Gusti Wieghardt von den konfessionellen Verhältnissen in der Kirchner-Familie erzählt, bemerkt diese spitz: »Dahinein hast *Du* noch gefehlt!« Er aber will das nicht mit Humor nehmen: »Ich verbat mir Antisemitisches.« Die Konstellation in der Familie Kirchner bewegt ihn: »Das schreiben können! Das wäre der allumfassende deutsche Roman dieser Jahre schlechthin!« Doch er sieht sich dieser Idee so hilflos gegenüber wie seinem früheren Wunschtraum von einem Roman der Familie Klemperer. »Mein Schicksal: wissen, wie es gemacht wird und nicht können.«

Die Kirchner-Eltern leiden mehr als er unter der repressiven Politik gegen die Reste des bürgerlichen Mittelstandes. Sie stehen den Machtverhältnissen fern, sie kommentieren heftig die politischen Vorgänge wie den Koreakrieg, den Aufruhr am 17. Juni in der DDR und die sowjetischen Panzer im Oktober 1956 in Budapest, und Klemperer, der das nicht mit derselben Schärfe sieht, leidet darunter, daß er ihnen nichts entgegenhalten kann.

Es ist ein Innehalten, das ihn in diesen Jahren ergreift, gereift in einem langen Wechselbad eigener Zweifel. »Sind es Hadwigs sittlich-menschliche Bedenken, ist es mein alter Liberalismus und Skeptizismus, sind es die immer drückenderen Peinlichkeiten der SED, was mich immer bedenklicher stimmt?«, notiert er im Juli 1952. »Der Westen ist verfault, und ich gehöre zum Osten: das steht für mich fest (und für Hadwig auch). Aber ich bin innerlich müde und recht wundgerieben.«

Der etablierte Wissenschaftler, der vielfache gesellschaftliche Funktionsträger, der altgewordene Aufklärer mit dem nie ganz erlöschenden Traum von einer gerechteren Welt sieht sich einem neuen Konflikt ausgesetzt. Hadwigs rigorosere Haltung reibt an seiner Vanitas und entzündet manchen Disput. »Du wirst auch in die nächste Volkskammer wollen«, sagt sie ihm schonungslos, als er ein Jahr später mit seinen schwankenden Stimmungen nach dem 17. Juni nicht fertig wird. »Sie sähe es am liebsten, ich machte die nächste Sitzung nicht mit. Wir waren auf Augenblicke ›eingeschnappt‹. Sie: ich will ›Menschlichkeit‹, ich bin ›auf Seiten der Arbeiter‹. Ich: Du neigst stimmungshaft dem Westen zu.«

Er quält sich mit seiner Zwitterstellung. Einerseits die offensichtlich gewordenen diktatorischen Verhältnisse in der DDR und die Brutalitäten gegen die Arbeiterdemonstrationen, vermeintlich von Seiten der Volkspolizei, andererseits die ängstliche Hoffnung, daß die Russen für inneren Frieden sorgen würden, weshalb er ihre Panzer für Friedenstauben hält. »Das Schlimmste: man ist in allem auf Gerüchte angewiesen, die Regierung schweigt, der Presse glaubt niemand.«

Mit Hadwig aber macht er schnell Frieden: »Nachher fanden wir uns zusammen.« Sie wird ihm »jeden Tag teurer – und Eva immer ferner. Mein Leben ist zu sündhaft lang«. Der Altersunterschied fordert Tribut. Oft hat er das Gefühl, in Hadwigs Leben nur eine Durchgangsstation zu sein, und er kämpft mit seiner egomanischen Eifersucht. »Bei Hadwigs Eltern berührte mich die große handgreifliche Zärtlichkeit zwischen Vater und Tochter. Ich bin, ob ich es will oder nicht, immer eifersüchtig. Auf Hadwigs Vergangenheit, auf Hadwigs Zukunft. Ich weiß, wie tief unberechtigt und egoistisch das ist, ich muß und will ihr eine spätere Ehe mit Kindern von Herzen [gönnen]. Ich bin auch [...] unberechtigt eifersüchtig auf ihren Glauben.«

Einmal kränkt er sie mit Bemerkungen über die Macht der Kirche. Sie bietet ihm trotzig an, die Beichte zu unterlassen, aber er lehnt das strikt ab. Im Mai 1957 – seit fünf Jahren sind sie standesamtlich verheiratet – schließt er ihr zuliebe den Bund auch mit dem Segen ihrer Kirche. In aller Diskretion lassen sich die beiden nach katholischem Ritus in der St. Paulus-Kirche im Bayrischen Viertel von Dresden trauen. Als Trauzeugen sind nur ein Amtsbruder des Pfarrers und eine Nonne zugegen. Der Pater wirft sich vor ihren Augen die Soutane über und macht die Zeremonie in weniger als zwei Minuten ab, »einfacher und unpathetischer [...] als vor fünf Jahren die standesamtliche Trauung«. Es habe dem Pater »offenbar Vergnügen gemacht, ein bißchen Verschwörung zu spielen und mir die Sache zu erleichtern«.

Klemperer ist zufrieden. Er will Hadwig nicht nur in den Niederungen des Alltags versorgt sehen, sondern ihr auch seelischen Frieden in ihr späteres Leben mitgeben.

Der Abschied
»Deutschland ist ein in zwei Stücke zerfahrener Regenwurm«

Eine Gebrauchsanweisung für das Lesen von Klemperers Aufzeichnungen aus den letzten Lebensjahren findet sich unter dem Datum 27. Juni 1955: »Hadwig sagt, *so* sei ich ganz vergnügt, aber in meinem Tagebuch todunglücklich.«

Sie machen Urlaub in Varna an der bulgarischen Schwarzmeerküste. Der Sonnensucher läßt auch im Urlaub nicht davon ab, früh aufzustehen und seine Notizen zu machen. Hadwigs Satz im Ohr, gesteht er sich: »In etwa stimmt es, a) weil man beim Schreiben nachdenkt, b) weil ich so furchtbar unbequem und gequetscht sitze – der hohe Hocker, der niedrige Tisch.«

Niemand sonst in der Tagebuchliteratur hat mit soviel Selbstironie aufzuwarten wie Klemperer. Das Diarium ist nicht der Spiegel, in den er gern hineinsähe, um sich selbst zu gefallen, keine doppelte Buchführung für die Nachwelt, wie es viele Literaten gern handhaben. Es bleibt auch in den letzten Jahren seine Balancierstange, die Erinnerungsstütze für das große Curriculum, das er immer noch schreiben will. Und somit immer auch der Abladeplatz für seine großen und kleinen Klagen, mit denen er die Mitwelt weit weniger belastet. Klemperer im Gespräch mit seinem Alter ego ist sein eigener Beichtvater. Und wenn ihm die Tinte dabei zu dick gerät, wird er zum Kronzeugen gegen sich selbst.

Die letzten Jahre sind – in der Summe des persönlichen Lebensertrags – seine besten. Er hat die Zeiten der finanziellen Nöte und des alltäglichen Mangels hinter sich.

Die physische Existenzangst, die tägliche Konfrontation mit der Todesgefahr, haben ihn nicht verhärtet, nicht mit Revanchegefühlen blockiert. In seinen Aufzeichnungen kommt er auf die Jahre von 1933 bis 1945 kaum noch zurück. Er spürt keinen antisemitischen Druck mehr, jedenfalls äußerlich nicht, und muß sich nicht mehr mit der ihm immer so lästigen Frage seiner jüdischen Herkunft auseinandersetzen. Die akademischen Ehren, die er sein Leben lang ersehnt hat, sind ihm reichlich zugefallen. Seine Schriften – von der *LTI* bis zum ersten Band der *Französischen Literatur im 18. Jahrhundert* – werden trotz Querelen mit den Verlagen gedruckt, wenn auch mit zensierenden Fremd- und Selbsteingriffen. Anders als in seiner Zeit an der Technischen Hochschule in Dresden, wo er die Perlen seiner Romanistik mitunter nur vor weniger als einem halben Dutzend junger Damen aus dem bildungsbeflissenen Bürgertum ausbreiten konnte, bevölkert nun eine große Gemeinde von jungen Leuten seine Vorlesungen und hängt an seinen Lippen.

Victor Klemperer hat auf seine Weise den Aufstieg vollzogen, den ihm seine Brüder vorgelebt und abgefordert haben: Doppelprofessur, gesichertes Einkommen, Anschluß an die gehobenen Kreise der Gesellschaft. Er ist nicht bescheiden in seinen Ansprüchen. Der Staat hat ihn ausgestattet mit dem Privileg eines sogenannten Einzelvertrags, der ihm ein damals fast utopisch erscheinendes Gehalt von 4 000 Mark sichert. Intellektuell leidet er nicht mehr unter jenem Staudruck von akkumuliertem Wissen, den er zwölf Jahre lang nicht loswerden konnte. Er besetzt nun zwei Katheder an zwei ordentlichen Universitäten, er reist wie einst vor dem Ersten Weltkrieg unermüdlich zu Vorträgen durch das nun allerdings sehr begrenzte Land und gelegentlich auch in den Westen.

Jetzt peitscht ihn nicht mehr das Ghetto vorwärts, sondern es lockt Vanitas vanitatum: Er ist ehrpusselig, wenn es um öffentliche Auftritte, Titel, Auszeichnungen und die Zugehörigkeit zu gesellschaftlichen Gremien geht, und er will noch viel veröffentlicht sehen, was sich an wissenschaftlichem Textmaterial in seinem Schreibtisch angesammelt hat und was zu schreiben er sich noch imstande fühlt.

Nur ist es eine andere Gesellschaft, und sie entwickelt sich nicht in einer Weise, die er sich erhofft hätte. Seine aufklärerisch geprägten Kulturvorstellungen kollidieren mit den Realitäten, er teilt die Identifikationsschmerzen einer ganzen linksbürgerlichen Generation, die in der frühen DDR ein Zuhause suchte. Aber er sieht sich nicht imstande, nun so kurz vor dem akademischen Gipfel von seinen Karrierewünschen abzulassen, es ist ja seine letzte Chance.

Dies bereitet ihm eine ganz neue Art von Schmerzerfahrung, die er früher nicht kannte. Anders als bei seinen zwei Taufakten, die ihm nicht mehr und nicht weniger bedeuteten als das Heinesche »Entréebillett zur deutschen Kultur«, liegt nun zugleich ein bewußtes Engagement vor. Aus der Entscheidung für diesen gesellschaftlichen Versuch wächst ein Wir-Gefühl, er steht nicht auf Beobachterposten, wenn er das Erscheinungsbild der neuen Gesellschaft beschreibt, er notiert seine Sorgen, seine Schmerzen und seinen Abscheu als Beteiligter. Er hätte den Sozialismus gern anders.

Der liberal gesinnte Weltbürger ist offenen Auges in ein Koordinatensystem geraten, das mit seinen Wertmaßstäben kollidiert. Er teilt nicht das Vertrauen in die Allmacht der neuen Glaubenslehre, an die Unfehlbarkeit der Mächtigen. Schon im Juni 1945 – er hat die *LTI* noch gar nicht konzipiert – beginnt er wieder Wortmaterial zu sammeln. Nun solches, das ihm helfen soll, vermittels Analyse des sprachlichen Ausdrucks auch die neue Gesellschaft zu durchleuchten. Das Stichwort lautet nun LQI, Lingua Quarti Imperii, die Sprache des Vierten Reiches. Nicht weil er Gleichheitszeichen zu den Verhältnissen im Nazireich glaubt setzen zu müssen, sondern weil ihm angesichts der neuen Verhältnisse nachhaltige Zweifel an der Kulturfähigkeit und der Reinigung des beiderseitigen deutschen Geisteslebens gekommen sind.

Zuerst bemerkt der Sammler ein »Zwischenreich der LTI und LQI«. Er notiert alles, was Bürokraten, Propagandisten, Anpasser und Umgestaltungseiferer hervorbringen. Man sagt noch immer »Schreiberlinge« oder »unter Beweis stellen«. Mit dem Satz »Du liegst schief (LQI), Genosse Klemperer«, persifliert er das Parteideutsch der neuen Bevormunder, und bei manchen Interpreten von Marx und Engels entdeckt er: »Überhaupt steht hier *Klasse* wie bei den Nazis *Art* steht.« Bald sieht er eine neue Vergleichsebene: »Ist der Unterschied zwischen Sprache und Wahrheitsgehalt Stalinice ein so sehr anderer wie Hitlerice?« und schließlich: »LQI übernimmt LTI mit Haut und Haaren. Sogar Becher – höher geht's nimmer – schreibt andauernd ›kämpferisch‹.«

Auch die Volkssprache beobachtet er wieder genauer: »Organisieren« ist in der Nachkriegszeit ein Ausdruck für stehlen, »Karteigenosse« verhöhnt die neuen Mitläufer. Manche neue Sprachentgleisung ist gesamtdeutsch. Klemperer notiert Snobismus wie »Ex« und ›genuin‹. Der Kalte Krieg zeugt beiderseits neues Vokabular wie »Kriegsbrandstifter« und »Spalter«, »Machtblöcke«, »entschärfen«, »einkerkern,« »Zone« oder »Ulbrichtregime«.

Als quälend empfindet der Bildungsbürger, während er in den Präsidien der Parteiversammlungen und in der Volkskammer sitzt, die Anreicherung der Rituale durch sowjetischen Politkult wie das ebenso entwürdigende wie lächerliche Erheben von den Sitzen und Beifallklatschen, wann immer ein Redner den Namen vom Veliki Stalin, vom großen Stalin, in den Raum schmettert. Er ist einer, der den nazistischen Augiasstall ausmisten helfen will, und muß nun erkennen, daß sich das System in der DDR in

Ermangelung von Demokratie zum Teil altbekannter massenpsychologischer Rezepte bedient.

Wo er sich wehren kann, tut er es. An einem Novembertag 1951, während eines Kollegs über Humanismus, beginnt vor dem Fenster ein Schalmeienzug der FDJ »zu pauken und zu blasen. [...] Ich sah ständig die Bewegung der gekreuzt erhobenen Hände mit den Paukenschlegeln – die verfluchte HJ-Bewegung. Ich schickte heraus, man solle aufhören. Es wurde noch ein Lied gepaukt. Ich schickte noch einmal heraus – sie zogen ab.« Vor den Studenten sagt er dann, er sei ein Freund der FDJ, »aber *so* schade sie sich und uns«. Manche trampeln dem Professor zu, der mal den Mund aufmacht, die anderen sitzen betroffen still.

Nach diesem Zwischenfall hat Klemperer in seiner Gereiztheit einen Zusammenstoß mit einem Assistenten, der über das Referat einer Studentin zur Rolle der Persönlichkeit in der Geschichte »mit dogmatischen Worten der Parteischulung« herfällt. »Ich protestierte sehr leidenschaftlich; ich sei Kommunist geworden, als ich begriffen hatte, daß die Persönlichkeit unter dem Kommunismus entwickelt werde und nicht vernichtet.« Danach hat er kein gutes Gefühl: »Die beiden Entgleisungen – sie können Nachspiele haben; [...] es ist sehr wohl möglich, daß mir durch sie und etwaige ähnliche Vorkommnisse bald genug Gelegenheit gegeben wird, am Curriculum weiterzuschreiben.«

Die Phase des Bemühens um eine ernsthafte Identifikation mit der DDR-Gesellschaft reicht bei Viktor Klemperer etwa bis zum Beginn der fünfziger Jahre. Solange etwa, bis er sich seiner späten Karriere im Arbeiter-und-Bauern-Staat sicher genug geworden ist, auch wenn noch manche Wünsche unerfüllt sind. Am Ende des Jahres 1950 bilanziert er unter den entscheidenden Fakten des Jahres »die Gastprofessur in Berlin, [...] das viele Geld, das viele Herumreisen«. Zwar ist er in Halle nicht Rektor geworden und den Nationalpreis hat er immer noch nicht sicher. »Dafür habe ich es zum Deputierten der Volkskammer gebracht und dort meinen großen Tag als Sprecher des Rechtsausschusses beim Friedensschutzgesetz gehabt. Auch war ich Delegierter beim 3. Parteitag der SED. Aber ich frage mich, welche wirkliche Bedeutung den politischen Stellungen in der DDR zukommt.«

Die pseudodemokratische Zurschaustellung einer Politik, welcher der Abgeordnete Klemperer in der Volkskammer als einer von mehr als 500 Claqueuren wohl oder übel dient, läßt ihn ohne Gewißheiten. »Wird im Maßstab der Weltgeschichte die DDR neben der Münchener Räterepublik, neben der Pariser Kommune oder neben der SU stehen? Kein Lebender kann das sagen, [...] keiner regiert wirklich, nicht einmal Stalin. Eine höhere Macht ist fraglos vorhanden. Eine unbewußte? Dann ist sie keine Macht. Eine bewußte? Dann ist sie grenzenlos bösartig und unbegabt – kein ungelernter Arbeiter dürfte sich solche Pfuschereien erlauben, wie sie alle Tage verübt.«

Indem Klemperer den Kulturbund gegen »SEDlichkeit« in Schutz nehmen will, muß er immer mehr die Doppelstruktur der Macht von Regierung und SED-Politbüro erkennen, die nach sowjetischem Muster immer rigoroser zum Politbüro hin verschoben wird. Dazwischen wird auch der Kulturbund instrumentalisiert. Im Zentrum dieses Machtspiels steht bald die harsche, einsame, durchsetzungswillige Königsfigur Walter Ulbricht, »ein häßlicher Sokrates mit kleinem Vollbart«. Am Urteil über diesen Mann läßt sich ablesen, wie Klemperer sich von seinem Gefallen an gesellschaftlicher Nähe zur Macht allmählich freimacht und wie die Enttäuschungen der fünfziger Jahre seinen Mitgestaltungswillen zermürben. 1950 hält er Ulbricht noch für einen »ausgezeichneten Sprecher und Satiriker«, erfüllt von ungeheurem Optimismus »ohne persönliche Überheblichkeit«. Zum 70. Geburtstag Klemperers am 9. Oktober 1951 hat das Zentralkomitee der SED einen riesigen Blumenkorb geschickt. Als es ihm nach einem Monat gelingt, Ulbricht im Wandelgang der Volkskammer abzufangen, um ihm zu danken, notiert er immerhin: »Ulbricht sehr freundlich; aber er hatte offenbar keine Ahnung, wer ich war, auch nicht, nachdem ich meinen Namen genannt. Ganz wenige ungelenke Worte. Flüchtigste Berührung.« Wohl sind Klemperer zu dieser Zeit schon die Alleinherrschaftsallüren des stalinistisch geprägten Heimkehrers aus Moskau aufgefallen, aber noch beurteilt er ihn milde.

Im Februar 1958, niedergedrückt von ungezählten Enttäuschungen, erinnert sich der Tagebuchschreiber ebendieser »flüchtigen Berührung« und schildert sie in einer ganz anderen Tonlage: »Ulbricht erwischte ich, wie er in einer Pause der Volkskammersitzung in sein Zimmer ging. Er ließ mich nicht mitkommen, hörte mir im Korridor nicht zu, blieb kaum stehen, sah bei meinen 10 Worten mit kalten Augen über mich weg wie über ein Häufchen Scheiße auf seinem Weg.«

Auch die wechselvolle Wahrnehmung der Person Stalins zeigt diesen Wechsel von Annäherung und Abkehr. Zuerst, 1945, ist Klemperer schockiert. Ein riesiges Bild des Generalissimus, das man im Herbst 1945 am Albertplatz in Dresden angebracht hat, erinnert ihn mit Uniform und Orden abscheulich an Hitlers Ministerpräsidenten und Generalfeldmarschall Hermann Göring. Nach einer Revolutionsfeier im Oktober 1949 in Halle mit den üblichen Beklatschungen des Namens scheint ihm: »Veliki Stalin kommt manchmal dem Heil Hitler in der Form allzu nahe.« Über einen Stalin-Holzschnitt des Dresdner Graphikers Ullrich Knispel notiert er: »Mongole mit breitem fetten Kinn, ein schwerbekümmerter sorgenvoller levantinischer Händler«, und er äußert pikiert, »auf den ›deutschen Menschen‹ müßte das abstoßend wirken, auch verfehle es durchaus den wahren Stalin, sei aus unbewußtem Haß, aus ›Stürmer‹-Gesinnung entstanden.«

Dennoch zeigen einige Denkklischees des Kalten Krieges Wirkung auf Klemperer: Stalin als Bewahrer des Weltfriedens, die Sowjetunion als Garantiemacht gegen ein Wiederentstehen des Faschismus, wenigstens im Osten Deutschlands. In einem Artikel über die Brüder Goncourt für ein Buch über moderne französische Prosa führt er 1951 dreimal den Namen Stalin an – zuviel für den noch sehr bürgerlichen Leipziger Teubner-Verlag, der auch im Westen verkaufen will. Der Kritisierte ist großzügig gegen solche Zensur und notiert mit Selbstironie: »›Drei Kanonenschüsse‹. Ich versprach, den grausigen Namen nur 2 x zu nennen.«

Das freilich ist weniger Bekenntnis als vielmehr Sarkasmus. Der Autor weiß inzwischen, daß in seiner Wissenschaft Kompromißbereitschaft im schriftlichen Öffentlichen dazugehört, wenn man weiter publizieren will. Als er kurz darauf den von der Parteizeitschrift *Einheit* erbetenen Artikel über die deutsche Sprachzerreißung abliefert, wird ihm von dem zuständigen Redakteur bedeutet, »daß die Verbeugung vor Stalin nicht tief genug« sei, und nebenher auch, daß die Sprachspaltung von ihm eigentlich viel zu stark betont werde. »Wir einigten uns auf manches«, hält Klemperer im Tagebuch fest, und: »Ich werde ursprünglichen und korrigierten Text aufbewahren. Sehr wichtig für künftige Geschichtsschreibung.«

Da er zur Alternative nur das Verstummen hätte, wählt er die Anpassung. Der Artikel in der *Einheit* bildet die Grunddisposition für eine beschwörende Rede zur Bewahrung der Einheit der deutschen Sprache und Kultur, die er im Sommer 1952 im Club des Kulturbundes in Berlin hält. Die Gelegenheit ist günstig. In der Sowjetunion ist eine Broschüre mit dem Titel *Der Marxismus und die Sprachwissenschaft* erschienen, von der behauptet wird, daß Stalin der Autor sei. Klemperer erkennt darin eine Chance, den grassierenden vulgärmarxistischen Ansichten entgegenzutreten, die Sprache sei ein Produktionsmittel und nicht den Nationen, sondern den Klassen zuzuordnen. Siegreiche Revolutionäre könnten gewissermaßen eine neue Sprache erschaffen. Da bringt er seine Gegenthesen an wie: »Achtung vor der Tradition, denn die Sprache widerstrebt der Revolution«. Oder auch: Seine Skizze zerre »sozusagen an den Rockschößen derer, die vorwärtsstreben, das Neue bringen«. Und er verweist darauf, daß »vereinzelte Pestfälle« von Nazideutsch im Osten wieder auftauchen.

Ein Entdeckerspiel für Leute, die genauer hinhören, aber es ist teuer erkauft. Denn Klemperer redet auch ausgiebig vom »Verdummen und Verblenden«, von Kosmopolitismus, Amerikanismus und Dekadenz im Westen, wo die nazistische Sprachpest voll wieder aufblühe, denn »ihre von hier vertriebenen Verbreiter dürfen dort ihr Idiom weiterpflegen, da es der faschistischen Gesinnung und Absicht der Vereinigten Staaten entspricht«. In der Dichtung des Westens herrschten »die Formen, Themen und Rhythmen französischer Dekadenz«, während der Osten den Segen der Sprache Majakowski empfange und hier der Leitartikel schon zur Lyrik gediehen sei.

Der Text wird als Broschüre mit dem Titel *Zur gegenwärtigen Sprachsituation in Deutschland* im Aufbau-Verlag gedruckt. Ein Malheur bis zur letzten Seite. Darin bekommt Stalin die Weihe zum linguistischen Genie: Der »kühnste Neuerer« schütze »die Freiheit der Welt und fixiert ›mit der anderen Hand‹ Erkenntnisse, die den Sprachen aller Nationen von Nutzen sind«. Nie sonst hat sich Klemperer in seinem philologischen Eifer so vertan.

Als Stalin stirbt, im März 1953, spricht der Professor

zu Beginn eines Renaissancekollegs ein paar Worte, zieht Vergleiche zu Alexander dem Großen, Caesar und Napoleon und nennt Stalin mit Blick auf die zerschlagene Naziherrschaft »unseren Befreier«. Die Gloriole als Pflichtübung. Was er in diesem hehren Augenblick nicht öffentlich zu erkennen geben wagt, ist seine im Tagebuch immer wieder auftauchende Kriegsangst: Die USA »könnten den *vermeintlichen* Schwächemoment benutzen. [...] In diesem Fall wehe ihnen!«

Als dann aber aus Moskau die Meldungen von der Freilassung Gefangener nach Stalins Tod, von verbotenen Untersuchungsmethoden in der DDR-Presse erscheinen, kommen ihm Zweifel, die allgemeines Informationsdefizit ebenso ausweisen wie eine in den gutwilligen Nachkriegsjahren angesammelte politische Naivität: »Soll man sich mehr entsetzen oder soll man diese Offenheit bewundern?« Im Februar 1956 sickern die ersten Nachrichten vom XX. Parteitag der Kommunistischen Partei der Sowjetunion in Moskau zu ihm durch, von jener Geheimrede, in welcher der einstige Stalin-Gefährte Nikita Chruschtschow das verbrecherische Antlitz des Vaters aller Werktätigen enthüllt. Klemperer zeigt sich doppelt irritiert: »Der tote Caesar, Staub und Rasen geworden – der Tritt in den Hintern des toten Löwen. [...] Etwas muß er doch gekonnt haben. Aber was?« Der Text der Rede wird in den Medien der Sowjetunion und der DDR nicht veröffentlicht. Erst im Juli 1956, während eines Studienaufenthalts in Paris, liest Klemperer in der Zeitung *Le Monde* Auszüge. »Ich werfe mit Abscheu Blicke hinein«, notiert er. »Es ist ganz gräßlich und desillusioniert mich vollkommen.«

In rascher Folge erlebt er nun weitere Erschütterungen: die sowjetischen Panzer in den Straßen von Budapest, die Verhaftung des jungen Philosophen Wolfgang Harich und des Leiters des Aufbau-Verlags, Walter Janka, von denen man Verbindungen zu dem revolutionären ungarischen Petöfi-Kreis und ein Konzept für einen anderen Weg der DDR zum Sozialismus vorwirft. Der Romanist sorgt sich um den Germanistenkollegen Alfred Kantorowicz, der sich dann durch die Flucht nach dem Westen rettet. Anlässe genug für die Frage: »Was soll aus der SED, was aus der DDR werden, wenn das Régime Ulbricht weiter besteht?« Klemperer nennt ihn »Staliniculus Ulbricht«.

Und er beginnt, seine 45 Jahre jüngere Frau um ihre seelischen Gewißheiten zu beneiden. »Zuhaus oft Zusammenstöße, Erregungen, Bitterkeiten um der Politik willen. Hadwig tut mir immer wieder leid. Sie hat es aber leichter, weil sie ihren Glauben hat – und ihre Eltern. Der Marxismus ist ein Glaube wie der Katholizismus – ich bin glaubenslos.«

Immer noch gebunden an seinen Volkskammersitz, fragt sich Klemperer: »Warum das Spiel mit *den* Parteien, wo doch nur *eine* regiert? Ich verstehe es nicht, ich bin ein alter Liberaler, und mein zeitweilig verdrängter Liberalismus schlägt immer stärker durch die rote Schminkeschicht. Und der Kulturbund: Ulbrichtverein. Mich ekelt das alles an und doch bin ich beleidigt, nicht im großen Ehrenpräsidium [...] zu sitzen und froh, nicht von der Präsidialratsliste gestrichen zu sein. Feigheit, Eitelkeit, persönliche Vorteile.«

In einem Prozeß gegen oppositionelle Leipziger und Hallenser Studenten hat man Klemperers Doktoranden Hartmut Harreß wegen angeblicher Beihilfe zum Staatsverat zu 20 Monaten Gefängnis verurteilt. Der Professor sah keine Möglichkeit, ihm zu helfen. Auch Hadwigs Bruder Gottfried wurde verhört. Bei Kirchners herrscht »verbitterte Ostfeindlichkeit« und er kann »weniger als je« dagegen sagen, »weil auch mich unser Regime immer mehr anwidert«. Der Mann, der nach soviel Leid in der Hitlerzeit auf die reinigende Kraft seiner Kulturbotschaft setzte, sieht sich von beiden Seiten zurückgewiesen: »Deutschland ist ein in zwei Stücke zerfahrener Regenwurm; beide Teile krümmen sich, beide vom gleichen Faschismus verseucht, jeder auf seine Weise.«

Niemals in den Jahren seit 1945 hat für Klemperer die Frage gestanden, sich seinen jüdischen Wurzeln wieder zu nähern. Die Überlebenden aus den Judenhäusern Dresdens hat er aus den Augen verloren. Nur mit dem Arzt Willy Katz hatte er noch Berührung. Der tapfere Mann starb 1947, und Klemperer hielt vor einer sehr kleinen Trauergemeinde die Totenrede.

In persönlichen Angelegenheiten hatte Klemperer mit der Jüdischen Gemeinde in Dresden zum letzten Mal 1945 Kontakt, als es dort noch Betreuung für die Verfolgten gab. Später ist für ihn die Vereinigung der Verfolgten des Naziregimes zuständig, wo er von 1951 bis 1953 selbst dem Zentralvorstand angehört. Als peinlich empfindet er im Februar 1947 eine Rede des jüdischen Vorstandsmitglieds Julius Meyer, der vom »jüdischen Volk« gesprochen habe, »wie man von Polen und Russen spricht«. Damit, so meint Klemperer, isoliere man »feindselig nicht von den Nazis, sondern von Deutschland überhaupt«.

Auch der Philosemitismus ist nicht Klemperers Sache. Davon befürchtet er nur eine Belebung des Antisemitismus. Als ihm Rita Schober den Entwurf der Laudatio schickt, worin »viel vom Sohn des Rabbiners, Judenleid etc.« die Rede ist, reagiert er schroff: ihm sei »Philosemitismus genauso peinlich wie Antisemitismus. Ich bin Deutscher und Kommunist und sonst nichts.«

Aber es ist die Zeit der stalinistischen Säuberungen und Terrorprozesse in den osteuropäischen Ländern gegen führende Kommunisten, die in westlicher Emigration überlebt haben und Kontakt hatten mit der amerikanischen Hilfsorganisation Unitarien Service Comitee, geführt von dem Amerikaner Noël H. Field. Daraus konstruiert der sowjetische Geheimdienst den Mythos von einer gigantischen imperialistischen Verschwörung. Ein großer Teil der Verdächtigten ist jüdischer Herkunft. So geraten viele Mitglieder der SED und der VVN, die in westlicher Emigration überlebt haben, in das Fadenkreuz der Beobachter. Die Büros der jüdischen Gemeinden werden von der Staatssicherheit durchsucht. Das löst Ängste aus. Im Dezember 1952 und im Januar 1953 fliehen mehr als vierhundert Gemeindemitglieder aus der DDR in den Westen. Der prominenteste von ihnen ist Julius Meyer, der das Konzentrationslager überlebte, in die KPD eintrat und Verwaltungsfunktionär wurde, aber im Unterschied zu Klemperer beim Judentum blieb. 1952 wurde er Vorsitzender der Jüdischen Gemeinden der DDR. Zur Flucht entschloß er sich, nachdem er 48 Stunden lang von der Parteikontrollkommission verhört worden war. Auch der Vorsitzende der Jüdischen Gemeinde in Dresden flüchtet. Leon Löwenkopf, einst Auschwitz-Häftling und nach dem Krieg fünf Jahre lang in Dresden Präsident der Sächsischen Notenbank, stirbt später in der Schweiz in erneutem Exil. Auch Meyer kehrt Deutschland den Rücken für immer – er ging nach Brasilien.

Klemperer nimmt die jüdischen Beunruhigungen Anfang 1953 deutlich wahr, er vermerkt »schroffste Töne« in der Presse, aber er äußert sich nicht öffentlich und versucht im privaten Kreis eher ausgleichend zu wirken. Einer Genossin aus Leipzig sagt er: »Du mußt doch wissen, daß wir unmöglich Antisemitismus haben können, [...] es geht doch gegen Zionismus im Bund mit USA, mit Kapitalismus.«

Wie so viele Aufbauwillige jener Zeit kann er die Machtspiele hinter der perfiden Propagandakampagne noch nicht erkennen, den Eifer der großen und kleinen Intriganten in den neuen totalitären Machtstrukturen, die nun ihre Chance sehen, durch die Lähmung und Ausmerzung ganzer Gruppen stigmatisierter Genossen die eigenen Positionen zu verbessern. Für seine Publikationstätigkeit sieht Klemperer in dieser Situation sogar einen Vorteil. Er denkt an die Querelen um das Kapitel »Zion« in seiner *LTI*, das früherer Zensur zum Opfer gefallen ist. Veranlasser dafür war Paul Merker vom SED-Parteivorstand, der sich schon in seiner mexikanischen Emigrationszeit bemühte, auch zionistisch gesinnten Juden Vertrauen entgegenzubringen und sie in die Parteiarbeit zu integrieren. Klemperer zieht in seinem »Zion«-Kapitel heftig gegen Theodor Herzl zu Felde, dessen im Jahr 1896 erschienenes Traktat »Der Judenstaat« als Gründungsmanifest der zionistischen Bewegung gilt. Er wiederholt darin seine schon in den zwanziger Jahren gefaßte Ansicht, Herzls ideologischer Ansatz, wonach die Juden ein nichtintegrierbares Fremdvolk seien, stünde in Verwandtschaft mit Hitlers Rassentheorie.

Das zu veröffentlichen, wollte man in der Sowjetischen Besatzungszone nicht riskieren. Nicht nur, weil es allzu kurzschlüssig alte antisemitische Vorurteile bedient hätte. Die politische Interessenlage verlangte zu dieser Zeit Schonung des Verhältnisses zu dem Staat Israel, der bei seiner Gründung im Jahr 1948 noch sowjetische Protektion genoß. Und die Partei, die damals schon die Oberhoheit über alle Art von politischen Publikationen beanspruchte, wollte Klemperers Polemik wegen wohl auch nicht den heftigen Protest jüdischer Bürger auf sich ziehen.

Aber nun werden im Politbüro die Machtverhältnisse neu ausgefochten. Paul Merker, der Mann, der das Zion-Kapitel verhinderte, ist nun, obwohl kein Jude, in der Field-Affäre wegen seiner Kontakte in Mexiko zum Unitarien Service Commitee selbst unter Beschuß geraten. Ulbricht entledigt sich seiner, indem er ihn einsperren und gegen ihn einen Geheimprozeß vorbereiten läßt. Klemperer indessen, der von diesen internen Konfliktstellungen keine Vorstellung hat, sieht für sich den »Triumph meines Kapitels Zion« kommen.

Ebenso arglos seine Reaktion auf die Auflösung der Vereinigung der Verfolgten des Naziregimes. Übrig bleibt davon Anfang 1953 nur ein 32köpfiges manipulierbares Komitee der Antifaschistischen Widerstandskämpfer. Dieses ist politisch sehr viel leichter manipulierbar als eine vieltausendköpfige Organisation von ehemaligen Häftlingen aus den Konzentrationslagern, Leuten aus der Illegalität des inneren Widerstands, Moskau-, West- und Palästinaemigranten mit ihren so weit auseinanderliegenden Erfahrungen. Es schmeichelt Klemperer, daß er noch dabei ist. In dem neuen Komitee sitzt neben ihm nur noch ein ehemaliger Sternträger, der Riesaer Stahlwerksdirektor Max Friedemann. Erst drei Monate später ahnt er den machtpolitischen Hintergrund der Verwandlung. Stalin ist seit einem Monat tot, in der Sowjetunion wird aufgedeckt, daß der Schauprozeß gegen jüdische Ärzte in Moskau nichts als eine stalinistische Machintrige war, und Klemperer notiert: »In Folge Auflösung der VVN, Panik der Juden hier.« Es ist ein weiterer Stoß gegen das immer spröder werdende Fundament seines Glaubens an die bessere Welt mit dem Etikett Sozialismus.

Eines seiner letzten Gefechte führt der Bildungsbürger für die Rettung des Latein- und Französischunterrichts in den Schulen der DDR und für die Erhaltung einer gesamtdeutschen Wissenschaftslandschaft auf seinem ureigenen Gebiet, der Romanistik. An der Universität in Halle bemerkt er schmerzlich den Verdrängungseffekt, den die starke Orientierung der Lehrpläne an den Oberschulen der DDR auf naturwissenschaftliche Fächer und die erste Fremdsprache Russisch für die Pflege der klassischen humanistischen Bildung in der jungen Generation hat. »In Westdeutschland hält man am Latein durchaus fest; je mehr wir es zurückdrängen, um so breiter machen wir die Kluft zwischen beiden Deutschlandteilen durch die Verschärfung der Ungleichheit zwischen den ost- und westdeutschen Schulsystemen und Examensbedingungen«, steht in einer unveröffentlichten Klemperer-Notiz. Noch 1957, nach seiner Emeritierung von der Humboldt-Universität, läßt er im Kulturbund, in Zeitungsartikeln und an der Akademie der Wissenschaften keine Gelegenheit aus, seine Hoffnungen auf eine polyglotte weltoffene DDR anzubringen.

Im Sommer 1957 zeigt sich der Sechsundsiebzigjährige auch in deutsch-deutschen Angelegenheiten noch einmal streitbar. Im *Sonntag*, der Wochenzeitung des Kulturbundes, ist ein giftiger Artikel über eine von Klemperer organisierte Romanistentagung in Halle erschienen. Der Kalte Krieg hat sich verschärft, die Viermächteverhandlungen, die zu einem deutschen Friedensvertrag hätten führen sollen, sind gescheitert. Beide deutsche Teilstaaten gehören konträren Paktsystemen an. Die Bundesrepublik hat mit der Wiederaufrüstung begonnen und ist der NATO beigetreten, die DDR steht im Warschauer Pakt. Im Osten haben die gesellschaftlichen Umstrukturierungen und die wirtschaftliche Notlage eine unübersehbare Fluchtwelle ausgelöst, im Westen hat das Verfassungsgericht die Kommunistische Partei verboten, die wenige Jahre zuvor noch bei den Wahlen mit komfortablem Plus über die Fünf-Prozent-Hürde gekommen war.

Die Polemiken zwischen Ost und West klingen gereizter denn je, und der Schreiber im *Sonntag* höhnt: »Als bemerkenswertes Ereignis dieser Tagung galt die Feststellung, daß Ost und West die gleiche Sprache sprechen.« Das ist dem Verfasser unverständlich, denn: »Zwei deutsche Staatsgebilde stehen sich gegenüber. Das eine baut den Faschismus, das andere den Sozialismus auf.« Im Westen »die Sprache der Aggression, der Wiedervereinigung auf dem Wege der Gewalt«, das könne nicht die Sprache des Ostens sein. Atompolitiker hätten keinen

Anspruch auf Verständnis, mit den Wortführern der NATO werde es keine gemeinsame Sprache geben, der Grundwiderspruch in Deutschland lasse sich nicht durch Liebe und Verstehen überbrücken, »sondern nur dadurch, daß die westdeutsche Arbeiterklasse – als entscheidende Kraft – auch durch parlamentarische Mittel die Regierung Adenauer samt NATO und allen verhängnisvollen Begleiterscheinungen entfernt«.

Klemperer, der seine wissenschaftlichen Kontakte nicht herabwürdigen lassen will, protestiert in einem Brief an den »sehr verehrten Chefredakteur« auf das schärfste gegen die »bösartige Taktlosigkeit und Verzerrung« und fordert unverzügliche Berichtigung. Den Dante-Vortrag, »der übrigens von Dante und Florenz und nicht von Adenauer und Bonn handelte, hielt mein herzlich verehrter Freund, der als Gelehrter international geschätzte Münchner Lehrstuhlinhaber Rheinfelder«, ein »tiefgläubiger Katholik franziskanischer und sozialer Richtung«, für dessen Opposition zur Adenauerpolitik er, Klemperer, sich verbürge. Allein schon das Auftreten von Hans Rheinfelder im Osten habe Zivilmut bewiesen. Die Sprache des Kolloquiums sei weder Adenauer-Deutsch noch knieweiches Regierungsdeutsch gewesen.

Es schmerzt Klemperer besonders, daß diese »Anödung« ausgerechnet im offiziellen Organ des Kulturbundes erfolgt. »Der Kulturbund hatte von Anfang an die Sonderaufgabe und hat auch heute noch [...] den allgemeinen patriotischen Auftrag, die Sonderaufgabe, die Intellektuellen jeglicher Herkunft und jeglicher Parteiströmung mit dem Arbeiter- und Bauernstaat immer enger zu verknüpfen.«

Als einer, der es immer als wohltuend empfunden habe, zur »Professorenfraktion« gezählt zu werden, verteidigt Klemperer die »freundschaftliche Gemeinsamkeit« mit seinen Fachkollegen aus dem Westen. »Und wie oft [...] habe ich Intellektuelle davor gewarnt, ihre doppelte Belastung durch bürgerliche Herkunft und studierten Beruf vertuschen zu wollen, indem sie sich doppelt gesinnungstüchtig gebärden! Genau das aber tut der in den ›Sonntag‹ verirrte Polemiker [...] mit seinem Herumtrampeln im Porzellanladen west-östlicher Kulturbeziehungen.« Der Brief trägt die Unterschrift: »Mit sozialistischem Gruß, Victor Klemperer«. Veröffentlicht wurde er nicht.

Was bleibt, sind private Freuden. Mit Hadwig geht er auf Reisen, solange seine Gesundheit hält: zu einem Studienaufenthalt nach Paris, zum Romanistenkongreß nach Florenz, mit einer Reisegruppe der Gesellschaft für deutsch-sowjetische Freundschaft nach dem Schwarzen Meer und nach Moskau. Das Tagebuch immer im Gepäck. Federhalter und Tintenfaß, ohne die er nicht auskommt, muß Hadwig sogar bis nach China mitschleppen.

Dort bekommt sein Weltbild noch einmal einen Stoß. Er sieht die Massenbrigaden auf den Feldern und die Intelligenzler, die man zur Alphabetisierung und zur Arbeit in die Dörfer kommandiert. Ihm scheint, »daß der Kommunismus gleicherweise geeignet ist, primitive Völker aus dem Urschlamm zu ziehen und zivilisierte in den Urschlamm zurückzutauchen«. Sein Kommentar: »Ich bin gerade durch meine Chinareise und bei der Anerkennung der gewaltigen Leistungen hier zum endgiltigen Antikommunisten geworden. *Das* kann nicht Marx' Idealzustand gewesen sein.«

Im Sommer 1958, er steht im siebenundsiebzigsten Lebensjahr, setzt er sich immer noch »zwei ›Selbstverpflichtungen‹: den zweiten Band der französischen Literatur des 18. Jahrhunderts zu vollenden und seine Lebenserinnerungen, die ihm vorerst nur bis in das Jahr 1918 formuliert vorliegen, bis auf den aktuellen Stand fortzuschreiben. Anschließend will er »den ganzen Feuchtwanger durchaus studieren und eine Monographie über ihn verfassen«.

Mit dem Schriftsteller in Kalifornien, dessen breit fließende, publikumswirksam geschriebene historische Romane durchaus eine geistige Verwandtschaft zu Klemperers literaturhistorischer Methode aufweisen, hat er ein herzliches Briefverhältnis entwickelt. Zweimal bei Anfragen des Nobelpreiskomitees aus Stockholm nennt er Feuchtwanger als seinen Vorschlag für den Preis. Als ihm zu Weihnachten 1958 die Nachricht von Feuchtwangers Tod bekannt wird, geht ihm das »sehr menschlich und sehr egoistisch nahe. Ich liebe ihn wirklich (und neidisch), il est ma voix [er ist meine Stimme]«. Klemperer glaubt zu wissen: »Er hat ja auch die Verwandtschaft gemerkt.«

Feuchtwanger und das *Curriculum* gehören zu diesem Zeitpunkt schon in das Reich der Illusionen. Sein Gesundheitszustand zehrt viel zu sehr von seinen Kräften. Selbst von der Arbeit am 18. Jahrhundert sagt er, es »*verengt* und vergällt mir das Lebensende«.

Zu Ostern 1959 bricht er mit Hadwig und einer Romanistengruppe aus der DDR zu einem Literaturkongreß in Lissabon auf. Die Reise ist strapaziös, die mangelhafte Belüftung im Flugzeug nach Brüssel macht ihm zu schaffen. In der belgischen Hauptstadt übernachten sie. Es ist Mitternacht, Victor wird von Atemnot befallen, Hadwig öffnet das Hotelfenster. In der Stadt läuten die Osterglocken, als er einen schweren Anfall von Herzasthma erleidet. Sie müssen die anderen am nächsten Tag ziehen lassen und kehren mit dem Schlafwagen-Zug zurück.

Denn diesmal war der Herzanfall sehr ernst. Vier Wochen lang kann Klemperer keine Zeile zu Papier bringen. Dann erst beginnt er wieder mit knappsten Notizen. Die Hand zittert ihm, als er beschließt, »das sinnlose Produzierenwollen aufzugeben«. Doch er hält sich nicht daran. Er liest jetzt Franz Werfels *Musa Dagh* und sieht eigene Texte durch, sein 18. Jahrhundert, und ist schon wieder beflügelt: »Es ist subjektive Feuilletonistik – aber doch sehr gute. Ich müßte das Buch zu Ende schreiben.«

Dafür bekommt er keine Chance mehr. Der zweite Band, *Das Jahrhundert Rousseaus*, wird erst 1966 – in der fast vollendeten Fassung – erscheinen. Im Juni 1959 muß Hadwig Klemperer ihren Mann ins Neustädter Krankenhaus bringen. Sie bleibt selbst dort, sie betreut ihn bei seinen nervösen Herzanfällen, wärmt ihm das Mittagessen auf, das er immer erst abends einzunehmen gewohnt ist, und schläft bei ihm im Krankenzimmer.

Erst vier Monate später gelingen ihm noch einmal Tagebuchnotizen. Im Nachdenken plagt ihn die Erinnerung an einen Artikel in einer Frankfurter Zeitung aus seiner Zeit an der Humboldt-Universität: »Wer von den älteren Universitätslehrern ihr jetzt noch die Treue halte, sei entweder ein Trottel oder gekauft – auf mich, Klemperer, treffe beides zu. Damals mir unverständlich. Ich habe im Plenum der [Volks]Kammer als Sprecher des Rechtsausschusses in voller Überzeugung die Wiedereinführung der Todesstrafe für schwerste politische Verbrechen gefordert – Brückensprengung z. B., ich habe jeden verurteilt, der zum Westen überlief.« Jetzt fragt er sich: »Warum widerrufe ich heute nicht öffentlich? Wo ich überzeugt bin, daß man hier russische Politik treibt, und daß die Russen genauso imperialistische Machtpolitik treiben wie die Westdeutschen, nur etwas blutig asiatischer als der kultiviertere Westen. Warum begnüge ich mich mit Stillschweigen und habe selbst vor dem Stillschweigen Angst? Um Hadwigs willen.«

Klemperer kann sich nur noch im Rollstuhl mit Hadwigs Hilfe fortbewegen. Trotzdem unternehmen sie Ausfahrten im Auto bis zur Malter-Talsperre und nach Altenberg im Erzgebirge, und er liest nun trotz der schwächer werdenden Augen Fontanes *Vor dem Sturm*. Am 29. Oktober 1959 macht Victor Klemperer in seinem Tagebuch, das er irgendwann im Jahr 1898 begann, seine letzte Eintragung: »Nachts Angst und zerhackter Schlaf nach wie vor.«

Es ist nicht sein letztes schriftliches Zeugnis. Mit Poststempel vom 14. Dezember schickte er eine Karte an die Schwiegereltern, denen er berichtet, daß ein Virusinfekt seine und Hadwigs Rückkehr aus dem Krankenhaus nach Dölzschen um eine Woche verzögert hat. Hadwig sei Tag und Nacht um ihn bemüht gewesen. »Es ist ihr nicht zu vergelten. Nun hoffen wir noch manches gemeinsam zu unternehmen. Die neue Hoffnung drückt sich in zwei Anschaffungen aus: a) der Erwerb eines fabelhaften Wagens, Fünfsitzers [...] Ich kann mir gar nicht vorstellen, wie wir ihn ohne Euch ausfüllen werden. [...] Wir selber werden der neuen Eleganz Ehre machen: Hadwig mit ihrem Pelz und der Mütze dazu; ich selber, ihrem langjährigen Wunsch nachgebend, nun endlich auch bepelzt. Herzlichst Euer Victor.« Und dann ein Nachsatz: »Da Hadwig bei Neuverheiratung ihre schöne Rente einbüßt, [...] so habe ich die Absicht, nicht vor einer zweiten silbernen Hochzeit freiwillig abzutreten und mit Hadwigs Unterstützung noch einen ganz kleinen Hosenhandel zu betreiben.«

Kurz vor Weihnachten bringt seine Frau ihn zurück nach Dölzschen. Beider Bett ist nun die ausziehbare Couch in Evas Musikzimmer. Am 10. Februar stellt der Arzt Dr. Schmeiser eine beidseitige Lungenentzündung fest. Um Mitternacht sagt Victor: »Ich will nicht mehr.«

Da weiß er nicht, daß er mit seinen Tagebüchern in den Schubfächern 8 000 Seiten Denkstoff hinterläßt, der das deutsche Geschichtsgedächtnis mehr als dreißig Jahre später zutiefst aufrühren und vermutlich nie mehr loslassen wird.

Zeittafel

1881	Victor Klemperer wird am 9. Oktober als achtes Kind des Rabbiners Dr. Wilhelm Klemperer und seiner Ehefrau Henriette, geb. Frankel, in Landsberg an der Warthe (heute Gorzów Wielkopolski) geboren
1885	Die Familie zieht nach Bromberg (heute Bydgoszcz)
1891	Die Familie übersiedelt nach Berlin, Albrechtstraße 20. Der Vater wird 2. Prediger der Berliner Reformgemeinde
1893	Besuch des Französischen Gymnasiums in Berlin
1896	Wechsel zum Friedrichs-Werderschen Gymnasiums Umzug der Familie in die Winterfeldtstraße 26[I]
1897	Kaufmannslehre bei der Exportfirma Löwenstein & Hecht, Galanterie- und Kurzwaren, Alexandrinenstraße 2 Umzug der Familie in die Gossowstraße am Nollendorfplatz
1900–1902	Besuch des Königlichen Gymnasiums in Landsberg an der Warthe; Reifeprüfung
1902–1905	Studium der Germanistik und der Romanistik bei Franz Muncker, Erich Schmidt, Richard M. Meyer und Adolf Tobler in München, Genf, Paris und Berlin. Vorbereitung einer Dissertation bei Tobler
1903	Übertritt zur evangelischen Kirche unter familiärem Druck. Taufe
1905	Studienaufenthalt in Rom
1905–1912	Abbruch des Studiums und Leben als freier Publizist und Schriftsteller in Berlin
1906	Heirat mit der Pianistin Eva Schlemmer Wohnung in der Dennewitzstraße Sommerwohnung in Oranienburg Umzug nach Berlin-Wilmersdorf, Weimarische Straße 6a

	Glück. Eine Erzählung
	Schwesterchen. Ein Bilderbuch
	Talmud-Sprüche. Eine Kulturskizze
1907	*Paul Heyse*. Monographie.
	Adolph Wilbrandt. Eine Studie über seine Werke
1909	*Paul Lindau*. Monographie
	Übersiedlung nach Oranienburg
1910	*Aus härteren und weicheren Tagen*. Geschichten und Phantasien
	Berliner Gelehrtenköpfe
	Deutsche Zeitdichtung von den Freiheitskriegen bis zur Reichsgründung. Teil 1: Literaturgeschichtlicher Überblick. Teil 2: Gedichtsammlung
1911	Übersiedlung nach Berlin-Wilmersdorf, Holsteinische Straße
1912	Nochmalige Taufe
	Übersiedlung nach München, Römerstraße
	Wiederaufnahme des Studiums
1913	Promotion bei Franz Muncker und Hermann Paul: *Die Zeitromane Friedrich Spielhagens und ihre Wurzeln*
	Zweiter Frankreichaufenthalt: Montesquieu-Studien für Habilitationsschrift in Paris und Bordeaux
1914	Habilitation (Romanistik) bei Karl Vossler über Montesquieu
1914–1915	Lektor an der Universität Neapel (als Privatdozent der Universität München)
	Montesquieu, 2 Bände
1915	Kriegsfreiwilliger (November 1915 bis März 1916 an der Westfront)
1916	Lazarettaufenthalt in Paderborn
	Königlich Bayrisches Militär-Verdienstkreuz 3. Klasse mit Schwertern
1916–1918	Zensor im Buchprüfungsamt der Presse-Abteilung des Militärgouvernements Litauen in Kowno (heute Kaunas) und in Leipzig
1918	Heimkehr im November nach Leipzig, Reichelstraße 16
1919	Übersiedlung nach München, Pension Michel, Bayerstraße 57
	Umzug in die Pension Berg, Schellingstraße 1[1]

	Außerordentlicher Professor an der Universität München
1920	Übersiedlung nach Dresden, Pension Blancke, Bendemannstraße 3
1920–1935	Ordentlicher Professor an der Technischen Hochschule Dresden
1920	Umzug in die Holbeinstraße 131[III]
1921	*Einführung in das Mittelfranzösische.* Texte und Erläuterungen für die Zeit vom 13. bis zum 17. Jahrhundert
	Idealistische Neuphilologie. Festschrift für Karl Voßler zum 6. September 1922, herausgegeben von Victor Klemperer und Eugen Lerch
1923	*Die moderne französische Prosa 1870–1920.* Studie und erläuterte Texte
1924	*Die romanischen Literaturen von der Renaissance bis zur Französischen Revolution* (Handbuch der Literaturwissenschaft). Von Victor Klemperer, Helmut Hatzfeld, Fritz Neubert [von Klemperer: 1. Einleitung, 2. Italien]
1925	*Die moderne französische Literatur und die deutsche Schule.* Drei Vorträge
	Idealistische Philologie. Jahrbuch für Philologie. Gemeinsame Herausgabe mit Eugen Lerch. Drei Folgen: 1925, 1927, 1927/1928
1925–1931	*Geschichte der französischen Literatur in 5 Bänden.* Band 5: Die französische Literatur von Napoleon bis zur Gegenwart, Teil 1–3. 1. Die Romantik. 1925. 2. Der Positivismus. 1926. 3. Der Ausgleich (Die Gegenwart). Hälfte 1: Bergson. Die gewahrte Form. 1931. Hälfte 2: Die Entgrenzung. Der Ausgleich. 1931. (Neuauflage 1956 u. d. T.: *Geschichte der französischen Literatur im 19. und 20. Jahrhundert. 1800–1925*
1926	*Romanische Sonderart.* Geistesgeschichtliche Studien
	Stücke und Studien zur modernen französischen Prosa
	Studienreise nach Spanien (13. 3.– 4. 6.)
1928	Umzug in die Hohe Straße 8[I]
	Romanische Literaturen. In: *Reallexikon der deutschen Literaturgeschichte,* Band 3, herausgegeben von Paul Merker und Wolfgang Stammler

1929	*Idealistische Literaturgeschichte.* Grundsätzliche und anwendende Studien
	Die moderne französische Lyrik von 1870 bis zur Gegenwart. Studie und erläuterte Texte
1933	*Pierre Corneille*
1934	Einzug in das Haus in Dölzschen, Am Kirschberg 19
1935	Zwangsweise Versetzung in den Ruhestand auf Grund des Gesetzes zur Wiederherstellung des Berufsbeamtentums
1940	Vertreibung aus dem Haus in Dölzschen
	Zwangseinweisung in das »Judenhaus«, Caspar-David-Friedrich-Straße 15 b
1942	Zwangsumsiedlung in das »Judenhaus« Dresden-Blasewitz, Lothringer Weg 2
1943	Zwangsarbeit in der Firma Willy Schlüter, Wormser Straße 30 c, danach Firma Adolf Bauer, Kartonagenfabrik, Neue Gasse, schließlich Firma Thiemig & Möbius, Papierverarbeitung, Jagdweg 10
	Zwangsumsiedlung in das »Judenhaus« Zeughausstraße 1^{III}
1945	Nach dem Luftangriff am 13. Februar auf Dresden Flucht nach Piskowitz
	4.–6. März: Flucht über Pirna nach Falkenstein im Vogtland
	3. April: Weiterer Fluchtweg über Schweitenkirchen (6. 4.) und München (8. 4.) nach Unterbernbach (12. 4.)
	17. Mai: Rückkehr über München (22. 5.), Regensburg (30. 5.), Falkenstein (5. 6.) nach Dresden (10. 6.)
	19. August: Austritt aus der evangelischen Kirche
	1. November: Wiedereinsetzung als ordentlicher Professor an der Technischen Hochschule Dresden (bis 1947)
	23. November: Eintritt in die Kommunistische Partei Deutschlands
	1. Dezember: Leiter der Volkshochschule Dresden
1946	Mitglied der Landesleitung des Kulturbundes Sachsen
1947	*LTI – Notizbuch eines Philologen*
1947–1960	Mitglied des Präsidialrates des Kulturbundes zur demokratischen Erneuerung Deutschlands

1947–1948	Ordentlicher Professor an der Universität Greifswald. Wohnung: Pommerndamm 8
1948	*Kultur. Erwägungen nach dem Zusammenbruch des Nazismus*
1948–1960	Ordentlicher Professor an der Universität Halle Wohnung: Kiefernweg 10
1948–1950	Vorsitzender der Landesleitung des Kulturbundes Sachsen-Anhalt Mitglied des Zentralvorstandes der Gesellschaft für deutsch-sowjetische Freundschaft
1950	Rückkehr nach Dölzschen, Am Kirschberg 19 Abgeordneter der Volkskammer für die Fraktion des Kulturbundes zur demokratischen Erneuerung Deutschlands
1951	Eva Klemperer stirbt am 8. Juli Dr. h. c. paed. der Technischen Hochschule Dresden
1951–1953	Mitglied des Zentralvorstandes der Vereinigung der Verfolgten des Naziregimes (VVN)
1951–1955	Ordentlicher Professor an der Humboldt-Universität zu Berlin
1952	Heirat mit Hadwig Kirchner Nationalpreis III. Klasse
1953	Mitglied des Komitees der antifaschistischen Widerstandskämpfer Mitglied der Deutschen Akademie der Wissenschaften zu Berlin *Zur gegenwärtigen Sprachsituation in Deutschland.* Vortrag *Der alte und der neue Humanismus.* Vortrag
1954	*Geschichte der französischen Literatur im 18. Jahrhundert.* Band 1: Das Jahrhundert Voltaires
1956	Italienreise (Internationaler Romanistenkongreß in Florenz, 3.–8. 4.), Studienaufenthalt in Paris (17. 4.–17. 7.) *vor 33 / nach 45.* Gesammelte Aufsätze Verleihung des Vaterländischen Verdienstordens in Silber
1957	*Moderne Französische Lyrik* (Dekadenz – Symbolismus – Neuromantik). Studien und kommentierte Texte.

	Neuausgabe mit einem Anhang: Vom Surrealismus zur Résistance
	Parisreise (Europäisches Treffen über die deutsche Frage, 14.–20.12.)
1959	Schwere Erkrankung in Brüssel (28. 3.) während der Reise zum Internationalen Romanisten-Kongreß in Lissabon
1960	Victor Klemperer stirbt am 11. Februar in Dresden

1960	F.-C.-Weiskopf-Preis der Akademie der Künste zu Berlin
1966	*Geschichte der französischen Literatur im 18. Jahrhundert.* Band 2: Das Jahrhundert Rousseaus
1989	*Curriculum vitae.* Erinnerungen eines Philologen. 1881–1918
1995	*Ich will Zeugnis ablegen bis zum letzten.* Tagebücher 1933–1945
	Geschwister-Scholl-Preis der Stadt München
1996	*Und so ist alles schwankend.* Tagebücher Juni bis Dezember 1945
	Leben sammeln, nicht fragen wozu und warum. Tagebücher 1918–1932
1999	*So sitze ich denn zwischen allen Stühlen.* Tagebücher 1945–1959

Zu dieser Ausgabe

Die Text-Zitate von Victor Klemperer sind folgenden Bänden entnommen:
»Curriculum vitae. Erinnerungen eines Philologen. 1881–1918«, hg. von Walter Nowojski, Rütten & Loening, Berlin 1989
»Leben sammeln, nicht fragen wozu und warum. Tagebücher 1918–1932«, hg. von Walter Nowojski unter Mitarbeit von Christian Löser, Aufbau-Verlag, Berlin 1996
»Ich will Zeugnis ablegen bis zum letzten. Tagebücher 1933–1945«, hg. von Walter Nowojski unter Mitarbeit von Hadwig Klemperer, Aufbau-Verlag, Berlin 1995
»So sitze ich denn zwischen allen Stühlen. Tagebücher 1945–1959«, hg. von Walter Nowojski unter Mitarbeit von Christian Löser, Aufbau-Verlag, Berlin 1999
»Kultur. Erwägungen nach dem Zusammenbruch des Nazismus«, Verlag Neues Leben, Berlin [1948]
»LTI. Notizbuch eines Philologen«, Reclam Verlag, Leipzig 1975 (© Reclam Verlag Leipzig 1975)

Bei den Zitaten aus »Leben sammeln, nicht fragen wozu und warum« sowie »So sitze ich denn zwischen allen Stühlen« wurde die Schreibweise, die in den Editionen buchstaben- und zeichengetreu den Originalen folgt, den anderen Bänden angeglichen und modernisiert.

Außerdem wurden folgende Quellen zitiert bzw. zu Rate gezogen:
Nachlaß Victor Klemperers in der Sächsischen Landesbibliothek Dresden
Aufsätze von Frank-Rutger Hausmann, Johannes Klare, Edgar Mass, Michael Nerlich und Rita Schober in der Victor Klemperer gewidmeten Ausgabe der Zeitschrift »lendemains« 82/83, 21. Jg., Berlin 1996
Referate von Johannes Dirschauer, Nora Goldenbogen, Klaus-Dietmar

Henke, Hans-Peter Lühr, Robert Misik und Kurt Nemitz auf der Tagung der Friedrich-Ebert-Stiftung am 19./20. 9. 1997 in Dresden zum Thema »Victor Klemperers Leben in zwei Diktaturen«
»Im Herzen der Finsternis. Victor Klemperer als Chronist der NS-Zeit«, hg. von Hannes Heer, Aufbau-Verlag, Berlin 1997
Helmut Eschwege: »Die Synagoge in der deutschen Geschichte«, Verlag der Kunst, Dresden 1980
Nahum T. Gidal: »Die Juden in Deutschland von der Römerzeit bis zur Weimarer Republik«, Bertelsmann Lexikon Verlag, Gütersloh 1988
Norbert Haase, Steffi Jersch-Wenzel, Hermann Simon (Hg.): »Die Erinnerung hat ein Gesicht«. Fotografien und Dokumente zur nationalsozialistischen Judenverfolgung in Dresden 1933–1945. Gustav Kiepenheuer Verlag, Leipzig 1998
Bernd Martin, Ernst Schulin (Hg.): »Die Juden als Minderheit in der Geschichte«. Deutscher Taschenbuch Verlag, München 1981
Günter Jäckel: Nachwort in Victor Klemperer: »Und so ist alles schwankend. Tagebücher Juni bis Dezember 1945«, hg. von Günter Jäckel unter Mitarbeit von Hadwig Klemperer, Aufbau-Verlag, Berlin 1996
Mario Keßler: »Die SED und die Juden – zwischen Repression und Toleranz«, Akademie Verlag, Berlin 1995
Léon Poliakow: »Geschichte des Antisemitismus«, Band VIII: »Am Vorabend des Holocaust«, Athenenäum-Verlag, Frankfurt am Main 1988

Auslassungen in den Zitaten sind durch [...] gekennzeichnet, zusätzliche Erläuterungen oder Ergänzungen von mir stehen ebenfalls in eckigen Klammern.
Für freundliche Hinweise danke ich Johannes Klare, Peter Klemperer und Rita Schober. Besonderer Dank gilt Hadwig Klemperer, die meine Arbeit engagiert unterstützte und bisher unveröffentlichtes Material aus dem Nachlaß Victor Klemperers zur Verfügung stellte. Gleichermaßen danke ich der Lektorin Almut Giesecke.

P. J.

Bildnachweis

Ruth Gross, Berlin/Bildarchiv Abraham Pisarek 15
Hadwig Klemperer, Dresden 5, 7–9, 16, 17, 18–21, 22, 24–26, 27
Peter Klemperer, Dresden 2–4, 30, 31
Monika Scholze, Piskowitz 6

Bundesarchiv Koblenz 28, 29,
Sächsische Landesbibliothek/Staats- und Universitätsbibliothek,
Dresden
  Deutsche Fotothek 13, 14
  Handschriftenabteilung 1, 10, 12,
Stadtplanungsamt Dresden 11
Stiftung Archiv der Akademie der Künste, Berlin 32
Walter de Gruyter & Co., Berlin 23

AtV

Band 5514

Victor Klemperer
Ich will Zeugnis ablegen bis zum letzten

Tagebücher 1933–1945

Herausgegeben von Walter Nowojski
unter Mitarbeit von Hadwig Klemperer

8 Bände in Kassette. 1856 Seiten
ISBN 3-7466-5514-5

Victor Klemperers Tagebücher haben sich als unverzichtbare und unvergleichliche Zeitdokumente von außergewöhnlicher Faszination erwiesen. »Beobachten, notieren, studieren« – das war die ständige Forderung, die er an sich selbst stellte. Seine minutiösen Notizen über den Alltag der Judenverfolgung mitten in einer deutschen Großstadt lösten die selbstgesetzte Christenpflicht des zwangsemeritierten jüdischen Professors ein, den die Liebe seiner nichtjüdischen Ehefrau Eva vor der Deportation bewahrte. Tag für Tag, trotz ständiger Todesgefahr, Zwangsarbeit und entwürdigender Existenz im »Judenhaus«, hielt Victor Klemperer fest, was er erlebte, hörte, sah, was ihm zugetragen wurde: den täglichen Terror mit Razzien, ständig neuen Verboten und Schikanen, gelegentlich auch Gesten der Solidarität von Unbekannten, Gerüchte, politische Witze oder Berichte von Frontsoldaten. Er wollte der »Kulturgeschichtsschreiber der Katastrophe« sein, er wurde darüber hinaus auch der Chronist von bewegenden Schicksalen und Familientragödien, über die die Zeit hinwegging.